智能会计人才培养新形态系列教材

财务大数据可视化智能分析

——基于Power BI

苏秀花 王新玲 主　编

清華大学出版社
北　京

内 容 简 介

本书选用微软 Power BI 为数据分析工具，基于经济管理类专业学员的学情，将学习过程划分为入门、详解和应用 3 个阶段，具体分为 9 章内容。入门包括大数据与大数据分析、Power BI 简介和快速应用 Power BI；详解包括数据获取、数据整理、数据建模与 DAX 语言、数据可视化分析；应用包括财务数据可视化智能设计——以利润表为例、财务数据可视化智能综合分析——基于三张基本报表两个综合案例。

本书适合作为高等院校财经类专业开设“财务大数据可视化分析”“可视化智能分析”“大数据与智能财务”等课程的配套教材，也适合作为希望学习数据分析的在职人员的参考读物。

本书封面贴有清华大学出版社防伪标签，无标签者不得销售。
版权所有，侵权必究。举报：010-62782989，beiqinquan@tup.tsinghua.edu.cn。

图书在版编目(CIP)数据

财务大数据可视化智能分析：基于Power BI / 苏秀花，王新玲主编. —北京：清华大学出版社，2023.12

智能会计人才培养新形态系列教材

ISBN 978-7-302-64796-6

Ⅰ. ①财… Ⅱ. ①苏… ②王… Ⅲ. ①会计分析—可视化软件—教材 Ⅳ. ①F231.2-39

中国国家版本馆 CIP 数据核字 (2023) 第 204794 号

责任编辑：刘金喜
封面设计：常雪影
版式设计：孔祥峰
责任校对：成凤进
责任印制：刘海龙

出版发行：清华大学出版社
网　　址：https://www.tup.com.cn，https://www.wqxuetang.com
地　　址：北京清华大学学研大厦 A 座　　邮　　编：100084
社 总 机：010-83470000　　邮　　购：010-62786544
投稿与读者服务：010-62776969，c-service@tup.tsinghua.edu.cn
质 量 反 馈：010-62772015，zhiliang@tup.tsinghua.edu.cn
印 装 者：三河市铭诚印务有限公司
经　　销：全国新华书店
开　　本：185mm×260mm　　**印　　张**：17.5　　**字　　数**：415 千字
版　　次：2023 年 12 月第 1 版　　**印　　次**：2023 年 12 月第 1 次印刷
定　　价：59.80 元

产品编号：102688-01

前 言

随着现代信息技术的发展，会计数据处理技术也经历了从传统的手工会计到会计电算化、会计信息化的演进过程，如今迈入了智能化时代。这是一个全新的时代，一方面，财务机器人正在逐步接替会计工作中有规律的、重复的、标准化的事务性工作，在减轻财务人员工作强度的同时，也给他们带来了紧迫感和危机感；另一方面，信息技术拓宽了我们获取数据的渠道和范围，但如何从大数据中提取对企业有用的信息，以提高企业的洞察力和预见力，无疑是企业在激烈的竞争中取胜的关键，因此数据的分析和处理变得尤为重要。广大财务人员需要审时度势，重新思考自身的定位和存在价值，在顺应形势的同时必须担负起“数据分析”之责。

2022年，在影响中国会计从业人员的十大信息技术的评选结果中，财务云、会计大数据技术、数据挖掘等赫然在列。财务人员如果不掌握一项数据分析技术，那么将影响其未来的职业发展。

数据分析师是专门从事行业数据搜集、整理、分析，并依据数据做出行业研究、评估和预测的专业人员。他们的工作内容本质上就是从海量数据中分析出商业价值，或者建模发现知识，从而推动业务、辅助决策。若想成为数据分析师，则需要具备4项能力：业务能力、数据能力、技术能力和沟通能力。业务能力和数据能力可以在实践中逐步积累，但技术能力则需要通过外部输入来获得。引领广大财务人员进入新技术世界，使其掌握数据分析方法和分析工具，正是本书创作团队的初衷。

市面上有很多用于进行数据分析的工具，有的专注于数据采集、有的侧重于数据挖掘、还有的聚焦于数据可视化。考虑财务人员自身的特点，他们对财务和业务非常熟悉，但可能没有深厚的计算机专业功底，本书选择了与Office风格一脉相承、易得易用、普及度领先的微软Power BI为工具，开启数据分析之旅。

目前，各高校经济管理类相关专业相继开设了“财务大数据可视化分析”“可视化智能分析”“数据挖掘与分析”“大数据与智能财务”等相关课程，课时以36或54居多。以人才培养目标和可用教学学时为参照，本书将Power BI的学习之旅划分为入门、详解和应用3个阶段，每个阶段的教学目标和内容安排如表1所示。

表1　本书的教学目标和内容安排

阶段	教学目标	内容安排
入门	了解大数据、大数据分析及Power BI基本知识，通过一个数据可视化的综合案例使学生感受Power BI的魅力，激发其学习兴趣	第1章 大数据与大数据分析
		第2章 Power BI 简介
		第3章 快速应用Power BI
详解	对Power BI Desktop的三大组件按照数据分析流程逐个进行详解，使学生感受Power Query数据获取的效率、Power Pivot数据建模的简便和Power View数据可视化的惊艳	第4章 数据获取
		第5章 数据整理
		第6章 数据建模与DAX语言
		第7章 数据可视化分析

(续表)

阶段	教学目标	内容安排
应用	在掌握Power BI Desktop基本应用的基础上，聚焦到财务应用领域，用Power BI分析工具来解决现实管理问题，以提高学生综合分析问题、解决问题的能力	第8章 财务数据可视化智能设计——以利润表为例
		第9章 财务数据可视化智能综合分析——基于三张基本报表

本书特色如下。

1. 理论简明，突出实操

本书每章都包括3个基本内容：一是基本知识，包括基本概念、基础理论、一般方法等，用于阐释本章学习要达成的知识目标；二是环环相扣的【跟我练】，使学生通过动手实操深化对基本知识的理解，掌握可视化技术的应用；三是随堂测，用于检验学生对本章内容的学习效果。

2. 面向应用，注重实效

无论是【跟我练】中的小案例，还是可视化体验、财务综合应用等大案例，都选自不同的财务工作应用场景，贴近工作实际，代入感强。

3. 资源丰富，助力学教

为帮助大家快速上手，本书配备了丰富的教学资源，包括案例素材与结果文件、教师授课用PPT、教学大纲、授课教案、随堂测答案，以及案例操作视频。其中，案例操作视频以二维码的形式呈现在书中，读者可通过移动终端扫码播放，实现随时随地无缝学习；其他教学资源可扫描右侧二维码获取。

下载教学资源

4. 互动交流，共享提升

对于新兴事物，人们必然要经过从入门到提升的过程，在这个过程中，如果有万千伙伴可以互相指点和借鉴，则会令人愉悦不已。为了方便教师之间的交流互动、共享提升，本书搭建了教学交流群(QQ群号：151374553)，教师可以在其中分享教学经验，提出改进建议。

本书全面贯彻党的二十大精神，坚持为党育人、为国育才，将新技术与财务场景相结合，使学生勇于创新、与时俱进、善于思考、聚焦实践问题，学会用普遍联系的、全面系统的、发展变化的观点观察事物，探索解决问题的新理念、新思路、新办法和新技术。

本书由天津财经大学苏秀花、王新玲担任主编。

由于编者水平有限，书中难免存在疏漏，敬请同行和广大读者批评指正。

服务邮箱：476371891@qq.com

编　者

2023年8月

目录

第1章

大数据与大数据分析

1.1 认知大数据

1.1.1 大数据的概念

我们每个人在学习、工作和生活中都会创造大量的数据，我们深陷在数据的海洋中，如何从这些海量的数据中提取有用的信息，让数据发挥其价值，是每个个体、企业、政府机构一直探究的问题。大数据技术正在让这一梦想变为现实。

1. 数据

万物皆可被记录。数据是用来描述客观事物的可识别的符号，可以是数字、文字、声音或图像等。数据具有客观性，本身没有意义。但是对数据进行加工、处理和转化，使其成为信息后，便可为人们带来实际的应用价值。

2. 大数据

大数据(big data)，也称为巨量数据，是指数据规模巨大到无法通过人工或常规工具在合理时间内完成捕获、管理和处理的数据集合。

1.1.2 大数据的特征

大数据有4个基本特征，可以用4V来表述，即规模(volume)大、种类(variety)多、速度(velocity)快、价值(value)密度低。

1. 规模大

大数据最显著的特征就是数据规模大。随着互联网、物联网、移动互联技术的发展，人和事物的所有轨迹都可以被记录下来，数据呈现爆发性增长。根据国际数据公司(international data corporation，IDC)的估测，人类社会产生的数据一直都在以每年50%的速度增长，也就是说，每两年就增加一倍，数据容量通常在PB级别以上。

常用的数据存储单位，你了解哪些？

数据存储单位由小到大排列，依次为Byte,KB,MB,GB,TB,PB,EB,ZB,YB,BB,NB,DB。相邻的单位之间是1024倍的关系，例如，1GB=1024MB；1TB=1024GB；1PB=1024TB；等等。

我们日常生活中使用的U盘、移动硬盘和计算机内置硬盘等，其容量通常以GB或TB来衡量。

2. 种类多

种类多主要体现在数据来源和数据类型两方面。

(1) 数据来源。数据变革经历了运营式系统阶段、用户原创内容阶段和感知式系统阶段。在运营式系统阶段，企业运营业务数据主要存储在数据库中；在用户原创内容阶段，博客、微博、微信、抖音等自服务模式使大量网民成为数据的生成者，移动互联网和智能手机的普及，进一步助推了数据量的急剧上升；在感知式系统阶段，大量的传感器(如温度传感器、压力传感器、光电传感器等)和视频监控摄像等设备，可以自动产生更密集、更大量的数据。

(2) 数据类型。数据来源的多样性导致了数据类型的多样性。大数据可以分为3种类型：第一种是结构化数据，如财务系统数据、铁路12306订票出行数据、医疗系统数据等，它们都以二维表形式存储在数据库中，数据间因果关系强；第二种是非结构化数据，如视频、图片、音频等，数据间基本不存在因果关系；第三种是半结构化数据，如HTML文档、邮件、网页等，数据间存在一定的因果关系。

3. 速度快

速度快表现在数据的增长速度和处理速度两方面。

(1) 增长速度。在大数据时代，大数据的交换和传播主要通过互联网和云计算等方式实现，其生产和传播数据的速度非常惊人。例如，天猫和淘宝平台每天发生的实物和虚拟商品的交易量达到了亿级别。

(2) 处理速度。大数据对数据处理的响应速度提出了更高的要求，上亿条数据的分析必须在几秒内完成。大数据时代的很多应用都需要基于快速生成的数据给出实时分析结果，以指导生产和生活实践。

4. 价值密度低

大数据的价值密度远远低于传统数据库管理系统中已有的数据。在大数据时代，很多有价值的信息都被湮没在海量数据中。例如，无处不在的监控视频在连续不断地生成海量数据，然而绝大部分都是没有任何价值的，只有发生意外时被摄录下来的那一小段视频才具有价值。

1.1.3 大数据产业与人才需求

党的二十大报告指出，实施科教兴国战略，强化现代化建设人才支撑。人才是第一资源，高等教育为国家现代化和产业发展提供了人才支撑。了解我国大数据战略和大数据产业发展态势，提前进行职业发展规划有助于我们制定明确的目标、获得不竭的学习动力。

1. 大数据战略

随着大数据技术的快速发展，各国政府高度重视大数据技术的研究和产业发展，纷纷将其上升为国家战略并重点推进。

2014年，大数据首次被写入我国政府工作报告，逐渐成为各界关注的热点，大数据元年正式开启，大数据发展进入预热阶段。

2015年，国务院印发《促进大数据发展行动纲要》，体现了国家层面对大数据发展的顶层设计和统筹布局，大数据发展进入起步阶段。

2016年，《大数据产业发展规划(2016—2020年)》的提出加快了大数据落地。

2017年至今，在国家战略的指引下，大数据技术与实体经济深度融合，大数据发展进入深化阶段，国内大数据产业迎来全面良好的发展态势。

党的二十大报告指出，要促进数字经济和实体经济的深度融合。数字经济主要包括数字产业化和产业数字化。发展数字经济能够推动5G网络、工业互联网、人工智能、大数据、基础软件等数字产业发展。数字技术发展又能进一步推动数实融合，通过运用数字技术对传统产业进行全方位、全链条改造，可以有效提高全要素生产率，促进传统产业数字化、网络化、智能化发展。习近平总书记指出，要把握好大数据发展的重要机遇，促进大数据产业健康发展。这体现了党中央、国务院对大数据与实体经济融合发展的高度重视。

2. 大数据产业链

按照产业链构成可以将大数据产业划分为6个环节，表1-1中简明阐释了每个环节提供的服务内容。

表1-1 大数据产业链

产业链环节	服务内容
IT基础设施层	提供硬件、软件、网络等基础设施，以及咨询、规划和系统集成服务。 国内代表企业：华为、中兴、浪潮、东软、中软、用友等。 国外代表企业：提供数据中心解决方案的IBM、惠普和戴尔等；提供存储解决方案的EMC；提供虚拟化管理软件的微软、思杰、SUN等
数据源层	为大数据生态圈提供各种类型的数据，如交通大数据、医疗大数据、电商大数据、媒体大数据、搜索引擎大数据等。 代表部门或企业：交通主管部门；各大医院、体检机构；淘宝、天猫、京东等电商；微博、微信；百度、谷歌等
数据管理层	提供数据抽取、转换、存储和管理等服务。 代表技术或工具：分布式文件系统(如Hadoop的HDFS和谷歌的GFS)、ETL工具、数据库和数据仓库(如Oracle、MySQL、SQL Server、HBase等)
数据分析层	提供分布式计算、数据挖掘、统计分析等服务。 代表技术或工具：分布式计算框架MapReduce、统计分析软件SPSS和SAS、数据挖掘工具Weka、数据可视化工具Tableau、BI工具等
数据平台层	提供数据分享平台、数据分析平台、数据租售平台等服务。 代表企业：阿里巴巴、谷歌、中国电信、百度等

(续表)

产业链环节	服务内容
数据应用层	提供智能交通、智慧医疗、智能物流、智能电网等行业应用。代表部门或企业：交通主管部门、各大医疗机构、菜鸟网络、国家电网等

3. 数据分析师

财务机器人的出现，使财务人员不需要再处理会计工作中有规律的、重复的、繁杂的事务性工作，但在减轻财务人员工作强度的同时，给财务人员带来了紧迫感和危机感。财务人员需要深度思考自身的定位及价值，顺应形势担负起“数据分析”之责成为必然选择。这是一个用数据说话的时代，也是一个依靠数据进行竞争的时代。世界500强企业中，有90%以上都设立了数据分析部门。各国政府和越来越多的企业意识到，数据和信息已经成为企业的信息资产和资源，数据分析和处理能力已经成为财务人员日益倚重的技术手段。

数据分析师是专门从事行业数据搜集、整理、分析，并依据数据做出行业研究、评估和预测的专业人员，其工作内容本质上就是从数据中分析出商业价值，或者建模发现知识，从而推动业务、辅助决策。数据分析的目的在于以量化的方式分析业务问题并得出结论。其中，量化是为了统一认知，并确保路径可回溯、可复制。统一认知后，才能保证不同层级、不同部门的人拥有平等的话语权，从而在同一个方向上进行讨论和协作，避免公司内的人以“我感觉”“我猜测”来判断当前的业务情况。

若想成为数据分析师，则需要具备以下4项能力。

(1) 业务能力。数据分析师最终只有解决业务问题，才能真正创造价值，因此数据分析师需要具备业务能力，对于业务的理解不能浮于文档表面，而需要对企业业务的实际流程、机制、平台、数据等有全面的认知。企业的每项业务都是公司整体战略的重要支撑，数据分析师首先要理解企业战略，才能选对分析方向；其次要对自己所处的行业有足够的敏感度。因此，数据分析师要多与业务部门的核心团队进行沟通、多关注行业网站、多阅读行业数据分析报告。

(2) 数据能力。每个企业都会制定关键绩效指标(KPI)，围绕KPI还有一系列执行监控指标。作为数据分析师，一定要对企业的核心指标体系有深入的理解，要能从本质上区分指标的差异，并透彻理解指标的生成过程。

另外，数据分析师要拥有全局的数据视野。数据分析师的工作往往是专业化的，但其要分析的数据是全方位的，没有明确的专业边界。在实践中，数据分析师往往不知道到底有多少数据，其数据分析的深度和广度会因其视野的狭窄而受限。数据分析师不仅要对系统中的数据字典进行系统的学习，还要理解数据之间的依赖关系和数据的来龙去脉，因为每张数据表都是由下一层次的表关联汇总而成的，汇总过程中可能会丢失信息。数据分析师只有具备追根溯源的能力，才更有可能基于更多的信息获得更大的分析自由度。

(3) 技术能力。作为数据分析师，当然需要有必要的技能傍身。例如，数据分析师需要精通Excel数据分析、SQL Server数据库、数据可视化与商业智能BI、数理统计与分析、Python爬虫技术等。除此以外，在上下游技术领域也需要掌握一些基本应用，如数据仓库、数据架构和ETL等。

(4) 沟通能力。对数据分析师来说，具备沟通能力是非常必要的，因为数字化项目属于

“一把手”工程，很多项目需要由企业高层来推动，并且在项目推进的过程中，与不同的业务部门领导和业务人员进行频繁互动是必不可少的。只有通过恰当的语言和清晰的表达方式，才能明确数据分析需求、厘清数据逻辑关联，从而获得相应的成果。

1.1.4　大数据时代思维方式的转变

机械思维是一种传统的思维方式，其核心思想是确定性和因果关系，即世界万物的运动遵循着确定性的规律，这些规律是可以被认识的，可以用简单的公式或语言进行描述。但实际上世界是充满不确定性的，这种不确定性体现在两方面：一是当我们对世界的方方面面了解得越来越细致之后，会发现影响世界的变量其实非常多，已经无法通过简单的方法或公式计算出结果；二是客观世界本身就存在着不确定性，这也是宇宙的一个特性。

在大数据时代，世界的这种不确定性显现得更为明显，以至于我们按照传统的思维方式很难做出准确的预测，对于复杂问题也很难找到因果关系。若要消除这种不确定性，就要获得更多的数据和信息，并对其进行采集、量化、计算和分析，通过数据来消除不确定性，重新解释和定义这个世界。因此，转变思维方式，努力把身边的事物量化，以数据的形式加以处理，从大量的数据中寻找答案，这是实现大数据时代思维方式转变的核心。

维克托•迈尔-舍恩伯格和肯尼思•库克耶在《大数据时代：生活、工作与思维的大变革》一书中明确指出，大数据时代最大的转变就是思维方式的转变：全样而非抽样、效率而非精确、相关而非因果。本书同时借鉴了林子雨编著的《大数据导论》中提出的人们解决问题的另外两种思维方式：“以数据为中心”和“我为人人，人人为我”。

1. 全样而非抽样

过去，由于数据采集、数据存储和处理能力的限制，在科学分析的过程中，通常采用抽样的方法，即从全体数据中抽取一部分样本数据，通过对样本数据的分析，来推导全体数据的总体特征。现在，有了大数据技术的支持，数据分析完全可以直接针对全体数据而不是抽样数据，并且可以在短时间内迅速得到分析结果。

2. 效率而非精确

传统的抽样分析针对的是部分样本，其分析结果被应用到全体数据中，误差会被放大，所以在抽样分析时要尽可能地保证分析结果的精确性。而全样本分析就不存在误差被放大的情况，追求高精确性已经不是其首要目标。相应地，大数据时代具有“秒级响应”的特征，要求对海量数据进行实时分析，更关注数据分析的效率，否则其分析结果就会失去价值。例如，金山词霸即时翻译软件虽然不能做到百分之百精准，但其具有实时处理的功能，因此仍然具有实用价值。

3. 相关而非因果

过去，进行数据分析的目的是解释事物背后的发展机理或是预测未来可能发生的事件，不管是哪个目的，都反映了一种“因果关系”。在大数据时代，因果关系不再那么重要，人们转而追求“相关性”而非“因果性”。例如，用户在网店购买一本书，网店会自动推荐与之相关的另一本书。当我们无法确定因果关系时，数据之间的相关性可以为我们提供解决问题的新方法，数据中蕴含的信息能够帮助我们消除不确定性。

4. 以数据为中心

世界各领域的数据不断向外扩展，很多数据开始出现交叉，各个维度的数据从点和线渐渐连成了网，或者说，数据之间的关联性极大地增强。在这样的背景下，"以数据为中心"解决问题的思维方式的优势逐渐得到显现。

5. 我为人人，人人为我

这是大数据思维的又一体现，城市的智能交通管理便是一个例子。每个使用导航软件的智能手机用户，一方面，向导航软件公司共享自己的实时位置信息，使得导航软件公司可以从大量用户那里获得实时的交通路况大数据；另一方面，每个用户又在享受导航软件公司提供的基于交通大数据的实时导航服务。通过这种城市智能交通管理系统就能充分感受到"我为人人，人人为我"。

1.2 认知大数据分析

1.2.1 大数据分析流程

大数据分析是指采用适当的方法对收集来的各种数据进行整理、研究、概括、总结，从而得出结论的过程。大数据分析流程如图1-1所示。

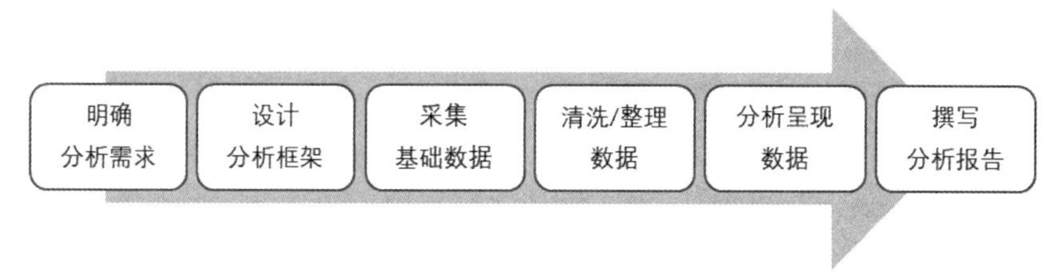

图1-1　大数据分析流程

1. 明确分析需求

明确分析需求是进行大数据分析的起点，即要确定数据分析的目的，明确分析的主题。

2. 设计分析框架

需求明确之后，需要设计开展大数据分析的整体框架。例如，从哪些维度展开分析？采用什么方法进行大数据分析？使用哪些指标阐释问题？采用何种形式来呈现结果？

3. 采集基础数据

根据确定的分析主题，利用各种数据采集技术从多种渠道收集进行大数据分析的相关数据。

传统的数据采集和大数据采集在数据来源、数据类型和数据存储等方面存在差异，如

表1-2所示。

表1-2　传统的数据采集和大数据采集对比

项目	传统的数据采集	大数据采集
数据来源	来源单一，数据量相对较少	来源广泛，数据量巨大
数据类型	结构单一	数据类型丰富，包括结构化、半结构化和非结构化数据
数据存储	主要存储于关系数据库和并行数据仓库	主要存储于分布式数据库和分布式文件系统

大数据采集具有全面性、多维性、高效性的特点。数据源包括所有格式的传感器数据、互联网数据、日志文件、企业信息系统数据、办公文档、文本、图片、XML、HTML、各类报表、图像、音频、视频信息等多种类型。企业可以借助ETL(extract-transform-load)工具，把分散在不同位置的数据加载到企业数据仓库中。

4. 清洗/整理数据

数据清洗是指对采集到的数据进行识别，按照数据规范化要求进行整理。需要清洗的数据包括残缺数据、错误数据、重复数据和空值等。也就是说，数据清洗就是对数据的一致性进行检查，处理无效值和缺失值等，使其满足下一阶段大数据分析的要求。

5. 分析呈现数据

在完成数据清洗的基础上，搭建数据模型，建立数据表之间的关联，进行指标计算、数据挖掘。利用大数据分析工具针对预先设定的分析主题，从不同的分析维度、选择适当的形式对各项指标进行呈现，帮助并启发管理者发现问题。

6. 撰写分析报告

进行大数据分析的目标是通过对历史和现状的分析，发现问题并确认其原因，以制定针对性的改进措施，进而优化企业管理。

在撰写分析报告时，要清晰地表述项目背景、分析框架、分析过程和分析结论等方面的内容并提出建议。

1.2.2 大数据分析方法

在财务分析课程中，我们已经学习了指标分析法、对比分析法、趋势分析法、杜邦分析法等数据分析方法。此外，常用的大数据分析方法还包括漏斗分析法、矩阵分析法、分组分析法、关联分析法等。

1. 漏斗分析法

漏斗分析法是一种非常好用的数据分析方法，它能够科学地反映用户的行为状态，以及从起点到终点各阶段的用户转化率情况，是一种重要的分析模型。

漏斗分析模型在电商领域得到了广泛应用，对电商厂家来说，使客户下单并支付才是其最终目标，因此成交转化率是衡量整个流程的全局指标，但转化率的高低取决于整个流程。这时，我们就可以通过漏斗模型一步一步地进行监测，如图1-2所示。通过监控用户在流程中各个层级上的行为路径，寻找每个层级的可优化点。对于没有按照流程操作的用户，绘制他们的转化路径，找到可提升用户体验、缩短路径的空间，最终提升整体转化率。

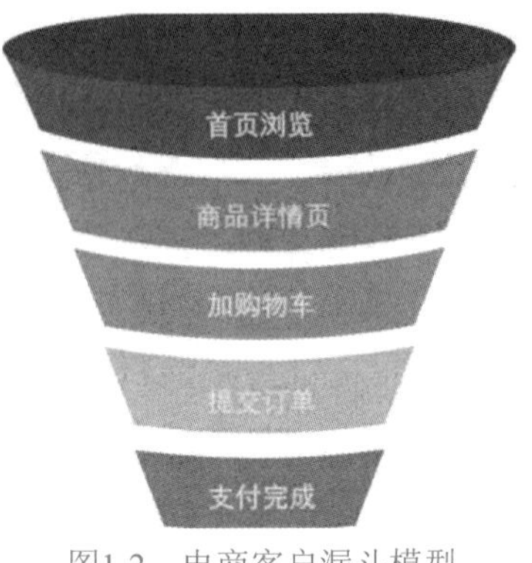

图1-2　电商客户漏斗模型

2. 矩阵分析法

矩阵分析法，也称为矩阵关联分析法，是指将事物(如产品、服务等)的两个重要属性(指标)作为分析的依据，进行分类关联分析，找出解决问题办法的一种分析方法。

当我们进行顾客调查、产品设计开发或方案选择时，往往需要考虑多种影响因素，并确定各因素的重要性和优先考虑次序。矩阵分析法可以帮助我们通过对市场调查数据的分析，判断出顾客对产品的要求、产品设计开发的关键影响因素，以及最适宜的方案等。

例如，在电商领域，我们可以使用浏览量和加购次数这两个维度来进行矩阵分析，如图1-3所示。图中左上角的产品浏览量低、加购次数多，说明这部分产品其实是有很大潜力的，这时需要将这部分产品放在更好的位置推送给用户进行浏览；图中右下角的产品浏览量高，但加购次数少，说明其资源位置是好的，但是用户对这部分产品并不感兴趣，因此我们需要对其进行相应的位置调整。

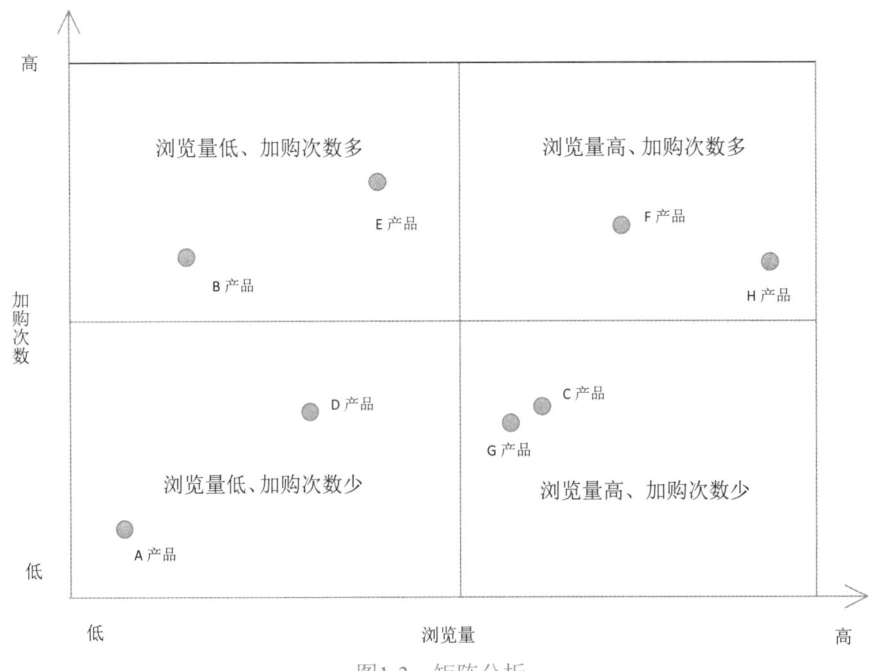

图1-3　矩阵分析

3. 分组分析法

分组分析法是指根据分析对象的特征，按照一定的标志(指标)，把分析对象划分为不同的部分和类型来进行研究，以揭示其内在的联系和规律性。

分组就是为了便于对比，即把总体中具有不同性质的对象区分开，把性质相同的对象合并在一起，保持各组内对象属性的一致性、组与组之间属性的差异性，以便进一步运用各种数据分析方法来揭示内在的数量关系，因此分组分析法必须与对比法结合运用。

在日常工作中，常常运用分组分析法进行用户分层与分群。例如，把用户分为潜在用户、新用户、激活用户、成熟用户、衰退用户，就是较为常见的用户分层模型，在用户分层模型中，每种类型的用户都有其明确的定义。而小镇青年、学生党、职业白领、高消费人士、低保人士就是对用户进行的分群，群与群之间可能存在交叉关系，同一用户有可能归属在多个分群中，因此，在制定商业策略时，需要分析红包、满减、限时券、积分券等促销方式分别适合哪些用户群体。

4. 关联分析法

若两个或多个变量的取值之间存在某种规律性，就称为关联。关联分析法是一种简单、实用的分析技术，是指从大量数据集中发现项目之间的关联性或相关性，找到“由于某些事件的发生而引起另外一些事件的发生”等规则。关联可分为简单关联、时序关联、因果关联等。

关联分析的一个典型应用是购物车分析，即通过寻找顾客放入其购物车中的不同商品之间的联系，分析顾客的购买习惯；通过了解哪些商品被顾客频繁地购买，帮助零售商制定营销策略。此外，关联分析还可用于价目表设计、商品促销、商品的摆放和基于购买模式的顾客划分。

1.2.3 大数据分析工具

大数据分析工具的种类繁多，场景不同使用的工具也有所不同。一款好的大数据分析工具，可以有效提高数据处理效率。常用的数据分析工具如下。

1. R语言

R是一门用于统计计算与绘图的编程语言，但R不单单是一门语言，还是一个数据计算与分析的环境。R语言免费、开源，功能齐全。

R语言的第三方功能包涵盖了从统计计算到机器学习，从社会网络分析到自然语言处理，从金融分析到生物信息，从各种数据库语言接口到高性能的计算模型等领域，可以说是应有尽有，因此，R语言获得了越来越多的各行各业从业人员的喜爱。

2. SPSS

SPSS统计分析软件以其强大的统计分析功能、方便易用的用户操作方式、灵活的表格式分析报告和精美的图形展现形式，赢得了各领域广大数据分析人员的喜爱。用户只需掌握一定的Windows操作技能，精通统计的分析原理，就能够轻松上手。

3. SQL语言

SQL是数据方向所有岗位的必备技能，学习起来比较容易，主要就是进行增、删、改、查，需要掌握的知识点主要包括数据的定义语言、控制语言和操控语言。

4. Python语言

Python是一种面向对象的解释型计算机程序设计语言。它的语法简洁、清晰，具有强大的编程能力。Python在爬虫、数据分析和数据可视化等方面都具有很强的应用性。

5. BI工具

BI工具是按照数据分析的流程进行设计的，商业智能的BI是为数据分析而生的，诞生起点很高，目的是缩短商业数据到商业决策的时间，并用数据去影响决策。Tableau、Power BI、FineBI、Smartbi都属于BI工具。

为我们的民族品牌点赞

帆软是帆软软件有限公司旗下的商业智能和数据分析品牌，专注商业智能和数据分析领域，致力于提供一站式商业智能解决方案。帆软已经成功服务于多家世界及中国500强企事业单位，如上汽集团、复星集团、云天化集团、仁和集团、万达集团、吉利控股、国药控股、宇通客车、洋河酒厂、哈药集团等。帆软旗下的品牌FineReport、FineBI等在各自领域内均有众多客户和成功案例。

2017年，帆软产品FineReport入选Gartner《企业报表平台全球市场指南》，成为国内唯一入选的产品。

2018年，帆软成为IDC认证的中国BI市场占有率第一的行业领军企业，并连续5年获得此殊荣。

2019年，帆软荣登中国大数据产业生态联盟发布的“中国大数据企业50强”榜单。

2020年，帆软荣获CMMI 5认证。

2021年，帆软入选Gartner魔力象限，被评为国内唯一独立BI厂商。

2022年，帆软成为国内唯一入围国家级大数据产业发展试点示范项目的BI厂商。

一、判断题

1. 数据是用来描述客观事物的可识别的符号，可以是数字、文字、声音或图像等。（　　）

2. 2015年，国务院印发《促进大数据发展行动纲要》，体现了国家层面对大数据发展的顶层设计和统筹布局。（　　）

3. 矩阵分析法，也称为矩阵关联分析法，是指将事物的两个重要属性作为分析的依据，进行分类关联分析，找出解决问题办法的一种分析方法。　(　　)

二、单选题

1. 大数据有4个基本特征，用(　　)来描述。

A. 4Q　　B. 4W　　C. 4C　　D. 4V

2. 数据分析的首要步骤是(　　)。

A. 明确分析需求　　B. 设计分析框架

C. 采集基础数据　　D. 分析呈现数据

3. 视频属于(　　)。

A. 结构化数据　　B. 非结构化数据

C. 半结构化数据

4. (　　)能够科学地反映用户的行为状态及各阶段的用户转化率情况。

A. 漏斗分析法　　B. 分组分析法

C. 矩阵分析法　　D. 关联分析法

三、多选题

1. (　　)是大数据思维的具体体现。

A. 抽样　　B. 相关

C. 因果　　D. 效率

2. 以下属于结构化数据的是(　　)。

A. 企业信息系统数据　　B. 网页

C. 图片　　D. 铁路12306订票出行数据

3. 大数据分析工具包括(　　)。

A. Excel　　B. Windows

C. SQL　　D. BI

四、问答题

1. 什么是大数据？
2. 大数据分析流程是怎样的？
3. 我国的大数据产业是如何划分的？

第2章

Power BI 简介

2.1 认知Power BI

2.1.1 Power BI是什么

商业智能(business intelligence，BI)是指采用现代数据仓库技术、线上分析处理技术、数据挖掘和数据展现技术进行数据分析以实现商业价值。商业智能的核心是业务分析和优化，目前，商业智能已经被广泛应用于社会生活的各个领域。

Power BI是微软公司推出的一款可视化商业智能分析软件，微软公司给出的定义如下：Power BI是一种业务分析服务，可为用户提供见解以实现快速、明智的决策；可将数据转换为令人赞叹的视觉对象，并可在任何设备上与同事共享；可在一个视图中直观浏览和分析本地数据和云端数据；用户可协作并共享自定义仪表板和交互式报表；通过内置管控和安全性在整个组织中进行缩放。语言虽然晦涩，但语义尚可理解。接下来，我们对其功能进行稍加概括，以帮助大家建立对Power BI的基本认知。

Power BI的主要功能如下。

1. 轻松获取数据

在Power BI中，人们可以轻松连接各种数据源，完成对不同类型的数据的采集，通过数据清洗和整理，将非结构化数据转换为结构化数据。

2. 强大的数据分析及可视化展现

Power BI提供自助服务，可以方便地进行数据建模、多维度的数据挖掘和分析，并对分析结果进行可视化展现。

3. 共享协作机制

在Power BI中可以将制作完成的可视化报表分享给团队成员，也可以将报表嵌入应用或网站中，以便于协同工作、提高效率。

4. 移动端动态信息查阅

在移动应用广为普及的当下，Power BI提供了方便的移动应用程序，使用户能够在移动设备上随时随地查阅相关动态信息，并快速做出决策。

概括地说，Power BI可以从各种数据源中提取数据，并对数据进行整理和分析，生成精美的可视化图表，与他人在计算机端和移动端共享报表。

2.1.2 为什么选择Power BI

市面上存在多款BI工具，如Tableau、Power BI、FineBI、Smartbi等，为什么本教程选择介绍Power BI呢？这是因为其具有以下优点。

1. 易上手

本教程以经济管理类相关专业学生为主要教学对象，从专业背景来说，该专业学生没有掌握深厚的计算机专业知识。Power BI属于自助式商业智能分析软件，它可以使不懂编程但具备数据分析能力和商业直觉的普通大众能够快速上手，使用起来毫无压力。

2. 易获得

Power BI的入门级组件——Power BI Desktop是免费的，在微软官方网站上可以轻松下载，并且适用于32位和64位两款操作系统，安装简单。

3. 应用广

Excel是应用较为广泛的数据分析软件，Power BI本质上就是整合了Excel中的Power Query、Power Pivot、Power View、Power Map四大插件，由Excel衍生而来。在过去两年里，微软公司杀出重围，一跃成为最有前景的BI厂商。目前，Power BI也是市场占有率最高的BI产品。

4. 更新快

信息时代，变化是唯一不变的。Power BI几乎每个月都要发布很多新功能，将会越来越智能。

5. 资源多

Power BI提供分享机制，“牛人”可以上传自行开发的各类视觉对象，普通用户可以任意下载各类资源，创建精美的可视化报表。

2.1.3 Power BI的产品体系与应用流程

1. Power BI的产品体系

微软官方网站上列明的Power BI的产品体系如图2-1所示。

1) Power BI Desktop(桌面应用)

Power BI Desktop整合了Excel中的BI系列插件，使其从Office组件中独立出来，用于在计算机端完成数据获取、数据清洗、数据建模和数据可视化。这部分也是本教程的重点内容。

Power BI Desktop处在Power BI工作流程的最前端。该产品本身免费，但如果要将创建的可视化报表发布到Power BI服务中进行共享，则需要订阅Power BI服务。目前，微软中国网站提供一定时长的免费试用期。

2) Power BI Pro(专业版)

Power BI Pro适用于中小企业。

3) Power BI Premium(增值版)

Power BI Premium适用于对数据分析有较高要求的大中型企业，以及基于Power BI进行二次开发的公司。

4) Power BI 移动版

Power BI提供iOS和Android版的移动应用，用户可在任意移动设备上安全访问和实时查看Power BI仪表板和报表。用户可以直接从移动端监视业务、访问存储在SQL Server的本地数据或云端数据。

图2-1　Power BI的产品体系

5) Power BI Embedded

Power BI嵌入式分析，是指将Power BI内容(如报表、仪表板等)嵌入Web应用程序或网站。使用Power BI嵌入式分析，可以为终端用户提供引人注目的数据体验，使他们能够根据解决方案数据的见解采取行动，并能在自己的应用程序中快速、轻松地提供出色的面向客户的报表、仪表板和分析，将Power BI作为自己的品牌展示。此外，通过自动监控、管理和部署分析，可以减少开发人员的资源，同时完全控制Power BI特性和智能分析。

6) Power BI 报表服务器

Power BI 报表服务器当前是一种本地报告解决方案，将来可灵活迁移到云端。Power BI Premium包含该功能，适用于有高度需求且对数据安全性要求较高的大中型企业。

2. Power BI的应用流程

在Power BI的一般应用流程中可以体会以上几个体系之间的关联。Power BI的一般应用流程如图2-2所示。

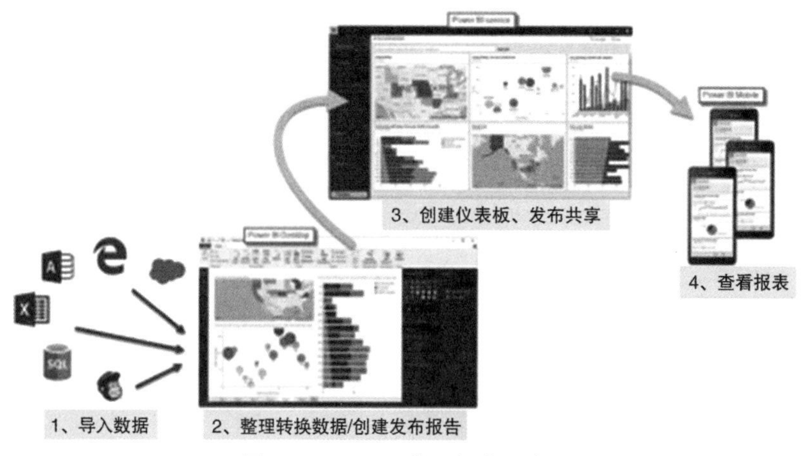

图2-2　Power BI的一般应用流程

(1) 将数据导入Power BI Desktop。

(2) 在Power BI Desktop中整理、转换数据，并创建、发布报表。

(3) 报表发布后，就会显示在Power BI服务中，我们可以在浏览器中查看、分享、发布Power BI报表，也可以创建新的可视化效果或者构建仪表板。

(4) 通过移动端查看仪表板、报表，从而进行交互。

2.2 Power BI Desktop的下载、安装与注册

2.2.1 Power BI Desktop的下载与安装

Power BI Desktop是一款完全免费的产品，用户可自行下载并将其安装在本地计算机。

1. 下载Power BI Desktop

Power BI Desktop有两种下载途径：一是通过微软官网下载；二是从微软应用商店中下载。

跟我练2-1 下载Power BI Desktop

01 登录微软Power BI主页(网址：https://powerbi.microsoft.com/zh-cn/)，在“产品”菜单中选择“Power BI Desktop”，进入产品介绍界面，如图2-3所示。

02 单击“查看下载或语言选项”按钮，进入下载中心界面。在“选择语言”下拉列表中选择“中文(简体)”选项，如图2-4所示。

图2-3　产品介绍界面

图2-4　选择语言

03 单击“下载”按钮，进入“选择您想要的下载”界面，如图2-5所示。

选择您想要的下载

文件名	大小
PBIDesktopSetup_x64.exe	377.2 兆字节
PBIDesktopSetup.exe	341.9 兆字节

图2-5　选择要下载的程序

如果计算机是64位操作系统，则勾选“PBIDesktopSetup_x64.exe”复选框；如果计算机是32位操作系统，则勾选“PBIDesktopSetup.exe”复选框。

如何查看计算机是32位还是64位操作系统

右击“我的电脑”，在快捷菜单中选择“属性”命令，即可看到系统类型是32位还是64位。

04 单击“下一步”按钮，将安装程序下载至默认路径。

2. 安装Power BI Desktop

Power BI Desktop的安装过程特别简单，只需要双击安装文件，系统即可自动安装。安装完成后，桌面上会创建快捷方式，双击该快捷方式即可启动Power BI Desktop应用程序。

❖ 提示：

✧ 如果计算机操作系统为Windows 10或Windows 11，则可以进入Microsoft Store，搜索Power BI Desktop，直接单击安装即可。这种安装方式最大的优点是后台自动更新Power BI Desktop且无须重新下载安装。

2.2.2 Power BI的账号注册

如果仅使用Power BI Desktop，则可以不注册Power BI账号。但如果要将制作的可视化报表进行发布，以便他人查看，或者想下载别人定义的可视化对象，则需要注册Power BI账号。

在启动Power BI Desktop时，系统会要求注册并登录Power BI账号。Power BI官网提供了可免费使用60天的Power BI Pro(专业版)账号，注册步骤如下。

01 登录微软Power BI主页，在“产品”菜单中选择“Power BI Pro”。

02 单击“免费试用”按钮，进入账号注册界面，如图2-6所示。

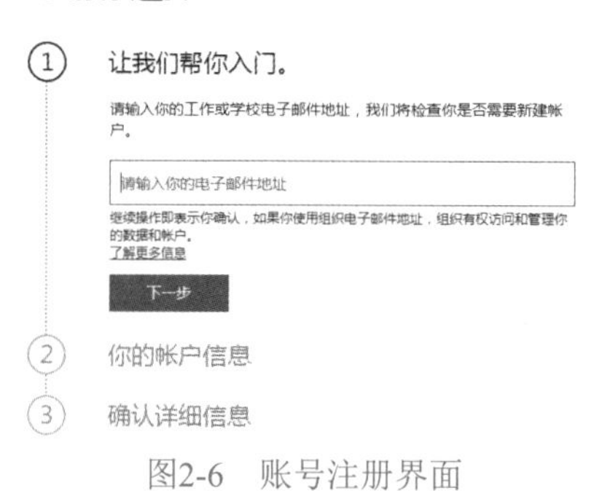

图2-6　账号注册界面

03 输入工作邮箱(即企业邮箱)，完成注册。

❖ 提示：

✧ 163邮箱、126邮箱、QQ邮箱等公用邮箱和个人邮箱都不能注册。

04 根据系统提示输入密码和个人信息。

❖ 提示：

✧ 密码必须包含大、小写字母及数字和规定的特殊符号。

账号注册成功后，不仅可以使用Power BI Desktop功能，也可以使用Power BI在线服务和Power BI Mobile功能。

安装完成，我们便可以开启Power BI Desktop的学习之旅。你准备好了吗？

2.3 认识Power BI Desktop的工作界面

Power BI Desktop的工作界面主要由功能区、视图、画布和报表编辑器等部分组成，如图2-7所示。

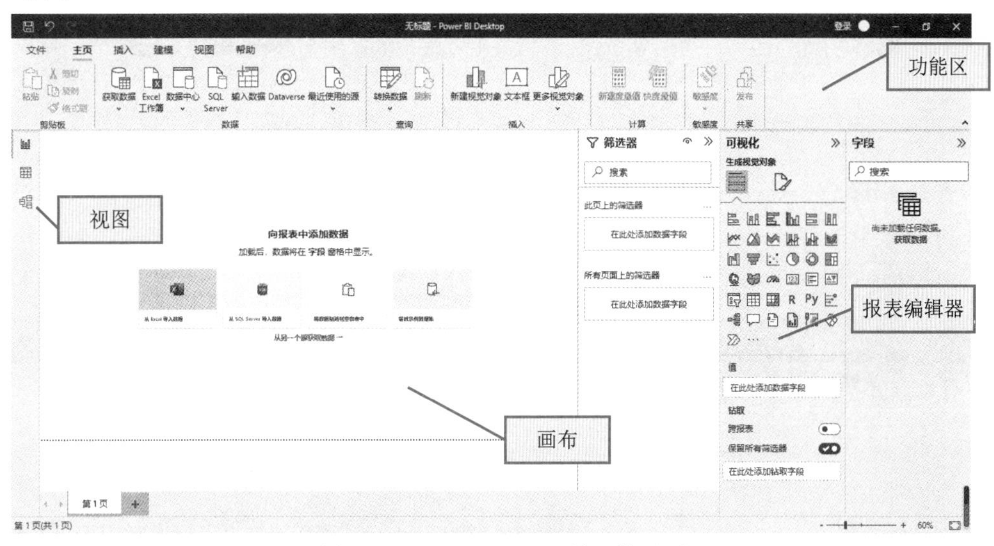

图2-7 Power BI Desktop的工作界面

2.3.1 功能区

功能区位于工作界面的最上方，沿袭了Office套件的一贯风格。功能区中包括“文件”“主页”“插入”“建模”“视图”和“帮助”6个选项卡，选项卡中的功能以功能图标的方式展现。将鼠标停留在某个功能图标处，系统会给出该功能的简要说明。

2.3.2 视图

Power BI Desktop工作界面的左侧为视图类型。Power BI Desktop提供了报表视图、数据视图和模型视图3种不同的视图展现方式。

1. 报表视图

报表视图是系统默认的视图。在报表视图中，可以在画布上创建可视化图表，如图2-8所示。可视化图表中可以包含文本、图形等各种可视化对象。

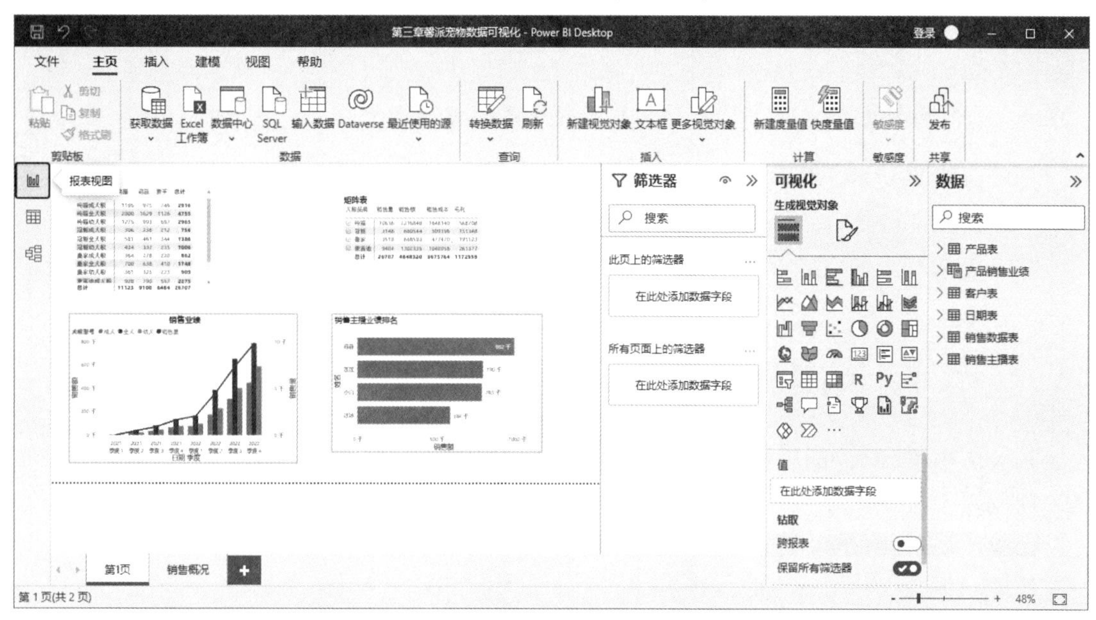

图2-8　报表视图

2. 数据视图

在数据视图中可以显示用于生成可视化图表的数据，如图2-9所示。在数据视图下，用户可以很方便地对数据进行浏览、检查、清洗，以及创建度量值等。

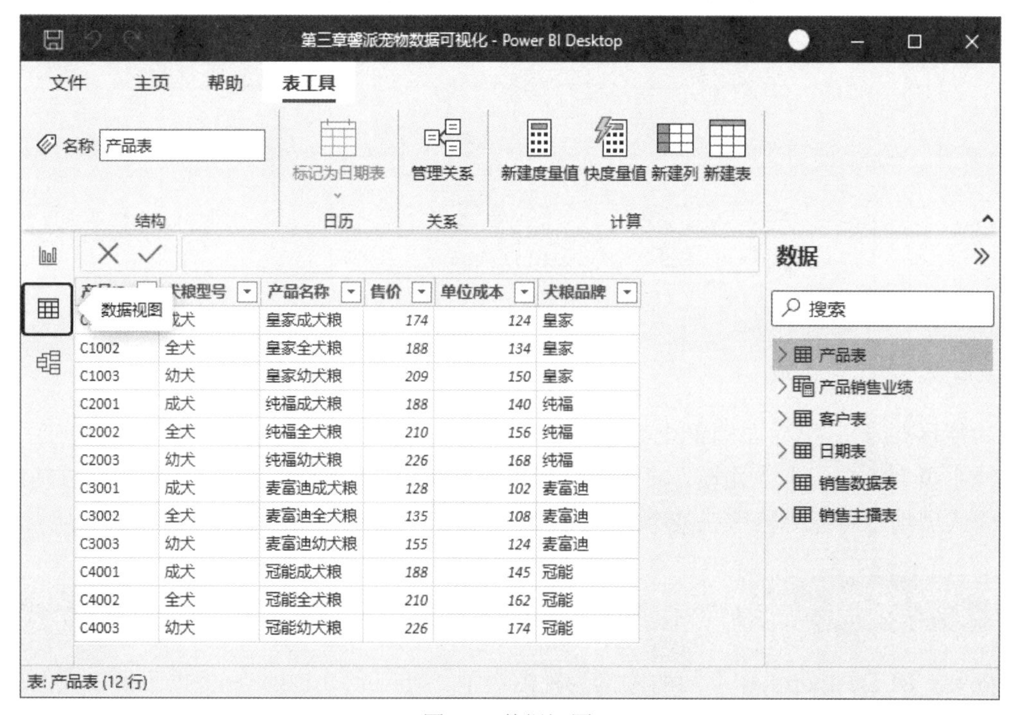

产品ID	犬粮型号	产品名称	售价	单位成本	犬粮品牌
C	成犬	皇家成犬粮	174	124	皇家
C1002	全犬	皇家全犬粮	188	134	皇家
C1003	幼犬	皇家幼犬粮	209	150	皇家
C2001	成犬	纯福成犬粮	188	140	纯福
C2002	全犬	纯福全犬粮	210	156	纯福
C2003	幼犬	纯福幼犬粮	226	168	纯福
C3001	成犬	麦富迪成犬粮	128	102	麦富迪
C3002	全犬	麦富迪全犬粮	135	108	麦富迪
C3003	幼犬	麦富迪幼犬粮	155	124	麦富迪
C4001	成犬	冠能成犬粮	188	145	冠能
C4002	全犬	冠能全犬粮	210	162	冠能
C4003	幼犬	冠能幼犬粮	226	174	冠能

图2-9　数据视图

3. 模型视图

模型视图也称为关系视图，用于显示当前模型中的所有表、列和关系，如图2-10所示。在模型视图中建立或查看表和表之间的关联，即数据建模。

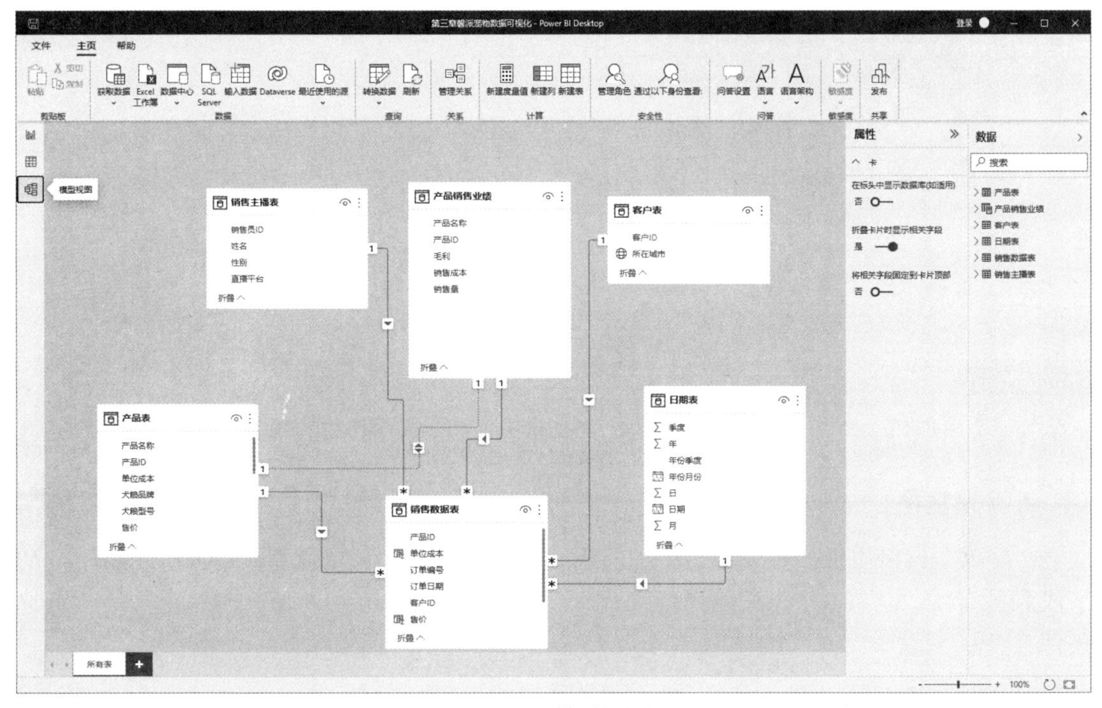

图2-10 模型视图

2.3.3 画布

画布是报表视图中的主要操作区，处在中心位置。在画布上可以创建、叠加和展现可视化效果。

画布下方为页标签，标注了“第1页”等，可以单击 + 按钮创建新页。

2.3.4 报表编辑器

Power BI Desktop工作界面的右侧为报表编辑器，由“可视化”“字段”“筛选器”3个窗格组成。“可视化”窗格和“筛选器”窗格用于控制可视化对象的外观和编辑交互；“字段”窗格则管理用于生成可视化效果的基础数据。

1. 可视化窗格

在“可视化”窗格中可以选择可视化图表的类型，如堆积柱形图、卡片图、表、切片器等，如图2-11所示。

在可视化图表类型下方有3个按钮，如图2-12所示。将鼠标停留在按钮上，会分别显示“字段”“格式”和“分析”。单击“字段”按钮，可对可视化图表的参数进行设置；单击“格式”按钮，可对可视化图表的格式进行设置；单击“分析”按钮，可对可视化图表进行相关分析。

图2-11　可视化图表类型

图2-12　3个按钮

❖ **提示：**

✧　不同的Power BI版本，其“字段”和“格式”的显示按钮有所不同。

2. 字段窗格

“字段”窗格用于显示数据模型中的表、字段和度量值。可以从“字段”窗格中拖动字段到画布或“可视化”窗格创建可视化报表；也可以拖动到“筛选器”窗格构建筛选条件。

3. 筛选器窗格

“筛选器”窗格用于设置基于某字段的视觉筛选器、基于当前页的筛选器和基于本文件所有页面的筛选器。

❖ **提示：**

✧　报表编辑器中各个窗格显示的内容会随着画布中可视化对象的不同而发生变化。

一、判断题

1. Power BI Desktop是一款完全免费的产品，用户可自行下载并将其安装在本地计算机。（　　）

2. 无论计算机操作系统是32位还是64位，都可以安装并运行Power BI Desktop。（　　）

3. 在数据视图中，可以查看表与表之间的关联。（　　）

二、单选题

1. 以下是Power BI 桌面端应用程序的是(　　)。

A. Power BI Desktop　　B. Power BI Pro

C. Power BI Premium　　D. Power BI Mobile

2. 以下图标代表报表视图的是(　　)。

A. 　　B. 　　C. 　　D.

3. 在Power BI在线服务中，无法做到(　　)。

A. 发布报表　　B. 整理转换数据　　C. 查看报表　　D. 分享报表

三、多选题

1. 以下情况中，需要注册Power BI账号的是(　　)。

A. 向Power BI中导入数据　　B. 数据清洗和整理

C. 可视化报表发布　　D. 将报表嵌入Web网站

2. Power BI Desktop中包括的视图类型有(　　)。

A. 数据视图　　B. 报表视图　　C. 透视视图　　D. 发布视图

3. Power BI整合了Excel中的(　　)插件。

A. Power Query　　B. Power Pivot　　C. Power View　　D. Power Map

4. 报表编辑器主要由(　　)窗格组成。

A. 筛选器　　B. 属性　　C. 可视化　　D. 字段

四、问答题

1. Power BI的主要功能有哪些？

2. Power BI的应用流程是怎样的？

3. Power BI Desktop的工作界面包括哪几部分？

第3章

快速应用 Power BI

为了让大家更快地走近Power BI，感受其强大功能带来的冲击，本章先通过一个案例引领大家快速应用Power BI，以激发学生的学习兴趣，获得学习动力。

3.1 背景案例

3.1.1 提出问题

馨派宠物是一家知名的宠物用品连锁企业，主营4种不同品牌的犬粮，每种品牌下又包括3种不同的型号，产品基本情况如表3-1所示。

表3-1 产品基本情况表

犬粮品牌	犬粮型号	产品名称	售价/元	单位成本/元
皇家	成犬	皇家成犬粮	174	124
	全犬	皇家全犬粮	188	134
	幼犬	皇家幼犬粮	209	150
纯福	成犬	纯福成犬粮	188	140
	全犬	纯福全犬粮	210	156
	幼犬	纯福幼犬粮	226	168
麦富迪	成犬	麦富迪成犬粮	128	102
	全犬	麦富迪全犬粮	135	108
	幼犬	麦富迪幼犬粮	155	124
冠能	成犬	冠能成犬粮	188	145
	全犬	冠能全犬粮	210	162
	幼犬	冠能幼犬粮	226	174

馨派宠物目前采用直播销售模式，在赛手、萌品、佳播3个主流直播平台上均开设了直播间，每个直播间有3位主播轮值。主播基本信息如表3-2所示。

表3-2　主播基本信息表

直播平台	主播姓名	性别
赛手	毛毛	女
	露露	女
	小智	男
萌品	佳佳	女
	冰冰	女
	小白	男
佳播	莲莲	女
	菲菲	女
	大卫	男

目前，馨派宠物已开通直播两年，保留了2021年和2022年全年的销售数据，共计26707个记录，如表3-3所示。

表3-3　馨派宠物2021—2022年销售数据表

订单日期	产品名称	销售员	数量	售价/元	单位成本/元	客户ID	流向
2021年1月26日	皇家成犬粮	菲菲	1	174	124	177	北京
2021年1月27日	皇家全犬粮	小白	1	188	134	126	北京
2021年1月29日	皇家幼犬粮	莲莲	1	209	150	159	北京
2021年1月30日	皇家全犬粮	小智	1	188	134	199	北京
2021年2月6日	皇家成犬粮	毛毛	1	174	124	179	北京
2021年2月10日	皇家成犬粮	莲莲	1	174	124	157	北京
……	……	……	……	……	……	……	……
2022年12月30日	麦富迪成犬粮	大卫	1	128	102	3681	岳阳

3.1.2　明确分析需求

1. 管理需求

任何信息系统的开发都源自于企业的管理需求。新的一年到来之际，馨派宠物管理层需要做出关于销售模式、销售渠道、犬粮品牌选择、人员招聘、销售计划、激励政策等方面的决策，因此迫切需要了解以下几个问题。

(1) 三大平台、9个主播的销售业绩如何？

(2) 哪种品牌的犬粮更受欢迎？不同品牌的犬粮中销售最好的是哪个型号？

(3) 女主播更受欢迎还是男主播更受欢迎？

(4) 销售情况与不同年度、季度、月份有关联吗？

(5) 大部分产品都发往哪些城市？

2. 需求解析

决策需要数据支持。我们将上述企业管理需求转化为清晰的数据需求，如表3-4所示。

表3-4 将管理需求转化为数据需求

管理需求	需要的数据支持
三大平台、9个主播的销售业绩如何	按平台、主播进行销售业绩分析
哪种品牌的犬粮更受欢迎？不同品牌的犬粮中销售最好的是哪个型号	按犬粮品牌、犬粮型号进行销售分层分析
女主播更受欢迎还是男主播更受欢迎	按性别对销售额进行比较分析
销售情况与不同年度、季度、月份有关联吗	按照各种日期对销售额进行分层分析
大部分产品都发往哪些城市	进行产品流向分析

通过需求解析可以得出以下结论。

(1) 根据管理需求，所需的数据支持大部分是从不同角度、不同维度对销售额、销售量等数据进行深入的观察与分析。

(2) 管理需求会随着时间、经营情况的变化而变化，我们需要适应各种管理需求的变化，快速地获取、管理数据，并进行数据可视化分析。

针对不同维度、不同角度的数据分析需求，仅仅通过数据表格方式展现很难直观地获取数据背后的信息，我们需要对数据进行可视化分析，并通过交互式分析来探究产生问题的根本原因。Power BI作为一款自助式商业智能分析软件堪当重任。

3.1.3 设计分析框架

1. 了解数据表的类型

在Power BI中，数据表分为事实表和维度表两类。

(1) 事实表主要存放用于度量或计算的数值信息，数据量往往很大，销售数据表就是一个非常典型的事实表。事实表存放数据的基本原则是不管发生多少笔交易都必须如实地记录下来。

(2) 维度表主要存放用于分组或分类的字段信息，数据量较小，产品表、主播基本信息表就是非常典型的维度表。

2. 数据表设计

为了在Power BI中更好地展示和分析数据，根据上述管理需求和数据表规范化设计要求，我们将数据表设计为4个维度表(产品表、客户表、销售主播表、日期表)和一个事实表(销售数据表)。每张数据表都设有一个主键，用于唯一标识数据表中的一条记录，保证数据的完整性。例如，产品表中的“产品ID”、客户表中的“客户ID”、销售主播表中的“销售员ID”、日期表中的“日期”都是所在数据表的主键，被设为主键的字段值是不能重复的，也不能为空值。各数据表的详细信息如下。

(1) 产品表。产品表包括产品ID、犬粮品牌、犬粮型号、产品名称、售价和单位成本6个字段，其中产品ID为主键，如表3-5所示。产品表共有12条产品信息。

表3-5　产品表

产品ID	犬粮品牌	犬粮型号	产品名称	售价/元	单位成本/元
C1001	皇家	成犬	皇家成犬粮	174	124
C1002	皇家	全犬	皇家全犬粮	188	134
C1003	皇家	幼犬	皇家幼犬粮	209	150
C2001	纯福	成犬	纯福成犬粮	188	140
C2002	纯福	全犬	纯福全犬粮	210	156
C2003	纯福	幼犬	纯福幼犬粮	226	168
C3001	麦富迪	成犬	麦富迪成犬粮	128	102
C3002	麦富迪	全犬	麦富迪全犬粮	135	108
C3003	麦富迪	幼犬	麦富迪幼犬粮	155	124
C4001	冠能	成犬	冠能成犬粮	188	145
C4002	冠能	全犬	冠能全犬粮	210	162
C4003	冠能	幼犬	冠能幼犬粮	226	174

(2) 客户表。客户表包括客户ID和所在城市两个字段，其中客户ID为主键，如表3-6所示。客户表共有4637条客户信息。

表3-6　客户表

客户ID	所在城市
101	北京市
102	北京市
103	北京市
……	……
4636	南昌市
4637	南昌市

(3) 销售主播表。销售主播表包括销售员ID、姓名、性别、直播平台4个字段，其中销售员ID为主键，如表3-7所示。销售主播表共有9条销售主播信息。

表3-7　销售主播表

销售员ID	姓名	性别	直播平台
X101	毛毛	女	赛手
X102	露露	女	赛手
X103	小智	男	赛手
X104	佳佳	女	萌品
X105	冰冰	女	萌品
X106	小白	男	萌品
X107	莲莲	女	佳播
X108	菲菲	女	佳播
X109	大卫	男	佳播

(4) 日期表。日期表包括日期、年、月、日、季度、年份季度、年份月份7个字段，其中日期为主键，显示的是2021年1月1日至2022年12月31日期间的所有日期，如表3-8所示。日期表共有730条数据。

表3-8　日期表

日期	年	月	日	季度	年份季度	年份月份
2021年1月1日	2021	1	1	1	2021Q1	2021年1月
2021年1月2日	2021	1	2	1	2021Q1	2021年1月
2021年1月3日	2021	1	3	1	2021Q1	2021年1月
……	……	……	……	……	……	……
2022年12月29日	2022	12	29	4	2022Q4	2022年12月
2022年12月30日	2022	12	30	4	2022Q4	2022年12月
2022年12月31日	2022	12	31	4	2022Q4	2022年12月

(5) 销售数据表。销售数据表包括订单编号、订单日期、产品ID、客户ID、销售员ID、数量6个字段，其中订单编号是主键，订单日期、产品ID、客户ID和销售员ID是4个外键，如表3-9所示。销售数据表共有26707条记录。

表3-9　销售数据表

订单编号	订单日期	产品ID	客户ID	销售员ID	数量
DS0000001	2021年1月26日	C1001	177	X108	1
DS0000002	2021年1月27日	C1002	126	X106	1
DS0000003	2021年1月29日	C1003	159	X107	1
DS0000004	2021年1月30日	C1002	199	X103	1
DS0000005	2021年2月6日	C1001	179	X101	1
DS0000006	2021年2月10日	C1001	157	X107	1
……	……	……	……	……	……
DS0026707	2022年12月30日	C3001	3681	X109	1

❖ 提示：

✧ 为了减少数据冗余、节省数据存储空间，数据表中只存放基本的字段，能够通过计算得到的字段(例如，“金额”可以通过“数量×售价”计算出来)一般不作为表中的固定字段。

✧ 各个数据表通过主键与外键的关联来确定表与表之间的数据关系，例如，客户表中的主键“客户ID”关联销售数据表中的外键“客户ID”，使客户表与销售数据表之间建立关系。

3. 数据表之间的关系

观察以上数据表，我们发现这5个数据表通过4个维度表(产品表、销售主播表、客户表、日期表)中的主键与销售数据表的外键来建立表与表之间的数据关系，如图3-1所示。

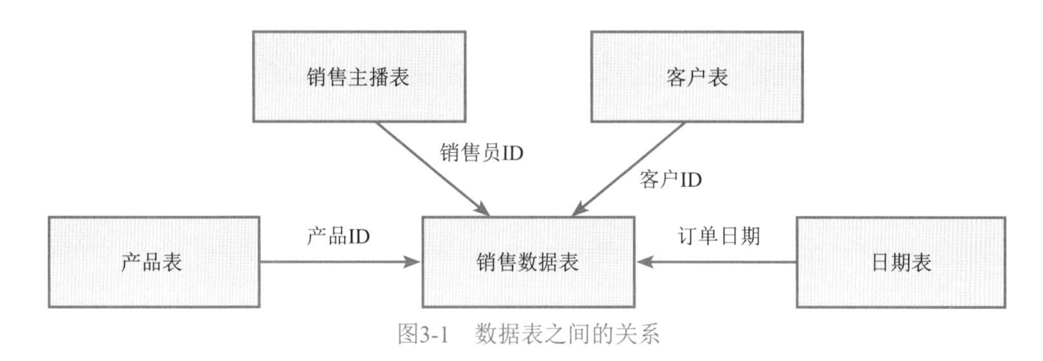

图3-1　数据表之间的关系

在图3-1中可以看出：表示数据表连接的箭头都是单向的，都是由各个维度表指向事实表(销售数据表)。为什么箭头是单向的而不是双向的？这就需要理解维度表的主键和事实表的外键的含义。以产品表为例进行说明，对于产品表而言，“产品ID”为主键，即每个产品的产品ID都能够唯一确定某种产品，此表中的“产品ID”的取值是唯一的、不可重复的；但对于销售数据表而言，“产品ID”这一列是外键，多条销售记录的产品ID的取值是一样的，销售数据表中的“产品ID”的取值是可以重复的。尽管都含有“产品ID”这一列，但其意义在产品表和销售数据表中是有明显区别的，产品表中的某一条记录，通过主键与外键的关联，在销售数据表中可对应一条或多条记录。

❖ 提示：

✧ 维度表与事实表之间的关系往往是一对多的关系，即在Power BI数据建模中，维度表往往是“1”的一端，而事实表则是带有“*”的一端。

3.1.4 确定应用流程

遵循数据分析的基本流程，应用Power BI进行数据分析的过程大致分为以下4个步骤：首先是数据获取；其次是数据整理；再次是数据建模，具体包括识别维度表与事实表(维度表也可以根据需求进行搭建)、建立表与表之间的关系、使用DAX公式构建度量值、新建列等；最后是进行数据可视化分析。

下面我们就以馨派宠物的销售情况为例，按照以上基本流程带领大家快速上手Power BI。

3.2 数据获取

Power BI支持多种数据源格式，可以从Excel、文本/CSV等文件中获取数据，也可以从SQL Server、Access、Oracle等数据库中获取数据，还可以从Web上直接爬取数据。本例将从“馨派宠物.xlsx”Excel文件中获取可视化分析所需的数据(可以通过两种方式获取数据)。

3.2.1 打开Power BI Desktop时获取数据

跟我练3-1 从Excel文件“馨派宠物.xlsx”中获取数据。(源文件：馨派宠物.xlsx)

跟我练3-1

01 启动Power BI Desktop。在打开的初始界面中，单击“获取数据”选项(见图3-2)，打开“获取数据”对话框。

02 选择数据源。在左侧列表中选择“文件”，在右侧列表中选择“Excel工作簿”，单击“连接”按钮，如图3-3所示。

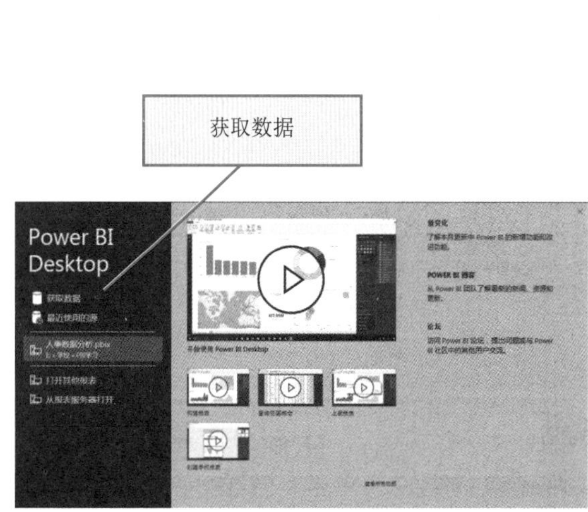

图3-2 初始界面

图3-3 获取Excel文件

03 选择要加载的表。在“打开”对话框中，按照“馨派宠物.xlsx”文件的存放路径找到该文件，单击“打开”按钮，打开“导航器”对话框，选择需要加载的表，如图3-4所示。

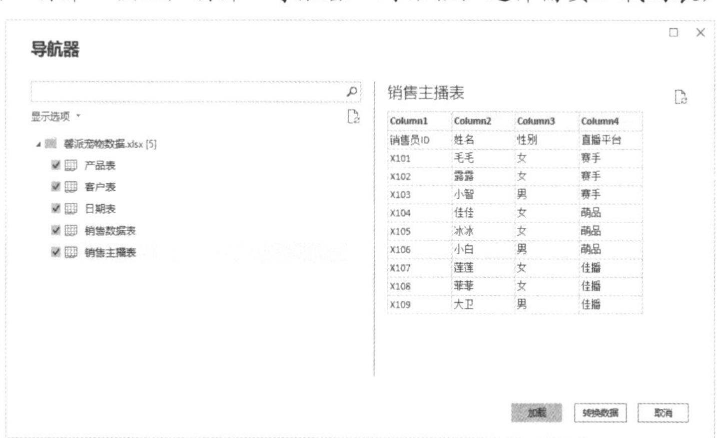

Column1	Column2	Column3	Column4
销售员ID	姓名	性别	直播平台
X101	毛毛	女	赛手
X102	露露	女	赛手
X103	小智	男	赛手
X104	佳佳	女	萌品
X105	冰冰	女	萌品
X106	小白	男	萌品
X107	莲莲	女	佳播
X108	菲菲	女	佳播
X109	大卫	男	佳播

图3-4 在导航器中选择需要加载的表

04 加载。单击“加载”按钮，将文件加载到Power BI Desktop界面中，在“字段”窗格中可以看到已加载的表。

05 查看结果。在“数据视图”下的“字段”窗格中选择不同的表，可以看到对应表中的所有记录。

❖ 提示：

✧　在导航器中单击“转换数据”按钮，将直接进入Power Query界面，便于在Power Qurey 编辑器中对数据进行整理。

3.2.2　进入Power BI Desktop后获取数据

如果直接关闭了Power BI Desktop初始界面，也可以在进入Power BI Desktop后执行“主页”|“获取数据”|“Excel工作簿”命令获取数据，如图3-5所示。在存放路径下找到“馨派宠物.xlsx”文件，选择需要加载的表即可。

在“最近使用的源”下拉列表中也可以找到并打开最近使用过的源数据文件，如图3-6所示。

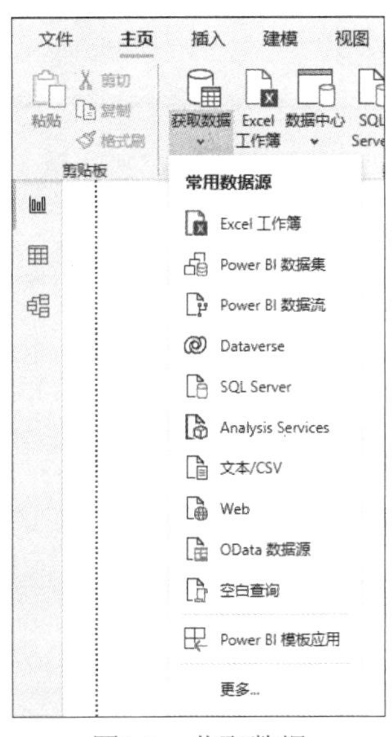

图3-5　获取数据

图3-6　最近使用的源

❖ 提示：

✧　Power BI软件更新速度很快，不同版本的界面显示会有所不同，但是基本功能没有太大变化。

3.3　数据整理

从各种数据源获取的数据多数不能直接用于数据分析，因为可能存在数据缺失、格式不符合要求等情况，因此需要对获取的数据进行清洗和转换，保证数据满足可视化分析的要求。数据整理工作在Power Query编辑器中完成。

跟我练3-2 将馨派宠物“销售主播表”的首行设置为标题，将文件保存为“馨派宠物数据可视化”。(接【跟我练3-1】)

跟我练3-2

01 进入Power Query编辑器界面。在Power BI Desktop主界面中，执行“主页”|“转换数据”命令，进入Power Query编辑器界面，如图3-7所示。

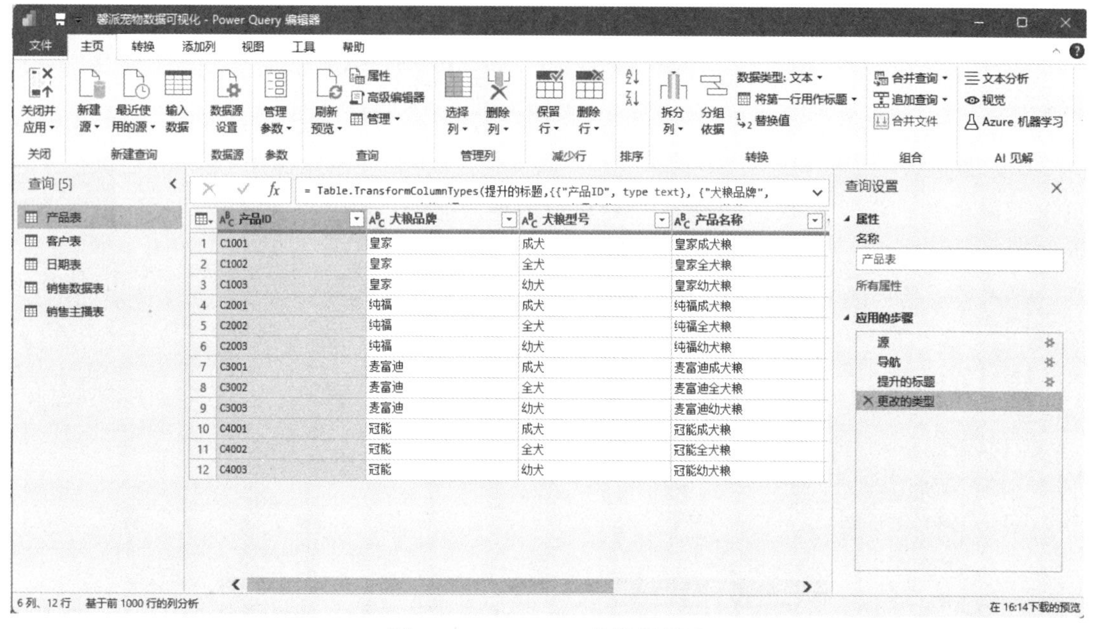

图3-7 Power Query编辑器界面

❖ 提示：

✧ 本案例的数据表是按照数据规范化要求设计的，基本满足数据可视化分析的要求。观察获取的数据表，发现只有销售主播表的标题不符合规范，如图3-8所示。我们需要将第一行数据提升为销售主播表的标题。

	Column1	Column2	Column3	Column4
1	销售员ID	姓名	性别	直播平台
2	X101	毛毛	女	赛手
3	X102	露露	女	赛手
4	X103	小智	男	赛手
5	X104	佳佳	女	萌品
6	X105	冰冰	女	萌品
7	X106	小白	男	萌品
8	X107	莲莲	女	佳播
9	X108	菲菲	女	佳播
10	X109	大卫	男	佳播

图3-8 数据整理前的销售主播表

02 提升标题。在左侧列表中选择“销售主播表”，执行“转换”|“将第一行用作标题”命令(见图3-9)，将第一行数据提升为销售主播表的标题。

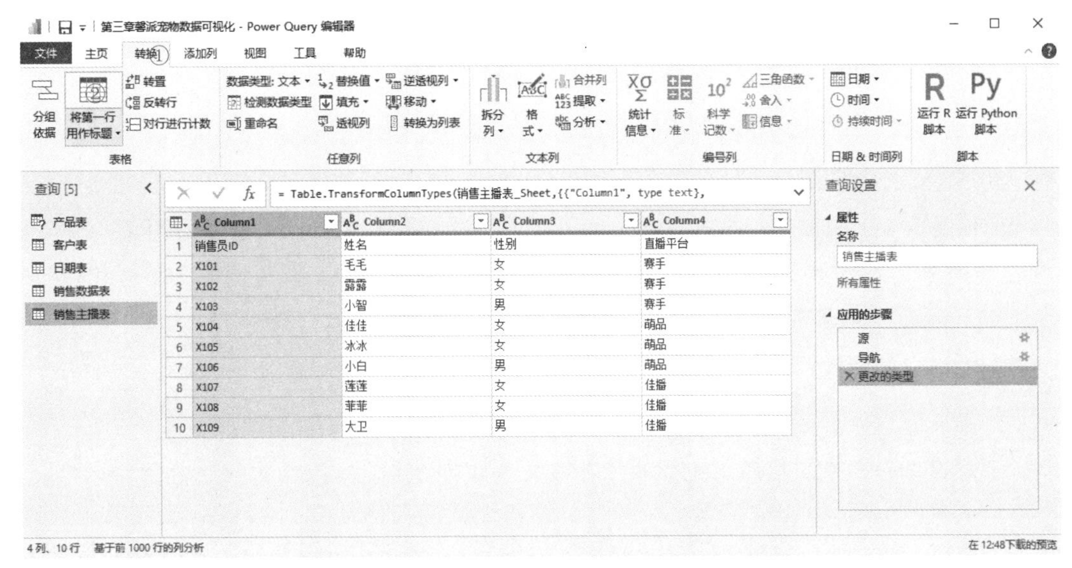

图3-9　将第一行数据提升为销售主播表的标题

❖ 提示：

✧ Power Query编辑器界面右侧的"应用的步骤"列表中记录了对数据进行的每一步操作。

✧ 单击某步骤前的✕按钮，可以撤销该步骤。

03 关闭并应用。在Power Query编辑器中，执行"文件"|"关闭并应用"命令(见图3-10)，即可关闭Power Query编辑器，返回Power BI Desktop主界面。

04 查看结果。在"字段"窗格中选择"销售主播表"，可以看到销售主播表的列标题已经调整，如图3-11所示。

图3-10　关闭并应用

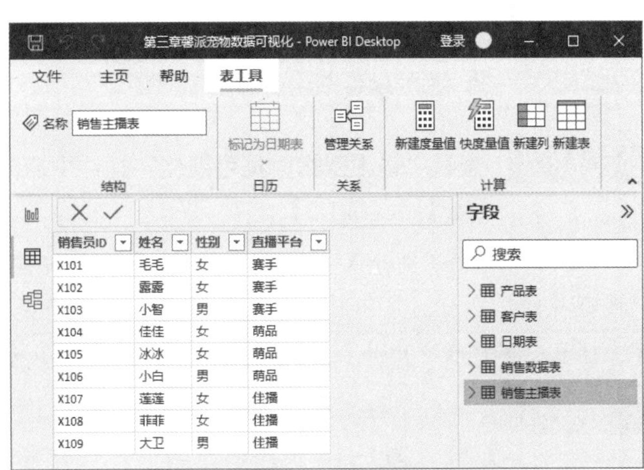

图3-11　查看销售主播表的列标题

❖ 提示：

✧ 关闭并应用：关闭Power Query编辑器，并应用所有挂起的更改。

✧ 应用：不关闭Power Query编辑器，只应用所有挂起的更改。

✧ 关闭：关闭Power Query编辑器，不应用所有挂起的更改。

05 保存Power BI文件。单击左上角的“保存”按钮或执行“文件”|“保存”命令，打开“另存为”对话框，选择存放该文件的路径，将文件名设置为“馨派宠物数据可视化”，将保存类型设置为“Power BI文件(*.pbix)”，单击“保存”按钮。

❖ 提示：

✧ 如果没有保存Power BI文件，第一次关闭Power BI Desktop时，系统也会自动提醒是否保存文件，按照上述步骤保存该文件即可。

✧ 使用Power Query编辑器整理数据后，结果就被存储在Power Query编辑器中，在Power BI Desktop中构建数据模型、使用DAX语言构建度量值、新建列，以及进行可视化设计等操作不会影响Power Query编辑器中整理好的基础数据。

3.4 数据建模

在Power BI中，数据建模就是在事实表与维度表之间创建关联，使分散在不同数据表中的数据在逻辑上形成一张大表，以便根据需求，按照不同维度、不同逻辑灵活地提取各个数据表中的数据进行可视化分析。

数据建模在Power BI的“模型视图”中完成。数据建模有两种途径：自动识别和手动关联。

3.4.1 自动识别关联数据表

跟我练3-3 查看“馨派宠物数据可视化”文件中自动识别的模型视图。(接【跟我练3-2】)

跟我练3-3

01 查看自动识别结果。打开“馨派宠物数据可视化”文件，单击左侧的“模型视图”图标，系统会自动识别表与表之间的关系。如图3-12所示，销售主播表、客户表、产品表与销售数据表自动进行了关联。

❖ 提示：

✧ 在“模型视图”中，标识为“1”的一般是维度表，标识为“*”的一般是事实表。

02 查看表与表的连接。单击表与表之间的连接线，可以看到两个表之间是通过哪个字段连接的。如果自动识别错误，则可以直接删除连接线。

03 移动表的位置。用鼠标拖动数据表的标题行，可以移动表的位置，将维度表和事实表有规律地排列在模型视图中。

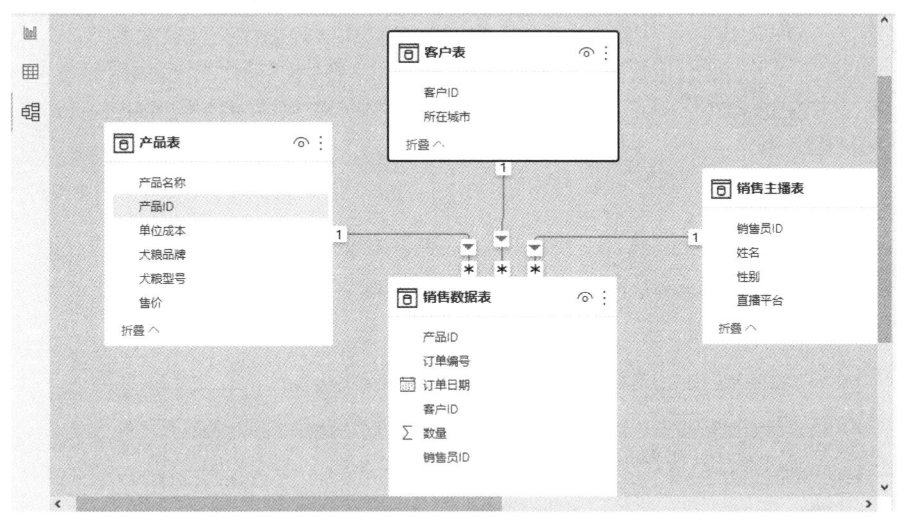

图3-12 模型视图

❖ 提示：

✧ Power BI具有自动识别的功能，获取各个数据表后，在模型视图中会自动关联好一些字段。这些自动关联的字段往往是列名等数据类型高度匹配的字段，如客户表中的“客户ID”与销售数据表中的“客户ID”。

3.4.2 手动关联数据表

跟我练3-4 在未关联的“日期表”与“销售数据表”之间建立关系。(接【跟我练3-3】)

跟我练3-4

01 打开“管理关系”对话框。在“模型视图”中，执行“主页”|“管理关系”命令，打开“管理关系”对话框，如图3-13所示。

图3-13 “管理关系”对话框

02 创建关系。单击“新建”按钮，打开“创建关系”对话框。在第一个下拉列表中选择“日期表”，单击选中“日期”列；在第二个下拉列表中选择“销售数据表”，单击选中“订单日期”列，基数自动识别为“一对多(1:*)”，单击“确定”按钮，如图3-14所示。

图3-14 创建关系

03 查看结果。在“模型视图”中可以看到日期表和销售数据表之间建立了关联，如图3-15所示。

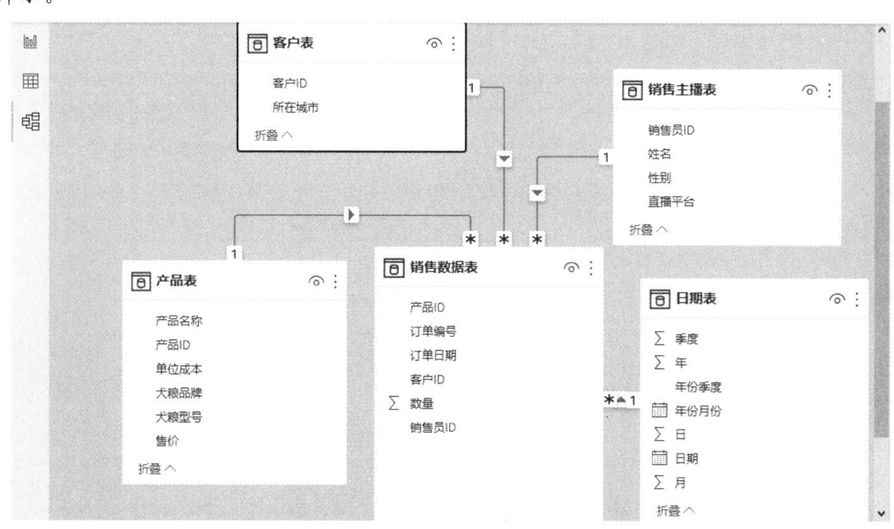

图3-15 手动关联数据表

❖ 提示：

✧ 可以在“模型视图”中将日期表中的“日期”字段直接拖动到销售数据表的“订单日期”字段处，将这两张表直接建立关联。

✧ 如果想切断两张表之间的关联，则可以右击两张表之间的连接线，在快捷菜单中选择“删除”命令。

3.4.3 数据模型的应用效果展示：矩阵表

跟我练3-5 新建矩阵表，用来统计分析不同直播平台、不同产品的销售情况。(接【跟我练3-4】)

跟我练3-5

01 新建矩阵表。在“报表视图”中，单击“可视化”窗格中的“矩阵表”图标，画布中便会出现一个“矩阵表”视觉对象。

02 字段设置。单击“可视化”窗格中的“字段”按钮，在“字段”窗格中，将产品表中的“产品名称”拖动到“行”；将销售主播表中的“直播平台”拖动到“列”；将销售数据表中的“数量”拖动到“值”，如图3-16所示。

03 查看矩阵表。从构建完成的矩阵表中能够直观地看到不同产品在不同直播平台的销售情况，如图3-17所示。

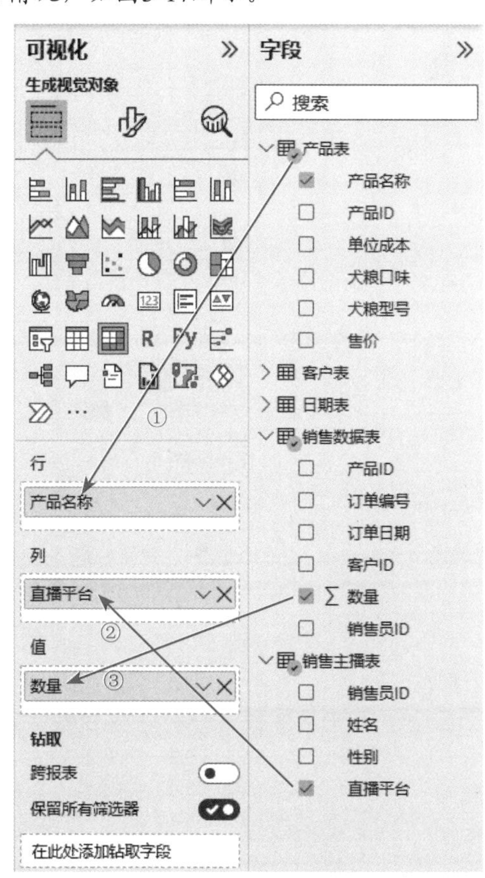

图3-16 字段设置

产品名称	快播	萌品	赛手	总计
纯福成犬粮	1195	975	746	**2916**
纯福全犬粮	2000	1629	1126	**4755**
纯福幼犬粮	1275	993	697	**2965**
冠能成犬粮	306	238	212	**756**
冠能全犬粮	581	461	344	**1386**
冠能幼犬粮	434	337	235	**1006**
皇家成犬粮	364	278	220	**862**
皇家全犬粮	700	638	410	**1748**
皇家幼犬粮	361	325	223	**909**
麦富迪成犬粮	928	790	557	**2275**
麦富迪全犬粮	1935	1625	1133	**4693**
麦富迪幼犬粮	1044	811	581	**2436**
总计	**11123**	**9100**	**6484**	**26707**

图3-17 矩阵表

❖ 提示：

✧ 矩阵表中的行值、列值可以来源于任何数据表中的维度数据，不局限于某一张数据表。根据需求可以灵活更换矩阵表的行值、列值，从不同角度、不同维度观察、统计和分析数据。

04 格式设置。单击“可视化”窗格中的“格式”按钮，可以对矩阵表的格式进行设置，包括视觉对象格式(见图3-18)和常规格式(见图3-19)两方面。在这里我们仅对“矩阵表”的标题进行设置，执行“常规”|“标题”命令，单击“标题”右侧的按钮，使其变成状态，将“文本”设置为“矩阵表”，同时还可以修改字体、文本颜色、背景色、水平对齐方式等，如图3-20所示。

图3-18 视觉对象格式

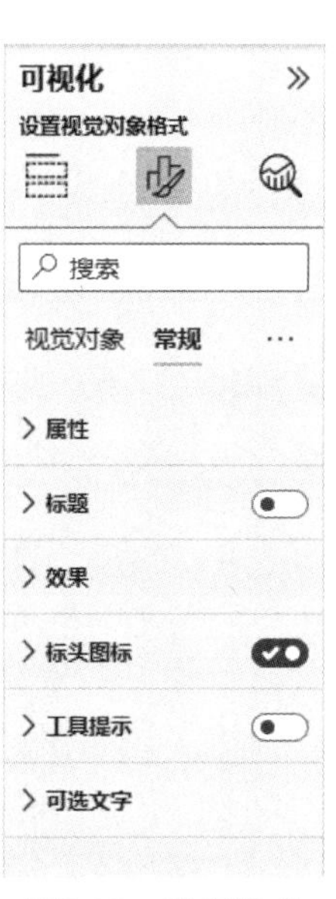

图3-19 常规格式

图3-20 设置标题

❖ 提示：

✧ 不同视觉对象在格式和字段设置上都有所不同。

✧ 有些视觉对象除了需要进行格式和字段设置外，还可以单击“分析”按钮，设置相关参数，进行数据分析。

3.4.4 使用DAX公式新建列、度量值、表

我们在进行数据分析时，通常需要用到销售量、销售额、毛利、利润、客户数量等数据，这些数据在当前数据表中并不存在，只有在已有数据的基础上进行计算、加工，才能得到进行可视化分析所需要的全部数据。

Power BI Desktop中用于进行数据计算的公式语言是DAX(data analysis expression，数据分析表达式)。利用DAX语言，可以新建度量值、列和表。本节主要学习与案例相关的SUM、SUMX、DISTINCTCOUNT、RELATED、SUMMAREZE等几个常用DAX公式的运用。Power BI中的DAX公式的具体类型与用法将在第6章中系统介绍。

在本案例中，为了满足数据分析的需要，应新建列并计算一些基本的度量值，表3-10列示了需要新建的列及度量值的计算公式。

表3-10 DAX公式及公式说明

新建列/度量值	列/度量值名称	DAX公式	公式说明
新建列	售价(销售数据表)	售价=RELATED('产品表'[售价])	销售数据表中新增“售价”列，取自产品表“售价”列
	单位成本(销售数据表)	单位成本= RELATED('产品表'[单位成本])	销售数据表中新增“单位成本”列，取自产品表“单位成本”列
度量值	销售量	销售量=SUM('销售数据表'[数量])	对销售数据表中的“数量”列求和
	销售额	销售额=SUMX('销售数据表',[数量]*[售价])	将销售数据表中每一行的数量和售价相乘后，再求和
	销售成本	销售成本= SUMX('销售数据表',[数量]*[单位成本])	将销售数据表中的“数据”列和“单位成本”列相乘后，再求和
	毛利	毛利=[销售额]-[销售成本]	度量值销售额减去度量值销售成本
	客户数量	客户数量=DISTINCTCOUNT('销售数据表'[客户ID])	对销售数据表中出现的顾客数量进行统计
	客户平均销售额	客户平均销售额=DIVIDE([销售额],[客户数量])	计算客户的平均销售额

下面我们在“数据视图”中进行新建列、新建度量值及新建表的操作。

1. 新建列

销售数据表中已有“数量”列，现在需要新建“售价”和“单位成本”两列，以方便生成销售额和销售成本，进而计算销售毛利。销售额和销售成本的计算公式如下。

```
销售额=售价*数量
销售成本=单位成本*数量
```

“售价”和“单位成本”被存储在产品表中，现在，我们需要利用RELATED函数在销售数据表中创建“售价”和“单位成本”两列。

知识点：RELATED函数

- 函数格式

RELATED(<column>)

- 函数功能

把维度表中的数据匹配到事实表中，返回一列。

- 函数参数

column：维度表中的列。

- 注意事项

维度表和事实表必须已经建立关联。

跟我练3-6 在销售数据表中新建“售价”和“单位成本”两列。(接【跟我练3-5】)

跟我练3-6

01 打开文件。在Power BI Desktop中打开“馨派宠物数据可视化”文件，单击左侧的“数据视图”图标，进入数据视图。

02 选择销售数据表。单击“字段”窗格中的“销售数据表”，“数据视图”中便会显示销售数据表中的所有记录。

03 新建列。执行“主页”|“新建列”命令，或者执行“表工具”|“新建列”命令，销售数据表中会新增一“列”。

04 输入DAX公式。在公式编辑栏中输入“售价= related ('产品表'[售价])”，如图3-21所示。等号左边的“售价”是新建列的列名，等号右边是DAX公式。

05 确认公式。单击✓按钮或按回车键，按照公式从产品表中引入了“售价”列。从图3-21中可以看到，销售数据表中的“售价”列前面有图标。

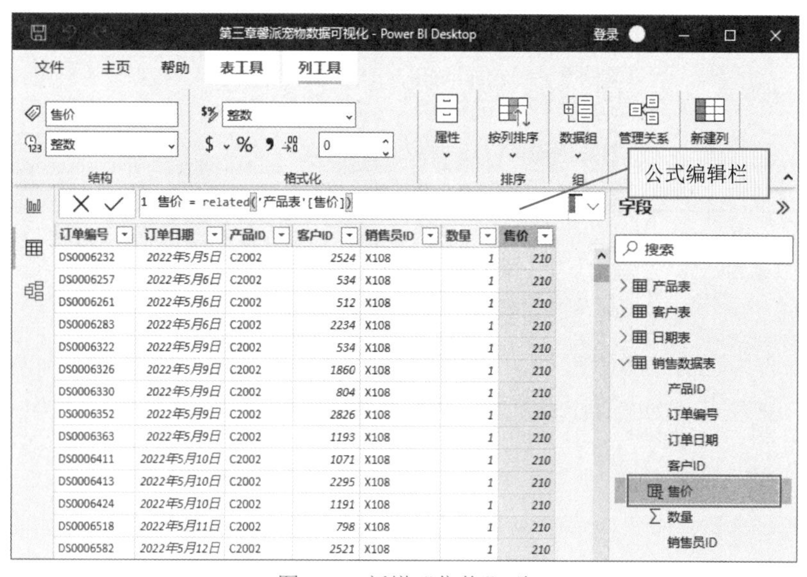

图3-21 新增“售价”列

06 继续新建列。在公式编辑栏中输入“单位成本 = related ('产品表'[单位成本]) ”，如图3-22所示。

1 单位成本 = related('产品表'[单位成本])

号	订单日期	产品ID	客户ID	销售员ID	数量	售价	单位成本
232	2022年5月5日	C2002	2524	X108	1	210	156
257	2022年5月6日	C2002	534	X108	1	210	156
261	2022年5月6日	C2002	512	X108	1	210	156
283	2022年5月6日	C2002	2234	X108	1	210	156
322	2022年5月9日	C2002	534	X108	1	210	156
326	2022年5月9日	C2002	1860	X108	1	210	156
330	2022年5月9日	C2002	804	X108	1	210	156
352	2022年5月9日	C2002	2826	X108	1	210	156
363	2022年5月9日	C2002	1193	X108	1	210	156

字段
搜索
产品表
客户表
日期表
销售数据表
产品ID
单位成本
订单编号

图3-22　新增“单位成本”列

❖ 提示：

- ✧ 新建的列既在“数据视图”和“模型视图”中显示，也在“字段”窗格的数据表中显示。
- ✧ RELATED函数属于关系函数，使用该函数的前提是当前表(销售数据表)和具有相关信息的表(产品表)之间必须关联。通过在RELATED函数中指定包含所需数据的列(如'产品表'[售价])，从相关表的指定列中提取值。如果两张表并未关联，则必须建立关联。
- ✧ 在编写DAX函数时，Power BI系统具有智能提示功能，使DAX公式编写更加方便、快捷。

2. 新建度量值

在Power BI中，度量值被称作是数据建模的“灵魂”，其重要性不言而喻。度量值是用DAX公式创建的一个虚拟字段的数据值，它不会改变源数据，也不会改变数据模型，并且度量值还会随着选择维度的不同而发生变化。我们只有将度量值运用到可视化数据分析中，它才会发挥巨大作用。同时，度量值也是我们创建交互式报表不可或缺的元素。

本例中，使用DAX公式构建销售量、销售额、销售成本、毛利、客户数量等度量值。

知识点：SUMX函数

○ 函数格式

SUMX(<table>, <expression>)

○ 函数功能

SUMX迭代第一个参数中指定的表，一次一行，并完成第二个参数中指定的计算。

○ 函数参数

table：要进行运算的表。

expression：对表中的每一行进行计算的表达式。

跟我练3-7　在“馨派宠物数据可视化”文件的产品表中新建销售量、销售额、销售成本、毛利等度量值。(接【跟我练3-6】)

跟我练3-7

销售量=SUM('销售数据表'[数量])

销售额=SUMX('销售数据表', [数量]*[售价])

销售成本= SUMX('销售数据表', [数量]*[单位成本])

毛利=[销售额]-[销售成本]

客户数量=DISTINCTCOUNT('销售数据表'[客户ID])
客户平均销售额=DIVIDE([销售额],[客户数量])

❖ 提示:

✧ DISTINCTCOUNT()函数用于对列中的非重复值数目进行计数。
✧ "毛利"度量值是基于前面新建的度量值而创建的。

01 新建度量值。在"数据视图"中选择产品表，执行"主页"|"新建度量值"命令，在公式编辑栏中输入"销售量=sum('销售数据表'[数量])"，如图3-23所示。

02 确认。单击✓按钮或按回车键，产品表的字段列表中增加了度量值"销售量"，且前面有图标，如图3-23所示。

03 新建其他度量值。在产品表中分别新建销售额、销售成本、毛利、客户数量、客户平均销售额等度量值。

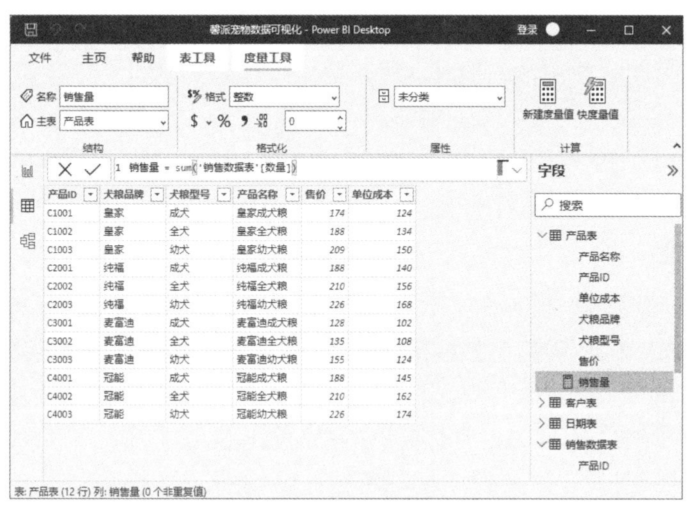

图3-23 新建度量值"销售量"

❖ 提示:

✧ 新建的度量值会在"字段"窗格的数据表中显示。
✧ 将度量值存放在任何数据表中，都不影响度量值的使用，为了方便查找、引用，我们常常将其集中存放在一张表中(本例的度量值都集中放在了"产品表"中),也可以在Power BI中新建一张空表专门用来存放各种度量值。
✧ 在书写DAX公式时，除了汉字，其他的符号都应该在英文状态下书写。在DAX公式中引用的表名用单引号' '引起来，引用的列名或度量值用方括号[]括起来。

3. 新建表

在Power BI中，不仅可以使用DAX公式新建列和度量值，还可以使用DAX函数中的表操作函数来创建表，常见的表操作函数有VALUES、ADDCOLUMNS、SUMMARIZE、SUMMARIZECOLUMNS、FILTER、TOPN等。

知识点：SUMMARIZE函数

❍ 函数格式

SUMMARIZE (<table>, <groupBy_ColumnName>[, <groupBy_ColumnName>]…[, <name>, <expression>]…)

❍ 函数功能

返回整个表或具有一列或多列的表，包含分组列参数所指定的列，以及新建的派生列。

❍ 函数参数

ColumnName：现有列的列名。

name：定义结果中新列的名称，需使用双引号引起来。

expression：定义了为新列的每一行计算数值的表达式。

跟我练3-8 在“馨派宠物数据可视化”文件中新建“产品销售业绩表”，由产品ID、产品名称、销售量、销售成本和毛利构成。(接【跟我练3-7】)

跟我练3-8

01 新建表。在“数据视图”中，执行“主页”|“新建表”命令，在公式编辑器中输入“产品销售业绩表 = SUMMARIZE ('产品表',[产品ID],[产品名称],"销售量",[销售量],"销售成本",[销售成本],"毛利",[毛利])”。

02 查看结果。单击✓按钮或按回车键，“数据视图”中便会出现一张新表“产品销售业绩表”，如图3-24所示。在“字段”窗格中，新建的“产品销售业绩表”前面有图标，如图3-25所示。

产品ID	产品名称	销售量	销售成本	毛利
C1001	皇家成犬粮	862	106888	43100
C1002	皇家全犬粮	1748	234232	94392
C1003	皇家幼犬粮	909	136350	53631
C2001	纯福成犬粮	2916	408240	139968
C2002	纯福全犬粮	4755	741780	256770
C2003	纯福幼犬粮	2965	498120	171970
C3001	麦富迪成犬粮	2275	232050	59150
C3002	麦富迪全犬粮	4693	506844	126711
C3003	麦富迪幼犬粮	2436	302064	75516
C4001	冠能成犬粮	756	109620	32508
C4002	冠能全犬粮	1386	224532	66528
C4003	冠能幼犬粮	1006	175044	52312

图3-24 产品销售业绩表

字段
搜索
产品表
产品销售业绩表
产品名称
产品ID
∑ 毛利
∑ 销售成本
∑ 销售量
客户表
日期表
销售数据表
销售主播表

图3-25 查看新建表的图标

❖ 提示：

✧ 在Power BI Desktop中使用DAX公式新建的表是虚拟表，其数据依然来源于产品表、销售数据表等基本表。

✧ 虚拟表不会改变基本表的内容，也不在Power Query编辑器中显示。

✧ 在Power BI Desktop中新建的虚拟表的性能与其他基本表一样，可以直接运用到数据建模中。如图3-26所示，可以将新建的“产品销售业绩表”与其他基本表进行关联。

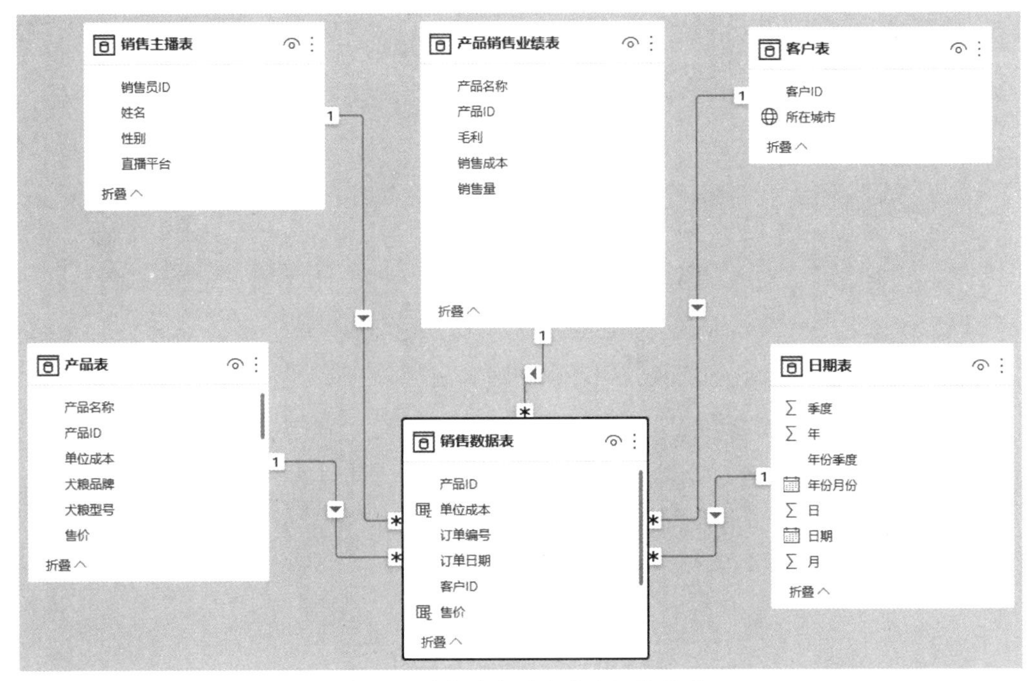

图3-26 虚拟表与基本表之间的关联

3.5 数据可视化分析

数据可视化分析，是指在Power BI“报表视图”的画布中插入各种视觉对象来展示和分析数据。Power BI“可视化”窗格中提供了丰富的视觉对象，如图3-27所示。另外，我们还可以单击“可视化”窗格中的…按钮，获取更多视觉对象。

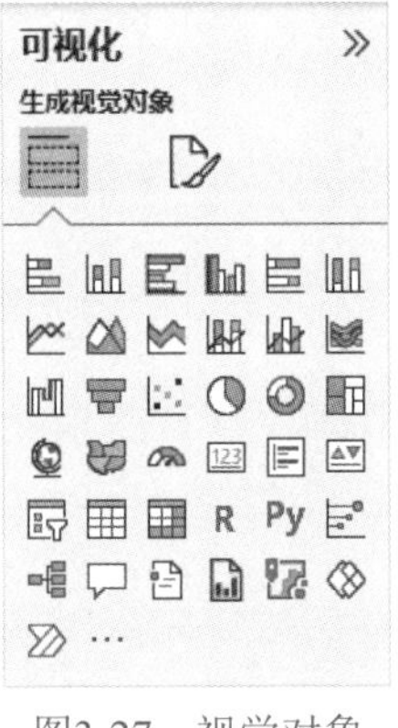

图3-27 视觉对象

❖ 提示：

✧ 我们可以登录https://app.powerbi.com/visuals网站下载自定义视觉对象，然后以文件导入的形式将其导入Power BI，也可以注册并登录Power BI服务，直接在线获取自定义视觉对象，详情见第7章。

在本例中，我们使用折线和簇状柱形图、饼图、环形图、簇状条形图、瀑布图、仪表图、多行卡和卡片图等常用视觉对象，制作如图3-28所示的“馨派宠物销售概况”可视化分析报告。

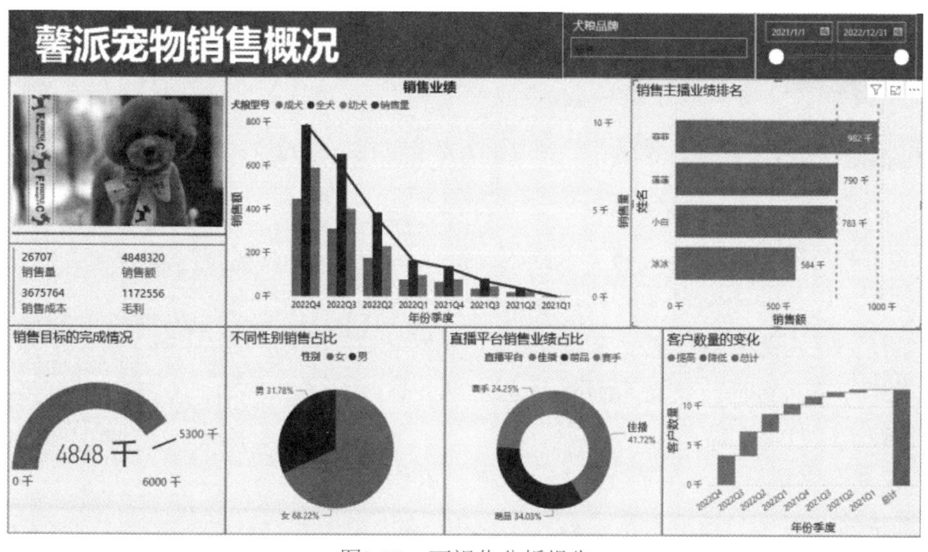

图3-28　可视化分析报告

3.5.1　设置报表页面格式

在Power BI中，可视化设计是从一张白色画布开始的，为了使可视化分析报告更具有观赏性，我们可以根据自己的喜好和需求对画布背景、壁纸、筛选器窗格、筛选器卡等报表页面格式进行设置。在本例中，我们只对画布背景做简单设置。

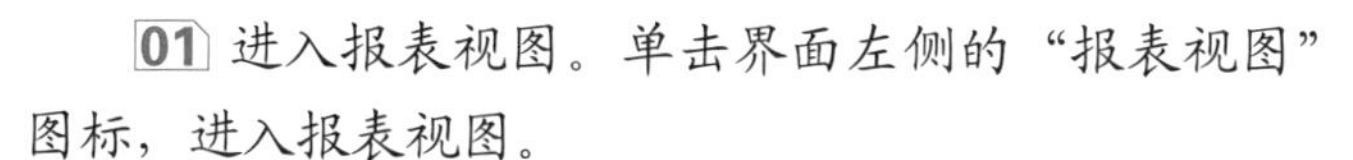

跟我练3-9　在报表页面中新增一页，改名为“销售概况”，并将此报表页面中的白色画布设置为浅灰色。(接【跟我练3-8】)

跟我练3-9

01 进入报表视图。单击界面左侧的“报表视图”图标，进入报表视图。

02 新增页面。单击“报表视图”下方的 + 按钮，在新增的报表页面的名称上右击，在快捷菜单中选择“重命名页”命令，输入“销售概况”。

03 设置报表页面格式。单击“可视化”窗格中的“格式”按钮，再单击“画布背景”，展开“画布背景”的格式设置内容，选择颜色为“白色，10%较深”，设置透明度为50%，如图3-29所示。

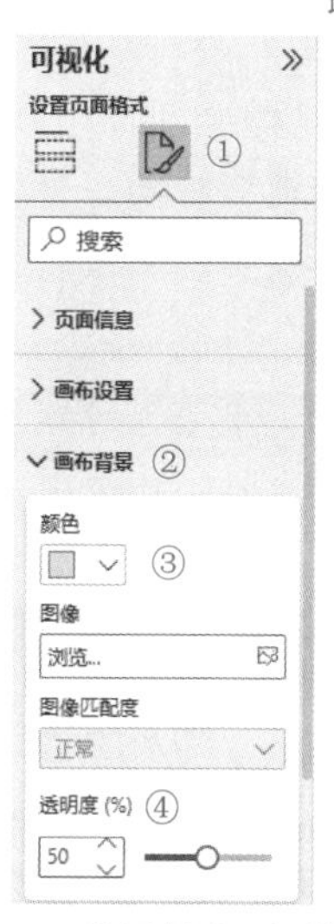

图3-29　设置报表页面格式

❖ 提示：

✧ 双击报表页名称，可以直接修改页名。

3.5.2 插入文本框、图片和线条

为了使可视化分析报告更完整、更美观，可以根据可视化报告的布局设置标题或插入图片等，这会用到插入文本框、图片、线条等功能。

1. 插入文本框

跟我练3-10

跟我练3-10 插入文本框，设置报告主题。(接【跟我练3-9】)

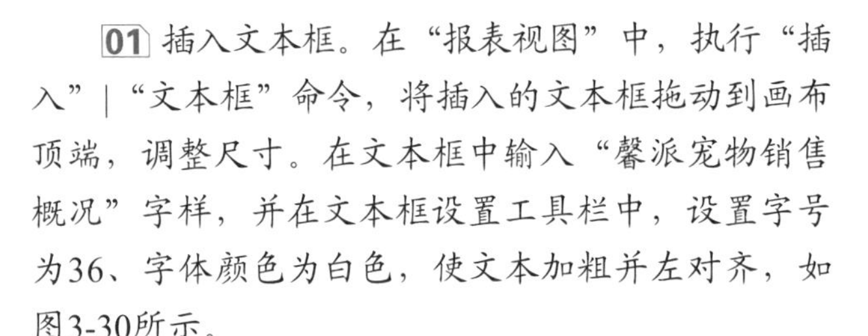

01 插入文本框。在“报表视图”中，执行“插入”|“文本框”命令，将插入的文本框拖动到画布顶端，调整尺寸。在文本框中输入“馨派宠物销售概况”字样，并在文本框设置工具栏中，设置字号为36、字体颜色为白色，使文本加粗并左对齐，如图3-30所示。

02 设置文本框格式。在界面右侧“设置文本框格式”窗格的“常规”选项卡中，展开“效果”格式设置内容，设置背景颜色为深灰色、透明度为0，如图3-31所示。

图3-30 设置文本格式

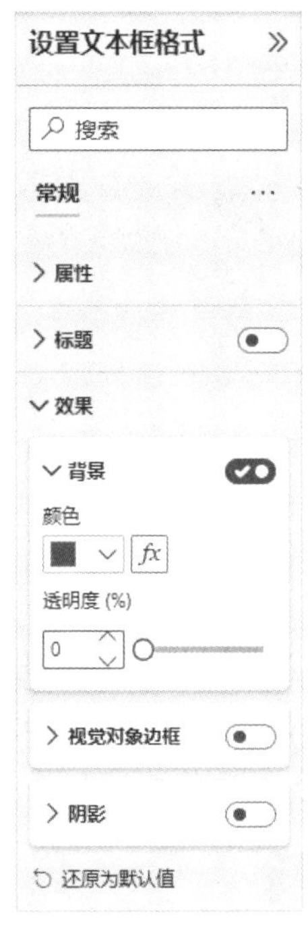

图3-31 设置文本框格式

❖ 提示：

- ✧ 在Power BI中，将鼠标指针放在插入的文本框、按钮、图片及可视化图表的边框上进行拖动，可以灵活地改变其大小。
- ✧ 当选中文本框时，会显示文本框设置工具栏。
- ✧ 将鼠标指针指向文本框时，文本框右下角会出现···按钮，单击该按钮，选择“删除”命令，可以删除文本框。

2. 插入图片、线条

跟我练3-11 在可视化分析报告中插入“小狗图片”展现行业特性，并在图片下方插入一条直线。(接【跟我练3-10】)

跟我练3-11

01 插入图片。在“报表视图”中，执行“插入”|“图像”命令，在“打开文件”对话框中选择所要插入的图片文件，单击“打开”按钮。将“小狗图片”拖动到画布左上角的位置，并调整尺寸。

02 插入直线。执行“插入”|“形状”命令，选择“直线”，画布中会出现一条直线，修改直线的尺寸，并将其放置到图片下方。

3.5.3 插入折线和簇状柱形图

折线和簇状柱形图可以同时反映两组数据随着时间的变化而发生变化的情况。在本例中，我们使用折线和簇状柱形图分析不同型号犬粮的销售量与销售额随着时间的变化而变化的趋势。

跟我练3-12 插入折线和簇状柱形图，反映不同型号犬粮的销售量和销售额随年份季度的变化情况。(接【跟我练3-11】)

跟我练3-12

01 插入折线和簇状柱形图。在“报表视图”中，单击“可视化”窗格中的“折线和簇状柱形图”图标，在画布中插入一个“折线和簇状柱形图”视觉对象。

02 字段设置。单击“可视化”窗格中的“字段”按钮，将日期表中的“年份季度”拖动到“X轴”，将度量值“销售额”拖动到“列Y轴”，将度量值“销售量”拖动到“行Y轴”，将产品表中的“犬粮型号”拖动到“列图例”，如图3-32所示。

03 格式设置。单击“可视化”窗格中的“格式”按钮，在“常规”选项卡中执行“标题”|“文本”命令，在文本框中输入“销售业绩”，设置水平对齐方式为“居中”；执行“效果”|“背景”命令，将透明度设置为100%；执行“效果”|“视觉对象边框”命令，单击“视觉对象边框”右侧的按钮，使其变成状态，设置视觉对象边框线，如图3-33所示。

图3-32　字段设置

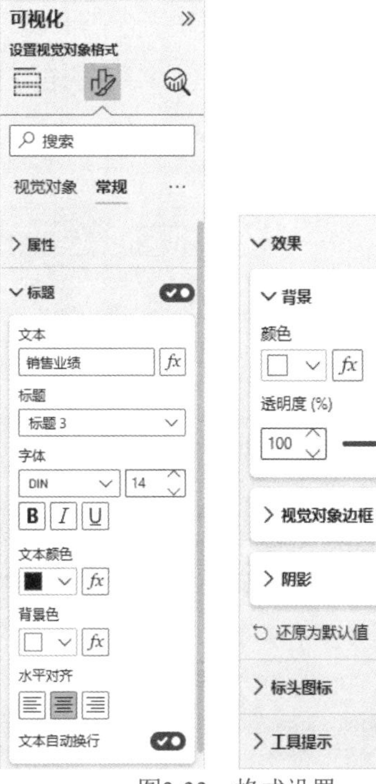

图3-33　格式设置

04 调整大小和位置。调整图形的大小和位置，即可得到如图3-34所示的销售业绩图。

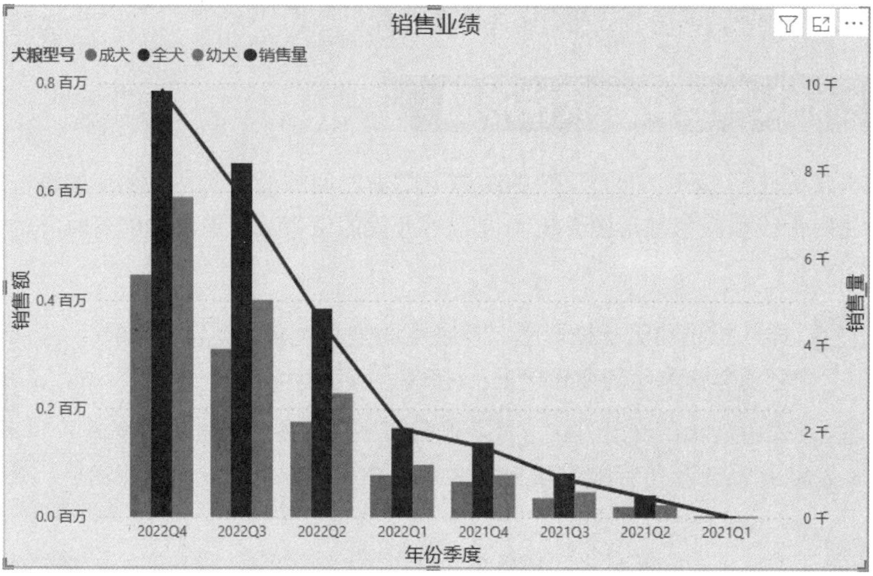

图3-34　销售业绩图

❖ 提示：

✧ 在“可视化”窗格中单击“格式”按钮，一般会出现“视觉对象”和“常规”两个选项卡。“视觉对象”选项卡用于设置X轴、Y轴、图例、网格线、数据标签、序列标签等格式；“常规”选项卡用于设置图表的属性、标题、效果、工具提示等常规格式。

✧ Power BI中的条形图、柱形图，可以根据图表字段的设置情况，单击其右上角的⋯按钮进行排序。例如，在新建的“销售业绩图”中，数据可以按照“轴”和“图例”两种方式进行排列，系统默认的是按照轴中的“销售额”降序进行排列，如图3-35所示。

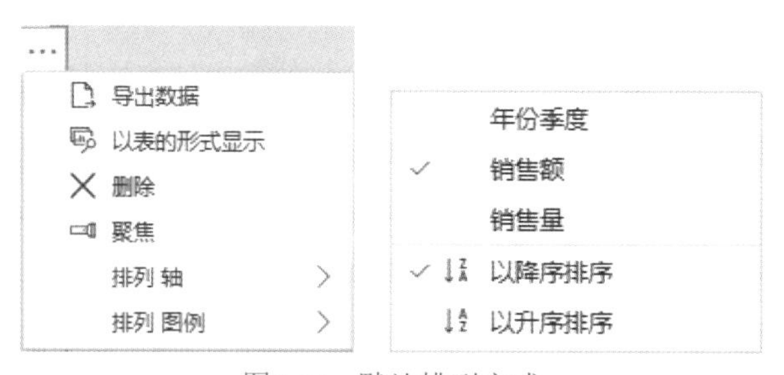

图3-35　默认排列方式

05 排序设置。选择“销售业绩图”，单击其右上角的⋯按钮，在弹出的菜单中，执行“排列轴”|“年度季度”命令；继续单击图表右上角的⋯按钮，在弹出的菜单中，执行“排列轴”|“以升序排列”命令。最终，图表中的数据变成按轴中的“年份季度”升序进行排列，如图3-36所示。

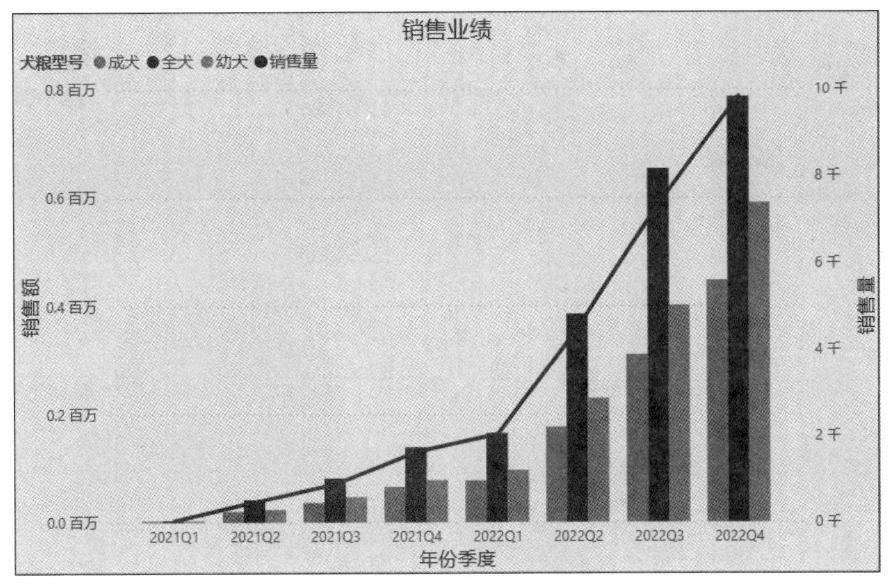

图3-36 排序后的销售业绩图

3.5.4 插入饼图和环形图

环形图是饼图的一种变化形式，这两种图表主要是用来表示数据的构成情况。在本例中，我们将使用饼图分析不同性别的销售人员的销售情况，使用环形图分析不同直播平台的销售业绩构成情况。

1. 插入饼图

跟我练3-13 插入饼图，反映不同性别的销售人员的销售占比情况。(接【跟我练3-12】)

跟我练3-13

01 插入饼图。在报表视图的“销售概况”页面中，单击“可视化”窗格中的“饼图”图标，在画布中插入一个“饼图”视觉对象。

02 字段设置。单击“可视化”窗格中的“字段”按钮，将销售主播表中的“性别”拖动到“图例”，将度量值“销售额”拖动到“值”，如图3-37所示。

03 格式设置-视觉对象。单击“可视化”窗格中的“格式”按钮，在“视觉对象”选项卡中执行“图例”|“选项”命令，将位置设置为“靠上居中”；继续执行“详细信息标签”|“选项”命令，将标签内容设置为“类别，总百分比”。

04 格式设置-常规。在“常规”选项中执行“标题”|“文本”命令，在文本框中输入“不同性别销售占比”；执行“效果”|“背景”命令，设置透明度为100%；执行“效果”|“视觉对象边框”命令，单击“视觉对象边框”右侧的按钮，使其变成状态，设置视觉对象边框线。最终，反映不同性别的销售人员的销售占比情况的饼图如图3-38所示。

05 调整位置和大小。调整饼图的位置和大小。

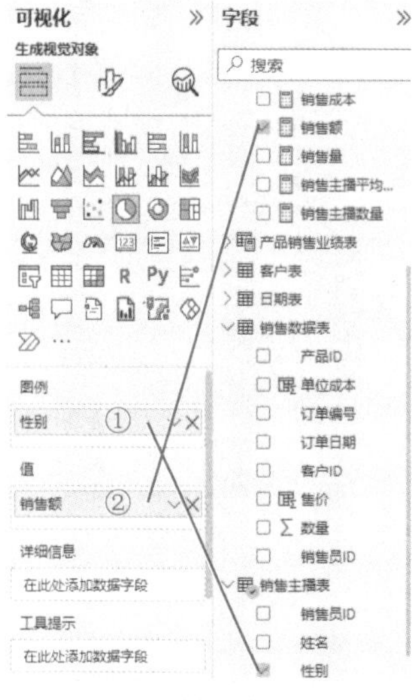

图3-37　饼图字段设置

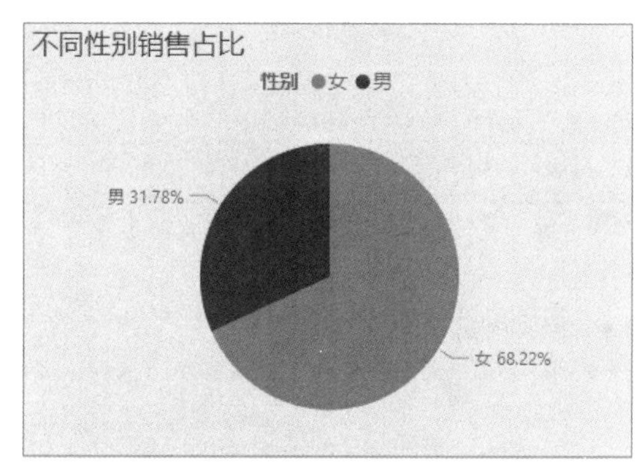

图3-38　不同性别销售人员销售占比

2. 插入环形图

跟我练3-14　**插入环形图，反映不同直播平台的销售业绩占比情况。**（接【跟我练3-13】）

跟我练3-14

01 插入环形图。在报表视图的“销售概况”页面中，单击“可视化”窗格中的“环形图”图标，插入一个“环形图”视觉对象。

02 字段设置。单击“可视化”窗格中的“字段”按钮，将销售主播表中的“直播平台”拖动到“图例”，将度量值“销售额”拖动到“值”。

03 格式设置-视觉对象。单击“可视化”窗格中的“格式”按钮，在“视觉对象”选项卡中执行“图例”|“选项”命令，将位置设置为“靠上居中”；执行“详细信息标签”|“选项”命令，将标签内容设置为“类别，总百分比”，如图3-39所示。

04 格式设置-常规。在“常规”选项卡中执行“标题”|“文本”命令，在文本框中输入“直播平台销售业绩占比”；执行“效果”|“背景”命令，设置透明度为100%；执行“效果”|“视觉对象边框”命令，单击“视觉对象边框”右侧的按钮，使其变成状态，设置视觉对象边框线。

05 调整位置和大小。调整环形图的位置和大小，最终效果如图3-40所示。

图3-39　格式设置-视觉对象

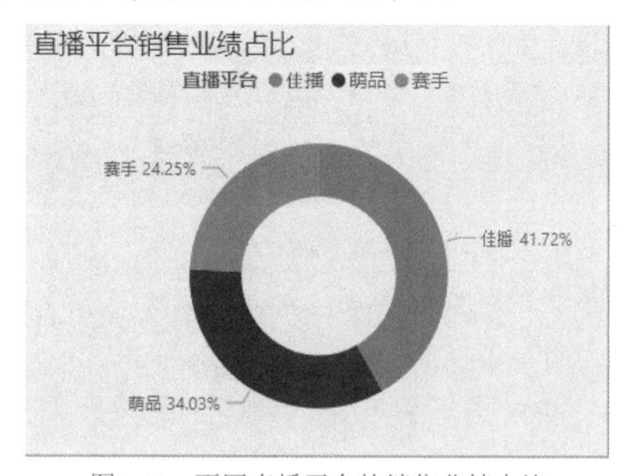

图3-40　不同直播平台的销售业绩占比

3.5.5 插入簇状条形图

簇状条形图利用条形的长度反映数据的大小与差异，一般用于进行业绩排名分析。

跟我练3-15 **插入簇状条形图，对销售主播的销售业绩进行排名分析。**
(接【跟我练3-14】)

跟我练3-15

01 插入簇状条形图。在报表视图的“销售概况”页面中，单击“可视化”窗格中的“簇状条形图”图标，插入一个“簇状条形图”视觉对象。

02 字段设置。单击“可视化”窗格中的“字段”按钮，将销售主播表中的“姓名”拖动到“Y轴”，将度量值“销售额”拖动到“X轴”。

03 格式设置-视觉对象。单击“可视化”窗格中的“格式”按钮，在“视觉对象”选项卡中执行“X轴”|“值”命令，将显示单位设置为“千”；单击“数据标签”右侧的按钮，将数据标签显示在图表上。

04 格式设置-常规。在“常规”选项卡中执行“标题”|“文本”命令，在文本框中输入“销售主播业绩排名”；执行“效果”|“背景”命令，设置透明度为100%；执行“效果”|“视觉对象边框”命令，单击“视觉对象边框”右侧的按钮，使其变成状态，设置视觉对象边框线。最终，反映销售主播业绩排名情况的簇状条形图如图3-41所示。

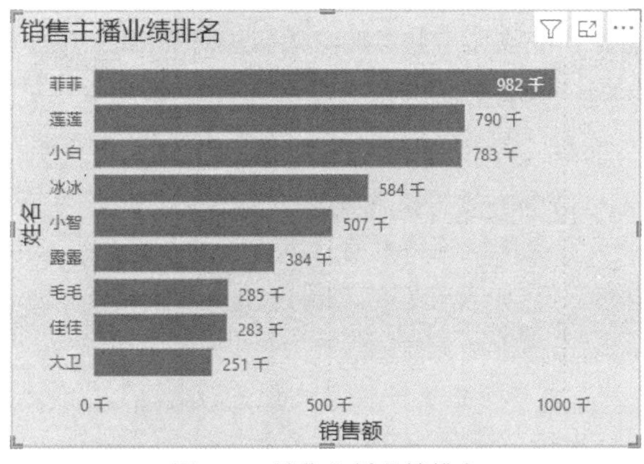

图3-41 销售主播业绩排名

❖ 提示：

✧ 在绘制图表的过程中，如果需要调整数据显示的单位，则可以通过在“格式设置”中设置“数据标签”的显示单位来实现。如果需要使用百分比符号、千分位分隔符来调整小数位数等，则可以在“度量工具”菜单中对该度量值的格式进行设置。

✧ 在Power BI可视化图表中，有些视觉对象除了可以进行字段设置和格式设置外，还可以做进一步分析，例如，可以在簇状条形图、瀑布图、折线图、散点图等可视化图表中添加恒定线、最小值线和最大值线等。本案例中，我们可以在簇状条形图中添加平均值线和最大值线。

05 分析设置。单击“可视化”窗格中的“分析”按钮，对图表做进一步分析。选择“最大值线”，单击“添加行”，可以在图表中添加一条“最大值”竖线；继续选择“平均值线”，单击“添加行”，可以在图表中添加一条“平均值”竖线，如图3-42所示。我们还可以对添加的竖线进行格式设置，这里不再赘述。

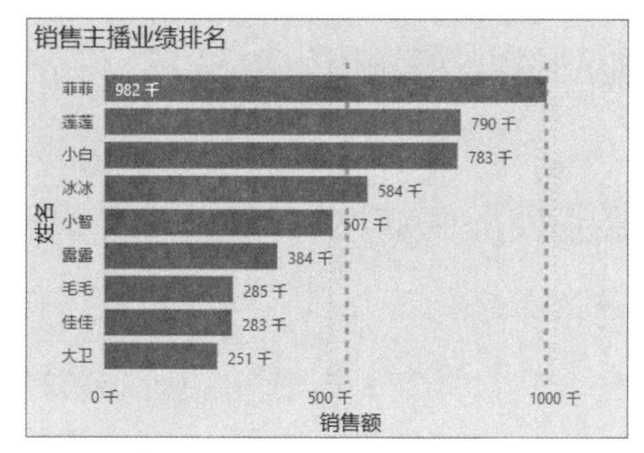

图3-42 添加最大值线和平均值线

06 调整位置和大小。调整簇状条形图的位置和大小。

3.5.6 插入瀑布图

瀑布图也称为阶梯图，它是根据数据的正负值来表示增加或减少，并以此来调整基准柱的上升与下降，进而表示最终数据的生成过程。一般情况下，瀑布图有两个应用场景：一是反映构成整体的各个组成部分的关系；二是反映数据的上升和下降，呈现数据的变化过程。

跟我练3-16 插入瀑布图，展现客户数量随时间变化而变化的过程。(接【跟我练3-15】)

跟我练3-16

01 插入瀑布图。在报表视图的“销售概况”页面中，单击“可视化”窗格中的“瀑布图”图标，插入一个“瀑布图”视觉对象。

02 字段设置。单击“可视化”窗格中的“字段”按钮，将日期表中的“年份季度”拖动到“类别”，将度量值“客户数量”拖动到“Y轴”。

03 格式设置。单击“可视化”窗格中的“格式”按钮，在“常规”选项卡中执行“标题”|“文本”命令，在文本框中输入“客户数量的变化”；执行“效果”|“背景”命令，设置透明度为100%；执行“效果”|“视觉对象边框”命令，单击“视觉对象边框”右侧的按钮，使其变成状态，设置视觉对象边框线。

04 调整位置和大小。调整瀑布图的位置和大小，最终效果如图3-43所示。

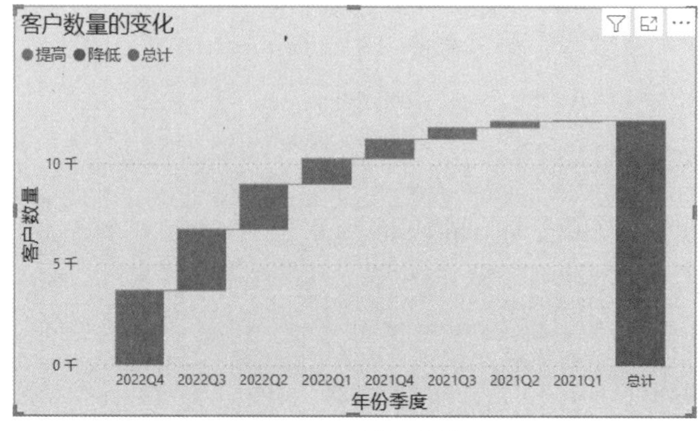

图3-43 客户数量的变化

3.5.7 插入仪表图、多行卡、卡片图

仪表图、多行卡和卡片图是Power BI中用于显示关键绩效指标(KPI)的可视化对象。仪表图用于反映在实现目标或 KPI 方面的进度，是一个能够直观地展现KPI完成情况的图表。多行卡和卡片图是Power BI可视化对象中较为常用的图表，我们可以把一些重点的绩效考核指标直接放在卡片图或多行卡上。

1. 插入仪表图

跟我练3-17 插入仪表图，展现销售目标的完成情况，这里假设总销售目标为5 300 000元。(接【跟我练3-16】)

跟我练3-17

01 插入仪表图。在报表视图的“销售概况”页面中，单击“可视化”窗格中的“仪表”图标，插入一个“仪表图”视觉对象。

02 字段设置。单击“可视化”窗格中的“字段”按钮，将度量值“销售额”拖动到“值”。

03 格式设置-视觉对象。单击“可视化”窗格中的“格式”按钮，在“视觉对象”选项卡中选择“测量轴”，将最大值设置为“6 000 000”，将目标值设置为“5 300 000”。将“数据标签”显示单位、“目标标签”显示单位、“标准值”显示单位均设置为“千”。

04 格式设置-常规。在“常规”选项卡中执行“标题”|“文本”命令，在文本框中输入“销售目标完成情况”；执行“效果”|“背景”命令，设置透明度为100%；执行“效果”|“视觉对象边框”命令，单击“视觉对象边框”右侧的按钮，使其变成状态，设置视觉对象边框线。

05 调整位置和大小。调整仪表图的位置和大小，最终效果如图3-44所示。

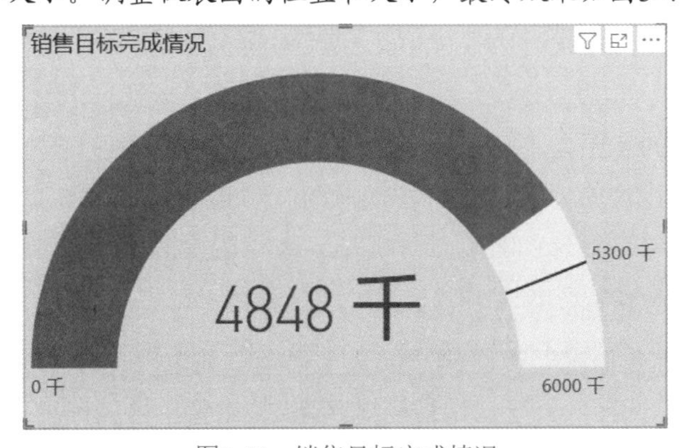

图3-44 销售目标完成情况

2. 插入多行卡

跟我练3-18 绘制多行卡，展现销售额、销售量、销售成本、毛利等销售业绩关键指标。(接【跟我练3-17】)

跟我练3-17

01 插入多行卡。在报表视图的“销售概况”页面中，单击“可视化”窗

格中的“多行卡”图标▤，插入一个“多行卡”视觉对象。

02 字段设置。单击“可视化”窗格中的“字段”按钮▤，将度量值“销售量”“销售额”“销售成本”和“毛利”依次拖动到“字段”。

03 格式设置。在“常规”选项卡中执行“效果”|“背景”命令，设置透明度为100%；执行“效果”|“视觉对象边框”命令，单击“视觉对象边框”右侧的按钮，使其变成状态，设置视觉对象边框线。

04 调整位置和大小。调整多行卡的位置和大小，最终效果如图3-45所示。

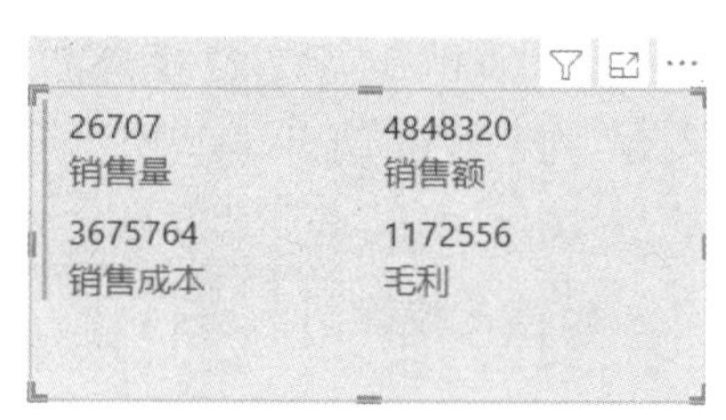

图3-45　销售业绩关键指标

卡片图与多行卡的区别在于多行卡可以同时显示多个指标，而卡片图只能突出显示一个指标，在此不再对卡片图进行单独演示。

3.6　数据分析：筛选和钻取

Power BI可视化图表与传统图表的显著区别体现在：Power BI的可视化分析是动态的，可以通过报表页面上的筛选、钻取、编辑交互等功能，快速挖掘数据背后的有用信息。

3.6.1　筛选

Power BI具有强大的筛选功能，具体体现在3个方面：一是在“报表视图”中可以使用筛选器和切片器对报表数据进行筛选；二是在进行数据建模时可以使用DAX函数的筛选功能对报表数据中的行和列进行定义；三是在Power Query编辑器中可以直接在标题行对表中数据进行筛选。本节主要介绍在Power BI Desktop的“报表视图”中使用筛选器和切片器对图表数据进行筛选。

1. 筛选器

筛选器按照筛选的范围大小可以分为视觉级筛选器、页面级筛选器和报告级筛选器。视觉级筛选器是针对特定的可视化对象进行筛选，对其他视觉对象没有影响。页面级筛选器是对当前页面上的所有可视化对象进行筛选。报告级筛选器是对Power BI文件中的所有报表页面的可视化对象进行筛选。

跟我练3-19　**在“销售概况”页面的“销售主播业绩排名”图表中设置视觉级筛选器，只显示销售额排名前4的销售主播的信息。**

跟我练3-19

01 设置筛选器。在“销售概况”页面中选择“销售主播业绩排名”图表，在“筛选器”窗格中的“此视觉对象上的筛选器”下展开“姓名”筛选器卡，设置筛选类型为“前N个”，显示项为“上”“4”，按值为“销售额”，如图3-46所示。

02 应用筛选器。单击“姓名”筛选器卡右下方的“应用筛选器”按钮，应用筛选器后，“销售主播业绩排名”图表中只显示销售额排名前4的销售主播的信息，如图3-47所示。

图3-46 筛选器设置

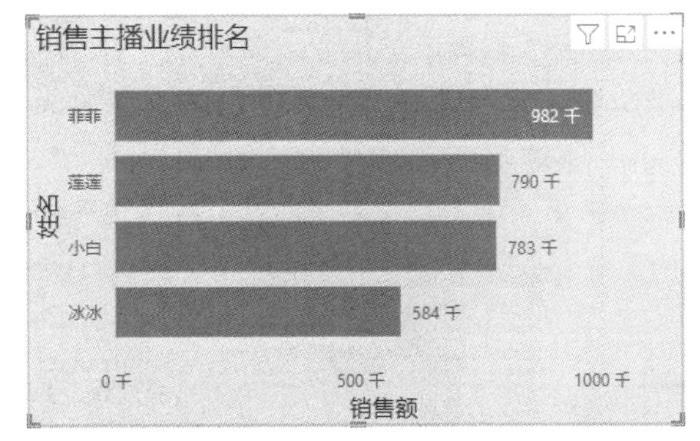

图3-47 应用筛选器的结果

❖ 提示：

- ✧ 当将鼠标指针放在“姓名”筛选器卡上时，会出现︿、🔓、◇和👁4个按钮，分别表示展开或折叠筛选器卡、锁定筛选器、清除筛选器和隐藏筛选器。
- ✧ 如果需要清除筛选器，那么只要单击筛选器卡上的◇按钮即可。
- ✧ 筛选器上有文本字段筛选器、数值字段筛选器、日期和时间筛选器。其中，文本字段筛选器的筛选类型有3个：基本筛选、高级筛选和前N个。我们可以根据需求选取不同的筛选类型。

2. 切片器

切片器是Power BI中自带筛选器功能的可视化图表，它具有智能识别功能，例如，在切片器中设置日期型数据，切片器会自动转换成时间轴的格式。在报表页面上通过插入切片器，可以对报表页面的数据进行不同维度的展示。

跟我练3-20 在“销售概况”页面中，设置犬粮品牌切片器和日期切片器。

跟我练3-20

01 插入切片器。在报表视图的“销售概况”页面中，单击“可视化”窗格中的“切片器”图标，插入一个“切片器”视觉对象。

02 字段设置。单击“可视化”窗格中的“字段”按钮，将产品表中的“犬粮品牌”拖动到“字段”。

03 类型设置。单击切片器右上角的﹀按钮，在下拉菜单中选择“下拉”命令，将切片器类型设置为“下拉”。

04 格式设置-视觉对象。在“视觉对象”选项中执行“切片器设置”|“样式”命令，设置样式为“下拉”；单击“切片器标头”右侧的按钮，使其变成状态；执行“值”|“值”命令，设置字体颜色为“白色”；执行“值”|“背景”命令，设置颜色为

“白色”。

05 格式设置-常规。在“常规”选项中执行“效果”|“背景”命令，设置透明度为100%；执行“效果”|“视觉对象边框”命令，单击“视觉对象边框”右侧的按钮，使其变成状态，设置视觉对象边框的颜色为“白色”，效果如图3-48所示。

06 添加日期切片器。继续在“销售概况”页面中添加一个日期切片器。在进行字段设置时，将日期表中的“日期”拖动到“字段”。格式设置与上一个切片器格式设置相同，最终效果如图3-49所示。

07 调整位置和大小。调整切片器的位置和大小。

图3-48 犬粮品牌切片器

图3-49 日期切片器

❖ 提示：

- 切片器自带筛选器功能，相当于一个页面级筛选器。在犬粮品牌切片器中选择不同品牌后，“销售概况”页面上的所有可视化图表也会随之改变，反映不同品牌的销售情况。同样地，我们可以通过设置日期切片器的起始日期和结束日期来反映任何具体时间段或时间点的销售情况。
- 在Power BI中，利用同步切片器的功能，可以使某一页面上的切片器影响报表中所有页面的可视化图表，从而达到报表级筛选器的效果。

3.6.2 钻取

当可视化图表中的数据存在层次结构时，我们可以在图表中直接钻取展示某一层次的数据，最常用的就是日期层次结构，从年度、季度、月份到具体日期。通过Power BI的钻取功能，可以很轻松地进行不同年度、不同季度、不同月份的数据可视化分析。除了日期层次结构外，我们还可以根据实际情况建立地域层次结构(如国家、省份、城市等)和产品层次结构(如产品类别、产品型号等)等，从而在同一张可视化图表中进行多维度、多角度的数据分析。

在可视化图表中设置具有层次结构的数据后，选择该图表，图表右上角会出现4个按钮：↑、↓、⇊、⩚，分别代表向上钻取、向下钻取、转至层次结构中的下一级别、展开层次结构中的所有下移级别的功能。

1. 日期层次结构

Power BI可以对日期数据进行智能识别并创建日期层次结构。如图3-50所示，在“字段”窗格中可以看到系统在“日期”字段下自动创建的日期层次结构。我们可以在可视化图表中对日期层次结构的数据进行钻取。

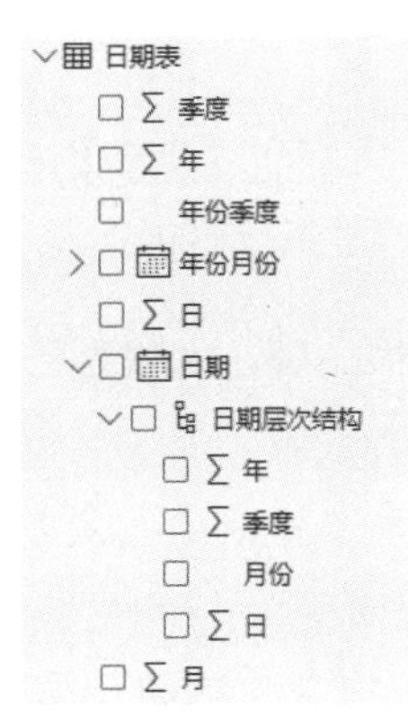

图3-50 系统自动创建的日期层次结构

跟我练3-21 **在“销售业绩”折线和簇状柱形图中，更改X轴字段为“日期”，实现日期钻取功能。**

跟我练3-21

01 新建页。在“报表视图”中，单击“新建页”按钮，新建页面，并将其命名为“日期钻取”。单击选中“销售概况”页面中的“销售业绩”视觉对象，将其复制到“日期钻取”页面。

02 修改X轴字段设置。单击“可视化”窗格中的“字段”按钮，将日期表中的“日期”拖动到“X轴”，其他设置不变，如图3-51所示。最终效果如图3-52所示，图表右上角会出现4个钻取按钮。

03 钻取。单击图右上角的⇊按钮，图中的X轴会依次显示季度、月份等数据，图形也会随之发生变化。

图3-51 X轴字段设置

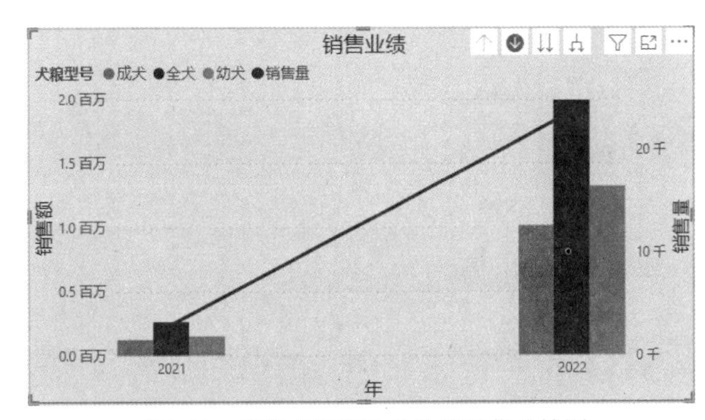

图3-52 带有“钻取”功能的销售业绩图

❖ 提示：

✧ 如果不想要日期中的某个层次，在进行X轴字段设置时(见图3-51)单击想要删除的层次右边的✕按钮即可。

✧ 为了不改变“销售概况”页面中的信息，我们可以通过组合键“Ctrl+C”和“Ctrl+V”将“销售业绩”折线和簇状柱形图复制并粘贴到其他页面，然后在新页面中对该图表进行多维度分析。

2. 产品层次结构

如果系统自动识别的日期层次结构不能满足我们的需求，还可以根据需要在Power BI中新建层次结构。这里以新建产品层次结构为例介绍新建层次结构的过程。

跟我练3-22 新建产品层次结构(犬粮品牌、犬粮型号、产品名称)。

跟我练3-22

01 创建层次结构。在“报表视图”的“字段”窗格中，右击产品表的“犬粮品牌”字段，在快捷菜单中选择“创建层次结构”命令，如图3-53所示。

02 重命名层次结构。右击产品表中新增加的一项“犬粮品牌 层次结构”(见图3-54)，在快捷菜单中选择“重命名”命令，将其改名为“产品层次结构”。

03 添加到层次结构。在“字段”窗格下的产品表中右击“犬粮型号”，在快捷菜单中选择“添加到层次结构”|“产品层次结构”命令。同理，添加“产品名称”。

04 查看产品层次结构。新建的产品层次结构包括犬粮品牌、犬粮型号和产品名称3个层次，如图3-55所示。

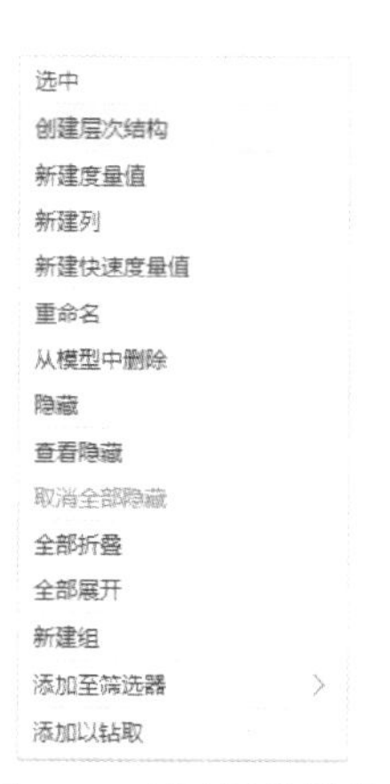

图3-53 创建层次结构

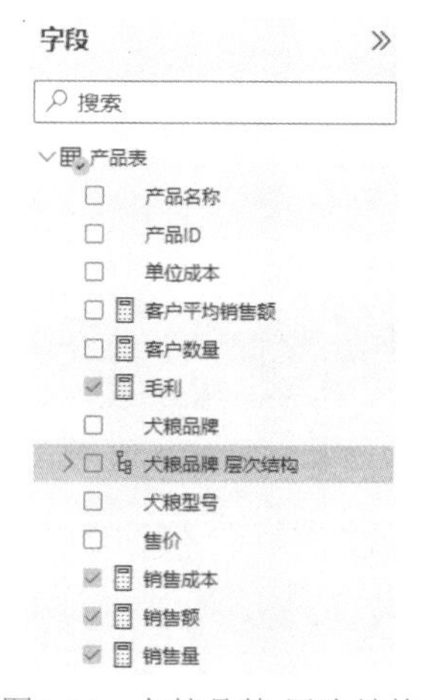

图3-54 犬粮品牌 层次结构

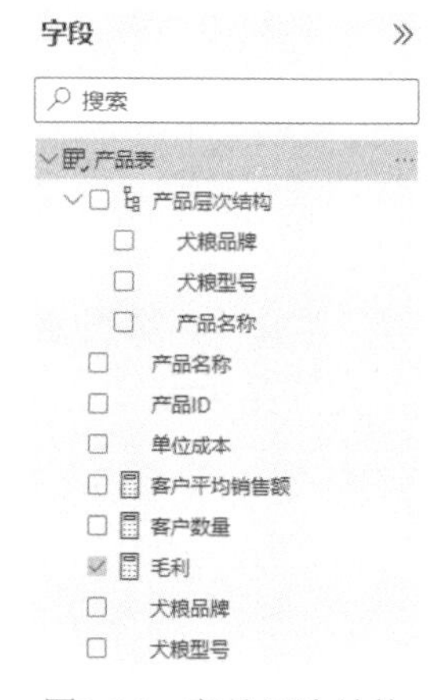

图3-55 产品层次结构

3. 产品层次矩阵表

跟我练3-23 新建矩阵表，分析不同产品层次的销售情况。

跟我练3-23

01 新建矩阵表。在“报表视图”中，新建一个页面并将其命名为“产品层次矩阵表”，单击“可视化”窗格中“矩阵表”图标，画布中便会出现一个“矩阵表”视觉对象。

02 字段设置。单击“可视化”窗格中的“字段”按钮，将“行”字段设置为“产品层次结构”，将“值”字段依次设置为“销售量”“销售额”“销售成本”和“毛利”，如图3-56所示。

03 生成产品层次矩阵表。产品层次矩阵表中此时显示的是“犬粮品牌”的销售信息，如图3-57所示。单击矩阵表上方的⇊按钮，能展示下一个层级“犬粮型号”的销售信息。单击⅄按钮，能够展开层次结构中的所有下移级别，从而可以看到不同品牌、不同型号下不同产品的多维度分析数据。

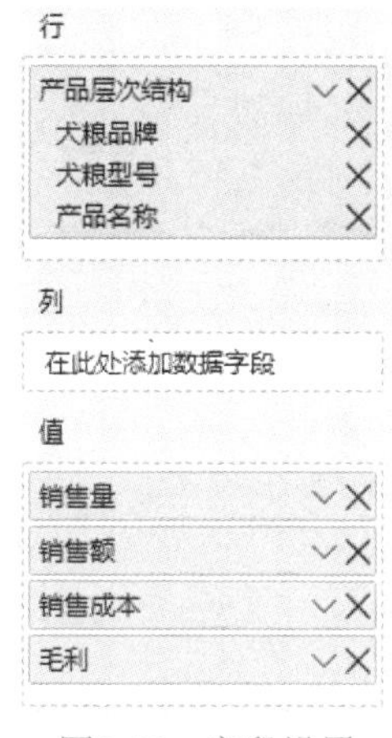

图3-56　字段设置

矩阵表

犬粮品牌	销售量	销售额	销售成本	毛利
⊞ 纯福	10636	2216848	1648140	568708
⊞ 冠能	3148	660544	509196	151348
⊞ 皇家	3519	668593	477470	191123
⊞ 麦富迪	9404	1302335	1040958	261377
总计	**26707**	**4848320**	**3675764**	**1172556**

图3-57　产品层次矩阵表

3.6.3 编辑交互

交互就是指各个视觉对象之间可以交流互动。除了筛选器和切片器之外，还有其他方式也可以实现这种互动效果。实际上，在Power BI的同一个页面中的所有视觉对象之间都是相互关联的，例如，在“销售概况”页面中，单击环形图中的某一个直播平台，整个页面中其他可视化图表的数据也会随之改变，都会高亮显示该直播平台的相关信息。

当我们需要取消同一个页面中的两个视觉对象之间的交互关系时，需要使用Power BI中的“编辑交互”功能。

跟我练3-24　在“销售概况”页面中，取消环形图与“销售业绩”折线和簇状柱形图之间的交互关系。

跟我练3-24

01 调用编辑交互。在“报表视图”的“销售概况”页面中，选中页面中的环形图。执行“格式”|“编辑交互”命令，页面中其他图表的右上角会出现、、3个按钮，分别表示“筛选器”“突出显示”和“无”。

02 取消关联。单击“销售业绩”图表右上角的按钮，使其变为状态，表示已经取消两个表之间的自动关联，如图3-58所示。

03 验证结果。单击环形图中的某个直播平台，“销售业绩”图表中的数据不再发生改变。

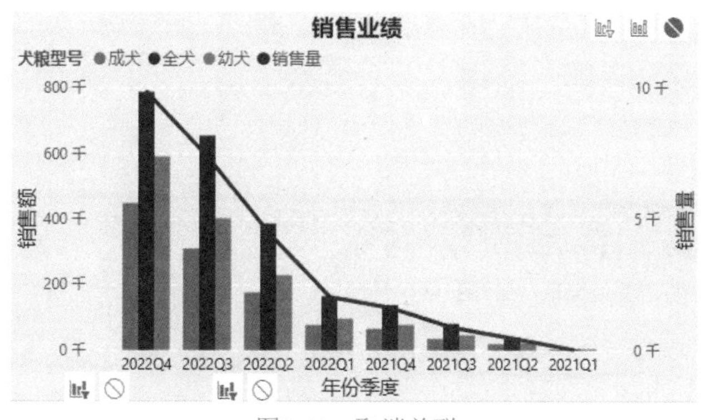

图3-58　取消关联

❖ 提示：

✧ 如果想恢复环形图与“销售业绩”折线和簇状柱形图之间的交互关系，则可以单击“销售业绩”图表右上角的“突出显示”按钮或“筛选器”按钮。

随堂测

一、判断题

1. Power BI文件的扩展名为“.pbix”。 (　　)
2. 虚拟表不改变基本表的内容，不在Power Query编辑器中显示，也不能参与建模。 (　　)
3. 必须要注册Power BI账户才能下载自定义视觉对象。 (　　)

二、单选题

1. 在本章的案例文件中，下列是事实表的是(　　)。
   A. 产品表　B. 销售主播表　C. 销售数据表　D. 客户表
2. 在销售数据中，以下可以不被设置为固定字段的是(　　)。
   A. 产品ID　B. 单价　C. 数量　D. 金额
3. 在销售数据表中，以下字段是主键的是(　　)。
   A. 产品ID　B. 客户ID　C. 销售员ID　D. 订单编号

三、多选题

1. 数据表中被设为主键的字段(　　)。
   A. 必须为数字型　B. 值必须唯一
   C. 不能有空值　D. 一张表中只能有一个主键
2. 以下属于度量值的特征的有(　　)。
   A. 是在数据表中新建的一个列　B. 用DAX公式创建
   C. 可以存放在任何数据表中　D. 不占内存
3. 通常选用(　　)可视化对象来展示关键绩效指标。
   A. 仪表图　B. 瀑布图　C. 卡片图　D. 环形图
4. 在Power BI中，可以使用DAX公式新建(　　)。
   A. 度量值　B. 表　C. 图　D. 列

四、问答题

1. 如何区分事实表和维度表？
2. 新建列和新建度量值有何不同？
3. Power BI中提供了哪些筛选手段？

第4章

数据获取

若要对数据进行可视化分析，首先就要获取数据。Power BI能够从多个数据源获取数据。本章就让我们深入理解数据源并通过案例掌握如何将不同来源的数据加载到Power BI。

4.1 数据源

4.1.1 理解数据源

数据源即数据的来源，具体指提供某种类型数据的载体的位置。

不同的数据载体具有不同的特性，所存储的数据容量、数据类型等也不同。

对智能分析工具来说，能获取到的数据集的类型和数据量决定了数据分析的宽度和深度。

4.1.2 Power BI数据源

Power BI能够从文件、数据库、Power Platform、Azure、联机服务和其他渠道获取数据，具体来源多达100多种。表4-1列示了Power BI获取数据的主要渠道及具体数据来源。

表4-1 Power BI 获取数据的主要渠道及具体数据来源

主要渠道	具体数据来源
文件	Excel、文本/CSV、XML、JSON、文件夹、PDF、SharePoint文件夹
数据库	SQL Server、Access、SQL Server Analysis Servers、Oracle Database、IBM Db2、IBM Informix、My SQL、Sybase、SAP HANA等
Power Platform	Power BI数据集、Power BI数据流、Common Data Server、Power Platform数据流
Azure	Azure SQL数据库、Azure Analysis Servers数据库、Azure表存储等
联机服务	SharePoint Online列表、Microsoft Exchange Online、Dynamics在线
其他	Web、R脚本、Python脚本、ODBC、OLE DB等

Azure是什么？

Windows Azure是微软基于云计算的操作系统。Azure云服务是一个灵活的企业级公有云平台，提供数据库、云服务、云存储、人工智能互联网、CDN等高效、稳定、可扩展的云端服务。

4.2 从文件中获取数据

4.2.1 识别文件类型

不同的文件存储着不同类型的信息，有的存储图片，有的存储程序，有的存储文字。人们通常用一种或多种扩展名来标识文件的类型，扩展名可以帮助应用程序识别文件格式，从而识别文件内部存储的信息。

从程序的角度来看，文件是数据流，文件系统为每一种文件格式都规定了访问的方法。因此，在获取数据之前，需要了解文件类型。Power BI能获取的文件类型如表4-2所示。

表4-2　Power BI能获取的文件类型

文件类型	扩展名	简要说明
Excel	.xls、.xlsx、.xlsm	用Microsoft Excel编辑的以二维表形式存储的文件
文本	.txt	以ASCII或Unicode存储的文件
CSV	.csv	逗号分隔值文件格式。以纯文本形式存储的表格数据，通常以逗号或制表符分隔字段
XML	.xml	可扩展标记语言(extensible markup language)是一种用于标记电子文件使其具有结构性的语言，非常适用于万维网传输
JSON	.json	JSON是一种基于JavaScript语法子集的开放标准数据交换格式，采用完全独立于编程语言的文本格式来存储和表示数据
PDF	.pdf	便携式文档格式(portable document format)是一种可用于与应用程序、操作系统、硬件无关的方式进行文件交换的文件格式

你知道.xls、.xlsx、.xlsm有何区别吗？

首先要肯定的是，扩展名为.xls、.xlsx、.xlsm的文件均为Excel文件。第一个支持Windows的通用表处理软件Excel诞生于1987年，至今已迭代更新了十几个版本。

.xls是Excel 2003版本及其以前版本所生成的文件格式，仅有65536行、256列，与2007之后的版本数据储量差异巨大。

.xlsx是Excel 2007/2010/2013/2016/2019文档的扩展名，也是现在Excel表格的主流格式，它可以存储1048576行、16384列数据。在存储相同的数据时，.xlsx格式文件要比.xls格式文件小得多。

.xlsm是启用了宏的工作簿，与.xlsx基本无异。正常情况下，我们在.xlsx文件中录制一段宏，或者插入一段VBA代码，是无法正常保存的，只能把表格另存为.xlsm格式。

4.2.2 从Excel文件中获取数据

当提到从文件中获取数据时，人们首先会想到从Excel文件中获取数据。这是因为Excel作为一款通用的数据分析工具，已成为商务人士不可或缺的办公工具；而且，在企业信息化全面普及的今天，企业信息系统中存放的企业经营数据通常能以Excel格式进行输出。

❖ 提示：

✧ Power BI 支持导入或连接 Excel 2007 及更高版本中创建的工作簿，Power BI Desktop不能直接导入旧版的Excel文件(即扩展名为.xls的文件)，必须将其另存为 .xlsx 或 .xlsm 文件类型，并且要小于 1GB。

4.2.3 从文本文件中获取数据

文本文件由任意数目的记录组成，记录间以某种换行符分隔；每条记录都由字段组成，字段间的分隔符是其他字符或字符串，较常见的是逗号或制表符。文本文件可用记事本等文本编辑程序打开，如“科目期初余额”文本文件(见图4-1)。

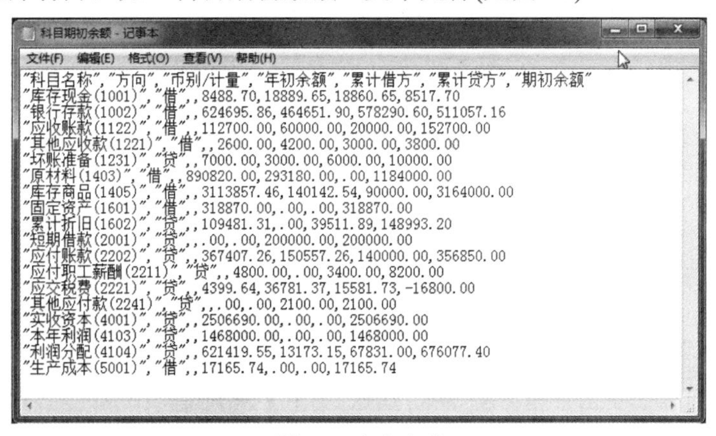


```
"科目名称","方向","币别/计量","年初余额","累计借方","累计贷方","期初余额"
"库存现金(1001)","借",,8488.70,18889.65,18860.65,8517.70
"银行存款(1002)","借",,624695.86,464651.90,578290.60,511057.16
"应收账款(1122)","借",,112700.00,60000.00,20000.00,152700.00
"其他应收款(1221)","借",,2600.00,4200.00,3000.00,3800.00
"坏账准备(1231)","贷",,7000.00,3000.00,6000.00,10000.00
"原材料(1403)","借",,890820.00,293180.00,.00,1184000.00
"库存商品(1405)","借",,3113857.46,140142.54,90000.00,3164000.00
"固定资产(1601)","借",,318870.00,.00,.00,318870.00
"累计折旧(1602)","贷",,109481.31,.00,39511.89,148993.20
"短期借款(2001)","贷",,.00,.00,200000.00,200000.00
"应付账款(2202)","贷",,367407.26,150557.26,140000.00,356850.00
"应付职工薪酬(2211)","贷",,4800.00,.00,3400.00,8200.00
"应交税费(2221)","贷",,4399.64,36781.37,15581.73,-16800.00
"其他应付款(2241)","贷",,.00,.00,2100.00,2100.00
"实收资本(4001)","贷",,2506690.00,.00,.00,2506690.00
"本年利润(4103)","贷",,1468000.00,.00,.00,1468000.00
"利润分配(4104)","贷",,621419.55,13173.15,67831.00,676077.40
"生产成本(5001)","借",,17165.74,.00,.00,17165.74
```

图4-1 文本文件

跟我练4-1 **从文本文件“科目期初余额.txt”中获取数据。**

跟我练4-1

01 选择从文本文件中获取数据。在Power BI Desktop中，执行“主页”|“获取数据”|“文本/CSV”命令，打开“打开”对话框。

02 打开文本文件并预览。在存放路径中找到要加载的文本文件“科目期初余额.txt”，单击“打开”按钮，系统提示“正在连接”，稍候，便会进入文本文件预览界面，如图4-2所示。

科目名称	方向	币别/计量	年初余额	累计借方	累计贷方	期初余额
库存现金(1001)	借		8488.7	18889.65	18860.65	8517.7
银行存款(1002)	借		624695.86	464651.9	578290.6	511057.16
应收账款(1122)	借		112700	60000	20000	152700
其他应收款(1221)	借		2600	4200	3000	3800
坏账准备(1231)	贷		7000	3000	6000	10000
原材料(1403)	借		890820	293180	0	1184000
库存商品(1405)	借		3113857.46	140142.54	90000	3164000
固定资产(1601)	借		318870	0	0	318870
累计折旧(1602)	贷		109481.31	0	39511.89	148993.2
短期借款(2001)	贷		0	0	200000	200000
应付账款(2202)	贷		367407.26	150557.26	140000	356850
应付职工薪酬(2211)	贷		4800	0	3400	8200
应交税费(2221)	贷		4399.64	36781.37	15581.73	-16800
其他应付款(2241)	贷		0	0	2100	2100
实收资本(4001)	贷		2506690	0	0	2506690
本年利润(4103)	贷		1468000	0	0	1468000
利润分配(4104)	贷		621419.55	13173.15	67831	676077.4
生产成本(5001)	借		17165.74	0	0	17165.74

图4-2　文本文件预览界面

03 加载文件。单击“加载”按钮，系统提示“正在模型中创建连接”“正在将数据加载到模型”等工作进程。加载完成后，便可在“数据视图”中看到文本文件内容，如图4-3所示。

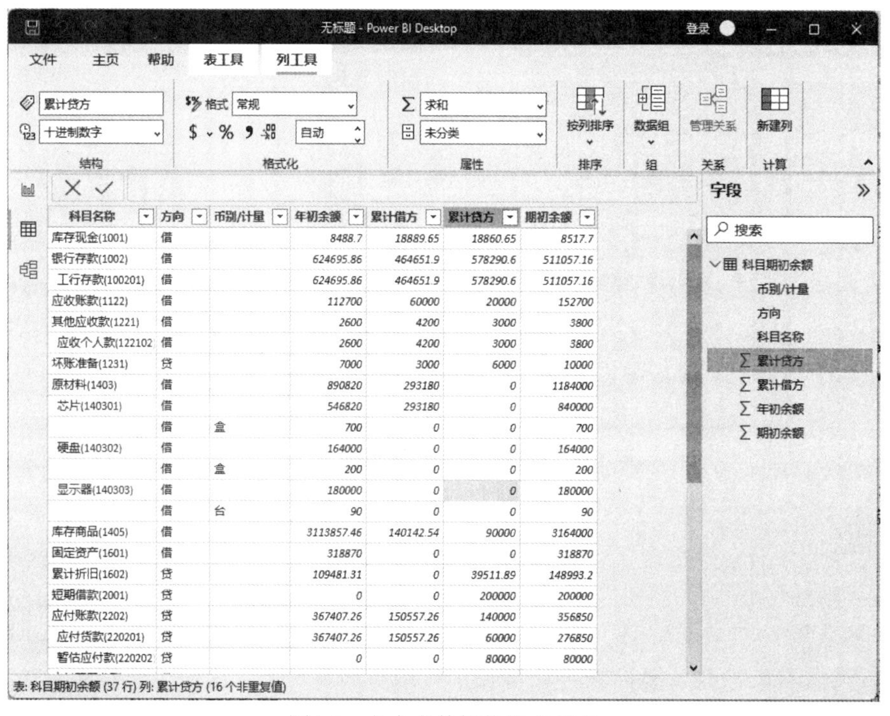

科目名称	方向	币别/计量	年初余额	累计借方	累计贷方	期初余额
库存现金(1001)	借		8488.7	18889.65	18860.65	8517.7
银行存款(1002)	借		624695.86	464651.9	578290.6	511057.16
工行存款(100201)	借		624695.86	464651.9	578290.6	511057.16
应收账款(1122)	借		112700	60000	20000	152700
其他应收款(1221)	借		2600	4200	3000	3800
应收个人款(122102	借		2600	4200	3000	3800
坏账准备(1231)	贷		7000	3000	6000	10000
原材料(1403)	借		890820	293180	0	1184000
芯片(140301)	借		546820	293180	0	840000
	借	盒	700	0	0	700
硬盘(140302)	借		164000	0	0	164000
	借	盒	200	0	0	200
显示器(140303)	借		180000	0	0	180000
	借	台	90	0	0	90
库存商品(1405)	借		3113857.46	140142.54	90000	3164000
固定资产(1601)	借		318870	0	0	318870
累计折旧(1602)	贷		109481.31	0	39511.89	148993.2
短期借款(2001)	贷		0	0	200000	200000
应付账款(2202)	贷		367407.26	150557.26	140000	356850
应付货款(220201)	贷		367407.26	150557.26	60000	276850
暂估应付款(220202	贷		0	0	80000	80000

图4-3　文本文件加载完成界面

❖ 提示：

✧ 在图4-2中，若单击“加载”按钮，则会将数据加载到Power BI Desktop；若单击“转换数据”按钮，则会将数据加载到Power BI Desktop并进入Power Query编辑器。

4.2.4 从PDF文件中获取数据

大多数公司中的很多公告、报告等正式文件往往都是以PDF格式发布的。在 Power BI Desktop中，可以轻松导入PDF文件中的数据。

跟我练4-2 从“晋拓科技股份有限公司首次公开发行股票发行结果公告”PDF文件中获取“放弃认购的网下投资者具体名单”数据。

跟我练4-2

01 选择从PDF文件中获取数据。在Power BI Desktop中，执行“主页”|“获取数据”|“更多...”命令，打开“获取数据”对话框(见图4-4)，在“全部”菜单中选择“PDF”。

图4-4 “获取数据”对话框

02 选择PDF文件。单击“连接”按钮，打开“打开”对话框，找到要加载的PDF文件“晋拓科技股份有限公司首次公开发行股票发行结果公告”，单击“打开”按钮，打开“导航器”对话框。

03 选择要导入的数据表。“导航器”对话框的左侧显示的是Power BI将PDF文件转换成的结构化文件，单击某个文件，对话框的右侧会显示文件的具体内容。通过查看可以确定我们需要的数据存放在Table001中，勾选“Table001(page2)”复选框，如图4-5所示。

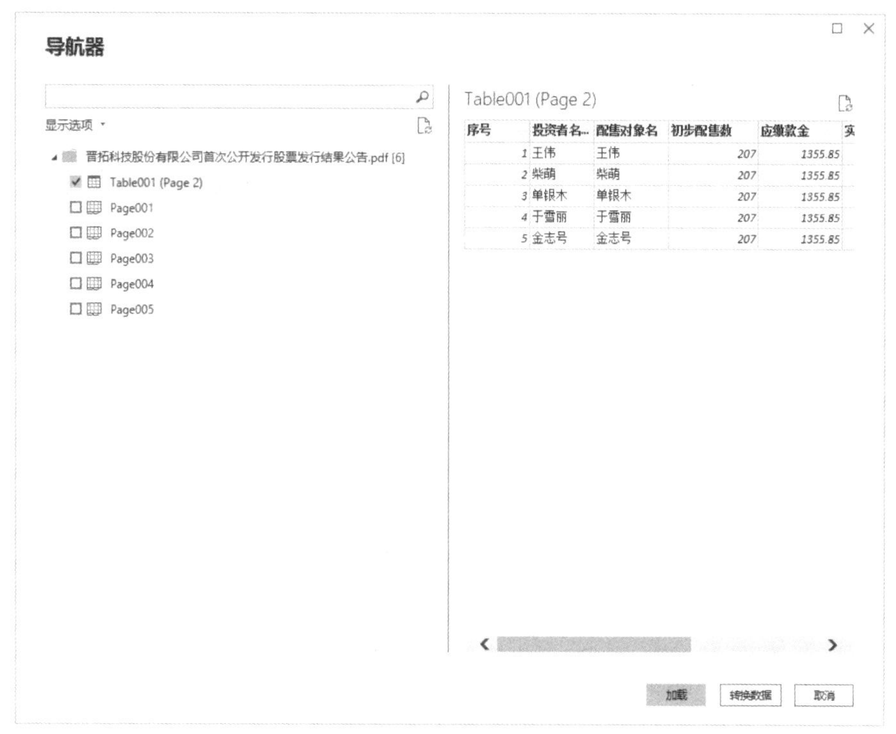

图4-5　在“导航器”对话框中选择要导入的表

04 加载到Power BI Desktop。单击“加载”按钮，将PDF文件数据加载到Power BI Desktop中，加载完成后的界面如图4-6所示。

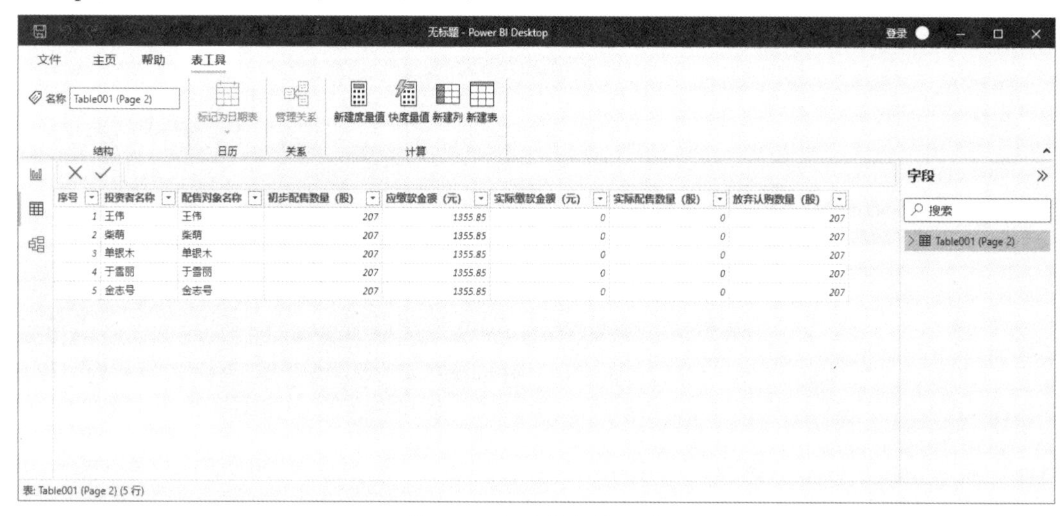

图4-6　PDF文件加载完成

❖ 提示：

✧ PDF文件属于非结构化文件，Power BI可以将其转换为多个结构化文件。

✧ 在“导航器”对话框中，可以将一个或多个表导入Power BI Desktop。

✧ 一般情况下，可以将PDF中的表格形式的数据直接转换成结构化数据保存在Power BI中。

4.2.5 从文件夹中获取数据

企业经常会汇总一些业务或经营数据，这些数据通常以多个文件的形式存放在一个文件夹中。如图4-7所示，企业1—7月的销售数据以7个Excel工作簿的形式存放在“销售数据1-7月”文件夹中。在Power BI Desktop中，可以直接从文件夹中获取数据，也就是说，可以一次性将这7个Excel工作簿的数据汇总到一个数据表中。

名称	修改日期	类型	大小
销售数据2022年1月.xlsx	2022/7/20 16:44	Microsoft Excel ...	12 KB
销售数据2022年2月.xlsx	2022/7/20 16:47	Microsoft Excel ...	12 KB
销售数据2022年3月.xlsx	2022/7/20 16:48	Microsoft Excel ...	12 KB
销售数据2022年4月.xlsx	2022/7/20 16:49	Microsoft Excel ...	12 KB
销售数据2022年5月.xlsx	2022/7/20 16:49	Microsoft Excel ...	12 KB
销售数据2022年6月.xlsx	2022/7/20 16:50	Microsoft Excel ...	13 KB
销售数据2022年7月.xlsx	2022/7/20 16:51	Microsoft Excel ...	12 KB

图4-7 “销售数据1-7月”文件夹

跟我练4-3 在Power BI中获取“销售数据1-7月”文件夹中的数据。

跟我练4-3

01 选择从文件夹中获取数据。在Power BI Desktop中，执行“主页”|“获取数据”|“更多...”命令，打开“获取数据”对话框，在“全部”菜单中选择“文件夹”，单击“连接”按钮，选择需要连接的文件夹路径，如图4-8所示。

图4-8 选择文件夹路径

02 查看文件夹中的数据表。单击“确定”按钮，便会显示“销售数据1-7月”文件夹中所有的Excel工作簿，如图4-9所示。

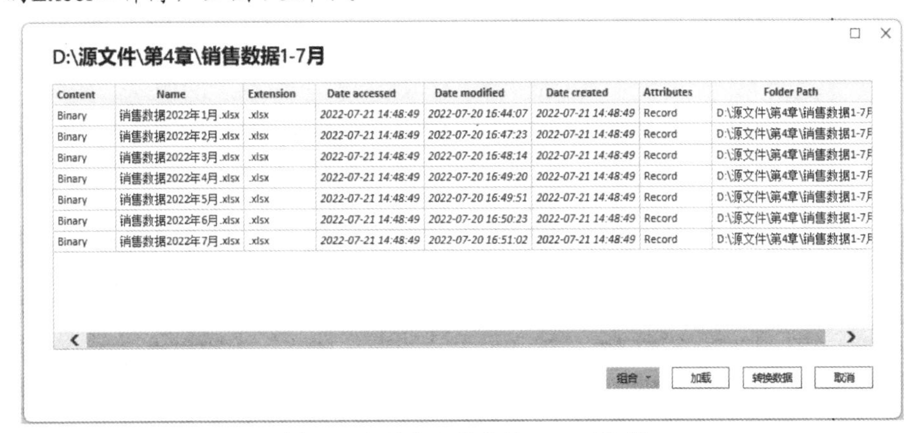
D:\源文件\第4章\销售数据1-7月

Content	Name	Extension	Date accessed	Date modified	Date created	Attributes	Folder Path
Binary	销售数据2022年1月.xlsx	.xlsx	2022-07-21 14:48:49	2022-07-20 16:44:07	2022-07-21 14:48:49	Record	D:\源文件\第4章\销售数据1-7月
Binary	销售数据2022年2月.xlsx	.xlsx	2022-07-21 14:48:49	2022-07-20 16:47:23	2022-07-21 14:48:49	Record	D:\源文件\第4章\销售数据1-7月
Binary	销售数据2022年3月.xlsx	.xlsx	2022-07-21 14:48:49	2022-07-20 16:48:14	2022-07-21 14:48:49	Record	D:\源文件\第4章\销售数据1-7月
Binary	销售数据2022年4月.xlsx	.xlsx	2022-07-21 14:48:49	2022-07-20 16:49:20	2022-07-21 14:48:49	Record	D:\源文件\第4章\销售数据1-7月
Binary	销售数据2022年5月.xlsx	.xlsx	2022-07-21 14:48:49	2022-07-20 16:49:51	2022-07-21 14:48:49	Record	D:\源文件\第4章\销售数据1-7月
Binary	销售数据2022年6月.xlsx	.xlsx	2022-07-21 14:48:49	2022-07-20 16:50:23	2022-07-21 14:48:49	Record	D:\源文件\第4章\销售数据1-7月
Binary	销售数据2022年7月.xlsx	.xlsx	2022-07-21 14:48:49	2022-07-20 16:51:02	2022-07-21 14:48:49	Record	D:\源文件\第4章\销售数据1-7月

图4-9 文件夹中所有的Excel工作簿

03 合并并加载。单击“组合”按钮右侧的下拉箭头，便会显示“合并并转换数据”和“合并和加载”两个选项，选择“合并和加载”选项，打开“合并文件”对话框，如图4-10所示。

04 指定示例文件。示例文件默认为“第一个文件”，在对话框的左侧选择“sheet1”，右侧便会显示sheet1中的详细内容。

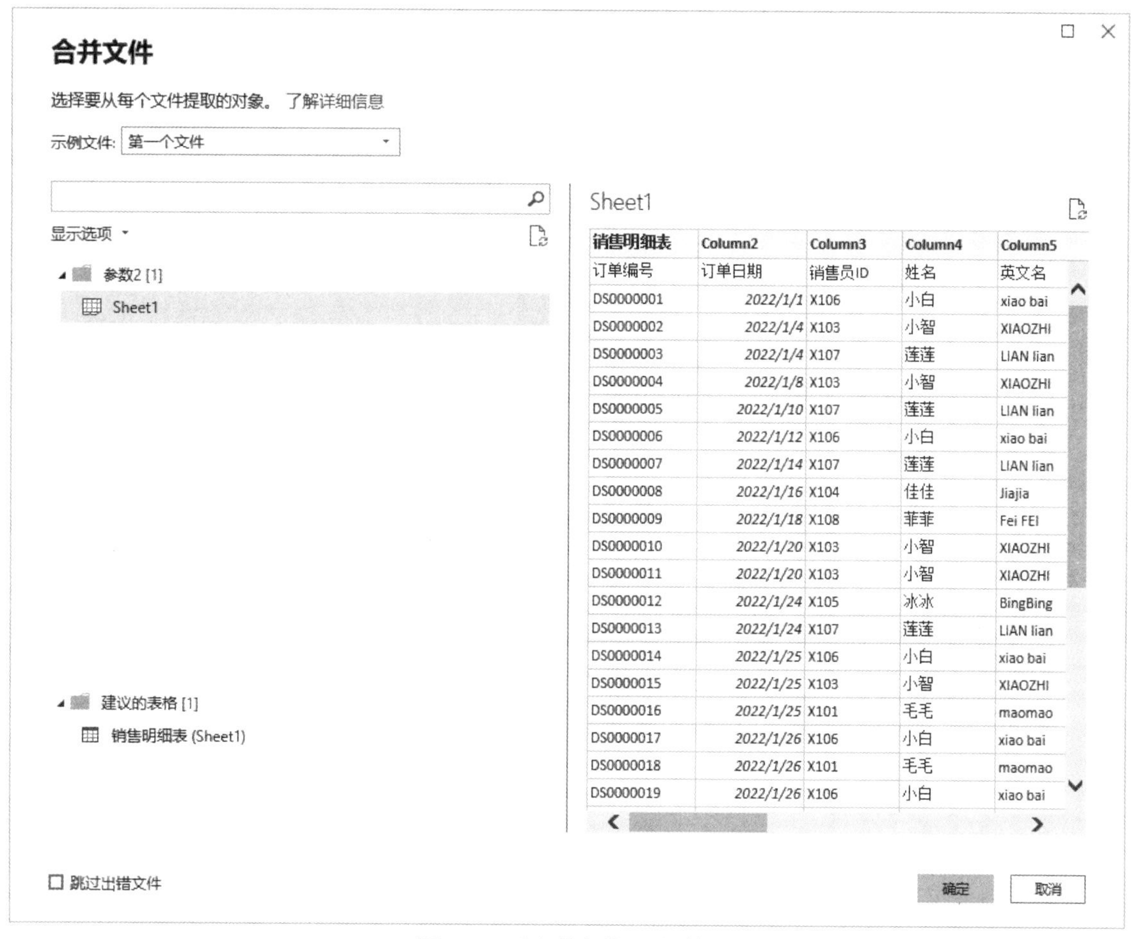

图4-10 “合并文件”对话框

❖ 提示：

✧ 若选择“合并和加载”选项，获取数据后便会直接返回Power BI Desktop界面。

✧ 若选择“合并并转换数据”选项，则会打开并进入Power Query编辑器。

05 查看结果。单击“确定”按钮，返回Power BI Desktop主界面，在“数据视图”中可以查看合并文件中的记录，如图4-11所示。

❖ **提示：**

- ✧ 从文件夹中获取数据有一个前提条件：文件夹中的文件格式(字段、字段顺序等)必须要保持一致。如果文件的格式不一致，则需要把各个文件的格式修改一致后再做合并汇总。
- ✧ 从文件夹中获取数据的优势是，随着业务数据的增加，可以将新的销售数据Excel文件存入文件夹中，在“报表视图”中刷新后，新的数据能够自动添加到图表中。例如，在本例中，如果将“销售数据2022年8月.xlsx”和“销售数据2022年9月.xlsx”两个Excel文件存入“销售数据1-7月”文件夹中，执行“主页”|“刷新”命令，那么这两个月的数据会自动加载到Power BI中，且无须再对其进行数据整理。

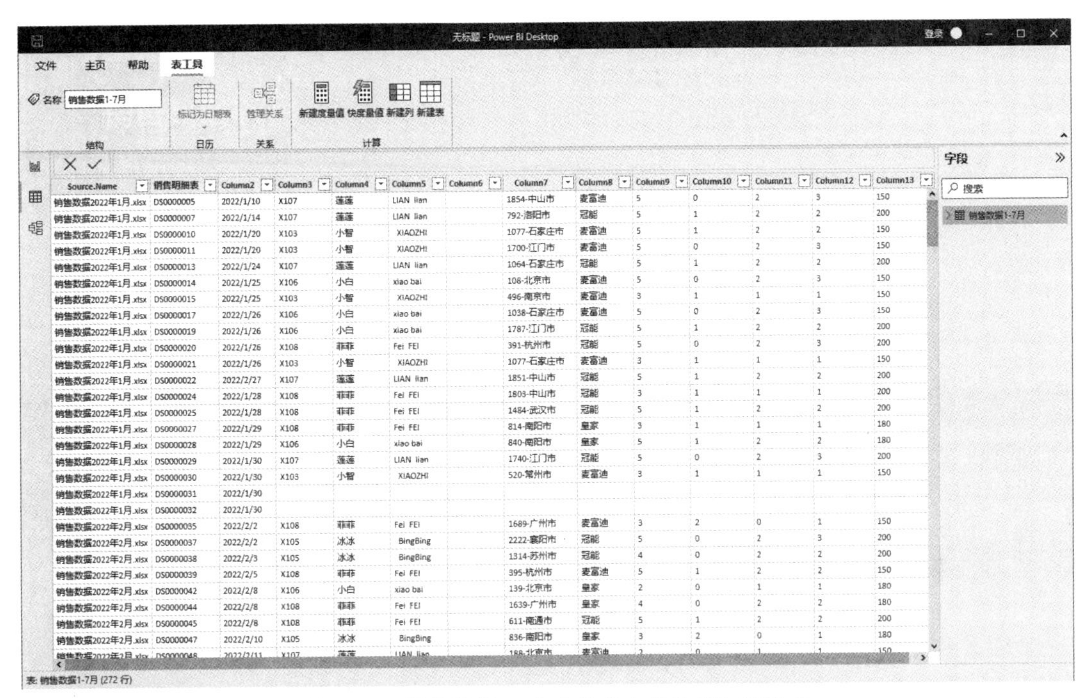

图4-11 “销售数据1-7”文件夹中的数据加载完成

4.3 从数据库中获取数据

企业信息系统的数据都存储在数据库管理系统中，因此数据库中存储着大量的经济管理信息，是Power BI必不可少的数据来源。目前市面上常用的数据库管理系统有Oracle、Db2、Access、SAP HANA和SQL Server。本节主要以Access和SQL Server两个数据库为例介绍从数据库中获取数据的方法。

4.3.1 从Access中获取数据

Access数据库是由微软发布的关系数据库管理系统，是Microsoft Office的组成成员。

1. 安装 Access 数据库引擎

在 Power BI Desktop 中，Access 数据库和旧版 Excel 工作簿(Excel 97-2003的 .xls 文件类型)均需要使用 Access 数据库引擎才能导入数据。如果在导入Access数据库或旧版Excel工作簿时，出现 Power BI Desktop 错误消息指示(见图4-12)，就必须先安装与 Power BI Desktop 版本匹配的 Access 数据库引擎版本(32 位或 64 位)，然后再获取数据。

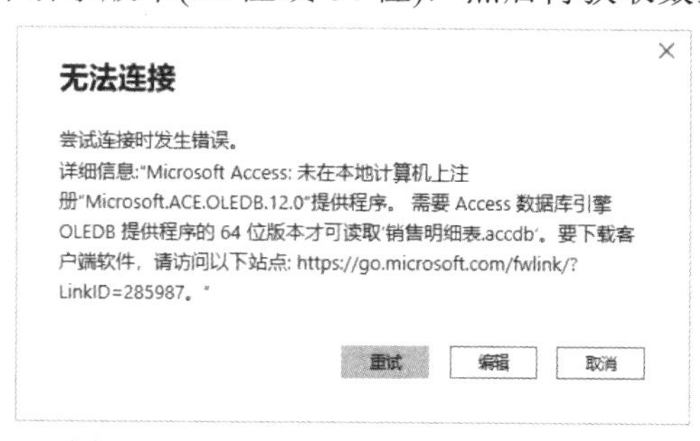

图4-12　Power BI Desktop错误信息指示

❖ 提示:

✧ 如果安装的 Access 数据库引擎的位版本不同于 Microsoft Office 安装的位版本，则 Office 应用程序将不能使用 Access 数据库引擎。

2. 从Access数据库中获取数据

跟我练4-4　从Access数据库中获取“销售明细表”数据。

跟我练4-4

01 选择从Access数据库中获取数据。在Power BI Desktop中，执行“主页”|“获取数据”|“更多...”命令，打开“获取数据”对话框，在“数据库”菜单中选择“Access数据库”，如图4-13所示。

图4-13　从Access数据库中获取数据

02 选择要加载的数据表。单击“连接”按钮，打开“打开”对话框，找到要加载的Access数据库文件“销售明细表”；单击“打开”按钮，打开“导航器”对话框，勾选“销售明细表”复选框，如图4-14所示。

图4-14 加载Access数据库数据

03 加载到Power BI Desktop。单击“加载”按钮，将“销售明细表”加载到Power BI Desktop中。

4.3.2 从SQL Server中获取数据

以【跟我练4-1】中的科目期初余额为例，本例中我们从SQL数据库中直接获取科目期初余额。科目期初余额数据存储在SQL Server数据库UFDATA_007_2022中的gl_accsum表中，其中ccode、cbegind和mb分别代表科目编码、余额方向和余额。007账套于2022年9月份建立。

跟我练4-5 从SQL数据库“UFDATA_007_2022”中获取名为“gl_accsum”的表。

跟我练4-5

01 选择从SQL Server数据库中获取数据。在Power BI Desktop中，执行“主页”|“获取数据”|“SQL Server”命令，打开“SQL Server数据库”对话框。

02 输入各项参数。输入服务器“localhost”、数据库“UFDATA_007_2022”，单击“高级选项”，输入SQL语句“select * from gl_accsum”，如图4-15所示。

❖ 提示：

- ✧ localhost意为本地主机。
- ✧ UFDATA_007_2022是用友U8在SQL Server数据库中存放的企业账套数据库，其中007代表企业账套编号，2022代表年度。
- ✧ select * from gl_accsum意为查看gl_accsum表中的所有内容。

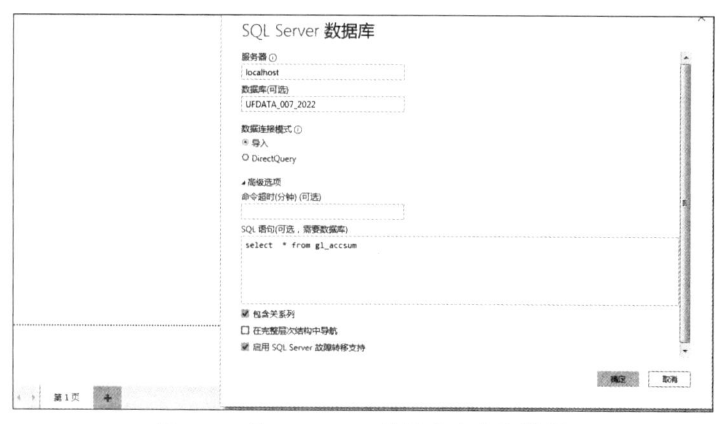

图4-15 从SQL Server数据库中获取数据

03 预览效果。单击“确定”按钮，显示预览效果，如图4-16所示。

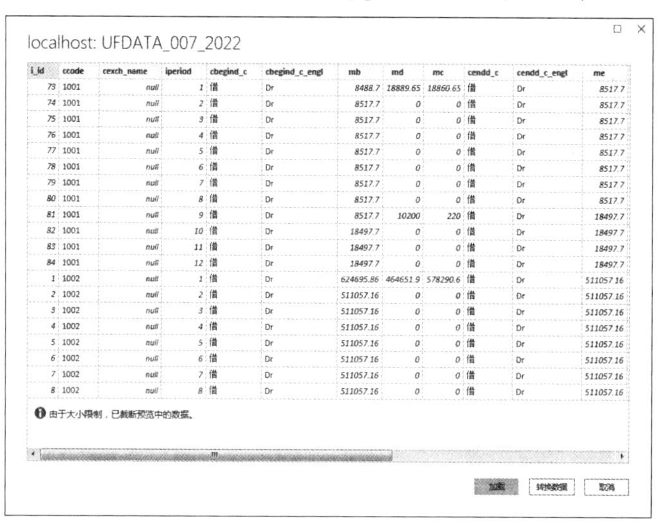

localhost: UFDATA_007_2022

i_id	ccode	cexch_name	iperiod	cbegind_c	cbegind_c_engl	mb	md	mc	cendd_c	cendd_c_engl	me
73	1001	null	1	借	Dr	8488.7	18889.65	18860.65	借	Dr	8517.7
74	1001	null	2	借	Dr	8517.7	0	0	借	Dr	8517.7
75	1001	null	3	借	Dr	8517.7	0	0	借	Dr	8517.7
76	1001	null	4	借	Dr	8517.7	0	0	借	Dr	8517.7
77	1001	null	5	借	Dr	8517.7	0	0	借	Dr	8517.7
78	1001	null	6	借	Dr	8517.7	0	0	借	Dr	8517.7
79	1001	null	7	借	Dr	8517.7	0	0	借	Dr	8517.7
80	1001	null	8	借	Dr	8517.7	0	0	借	Dr	8517.7
81	1001	null	9	借	Dr	8517.7	10200	220	借	Dr	18497.7
82	1001	null	10	借	Dr	18497.7	0	0	借	Dr	18497.7
83	1001	null	11	借	Dr	18497.7	0	0	借	Dr	18497.7
84	1001	null	12	借	Dr	18497.7	0	0	借	Dr	18497.7
1	1002	null	1	借	Dr	624695.86	464651.9	578290.6	借	Dr	511057.16
2	1002	null	2	借	Dr	511057.16	0	0	借	Dr	511057.16
3	1002	null	3	借	Dr	511057.16	0	0	借	Dr	511057.16
4	1002	null	4	借	Dr	511057.16	0	0	借	Dr	511057.16
5	1002	null	5	借	Dr	511057.16	0	0	借	Dr	511057.16
6	1002	null	6	借	Dr	511057.16	0	0	借	Dr	511057.16
7	1002	null	7	借	Dr	511057.16	0	0	借	Dr	511057.16
8	1002	null	8	借	Dr	511057.16	0	0	借	Dr	511057.16

图4-16 预览效果

04 加载到Power BI Desktop。单击“加载”按钮，将gl_accsum表导入Power BI Desktop，加载完成后的界面如图4-17所示。

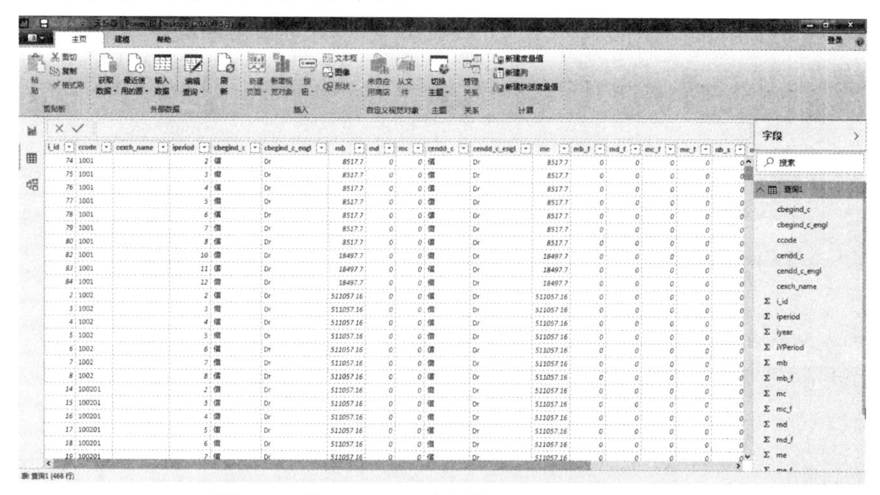

图4-17 将gl_accsum表导入Power BI Desktop

❖ 提示:

✧ 若要从MySQL数据库中获取数据，则需要按照提示到MySQL官网下载驱动。

✧ 若要从Oracle数据库中获取数据，则需要安装Oracle客户端。

4.4 从Web上获取数据

Web也称为万维网，是一种基于超文本和HTTP的、全球性的、动态交互的、跨平台的分布式图形信息系统。Web上存储着海量的信息，这些信息大致分为表格数据(结构化数据)和非表格数据(非结构化数据)。在Power BI中，我们可以很容易地直接从网页上获取表格数据，并将其运用到视觉对象和数据建模中。对于非表格数据，往往需要使用“使用示例添加表”的功能从Web上获取并将其转换成表格数据。

4.4.1 从Web上直接获取表格数据

跟我练4-6 从中华人民共和国教育部网站上获取“高等教育学校数”数据。

跟我练4-6

01 选择从Web上获取数据。在Power BI Desktop中，执行“主页”|“获取数据”|“其他”|“Web”命令，打开“从Web”对话框。

02 输入URL地址。在URL中输入“http://www.moe.gov.cn/jyb_sjzl/moe_560/2020/gedi/202108/t20210831_556506.html”，如图4-18所示。

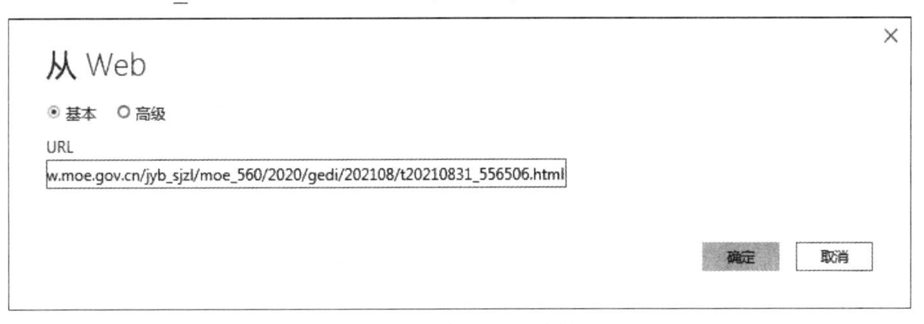

图4-18 输入URL地址

03 查看数据表。单击“确定”按钮，打开“导航器”对话框，Power BI将从页面中抓取的内容拆分为5个HTML表格，分别为表1～表5。分别选择表1～表5，右侧会显示对应的表视图，如图4-19所示。

04 加载数据表。勾选“表5”复选框，单击“加载”按钮，将表5加载到Power BI Desktop中，加载完成后的界面如图4-20所示。

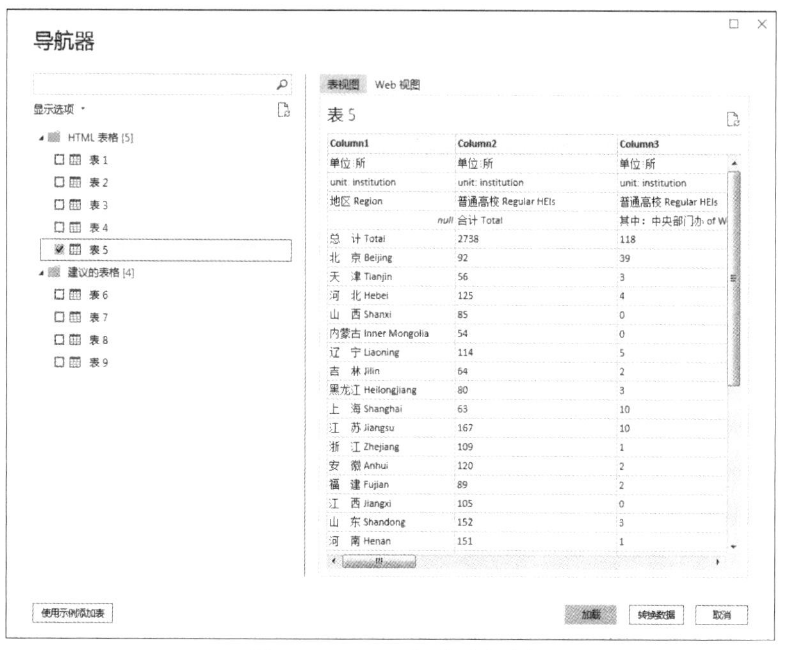

图4-19　HTML表5的表视图

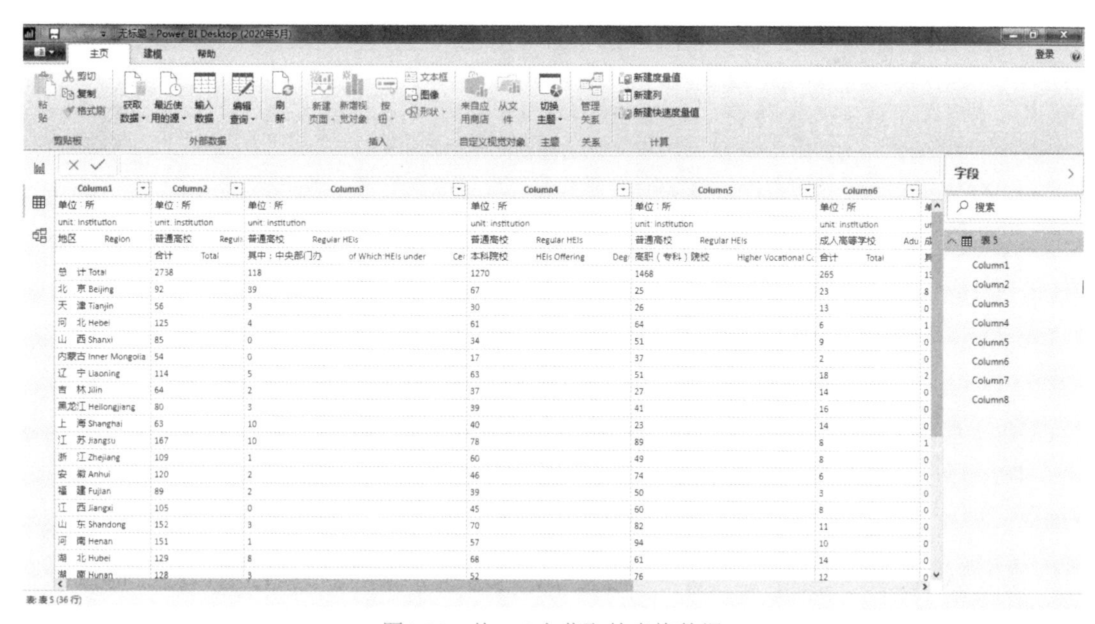

图4-20　从Web上获取的表格数据

4.4.2　使用示例从Web上获取数据

当网页上的数据不以表格形式呈现，而是非结构化数据，或者即使数据是结构化的，从某些网页上直接获取所需数据也可能会很困难。此时，可以在Power BI中使用“通过示例从Web上获取数据”的功能获取数据。使用该方法，可以从网页上获取所有类型的数据，包括表格中的数据和其他非表格数据。

跟我练4-7 使用示例从当当网网站上获取“2021年图书畅销榜”首页数据。

跟我练4-7

当当网网站上的“2021年图书畅销榜”首页数据如图4-21所示。页面中分两排显示图书的详细信息，具体包括图书名称、评论数、推荐指数、作者、出版日期、出版社、折扣价、原价、折扣率、电子书价格等，我们可以根据需要提取全部或部分数据。

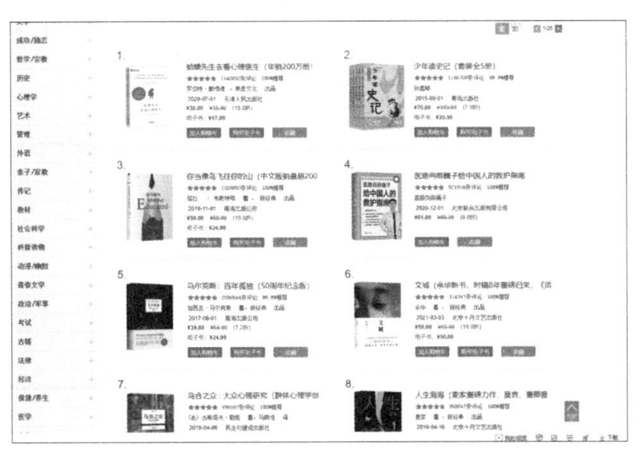
图4-21 “2021年图书畅销榜”首页数据

01 选择从Web上获取数据。在Power BI Desktop中，执行“主页”|“获取数据”|“其他”|“Web”命令，打开“从Web”对话框。

02 输入URL地址。在URL中输入“http://bang.dangdang.com/books/bestsellers/01.00.00.00.00.00-year-2021-0-1-1”。

03 选择使用示例添加表。单击“确定”按钮，打开“导航器”对话框；单击左下角的“使用示例添加表”按钮(见图4-22)，打开“使用示例添加表”对话框。

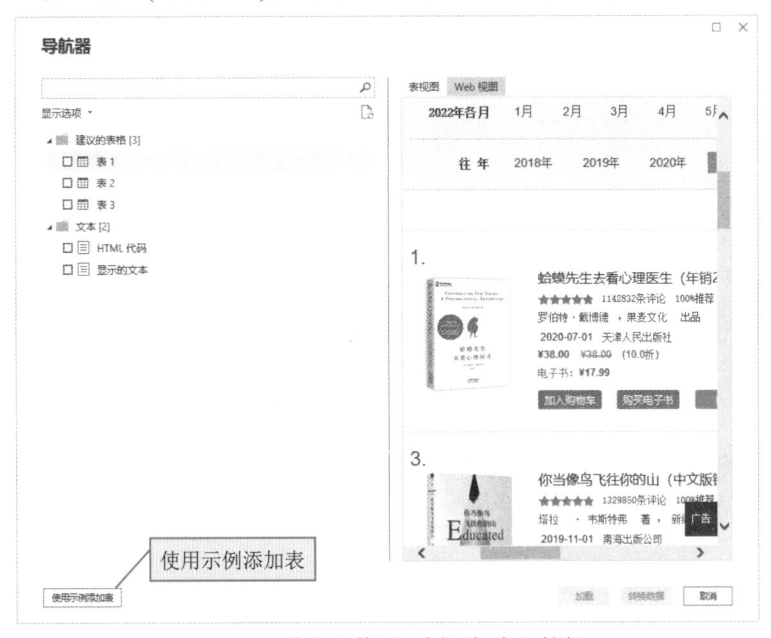

图4-22 单击“使用示例添加表”按钮

04 确定新表的框架。双击“列1”，输入列名“书名”；单击 + 按钮，增加一个新列，修改列名为“作者”。按照同样的方法，创建“出版社”“出版日期”“评论”“价格”“折扣”5列，如图4-23所示。

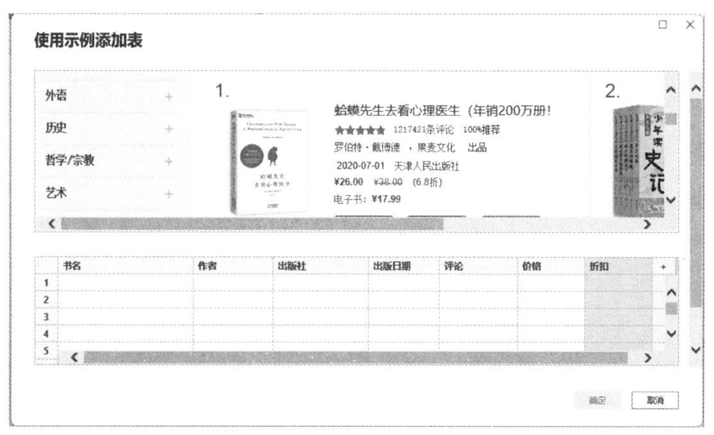

图4-23 创建表格框架

❖ 提示：

✧ 在对话框的上方可以查看当当网“2021年图书畅销榜”上榜图书的详细信息。

✧ 用鼠标拖动列与列之间的分隔线可以调整列宽。

05 在表中添加详细内容。当在“书名”列下面的第1行输入“蛤蟆”时，系统就能自动识别并显示网页中与之相关的内容(见图4-24)，选择第1项即可。按照同样的方法在第2行输入书名后，在第3行的文本框中双击，系统会自动识别并在第3行～第20行中填入书名。其他列同理。按照示例提取完成后的内容如图4-25所示。

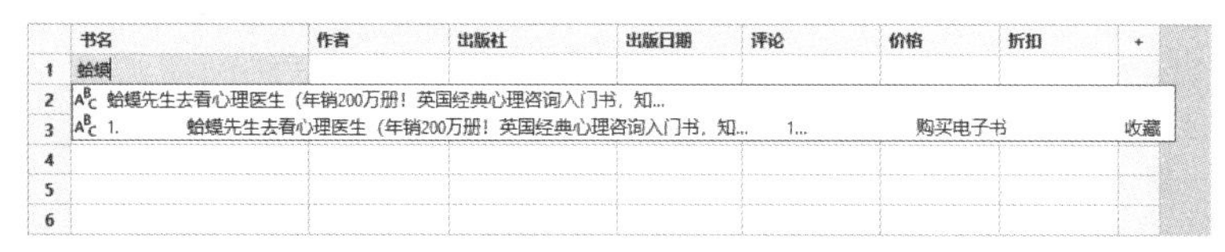

图4-24 系统自动识别并显示相关内容

❖ 提示：

✧ 在手动输入信息的过程中，系统会自动显示我们可能想要提取的内容，此时，双击想要提取的内容即可。

✧ 在提取数据后，需要检查每个字段是否显示完全。如果存在数据显示不全的情况，则需要在相应行次将数据补全。还有可能遇到无法识别内容的情况，此时，可以多输入几项内容以便系统识别规律。

✧ 页面中显示的单个内容可能由若干个部分组成，可适当对输入的内容进行拆分测试，检查识别状态。

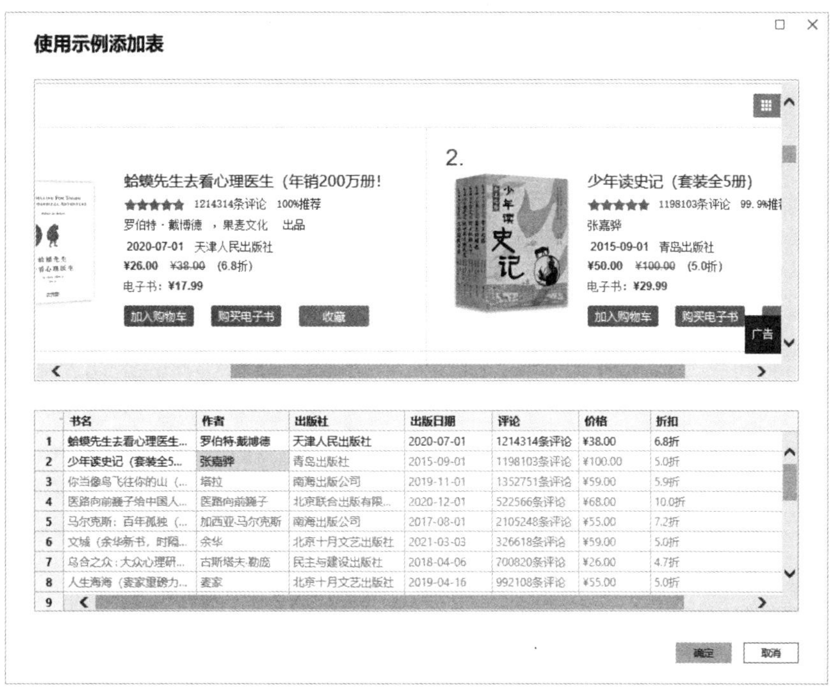

图4-25 按照示例提取的数据

❖ 提示：

✧ 表中黑色字体的数据是手动输入的，灰色字体的数据是系统智能识别出来的。

06 生成自定义表。单击"确定"按钮，返回"导航器"对话框，此时对话框的左侧增加了一张自定义表(表4)，如图4-26所示。

图4-26 自定义表(表4)

07 加载到Power BI Desktop。勾选“表4”复选框，单击“加载”按钮，就能将非结构化数据转换成结构化数据，并将其导入Power BI Desktop中，如图4-27所示。

图4-27　使用示例从Web上获取的数据

一、判断题

1. 在Power BI中获取PDF文件时会自动将文件内容转换为几个结构化文件。（　　）
2. 在Power BI中可以将一个文件夹中的多个文件全部导入并汇总到一个数据表中。（　　）
3. 若要从数据库中导入数据，则本机必须安装该数据库管理系统。（　　）

二、单选题

1. Power BI将从Web页面中抓取的内容拆分为(　　)表。

   A. Excel　　B. HTML
   C. XML　　D. Txt

2. Power BI不能直接导入扩展名为(　　)的Excel文件。

   A. .xls　　B. .xlsx
   C. .xlsm　　D. .xlst

3. 以下属于结构化文件的数据是(　　)。

   A. PDF　　B. R脚本
   C. Web　　D. 数据库

三、多选题

1. Power BI中可以导入的文件类型有(　　)。

A. Excel　　B. Word

C. Txt　　D. Pdf

2. 以下表示文本文件扩展名的是(　　)。

A. .doc　　B. .csv

C. .txt　　D. .xml

3. CSV文件通常用(　　)作为分隔符。

A. 逗号　　B. 句号

C. 制表符　　D. 空格

四、问答题

1. 在Power BI中，可以从哪些数据源获取数据？

2. 使用示例从Web上获取数据时有哪些需要注意的问题？

3. 在从文件夹中获取数据时，是否需要确保文件夹中的文件格式保持一致？试一试。

第5章

数据整理

数据整理也称为数据清洗，是指利用特定的方法将从各种数据源中获取的数据整理成规范化的数据，以便进行后续的数据建模和可视化分析。数据整理是在Power Query编辑器中完成的。

5.1 数据规范化

5.1.1 数据规范化的必要性

第4章讲述了获取数据的途径，从数据获取的结果来看，无论是从数据库中获取的数据，还是从Web上直接爬取的数据，都是杂乱的、不易阅读的。

通常，数据库的设计者在设计数据库表时，会使用英文字符为字段命名(如会计科目编码使用ccode、会计期间使用iperiod等)。例如，图4-17中第一行的字段名均为简化的字符，对数据使用者来说含义不清。因此，数据库表中字段的设置除了要考虑存放数据的需要，还要考虑表与表之间进行数据关联的需要，如果不需要将全部的数据库表作为基础数据，字段就一定会存在大量冗余。

从Web上获取的数据就更是如此，因为Power BI在进行数据转换时会自动把获取的内容拆分为数量不等的表，这种拆分是粗略的。例如，图4-20中导入的主数据，其表头部分的若干行都是无意义的，需要重新为每列数据赋予字段名以明确其属性。

数据不规范还体现在以下几方面。

(1) 日期不规范。

(2) 数值项中间存在空格。

(3) 全角和半角字符的使用不一致。

(4) 有些列存在错误值。

(5) 有些列有空值。

(6) 不应该存在重复值的列有重复值。

(7) 数据类型不正确。

(8) 列值太复杂，需要拆分成简单的列值。

(9) 表中数据不可读，需要替换成可读的数据。

(10) 其他问题。

5.1.2 认识一维表和二维表

数据表是较常见的数据载体，常分为一维表和二维表。那么如何区分一维表和二维表？区分一维表和二维表有何意义呢？

我们先来看一看表5-1和表5-2两种不同样式的产品销售统计表。

表5-1 产品销售统计表(1)

产品	年份	销售额
A产品	2020	11
	2021	12
	2022	13
B产品	2020	121
	2021	122
	2022	123
C产品	2020	331
	2021	332
	2022	333

表5-2 产品销售统计表(2)

产品	2020年	2021年	2022年	合计
A产品	11	12	13	36
B产品	121	122	123	366
C产品	331	332	333	996

表5-1属于一维表，表中的每一个数据只由该行就可以描述其含义。

表5-2属于二维表，表中的每一个数据(除最顶端的行数据和最左侧的列数据外)均需要由最顶端的行和最左侧的列两个维度来进行描述，例如，表中的123是2022年B产品的销售额。

总之，仅靠单行就能锁定全部信息的，就是一维表；需要行和列来定位数值的，就是二维表。

现实生活中，在手工编制报表时，为了美观和方便阅读，通常将上述产品销售统计表编制成如表5-3或表5-4所示的样式。这两种样式的共同特征是表格中存在合并项，如表5-3中的产品和表5-4中的年份。

表5-3　产品销售统计表

产品	年份	销售额
A产品	2020	11
	2021	12
	2022	13
B产品	2020	121
	2021	122
	2022	123
C产品	2020	331
	2021	332
	2022	333

表5-4　产品销售统计表

年份	产品	销售额
2020	A产品	11
	B产品	121
	C产品	331
2021	A产品	12
	B产品	122
	C产品	332
2022	A产品	13
	B产品	123
	C产品	333

你更喜欢哪一种表呢？我认为很少有人选择一维表(见表5-1)。而一维表恰恰是在Power BI中最易于进行数据分析的表。

5.2　数据整理的方法

Power BI的数据整理是通过Power Query编辑器完成的，Power Query编辑器中提供了两种数据整理的方法，分别面向不同基础的用户。对于初学者来说，可以直接使用Power Query编辑器中的图形化工具对数据进行清洗或转换；而对于有一定计算机基础的技术达人来说，则可以在Power Query编辑器中使用“M语言”对数据进行整理。

5.2.1　Power Query编辑器

Power Query编辑器主要用于对数据进行清洗和转换。

1. 打开Power Query编辑器

打开Power Query编辑器的方法有两种。

(1) 在导入数据时打开Power Query编辑器。

从数据源获取数据时，“导航器”对话框中设有“转换数据”按钮，如图5-1所示。单击“转换数据”按钮，即可直接打开Power Query编辑器。

(2) 进入Power BI Desktop后打开Power Query编辑器。

在Power BI Desktop主界面中，执行“主页”|“转换数据”命令，即可打开Power Query编辑器。

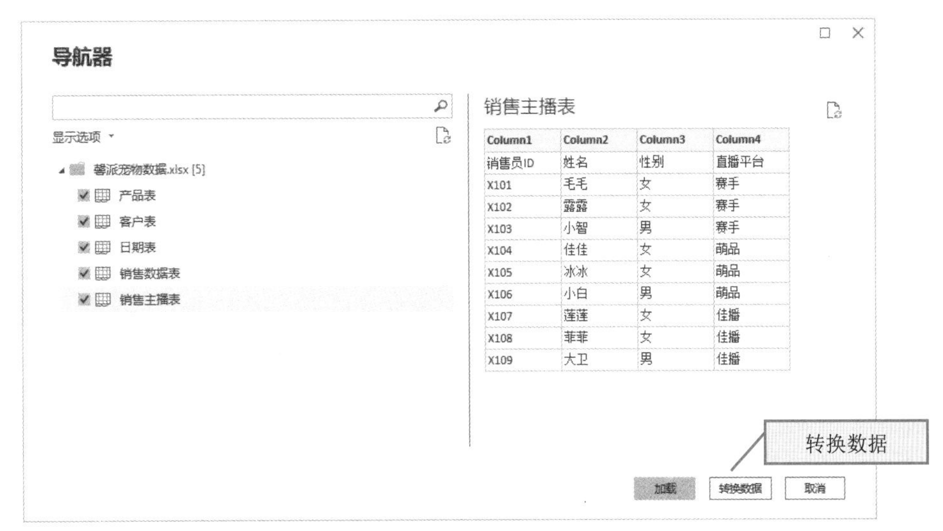

Column1	Column2	Column3	Column4
销售员ID	姓名	性别	直播平台
X101	毛毛	女	赛手
X102	露露	女	赛手
X103	小智	男	赛手
X104	佳佳	女	萌品
X105	冰冰	女	萌品
X106	小白	男	萌品
X107	莲莲	女	佳播
X108	菲菲	女	佳播
X109	大卫	男	佳播

图5-1　“转换数据”按钮

2. 认识Power Query编辑器的工作界面

Power Query编辑器的工作界面分为4个区域，如图5-2所示。

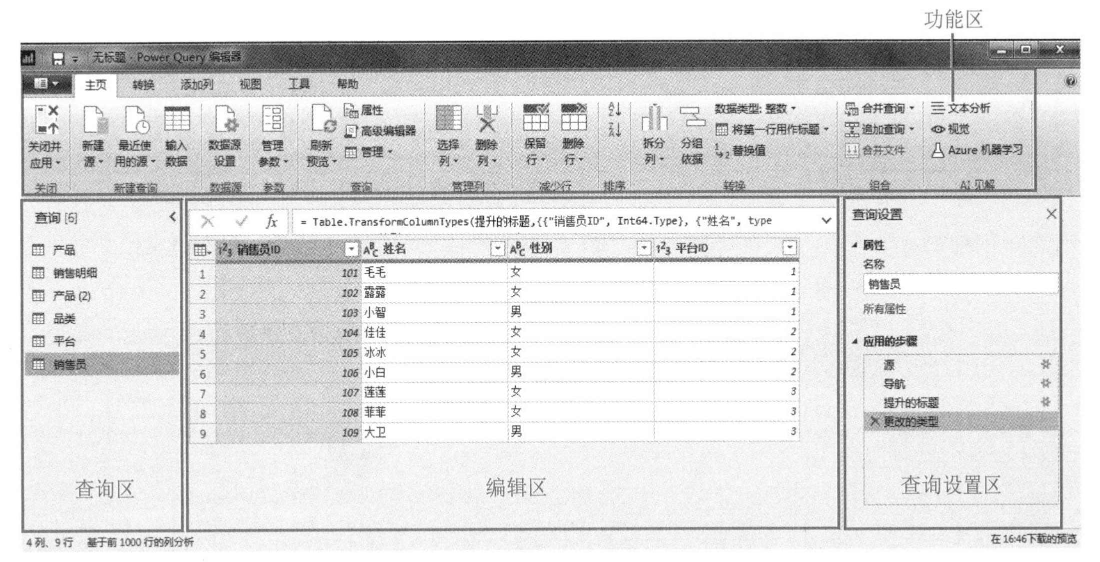

	销售员ID	姓名	性别	平台ID
1	101	毛毛	女	1
2	102	露露	女	1
3	103	小智	男	1
4	104	佳佳	女	2
5	105	冰冰	女	2
6	106	小白	男	2
7	107	莲莲	女	3
8	108	菲菲	女	3
9	109	大卫	男	3

图5-2　Power Query编辑器的工作界面

界面上方为功能区，提供了对数据进行整理的各类功能。注意，Power Query编辑器功能区中的具体内容与Power BI Desktop功能区中的内容有差异。

界面左侧的查询区列出了当前文件中的所有项，每项对应一个表或一个实体，单击选中某项，编辑区便会展现该项的具体内容。

界面中间为编辑区，用于显示已选择的内容，并可对其进行编辑，编辑完成后可通过“关闭并应用”命令将其上传到数据模型中。

界面右侧为查询设置区，包括“属性”和“应用的步骤”两部分。“应用的步骤”列表中会自动记录对数据进行的每一步操作。单击某步骤前的✕按钮可撤销该步骤。

3. 数据清洗相关功能

Power Query编辑器的功能区提供了丰富的功能，可以使用户在不编写代码的情况下，通过执行功能区中的命令，对获取的数据进行清洗与转换。

在Power Query编辑器中，数据清洗与转换工作主要通过“转换”和“添加列”两个选项卡中的命令完成，这两个选项卡的区别在于：“转换”选项卡中的命令是在原列上直接进行修改；而“添加列”选项卡中的命令是在原列基础上新增一个列。

此外，“主页”选项卡中也有一些数据清洗与转换命令，有些命令与“转换”选项卡中的命令一样。我们可以根据需要选择这3个选项卡中的命令对获取的数据进行整理。

❖ 提示：

- ✧ Excel 2016及以上版本已经集成了Power Query的插件功能，在“数据”选项卡中就可以找到该模块。
- ✧ Excel 2010和2013版本需要单独安装Power Query插件才能使用，下载网址：https://www.microsoft.com/zh-cn/download/details.aspx?id=39379。

5.2.2 M语言

1. 利用编辑栏查看或编写M代码

在Power Query编辑器中使用功能区的图形化操作命令，编辑栏中就会自动生成一段M语言代码。如果熟悉M语言，也可以在编辑栏中使用M语言编写代码来完成数据整理工作，如图5-3所示。

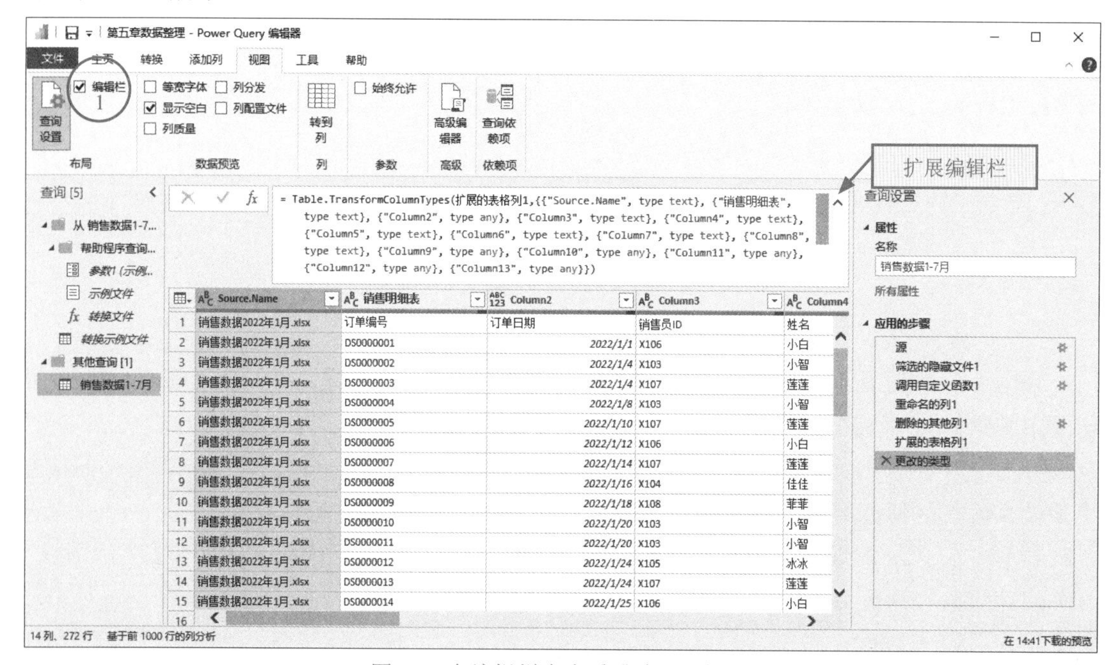

图5-3　在编辑栏中查看或编写M代码

❖ 提示：

- ✧ 如果没有显示编辑栏，则可以在“视图”选项卡下勾选“编辑栏”复选框。
- ✧ 如果代码太长，无法显示完整的M语言代码，则可单击编辑栏右侧的∨按钮扩展编辑栏。

2. 在高级编辑器中查看M代码

在编辑栏中只能看见当前步骤的M代码，如果想要查看所有操作步骤的M代码，则需要进入“高级编辑器”，如图5-4所示。

在Power Query编辑器中有两种方法进入“高级编辑器”：一是执行“主页”|“高级编辑器”命令；二是执行“视图”|“高级编辑器”命令。在“高级编辑器”中能够看到自动生成的所有操作步骤的M代码。

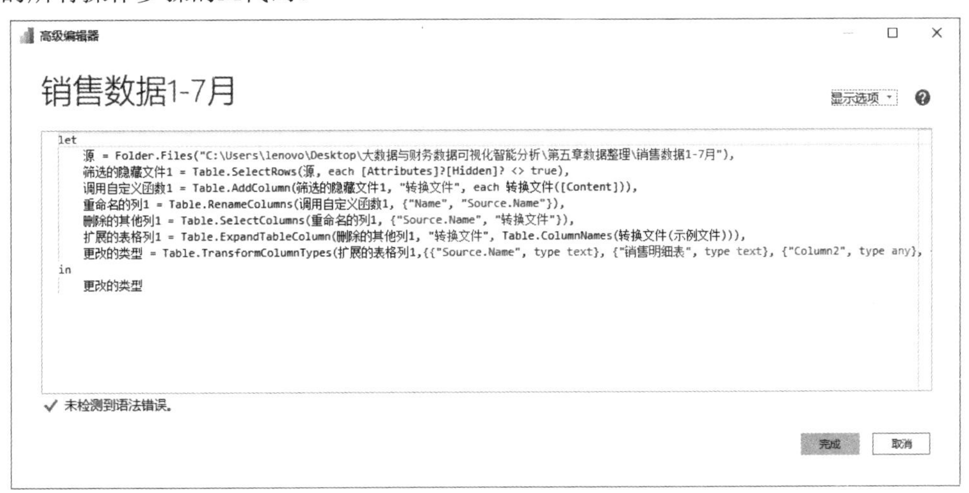

图5-4　高级编辑器

5.3 数据准备

5.3.1 在Power Query编辑器中导入数据

第4章中介绍了如何从文件夹中获取数据。在本例中，我们学习如何在Power Query编辑器中利用“新建源”命令从文件夹中获取数据。

跟我练5-1 在Power Query编辑器中直接获取“销售数据1-7月”文件夹中的数据。

跟我练5-1

01 进入Power Query编辑器。在Power BI Desktop中，执行“主页”|“转换数据”命令，进入Power Query编辑器。

02 新建源。执行“主页”|“新建源”|“更多…”命令，打开“获取数据”对话框。在“全部”菜单中选择“文件夹”，如图5-5所示。

图5-5　从文件夹中获取数据

03 连接文件夹。单击“连接”按钮，选择需要连接的文件夹路径，单击“确定”按钮，便会显示“销售数据1-7月”文件夹中的所有Excel工作簿，如图5-6所示。

C:\Users\lenovo\Desktop\大数据与财务数据可视化智能分析\第五章数据整理\销售数据1-7...

Content	Name	Extension	Date accessed	Date modified	Date created	Attributes	Folder Pa
Binary	销售数据2022年1月.xlsx	.xlsx	2022/7/20 18:04:39	2022/7/20 16:44:07	2022/7/20 18:04:39	Record	C:\Users\lenovo\Desktop\大
Binary	销售数据2022年2月.xlsx	.xlsx	2022/7/20 18:04:39	2022/7/20 16:47:23	2022/7/20 18:04:39	Record	C:\Users\lenovo\Desktop\大
Binary	销售数据2022年3月.xlsx	.xlsx	2022/7/20 18:04:39	2022/7/20 16:48:14	2022/7/20 18:04:39	Record	C:\Users\lenovo\Desktop\大
Binary	销售数据2022年4月.xlsx	.xlsx	2022/7/20 18:23:52	2022/7/20 18:23:52	2022/7/20 18:04:39	Record	C:\Users\lenovo\Desktop\大
Binary	销售数据2022年5月.xlsx	.xlsx	2022/7/20 18:04:39	2022/7/20 16:49:51	2022/7/20 18:04:39	Record	C:\Users\lenovo\Desktop\大
Binary	销售数据2022年6月.xlsx	.xlsx	2022/7/20 18:04:39	2022/7/20 16:50:23	2022/7/20 18:04:39	Record	C:\Users\lenovo\Desktop\大
Binary	销售数据2022年7月.xlsx	.xlsx	2022/7/20 18:04:39	2022/7/20 16:51:02	2022/7/20 18:04:39	Record	C:\Users\lenovo\Desktop\大

合并并转换数据　转换数据　取消

图5-6　“销售数据1-7月”文件夹中的所有Excel工作簿

04 合并文件。单击“合并并转换数据”按钮，打开“合并文件”对话框，如图5-7所示。示例文件默认为“第一个文件”，在对话框的左侧选择“sheet1”，右侧便会显示

sheet1中的详细内容。

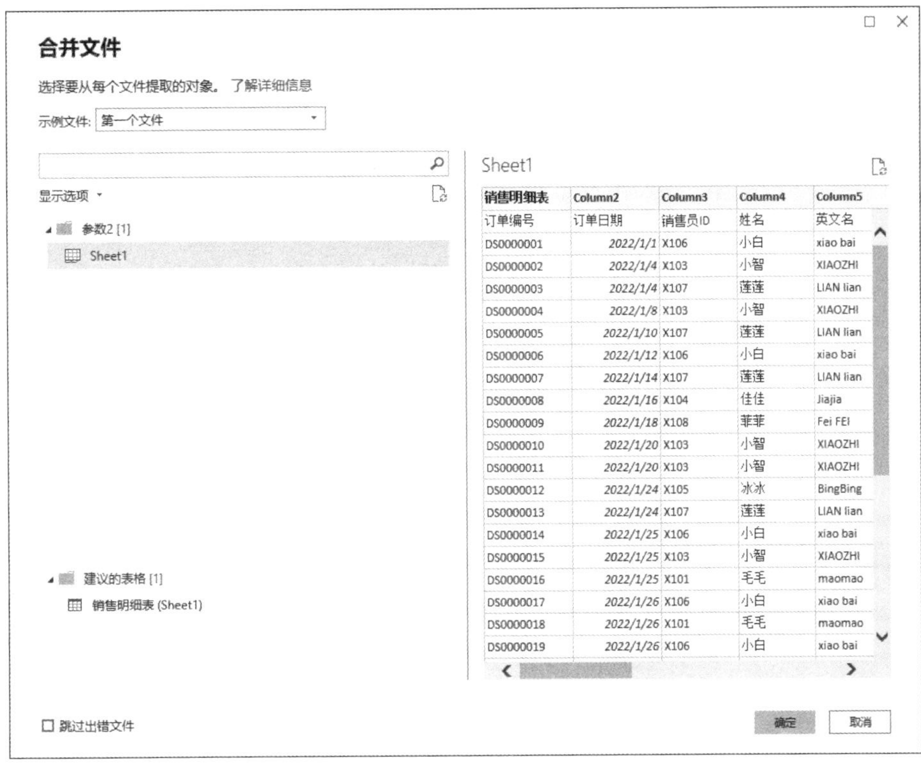

图5-7 “合并文件”对话框

05 查看结果。单击“确定”按钮，返回Power Query编辑器。在Power Query编辑器界面左侧的查询区中，选择“其他查询”|“销售数据1-7月”，可以看到加载完成的最终数据，如图5-8所示。

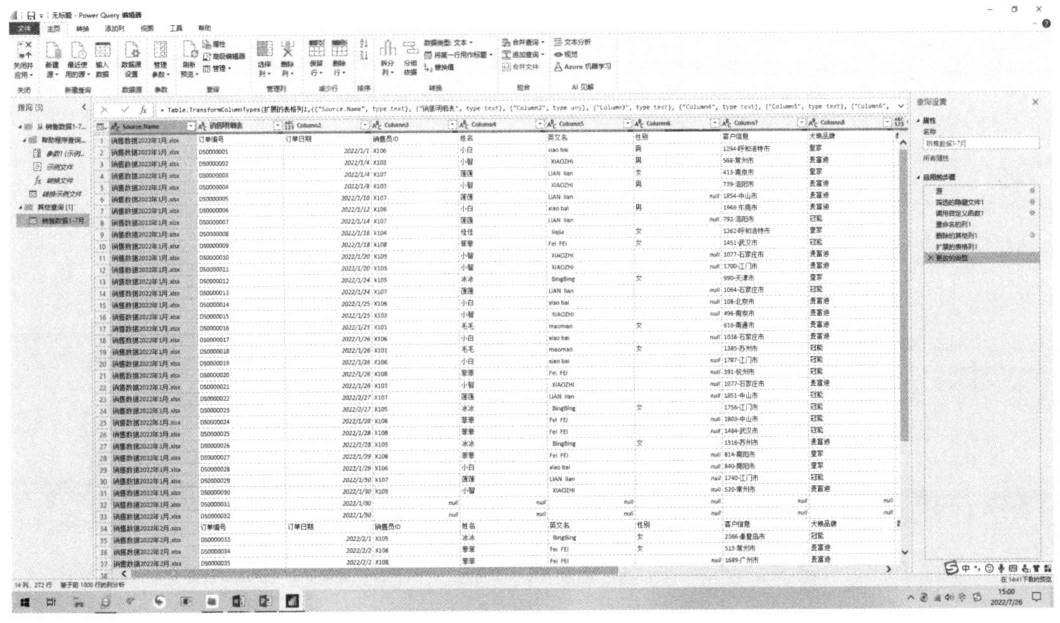

图5-8 加载完成的最终数据

06 应用更改。单击Power Query编辑器界面左上角的“保存”按钮，会弹出应用更改提示信息，如图5-9所示。

图5-9 应用更改提示信息

07 保存文件。单击“应用”按钮，将通过Power Query编辑器获取的数据应用到Power BI Desktop。同时，在“另存为”对话框中选择文件保存路径，输入文件名“5-1”，单击“保存”按钮。Power Query编辑器中标题栏的显示由“无标题”变成“5-1”，代表文件保存成功。

5.3.2 重新设定数据源

若已设定的数据源文件路径发生改变，就需要重新设定数据源，否则会影响数据建模和数据可视化展示。重新设定数据源的具体操作如下。

01 数据源设置。在Power Query编辑器中，执行“主页”|“数据源设置”命令，打开“数据源设置”对话框，如图5-10所示。

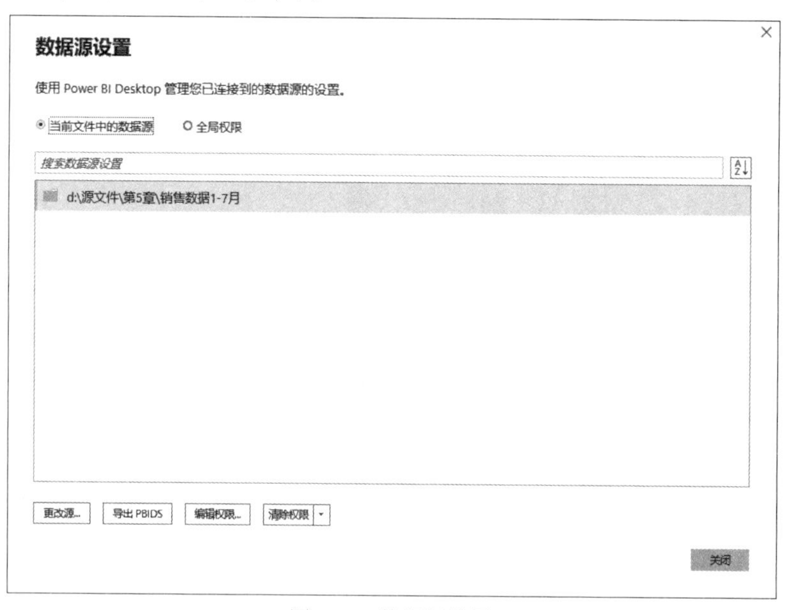

图5-10 数据源设置

02 设定文件夹路径。单击“更改源...”按钮，打开“文件夹”对话框，根据实际情况，设定文件夹路径，最后单击“确定”按钮即可。

5.4 数据整理的常用功能

观察“销售数据1-7月”数据表，不难发现该表存在很多数据不规范的问题，例如，有些列数据类型不明确、数据表中存在空值或重复值、标题不合适等，因此需要对其进行清洗与转换，以满足后期数据建模和数据可视化分析的需要。本节所有【跟我练】示例均以“销售数据1-7月”数据表为操作对象。

5.4.1 将第一行用作标题

数据导入后，Power Query编辑器默认所有数据都属于数据行，所以数据表中的第一行可能会包含列名称。而在Power BI中，从第一行开始就必须是数据行，标题在数据行之上。一般情况下，Power Query编辑器获取数据后会自动完成标题提升，如果没有，就需要我们手动完成提升标题的操作。

跟我练5-2 将“销售数据1-7月”数据表中的第一行数据用作标题。(接【跟我练5-1】)

跟我练5-2

01 查看当前标题。选择“销售数据1-7月”数据表，当前标题如图5-11所示。

	Source.Name	销售明细表	Column2	Column3	Column4	Column5
1	销售数据2022年1月.xlsx	订单编号	订单日期	销售员ID	姓名	英文名
2	销售数据2022年1月.xlsx	DS0000001	2022-01-01	X106	小白	xiao bai
3	销售数据2022年1月.xlsx	DS0000002	2022-01-04	X103	小智	XIAOZHI
4	销售数据2022年1月.xlsx	DS0000003	2022-01-04	X107	莲莲	LIAN lian

图5-11 提升标题前

02 将第一行用作标题。执行“转换”|“将第一行用作标题”命令，将第一行提升为标题，如图5-12所示。

	销售数据2022年1月...	订单编号	订单日期	销售员ID	姓名	英文名
1	销售数据2022年1月.xlsx	DS0000001	2022-01-01	X106	小白	xiao bai
2	销售数据2022年1月.xlsx	DS0000002	2022-01-04	X103	小智	XIAOZHI
3	销售数据2022年1月.xlsx	DS0000003	2022-01-04	X107	莲莲	LIAN lian
4	销售数据2022年1月.xlsx	DS0000004	2022-01-08	X103	小智	XIAOZHI

图5-12 提升标题后

❖ 提示：

✧ Power Query编辑器中的“主页”选项卡下也有“将第一行用作标题”命令。

✧ 单击“将第一行用作标题”命令右侧的下拉箭头，会发现还有一个“将标题作为第一行”命令，该命令意为降低标题，即将标题作为第一行的数据。

✧ 单击编辑区左上角的▦按钮，选择“将第一行用作标题”选项，是一种更为便捷的操作方法。

5.4.2 筛选与删除

Power Query编辑器中提供了筛选和删除功能，筛选功能是将需要的、符合条件的数据保留在Power BI中；删除功能是将不需要的、不符合条件的数据从Power BI中删除，主要包括删除行、删除列、删除错误、删除空值、删除重复项等操作。

1. 数据的筛选

在第3章中，我们学习了在Power BI Desktop中通过筛选器、切片器等功能来筛选数据。Power Query编辑器也具有数据筛选功能，使用列名右侧的筛选按钮可以将需要的数据行保留在Power BI中。

跟我练5-3 使用Power Query编辑器的筛选功能滤掉“销售数据1-7月”数据表中重复的表头。(接【跟我练5-2】)

跟我练5-3

01 单击筛选按钮。在Power Query编辑器中选择“销售数据1-7月”数据表，单击“订单编号”列右侧的筛选按钮，如图5-13所示。

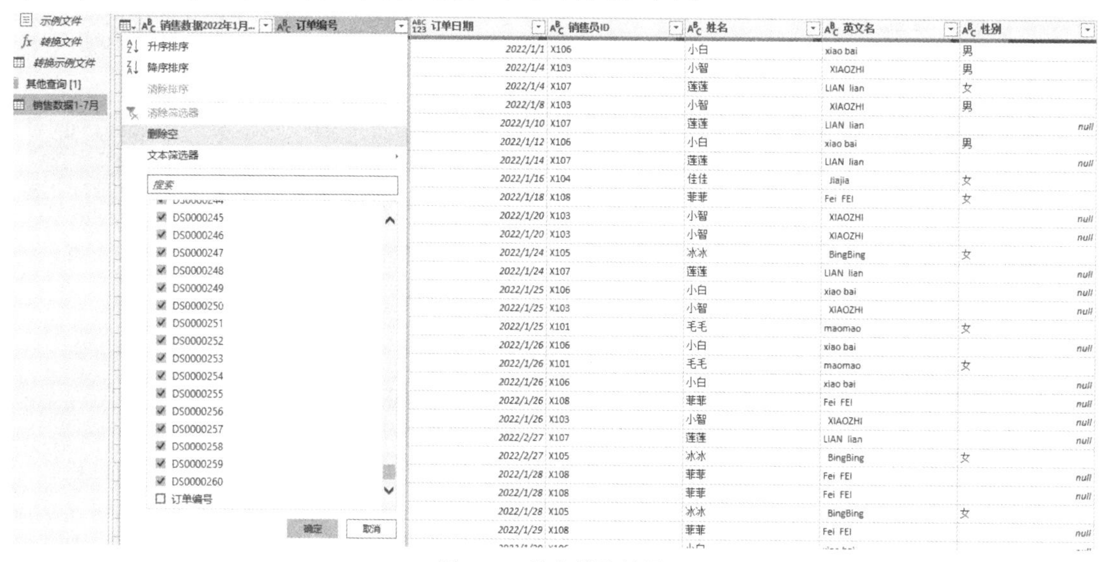

图5-13　单击筛选按钮

02 按需要进行筛选。在展开的下拉列表中将滚动条拉到底部找到“订单编号”，取消勾选“订单编号”复选框，最后单击“确定”按钮即可。

❖ 提示：

- ✧ 通过Power Query编辑器的筛选功能还可以对数据进行升序、降序排序。
- ✧ 对数据进行筛选后，该列列名右侧的筛选按钮图标会由变成。此时，“取消筛选器”命令处于可用状态，选择该命令会取消该列的所有筛选。
- ✧ 表中每列都自带筛选器，筛选器会根据本列的数据类型而有所变化：文本筛选器是针对文本型数据的，日期筛选器是针对日期型数据的，数字筛选器是针对数值型数据的，如图5-14所示。

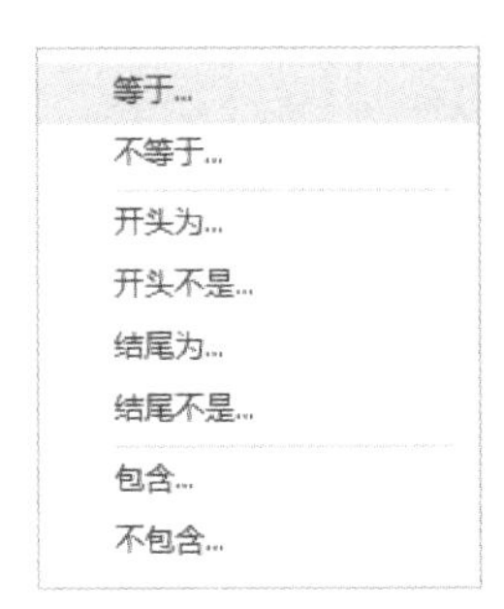

(a) 文本筛选器

(b) 日期筛选器

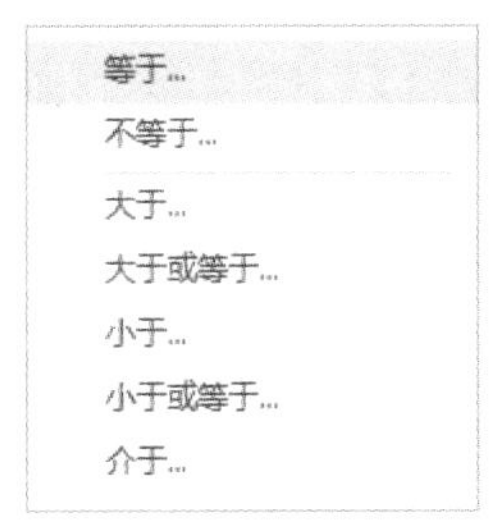

(c) 数字筛选器

图5-14　不同的筛选器

2. 删除空值

利用Power Query编辑器的筛选功能还可以删除空值。本例中的“销售数据1-7月”数据表共有265行数据，通过观察发现，有些订单没有具体的数据记录，属于无效数据，下面我们利用筛选功能中的“删除空”命令将这些空值予以删除。

跟我练5-4　删除“销售数据1-7月”数据表中的空值。(接【跟我练5-3】)

跟我练5-4

01 单击筛选按钮。在Power Query编辑器中选择“销售数据1-7月”数据表，单击“销售员ID”列右侧的筛选按钮，在下拉列表中选择“删除空”命令，即可删除空值，如图5-15所示。

图5-15　删除空值

02 删除空值。在下拉列表中取消勾选“(null)”复选框，单击“确定”按钮，也可删除空值。

❖ 提示：

✧ Power Query编辑器的左下角会显示数据表的行数与列数，注意删除前后数据表行数或列数的变化。

3. 删除列

数据整理过程中的一个关键步骤是删除不必要的列。本例中，“销售数据1-7月”数据表中的“数量”列是不同型号犬粮的数量和，这列数据可以通过创建度量值计算得出，是一个多余的列，可以删除。

跟我练5-5 删除“销售数据1-7月”数据表中的“数量”列。(接【跟我练5-4】)

跟我练5-5

删除列有两种方法。

01 第一种方法。在Power Query编辑器中选择“销售数据1-7月”数据表，选定“数量”列，执行“主页”|“删除列”|“删除列”命令，即可将“数量”列删除，如图5-16所示。

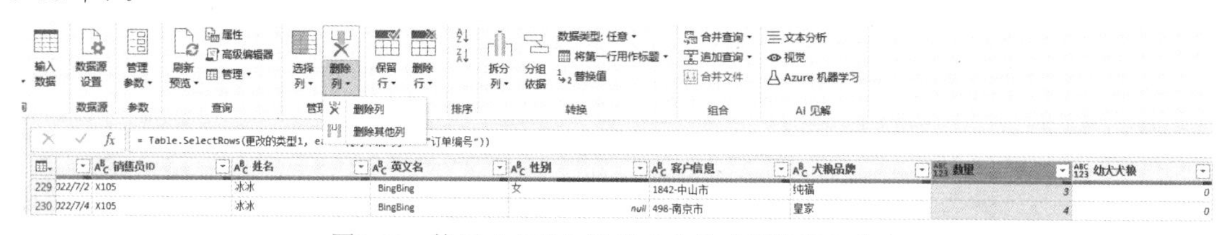

图5-16 使用“主页”选项卡中的“删除列”命令

02 第二种方法。在Power Query编辑器中选择“销售数据1-7月”数据表，右击“数量”列，从快捷菜单中选择“删除”命令。

❖ 提示：

✧ “删除列”命令用于删除选定的列，在Power Query编辑器中还有“删除其他列”命令，该命令用于删除选定列以外的所有列。

4. 删除重复项

在Power Query编辑器中可以使用“删除重复项”命令从选定的列中删除重复项，从而在所选列中仅保留唯一记录。本例中，“订单编号”唯一标识每一条记录，是不能重复的。

跟我练5-6 删除“销售数据1-7月”数据表中重复的订单编号。(接【跟我练5-5】)

跟我练5-6

在Power Query编辑器中选择“销售数据1-7月”数据表，右击“订单编号”列列标题，从快捷菜单中选择“删除重复项”命令，如图5-17所示。删除重复项后，数据表的行数由253行变成251行。

❖ 提示：

✧ 在Power Query编辑器中，可以通过“删除行”命令对行数据进行删除。执行“主页”|“删除行”命令，下拉列表中会显示“删除最前面几行”“删除最后几行”“删除间隔行”“删除重复项”“删除空行”“删除错误”等命令，可以根据需要选择合适的命令对行数据进行整理，如图5-18所示。

图5-17　删除重复项

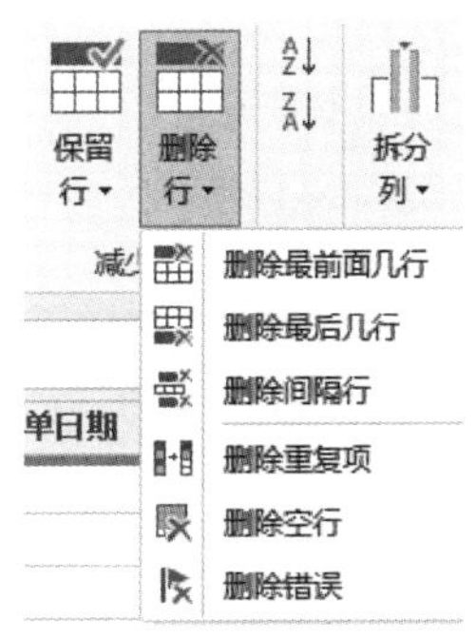

图5-18　“删除行”命令

5.4.3 更改与检测数据类型

数据表中的数据类型多种多样，有小数、整数、日期、文本、百分比等。将数据表导入Power BI时，Power BI会自动扫描前1000行(默认设置)数据，并尝试检测每列的数据类型，但在某些情况下系统可能无法识别出正确的数据类型，这时就需要我们更改数据类型。

1. 更改数据类型

在Power Query编辑器中每列列名的左侧都有一个数据类型标识按钮，常见的有$1^2 3$、$A^B C$、▦、%，分别代表整数、文本、日期和百分比数据类型。若系统识别出的数据类型有误，则单击该按钮，在下拉列表中选择正确的数据类型即可。本例中，有些列的数据类型已经被系统自动识别出来，例如，“订单编号”列名前的数据类型标识按钮为$A^B C$，表示该列数据是文本型数据；有些列名前的数据类型标识按钮为ABC123，表示该列数据为任意类型，此时就需要重新设定该列的数据类型。

跟我练5-7 将“订单日期”列的数据类型改成日期型。(接【跟我练5-6】)

跟我练5-7

01 单击数据类型标识按钮。单击“订单日期”列名前的数据类型标识按钮，打开数据类型下拉列表，如图5-19所示。

02 选择数据类型。在下拉列表中选中“日期”，“订单日期”列名前的数据类型标识按钮由ABC123变成▦，表示“订单日期”列的数据类型已变为日期型。

❖ 提示：

✧ 在Power Query编辑器中，“主页”选项卡和“转换”选项卡中都有更改数据类型的功能。

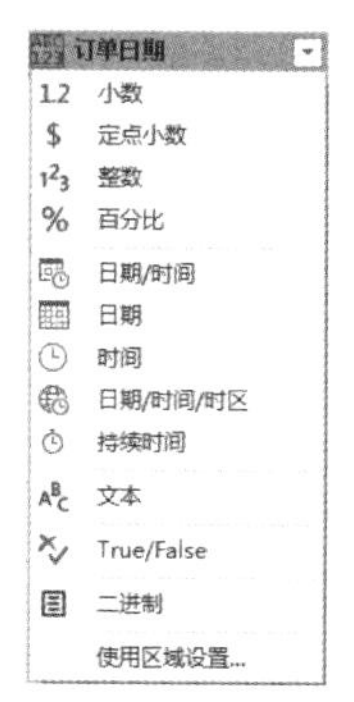

图5-19 数据类型下拉列表

2. 检测数据类型

如果数据表中有很多列的数据类型为任意类型，手动更改比较麻烦，那么这时可用“检测数据类型”命令自动识别数据类型。通过观察，本例中“幼犬犬粮”“全犬犬粮”“成犬犬粮”“单价”这四列的数据类型目前为任意类型。

跟我练5-8 **使用“检测数据类型”功能，自动检测“销售数据1-7月”数据表中数据类型为任意类型的列的数据类型。(接【跟我练5-7】)**

跟我练5-8

01 选择多列。在Power Query编辑器中选择“销售数据1-7月”数据表，按住Ctrl键，分别选定“幼犬犬粮”“全犬犬粮”“成犬犬粮”“单价”四列。

02 自动检测数据类型。执行“转换”|“检测数据类型”命令，便可自动检测出这四列的数据类型为整数，如图5-20所示。

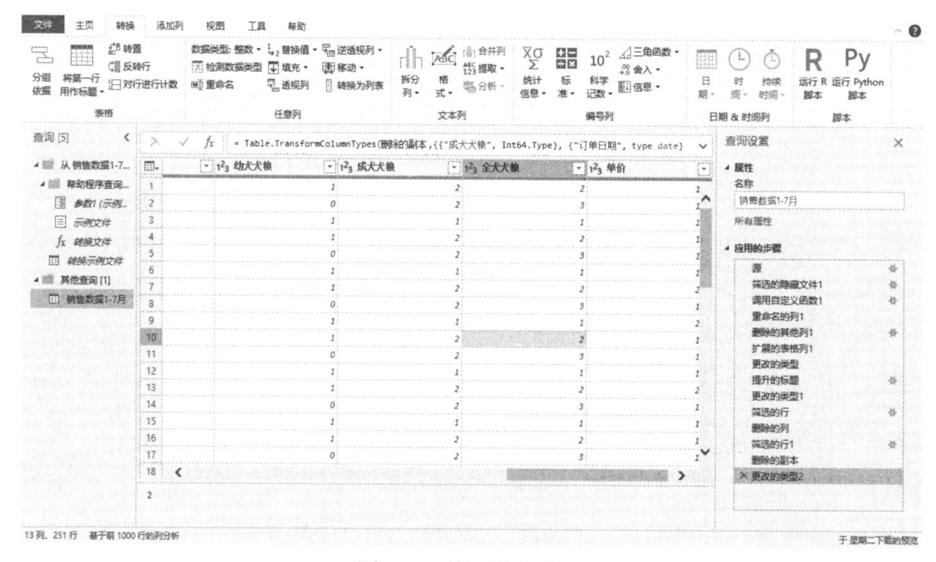

图5-20 检测数据类型

5.4.4 填充与替换

1. 填充

填充是将某单元格中的值填充到当前列的相邻“空”单元格中，有向上填充和向下填充两个选项。本例中，“性别”一列有大量缺失数据，需要使用填充功能将其补全。

跟我练5-9 **利用填充功能补全“性别”列的数据。(接【跟我练5-8】)**

跟我练5-9

01 姓名按升序排列。在Power Query编辑器中选择“销售数据1-7月”数据表，单击“姓名”列列名右侧的▾按钮，在下拉列表中选择“升序排列”。

02 订单日期按升序排列。单击“订单日期”列列名右侧的▾按钮，在下拉列表中选择“升序排列”。

03 向下填充。单击“性别”列的任一单元格或选中“性别”列，执行“转换”|“填充”|“向下”命令(见图5-21)，可以将“性别”列的数据补全。

文件 主页 转换 添加列 视图 工具 帮助

分组依据 将第一行用作标题 转置 反转行 对行进行计数 数据类型: 文本 检测数据类型 重命名 替换值 填充 向下 向上 逆透视列 移动 转换为列表 拆分列 格式 合并列 提取 分析 统计信息 标准 科学记数 三角函数 舍入 信息 日期 时间 持续时间 运行R脚本 运行Python脚本

将单元格中的值向下填充至当前所选列中的相邻空单元格内。

= Table.Sort(...cending}, {"订单日期", Order.Ascending}})

查询 [5]：从 销售数据1-7... / 帮助程序查询... / 参数1 (示例... / 示例文件 / 转换文件 / 转换示例文件 / 其他查询 [1] / 销售数据1-7月

	订单编号	订单日期	销售员ID	姓名	英文名	性别	客户信息	犬粮品牌	幼犬犬粮
1	DS0000189	2022/6/10	X109	大卫	DA Wei	男	3276-郑州市	麦富迪	0
2	DS0000204	2022/6/26	X109	大卫	DA Wei	男	3201-唐山市	纯福	0
3	DS0000012	2022/1/24	X105	冰冰	BingBing	女	990-天津市	皇家	1
4	DS0000026	2022/1/28	X105	冰冰	BingBing	女	1316-苏州市	麦富迪	0
5	DS0000033	2022/2/1	X105	冰冰	BingBing	女	2366-秦皇岛市	冠能	1
6	DS0000037	2022/2/2	X105	冰冰	BingBing	null	2222-襄阳市	冠能	0
7	DS0000038	2022/2/3	X105	冰冰	BingBing	null	1314-苏州市	冠能	0
8	DS0000047	2022/2/10	X105	冰冰	BingBing	null	836-南阳市	皇家	2
9	DS0000057	2022/2/19	X105	冰冰	BingBing	null	1432-武汉市	麦富迪	1
10	DS0000064	2022/2/26	X105	冰冰	BingBing	null	706-洛阳市	冠能	2
11	DS0000023	2022/2/27	X105	冰冰	BingBing	女	1756-江门市	冠能	0
12	DS0000069	2022/3/1	X105	冰冰	BingBing	女	1359-苏州市	冠能	1
13	DS0000075	2022/3/5	X105	冰冰	BingBing	null	2117-马鞍山市	麦富迪	2
14	DS0000091	2022/3/20	X105	冰冰	BingBing	null	1502-芜湖市	麦富迪	2
15	DS0000096	2022/3/24	X105	冰冰	BingBing	null	1109-镇江市	麦富迪	0
16	DS0000103	2022/3/29	X105	冰冰	BingBing	null	2425-秦皇岛市	麦富迪	0
17	DS0000120	2022/4/21	X105	冰冰	BingBing	女	2632-肇庆市	麦富迪	1
18	DS0000126	2022/4/24	X105	冰冰	BingBing	null	1235-呼和浩特市	冠能	0
19	DS0000125	2022/4/24	X105	冰冰	BingBing	null	1082-石家庄市	麦富迪	0
20	DS0000127	2022/4/24	X105	冰冰	BingBing	null	986-天津市	麦富迪	1
21	DS0000147	2022/5/10	X105	冰冰	BingBing	女	484-南京市	麦富迪	0
22	DS0000163	2022/5/26	X105	冰冰	BingBing	null	707-洛阳市	冠能	0
23	DS0000170	2022/5/30	X105	冰冰	BingBing	null	706-洛阳市	冠能	0
24	DS0000171	2022/5/30	X105	冰冰	BingBing	null	423-南京市	皇家	2
25	DS0000174	2022/5/31	X105	冰冰	BingBing	null	200-北京市	皇家	2
26	DS0000191	2022/6/14	X105	冰冰	BingBing	女	1205-呼和浩特市	皇家	0
27	DS0000192	2022/6/15	X105	冰冰	BingBing	null	2222-襄阳市	麦富迪	1
28	DS0000205	2022/6/26	X105	冰冰	BingBing	null	572-常州市	纯福	0
29	DS0000210	2022/6/28	X105	冰冰	BingBing	null	1729-江门市	纯福	0
30	DS0000224	2022/7/2	X105	冰冰	BingBing	女	1842-中山市	纯福	0
31	DS0000225	2022/7/4	X105	冰冰	BingBing	null	496-南京市	皇家	0
32	DS0000229	2022/7/8	X105	冰冰	BingBing	null	2786-承德市	纯福	2
33	DS0000233	2022/7/12	X105	冰冰	BingBing	null	2365-秦皇岛市	麦富迪	1
34	DS0000238	2022/7/17	X105	冰冰	BingBing	null	1538-芜湖市	纯福	0

查询设置 属性 名称 销售数据1-7月 所有属性 应用的步骤：源 / 筛选的隐藏文件1 / 调用自定义函数1 / 重命名的列1 / 删除的其他列1 / 扩展的表格列1 / 更改的类型 / 提升的标题 / 更改的类型1 / 筛选的行 / 删除的列 / 筛选的行1 / 删除的副本 / 更改的类型2 / 排序的行 / 筛选的行2 / 排序的行1

13列、251行 基于前1000行的列分析

图5-21 向下填充数据

❖ 提示：

✧ 在对姓名进行排序的基础上再对订单日期排序，即先对姓名排序，在姓名一致的情况下再按订单日期排序，订单日期是第二关键字。

✧ 在下拉列表中选择“清除排序”命令即可清除现有排序。

2. 替换

替换功能主要有两种用法：替换值和替换错误。替换值是使用指定新值替换当前列中选定的值；替换错误是使用指定值来替换当前选定列中的所有错误。

跟我练5-10 将“犬粮品牌”列中的“冠能”替换成“皇家”。(接【跟我练5-9】)

跟我练5-10

01 选择替换范围。在Power Query编辑器中选择“销售数据1-7月”数据表，选定“犬粮品牌”列，执行“转换”|“替换值”命令，打开“替换值”对话框，如图5-22所示。

图5-22 “替换值”对话框

02 替换值。将“要查找的值”设置为“冠能”，将“替换为”设置为“皇家”，单击“确定”按钮，完成替换。

03 撤销替换。在右侧“应用的步骤”列表中，单击“替换的值”前面的✕按钮，可撤销替换。

5.4.5 逆透视列与透视列

逆透视列和透视列是Power Query编辑器中非常重要的两个功能，能够实现一维表和二维表之间的转换。逆透视列是指将二维表转换成一维表的过程，而将一维表转换成二维表的过程称为透视列。

1. 逆透视列

在Power BI中进行数据分析时通常使用的是一维表，如果数据表中存在二维表结构，则需要在Power Query编辑器中使用“逆透视列”功能将其转换成一维表。“逆透视列”功能有3种用法：一是逆透视列，即将当前选定的所有列转换为属性值对；二是逆透视其他列，即将除当前选定的列转换为属性值对；三是仅逆透视选定列，即仅将当前选定的列转换为属性值对。我们需要根据实际情况选择逆透视列的方式。

跟我练5-11 将“幼犬犬粮”“成犬犬粮”和“全犬犬粮”三列数据转换为一维表结构。(接【跟我练5-10】)

跟我练5-11

01 选中逆透视列。按住Ctrl键，依次选定“幼犬犬粮”“成犬犬粮”和“全犬犬粮”这三列，如图5-23所示。

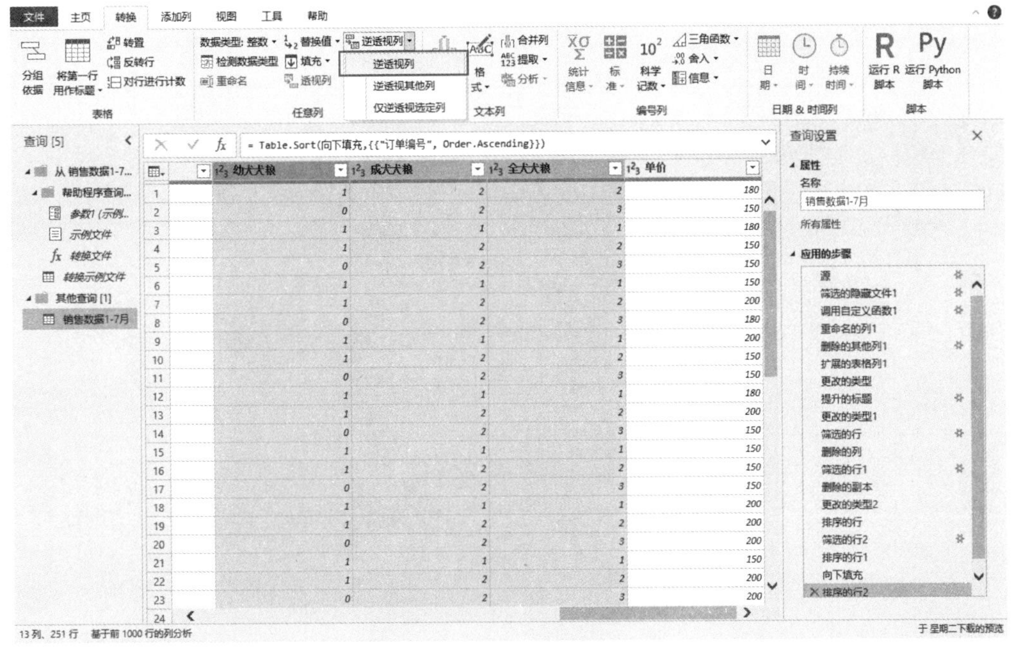

	幼犬犬粮	成犬犬粮	全犬犬粮	单价
1	1	2	2	180
2	0	2	3	150
3	1	1	1	180
4	1	2	2	150
5	0	2	3	150
6	1	1	1	150
7	1	2	2	200
8	0	2	3	180
9	1	1	1	200
10	1	2	2	150
11	0	2	3	150
12	1	1	1	180
13	1	2	2	200
14	0	2	3	150
15	1	1	1	150
16	1	2	2	150
17	0	2	3	150
18	1	1	1	200
19	1	2	2	200
20	0	2	3	200
21	1	1	1	150
22	1	2	2	200
23	0	2	3	200

图5-23　选中逆透视列

02 进行逆透视。执行“转换”|“逆透视列”命令，“幼犬犬粮”“成犬犬粮”和“全犬犬粮”这三列数据转化成了“属性”和“值”两列数据，这三列数据从二维表结构转换成了一维表结构，如图5-24所示。

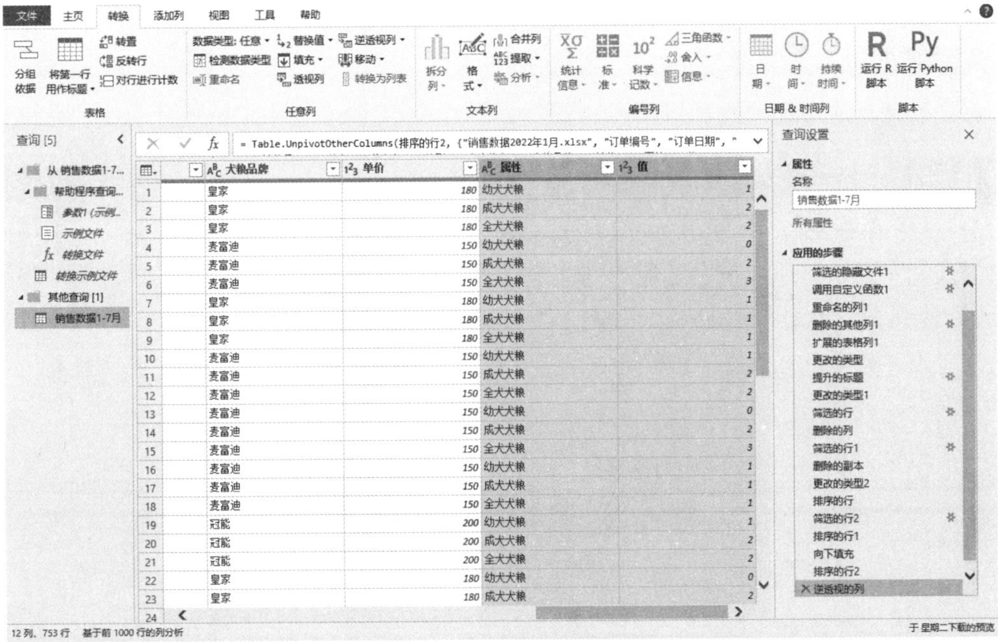

文件　主页　转换　添加列　视图　工具　帮助

分组依据　将第一行用作标题　转置　反转行　对行进行计数　表格

数据类型: 任意　检测数据类型　重命名　替换值　填充　透视列　逆透视列　移动　转换为列表　任意列

拆分列　格式　合并列　提取　分析　文本列

统计信息　标准　科学记数　三角函数　舍入　信息　编号列

日期　时间　持续时间　日期 & 时间列

运行 R 脚本　运行 Python 脚本　脚本

查询 [5]
- 从 销售数据1-7...
- 帮助程序查询...
- 参数1 (示例...
- 示例文件
- 转换文件
- 转换示例文件
- 其他查询 [1]
- 销售数据1-7月

```
= Table.UnpivotOtherColumns(排序的行2, {"销售数据2022年1月.xlsx", "订单编号", "订单日期", "
```

	犬粮品牌	单价	属性	值
1	皇家	180	幼犬犬粮	1
2	皇家	180	成犬犬粮	2
3	皇家	180	全犬犬粮	2
4	麦富迪	150	幼犬犬粮	0
5	麦富迪	150	成犬犬粮	2
6	麦富迪	150	全犬犬粮	3
7	皇家	180	幼犬犬粮	1
8	皇家	180	成犬犬粮	1
9	皇家	180	全犬犬粮	1
10	麦富迪	150	幼犬犬粮	1
11	麦富迪	150	成犬犬粮	2
12	麦富迪	150	全犬犬粮	2
13	麦富迪	150	幼犬犬粮	0
14	麦富迪	150	成犬犬粮	2
15	麦富迪	150	全犬犬粮	3
16	麦富迪	150	幼犬犬粮	1
17	麦富迪	150	成犬犬粮	1
18	麦富迪	150	全犬犬粮	1
19	冠能	200	幼犬犬粮	1
20	冠能	200	成犬犬粮	2
21	冠能	200	全犬犬粮	2
22	皇家	180	幼犬犬粮	0
23	皇家	180	成犬犬粮	2

查询设置

属性

名称：销售数据1-7月

所有属性

应用的步骤：筛选的隐藏文件1、调用自定义函数1、重命名的列1、删除的其他列1、扩展的表格列1、更改的类型、提升的标题、更改的类型1、筛选的行、删除的列、筛选的行1、删除的副本、更改的类型2、排序的行、筛选的行2、排序的行1、向下填充、排序的行2、逆透视的列

12 列、753 行　基于前 1000 行的列分析　　于 星期二下载的预览

图5-24　二维表转换成一维表

03 重命名列。选择“属性”列，执行“转换”|“重命名列”命令，将“属性”列列名改为“犬粮型号”。同理，将“值”列列名改为“数量”，如图5-25所示。

犬粮品牌	单价	犬粮型号	数量
皇家	180	幼犬犬粮	1
皇家	180	成犬犬粮	2
皇家	180	全犬犬粮	2
麦富迪	150	幼犬犬粮	0
麦富迪	150	成犬犬粮	2
麦富迪	150	全犬犬粮	3
皇家	180	幼犬犬粮	1
皇家	180	成犬犬粮	1
皇家	180	全犬犬粮	1
麦富迪	150	幼犬犬粮	1
麦富迪	150	成犬犬粮	2
麦富迪	150	全犬犬粮	2
麦富迪	150	幼犬犬粮	0
麦富迪	150	成犬犬粮	2
麦富迪	150	全犬犬粮	3
麦富迪	150	幼犬犬粮	1
麦富迪	150	成犬犬粮	1
麦富迪	150	全犬犬粮	1
冠能	200	幼犬犬粮	1
冠能	200	成犬犬粮	2
冠能	200	全犬犬粮	2
皇家	180	幼犬犬粮	0
皇家	180	成犬犬粮	2

图5-25 重命名列

❖ 提示：

- ✧ 当拿到一张数据表时，首先要看一下它是二维表还是一维表，如果是二维表，则需要使用“逆透视列”功能将其转换成一维表。
- ✧ 重命名列的另一种操作方式：双击某列的列名，在编辑状态下直接输入新的列名即可。

2. 透视列

透视列就是逆透视列的反向操作。

跟我练5-12 将一维表恢复成二维表。(接【跟我练5-11】)

跟我练5-12

01 选中要透视的列。在Power Query编辑器中选择“销售数据1-7月”数据表，选定“犬粮型号”和“数量”列。

02 透视列。执行“转换”|“透视列”命令，在“透视列”对话框中，设置值列为“数量”，如图5-26所示。单击“确定”按钮，一维表便可恢复成二维表。

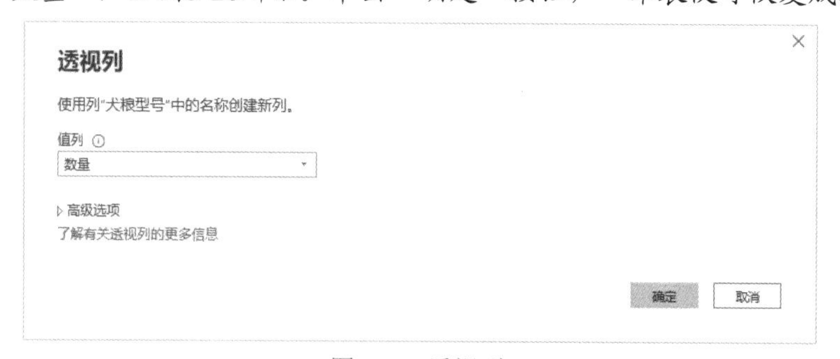

图5-26 透视列

03 取消透视。为了数据分析的需要，在“应用的步骤”列表中撤销“已透视列”步骤，保证数据表中的数据是一维表结构。

5.4.6 文本数据的整理

数据表中的大部分数据都是文本型数据。在Power Query编辑器中，有专门针对文本型数据进行整理的命令，如“拆分列”“提取”“合并列”“格式”等。在“转换”选项卡和“添加列”选项卡中均有“提取”“合并列”及“格式”命令，区别在于：“转换”选项卡中的提取列、合并列及格式操作是对原列进行处理；而“添加列”选项卡中的提取列、合并列及格式操作是在不破坏原列的基础上增加新列。

1. 拆分列

拆分列是将一列的数据拆分至多列中，常用的拆分列命令及含义如表5-5所示。我们可以根据实际情况选择合适的拆分列命令。

表5-5 常用的拆分列命令及含义

拆分列命令	含义
按分隔符	基于指定的分隔符，拆分所选中的列值
按字符数	将所选列的值拆分为具有指定长度的片段
按位置	将所选列的值拆分成指定位置的片段
按照从小写到大写的转换	按照从小写字母到大写字母的转换拆分选定列中的值
按照从大写到小写的转换	按照从大写字母到小写字母的转换拆分选定列中的值
按照从数字到非数字的转换	按照从数字字符到非数字字符的转换拆分选定列中的值
按照从非数字到数字的转换	按照从非数字字符到数字字符的转换拆分选定列中的值

跟我练5-13 将“客户信息”列的客户ID与所在城市拆开。(接【跟我练5-12】)

跟我练5-13

01 选中要拆分的列。在“销售数据1-7月”数据表中选中“客户信息”列。

02 执行拆分命令。执行“转换”|“拆分列”|“按分隔符”命令，打开“按分隔符拆分列”对话框，如图5-27所示。系统会自动识别出我们想要使用的拆分分隔符及拆分位置。

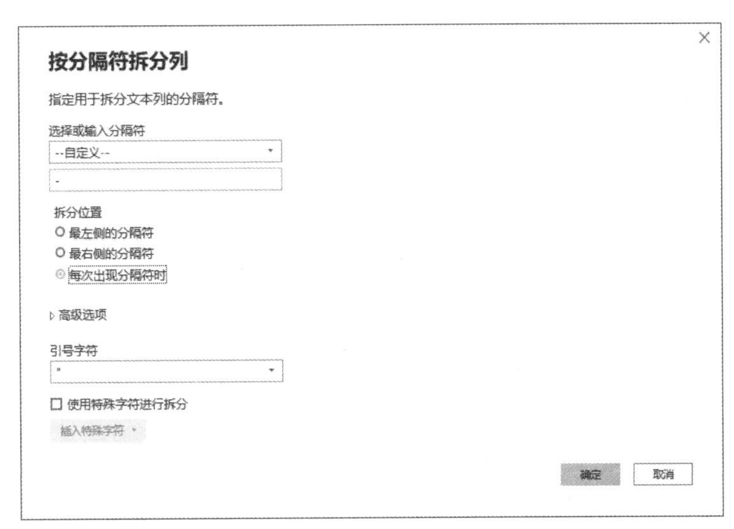

图5-27 “按分隔符拆分列”对话框

03 查看拆分结果。单击“确定”按钮，“客户信息”列被拆分成两列，如图5-28所示。

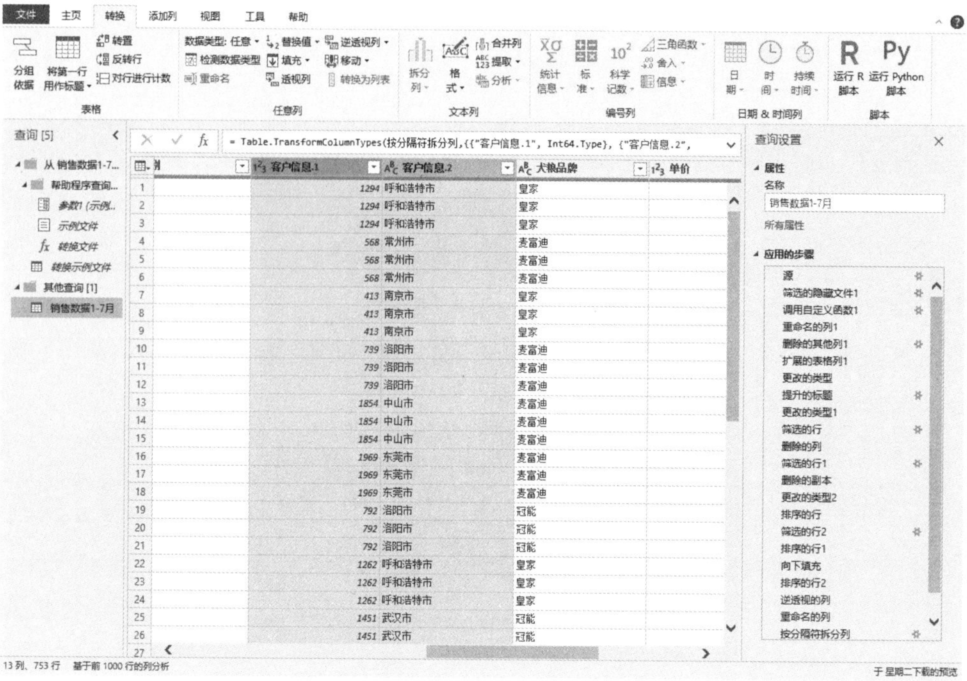

图5-28 “客户信息”列拆分后

04 重命名列。双击“客户信息.1”列列名，将其改成“客户ID”，并将此列的数据类型改为文本型。双击“客户信息.2”列列名，将其改为“所在城市”。

2. 提取

提取功能与Excel中一些字符型函数的功能类似，可以提取某列的部分值。具体来说，可以按长度、首字符、结尾字符、范围、分隔符之前的文本等方式提取文本数据。常用的文本提取方式及含义如表5-6所示。

表5-6 常用的文本提取方式及含义

提取方式	含义
长度	返回所选列各行数据的字符个数
首字符	从此列每个值的开头返回指定数量的字符
结尾字符	从此列每个值的结尾返回指定数量的字符
范围	从指定位置返回指定数量的字符
分隔符之前的文本	返回分隔符之前出现的文本
分隔符之后的文本	返回分隔符之后出现的文本
分隔符之间的文本	返回两个分隔符之间出现的文本

通过观察发现，“销售数据1-7月”数据表中的第一列数据是文件夹中每个Excel工作簿的名称(如销售数据2022年1月.xlsx)。若要从这一列中提取“年份月份”信息，则首先需要使用提取功能将“.”分隔符之前的文本提取出来，然后再使用拆分列功能将“日期”与“销售数据”进行拆分。

跟我练5-14 从“销售数据1-7月”数据表的第一列中提取“年份月份”信息。(接【跟我练5-13】)

跟我练5-14

01 选中要操作的列。选中“销售数据1-7月”数据表中的“销售数据2022年1月.xlsx”列。

02 选择提取方式。执行“转换”|“提取”|“分隔符之前的文本”命令，打开“分隔符之前的文本”对话框(见图5-29)，设置分隔符为“.”。

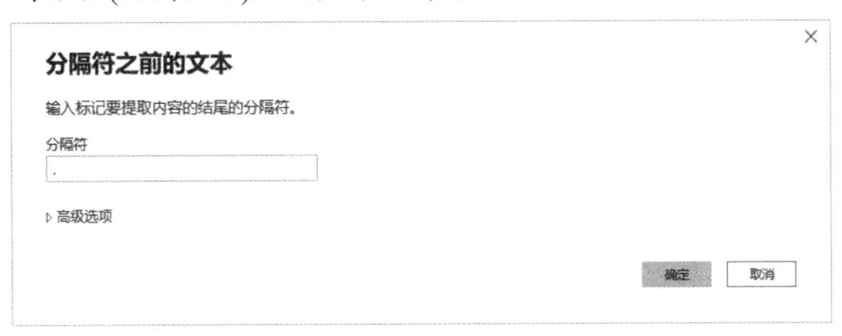

图5-29 “分隔符之前的文本”对话框

03 查看提取结果。单击“确定”按钮，将第一列“.”之前的文本提取出来，即去掉了“.xlsx”后缀，如图5-30所示。

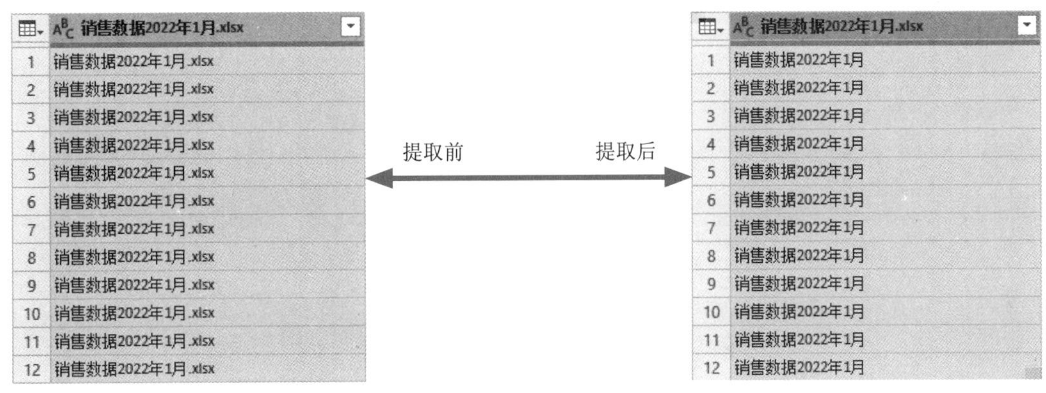

提取前

	销售数据2022年1月.xlsx
1	销售数据2022年1月.xlsx
2	销售数据2022年1月.xlsx
3	销售数据2022年1月.xlsx
4	销售数据2022年1月.xlsx
5	销售数据2022年1月.xlsx
6	销售数据2022年1月.xlsx
7	销售数据2022年1月.xlsx
8	销售数据2022年1月.xlsx
9	销售数据2022年1月.xlsx
10	销售数据2022年1月.xlsx
11	销售数据2022年1月.xlsx
12	销售数据2022年1月.xlsx

提取后

	销售数据2022年1月.xlsx
1	销售数据2022年1月
2	销售数据2022年1月
3	销售数据2022年1月
4	销售数据2022年1月
5	销售数据2022年1月
6	销售数据2022年1月
7	销售数据2022年1月
8	销售数据2022年1月
9	销售数据2022年1月
10	销售数据2022年1月
11	销售数据2022年1月
12	销售数据2022年1月

图5-30 文本提取前后对比

04 拆分列。选定第一列，执行“转换”|“拆分列”|“按字符数”命令，打开“按字符数拆分列”对话框(见图5-31)，设置字符数为4，设置拆分为“一次，尽可能靠左”，单击“确定”按钮，即可将第一列拆分成两列。

按字符数拆分列
指定用于拆分文本列的字符数。
字符数
4
拆分
◉ 一次，尽可能靠左
○ 一次，尽可能靠右
○ 重复
高级选项
确定 取消

图5-31 “按字符数拆分列”对话框

05 更改数据类型。选定包含年份和月份的数据列，将该列的数据类型修改为“文本”，在“更改列类型”对话框(见图5-32)中，单击“替换当前转换”按钮。

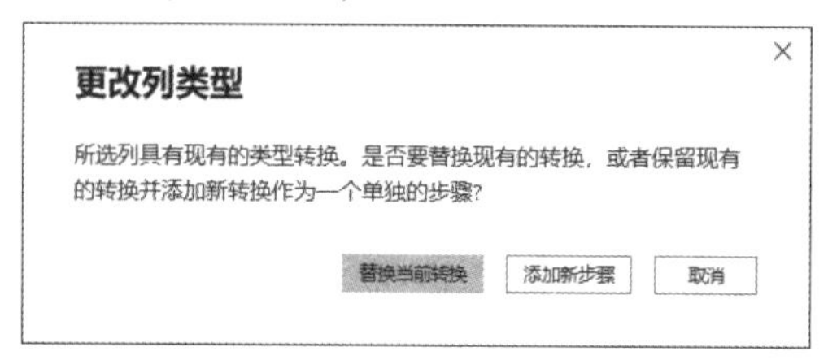

图5-32 “更改列类型”对话框

06 重命名列。双击包含年份和月份的数据列列名，将列名改成“年份月份”。

07 删除列。右击包含“销售数据”的文本列列名，从快捷菜单中选择“删除”命令，信息提取完毕，如图5-33所示。

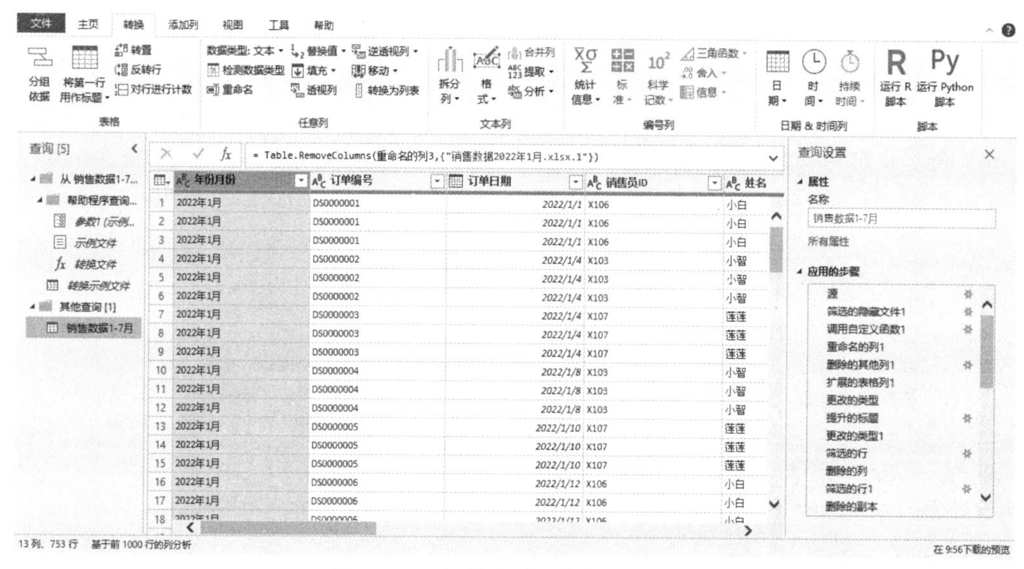

图5-33 “年份月份”信息提取完毕

❖ 提示：

- ✧ 在Power Query编辑器中，拆分和提取是两个非常强大的文本处理功能，在实际工作中，往往需要将两者结合使用才能完成对文本数据的提取操作。
- ✧ 在本例的第四步“拆分列”中，也可以使用“按位置”命令进行拆分，在“按位置拆分列”对话框(见图5-34)中，将位置设置为“0,4”，单击“确定”按钮即可。

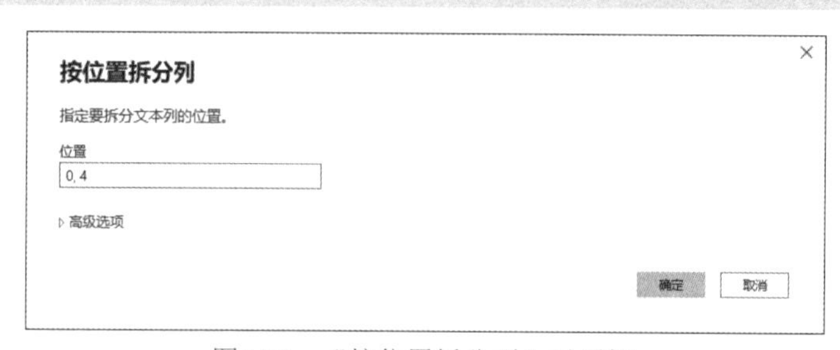

图5-34 “按位置拆分列”对话框

3. 合并列

合并列是与拆分和提取相反的操作，即将选中的多列数据合并到一列中。

跟我练5-15 将“销售数据1-7月”数据表中“犬粮品牌”和“犬粮型号”这两列数据合并成一列，并将其命名为“产品名称”，原列保留。

跟我练5-15

01 选中要合并的列。在“销售数据1-7月”数据表中，按住Ctrl键，依次选定“犬粮品牌”和“犬粮型号”列。

02 执行合并列命令。执行“添加列”|“合并列”命令，打开“合并列”对话框(见图5-35)，设置分隔符为“无”，设置新列名为“产品名称”。

合并列

选择已选列的合并方式。

分隔符

--无--

新列名(可选)

产品名称

确定　取消

图5-35 “合并列”对话框

03 查看合并结果。单击“确定”按钮，“销售数据1-7月”数据表中新增了一列“产品名称”，如图5-36所示。

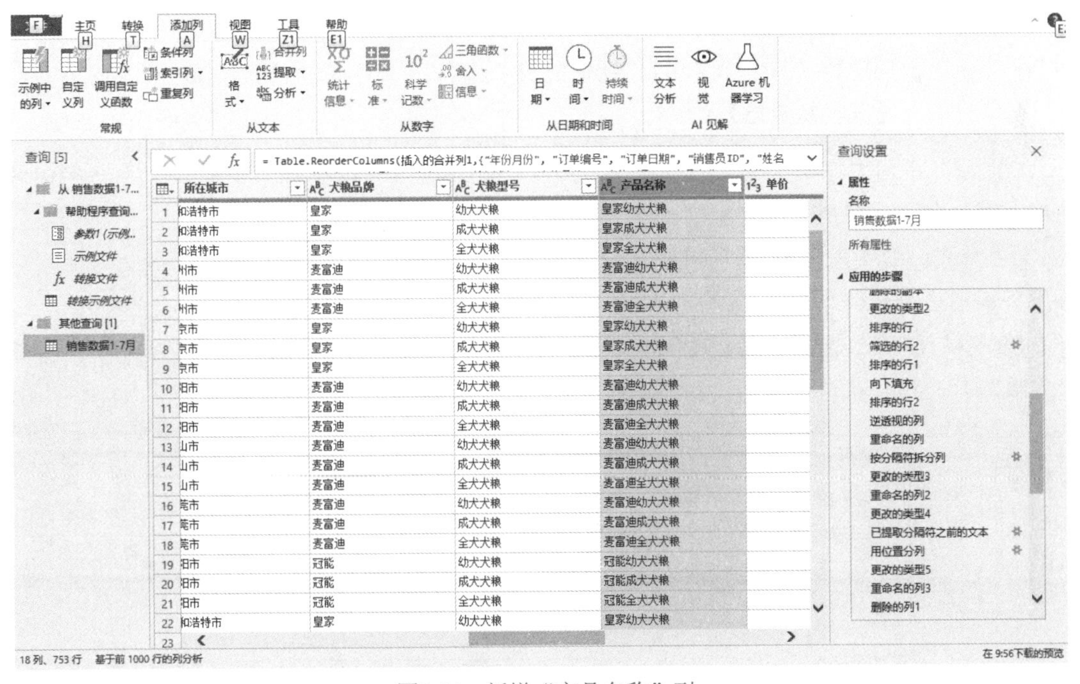

图5-36 新增“产品名称”列

❖ 提示：

✧ 合并列是按照列值的先后顺序合并成新列的值，为了得到“皇家幼犬犬粮”这样的产品名称，在选择列时必须先选择“犬粮品牌”列，再选择“犬粮型号”列，然后执行“添加到”|“合并列”命令，否则将会得到“幼犬犬粮皇家”形式的产品名称。

4. 设置文本格式

文本型数据经常存在英文字母大小写不统一、单元格中有多行回车符、数据前后有空格等问题。在Power Query编辑器中可以使用“转换”选项卡或“添加列”选项卡中的“格式”命令来设置文本格式。常用的文本格式设置方式及含义如表5-7所示。

表5-7 常用的文本格式设置方式及含义

格式设置方式	含义
大写	将所选列中的所有字母都转换成大写字母
小写	将所选列中的所有字母都转换成小写字母
每个字词首字母大写	将所选列中的每个字词的第一个字母转换成大写字母
修整	从所选列中的每个单元格中删除前导空格和尾随空格
清除	删除所选列中的非打印字符
添加前缀	向所选列中的每个值开头添加指定的文本字符
添加后缀	向所选列中的每个值结尾添加指定的文本字符

跟我练5-16 **对“销售数据1-7月”数据表中的“英文名”列进行格式设置：每个字词首字母大写、删除每个单元格的前导空格和尾随空格。在“客户ID”列值的开头添加大写字母“K”。**(接【跟我练5-15】)

跟我练5-16

01 每个字词首字母大写。选定“英文名”列，执行“转换”|“格式”|“每个字词首字母大写”命令，将所选列中的每个字词的第一个字母转换成大写字母。

02 修整。选定“英文名”列，执行“转换”|“格式”|“修整”命令，删除所选列中的每个单元格中的前导空格和尾随空格。

03 添加前缀。选定“客户ID”列，执行“转换”|“格式”|“添加前缀”命令，打开“前缀”对话框，将值设置为“K”，单击“确定”按钮，如图5-37所示。

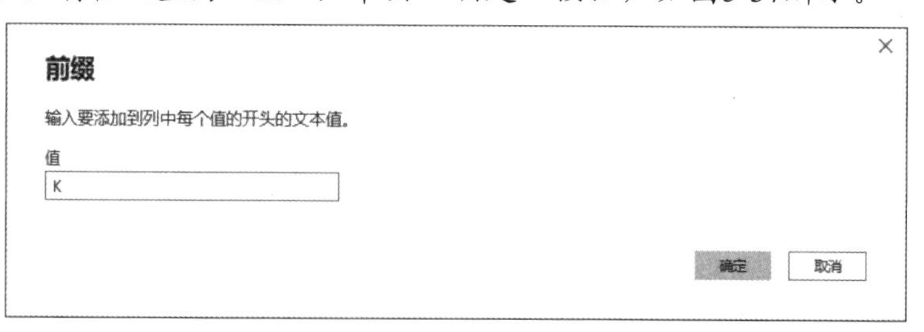

图5-37 添加前缀

❖ 提示：

✧ 对于文本中间的空格，可以利用前面学到的“替换值”命令进行替换。

✧ 对于其他类型的数据，也可以使用上述文本数据处理功能，不过，其经过文本数据处理后会转换成文本型数据。

5.4.7 添加列

添加列就是在现有数据表中增加新列。在Power Query编辑器中，可以添加日期列、计算列、条件列、索引列、示例中的列等，也可以自定列或复制列。

1. 添加日期列

在Power BI中进行数据建模和数据可视化分析时，经常需要按照年、季度、月、日等不同维度去组合定义时间，如提取日期中的年份、季度、月份、星期等。添加日期列，就能很方便地对日期型数据的不同维度进行智能提取。

跟我练5-17 从“销售数据1-7月”数据表中的“订单日期”列中提取年、月、季度等信息，并将其添加到新建列中。(接【跟我练5-16】)

跟我练5-17

01 选中列。在“销售数据1-7月”数据表中选中“订单日期”列。

02 添加“年”列。执行“添加列”|“日期”|“年”|“年”命令，新建“年”列，如图5-38(a)所示。按照图5-38(b)和图5-38(c)所示操作，分别添加“月份”列和“季度”列。

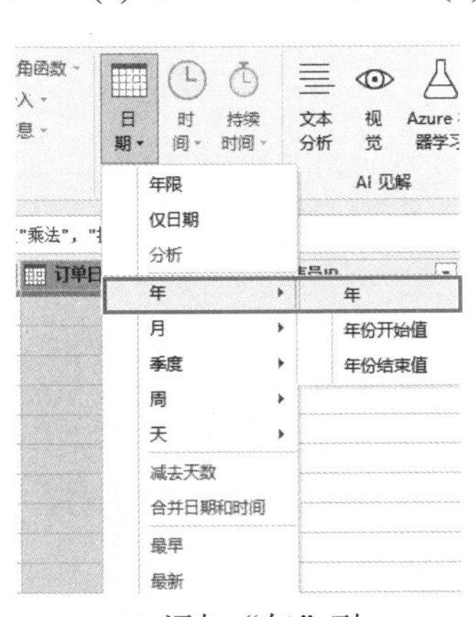

(a) 添加“年”列

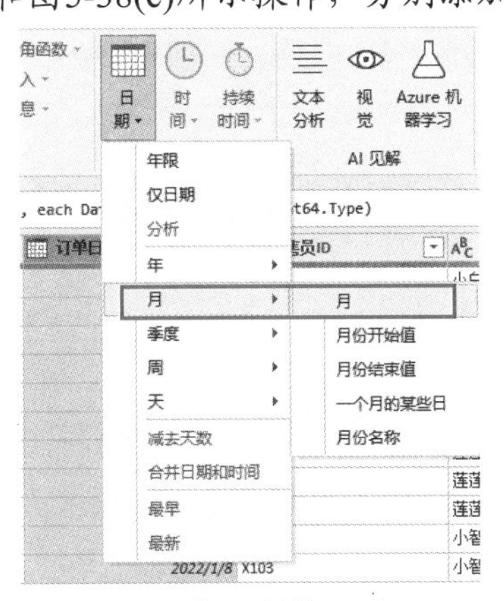

(b) 添加“月份”列

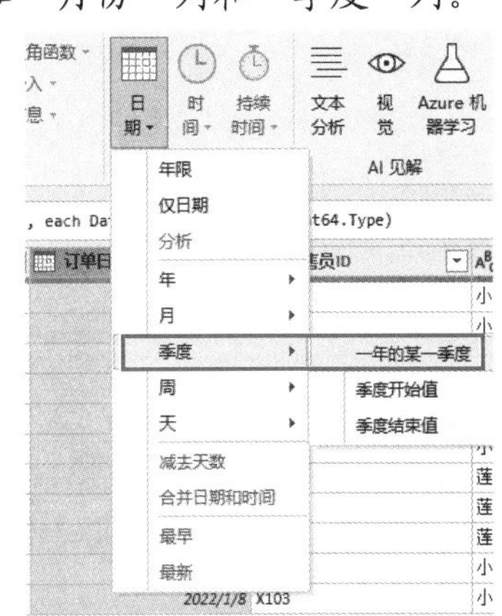

(c) 添加“季度”列

图5-38 添加日期列

03 修改数据类型。系统自动识别“年”“月份”“季度”这三列的数据类型为数字型，需要将其修改为文本型，如图5-39所示。

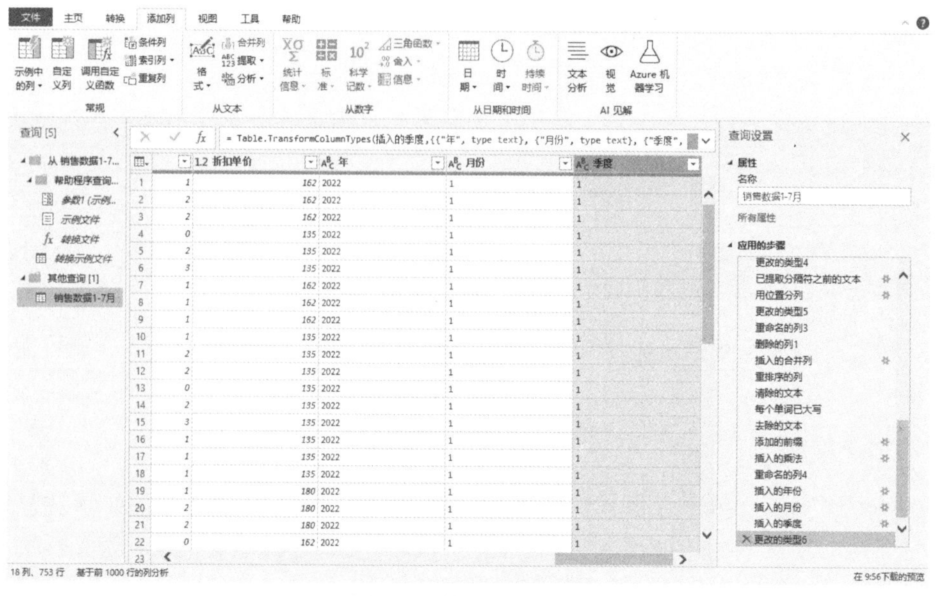

图5-39　修改数据类型

2. 添加计算列

计算列是通过数学计算得到的列。在Power Query编辑器中，常用的数据计算功能及具体内容如表5-8所示。

表5-8　常用的数学计算功能及具体内容

数学计算功能	具体内容
统计信息	求和、最大值、最小值、平均值、中值、标准偏差、值计数、对非重复值计数等
标准	加、减、乘、除、取模、用整数除、百分比等
科学记数	绝对值、幂、平方根、对数、阶乘等
三角函数	正弦、余弦、正切、反正弦、反余弦、反正切等
舍入	向上舍入、向下舍入等
信息	奇数、偶数、符号等

跟我练5-18　根据“单价”列计算折扣单价，折扣率为0.9，要求保留“单价”原列。(接【跟我练5-17】)

跟我练5-18

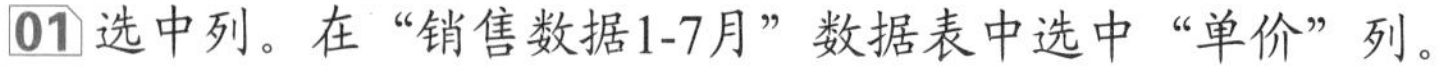

01 选中列。在“销售数据1-7月”数据表中选中“单价”列。

02 选择数学计算。执行“添加列”|“标准”|“乘”命令，打开“乘”对话框，将值设置为0.9，如图5-40所示。

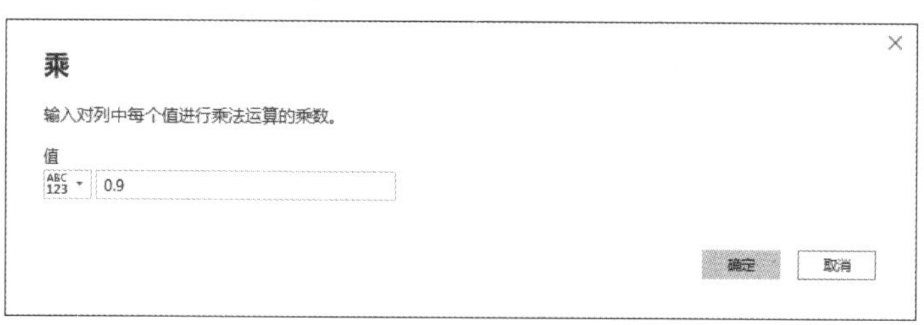

图5-40　输入乘数

03 查看结果。单击“确定”按钮，“销售数据1-7月”数据表中新增了一列“乘法”。

04 修改列名。将列名“乘法”改成“折扣单价”，如图5-41所示。

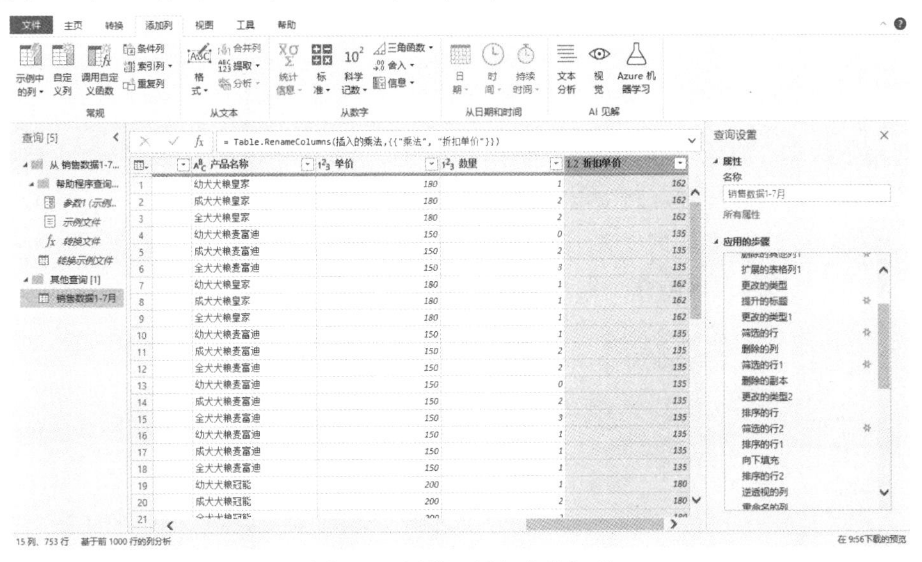

图5-41 新增“折扣单价”列

3. 添加条件列

添加条件列是一个与Excel中的IF函数功能类似的数据处理方法。

跟我练5-19 把“数量”列分为3个区间：0~1、1~2、>2。(接【跟我练5-18】)

跟我练5-19

01 选中列。在“销售数据1-7月”数据表中选中“数量”列。

02 添加条件列。执行“添加列”|“条件列”命令，打开“添加条件列”对话框。

03 输入新列名。在“新列名”文本框中输入“数量区间”，在“列名”下拉列表框中选择“数量”，在“运算符”下拉列表框中选择“小于或等于”，在“值”文本框中输入“1”，在“输出”文本框中输入“0~1”。

04 添加子句。单击“添加子句”按钮，继续输入其他条件，如图5-42所示。

05 查看结果。单击“确定”按钮，“销售数据1-7月”数据表中新增了一列“数量区间”。

图5-42 添加条件列

4. 添加索引列

添加索引列就是为数据表添加一个从0或1开始，或者从自定义的序列号开始的索引列，在后期的建模分析中，可以利用索引列来排序或定位到确定的行。

跟我练5-20 添加一个从1开始的索引列。(接【跟我练5-19】)

跟我练5-20

在“销售数据1-7月”数据表中，执行“添加列”|“索引列”|“从1”命令，在数据表中添加从1开始的索引列，如图5-43所示。

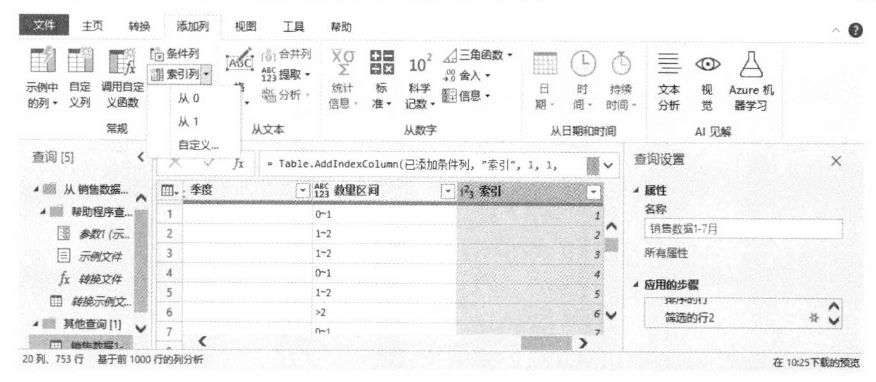

图5-43 添加索引列

❖ 提示：

✧ 在数据表中执行“添加列”|“索引列”|“自定义”命令，可自行设定“起始索引”和“增量”。

5. 添加示例中的列

在Power BI中，添加“示例中的列”是一个智能数据处理功能。添加示例中的列有两种方法：一是“从所有列”创建新列，即使用示例在此表中创建新列；二是“从所选内容”创建新列，即使用示例和当前所选内容在此表中创建新列。

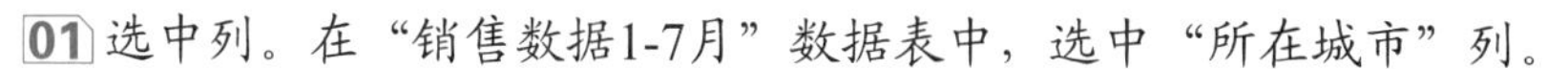

跟我练5-21 添加一个不带“市”字的“城市”列。(接【跟我练5-20】)

跟我练5-21

01 选中列。在“销售数据1-7月”数据表中，选中“所在城市”列。

02 添加示例中的列。执行“添加列”|“示例中的列”|“从所选内容”命令，新增一列“列1”。

03 输入示例。在该列第一行中输入“呼和浩特”(见图5-44)，系统会自动识别相应内容并将其填满整列，最后单击“确定”按钮即可。

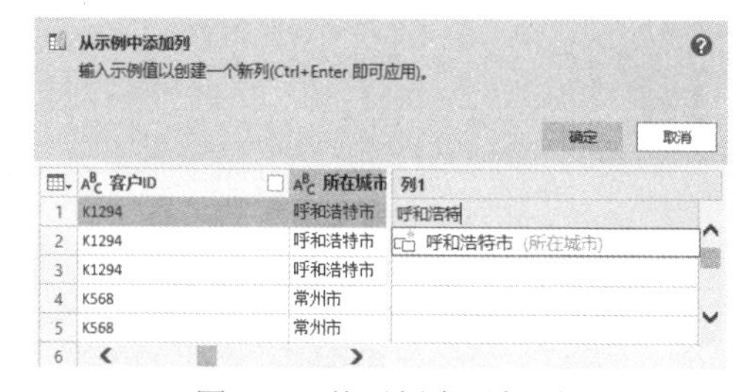

图5-44 从示例中添加列

04 修改列名。将新建列的列名修改为“城市”。

❖ 提示：

✧ 新添加的列往往自动保存在数据表的最后一列，我们可以使用Power Query编辑器中“转换”选项卡的“移动”命令，将其移动到合适的位置。“移动”命令如图5-45所示。

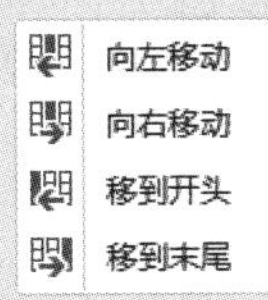

图5-45 “移动”命令

✧ 或者可以选定需要移动列的列名，按住鼠标左键，将其直接拖动到合适的位置。

6. 自定义列

如果上述几种方法仍不能满足我们的需求，还可以通过自定义列的方式来添加列。自定义列是通过编辑公式生成我们所需要的数据。

跟我练5-22 添加“年份季度”列，具体数据样式为“****Q*”，如“2022Q1”表示2022年第1季度。(接【跟我练5-21】)

跟我练5-22

01 自定义列。执行“添加列”|“自定义列”命令，打开“自定义列”对话框。

02 设置自定义内容。设置新列名为“年份季度”，输入自定义列公式为“=[年]&"Q"&[季度]”，如图5-46所示。

03 生成新列。单击“确定”按钮，“销售数据1-7月”数据表中新增了一列“年份季度”。

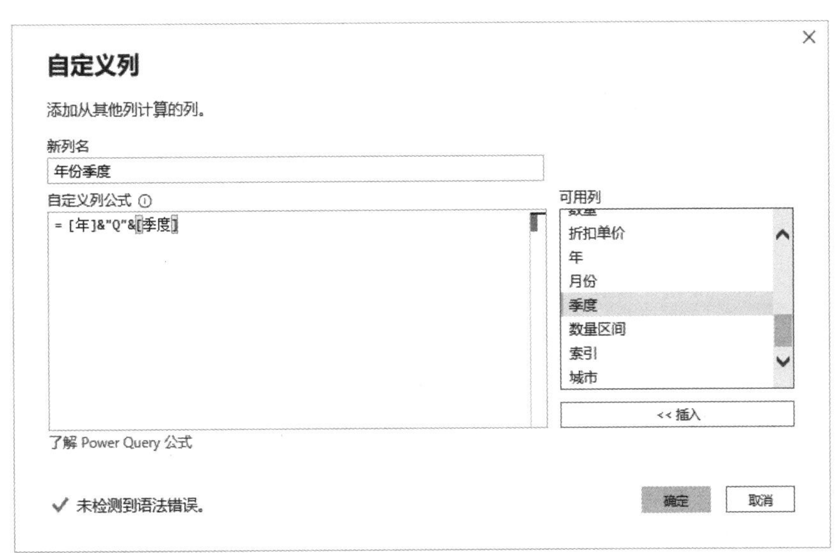

图5-46 添加自定义列“年份季度”

❖ 提示：

✧ “年”和“季度”列必须是文本型数据才能与其他文本连接，如果这两列是数字型数据，则必须先将其转换成文本型数据，再设置自定义列公式。

✧ 自定义列公式中：“&”符号是文本连接符；字符常量需要使用英文状态下的双引号""引起来；年和季度是数据表的两列列名，可直接从“自定义列”对话框的“可用列”列表中选用，需使用方括号[ ]括起来。

✧ 自定义列与数字也可以进行加减乘除运算。例如，添加一列并输入公式“=[单价]*2”。

7. 复制列

复制列就是在数据表中使用“重复列”命令，复制一列数据。

跟我练5-23 使用“复制列”命令，复制“订单编号”列。(接【跟我练5-22】)

跟我练5-23

在“销售数据1-7月”数据表中选中“订单编号”列，执行“添加列”|“重复列”命令，新增“订单编号-复制”列。

5.4.8 转置、反转行和分组依据

在Power Query编辑器的“转换”选项卡中，有几个对整个表格进行处理的命令，如图5-47所示。前文中已经介绍过“将第一行用作标题”命令，接下来具体介绍“转置”“反转行”和“分组依据”命令。

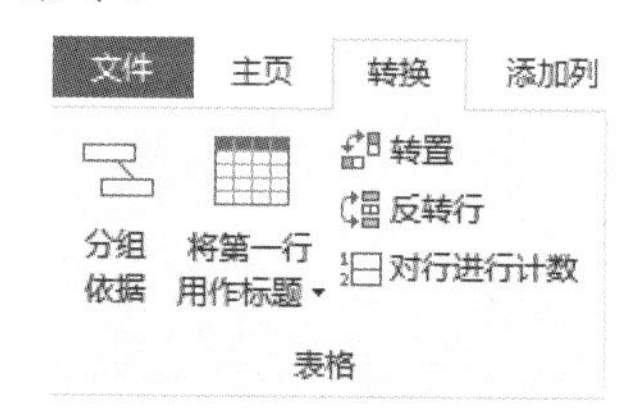

图5-47 对整个表格进行处理的命令

1. 转置

转置就是将数据表中的行变成列，将列变成行，实现行列互换。转置时一般先选中需要转置的列，再执行“转换”|“转置”命令，实现行和列的互换。

2. 反转行

反转行是把行的顺序颠倒，将数据的最后一行变成第一行，将倒数第二行变成第二行，以此类推。例如，若想保留每位顾客最近一次的购买记录，则可以先反转行，再删除重复项。

跟我练5-24 对“销售数据1-7月”数据表的行进行反转。(接【跟我练5-23】)

跟我练5-24

在“销售数据1-7月”数据表中，执行“转换”|“反转行”命令，将数据表的行顺序进行反转，操作结果如图5-48所示。

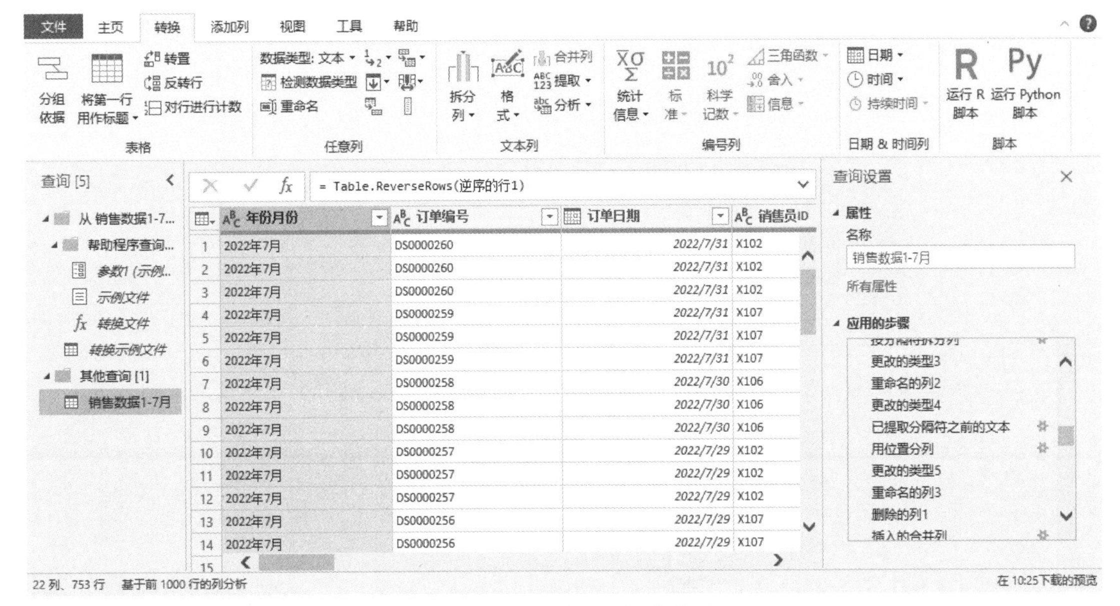

图5-48 “反转行”操作结果

❖ 提示：

✧ 执行“转换”|“对行进行计数”命令，可以统计当前数据表的行数。

3. 分组依据

分组依据类似于Excel中的分类汇总功能，用于依据数据表中的某一类别对某列数据或某几列数据进行求和、求平均值、求最大值、求最小值、计数等聚合运算。“对行进行计数”与“分组依据”这两个命令不仅具备数据整理功能，还具备数据分析功能。一般情况下，我们主要在Power Query编辑器中进行数据整理，在Power BI Desktop中进行数据分析。

跟我练5-25 **复制一张“销售数据1-7月”数据表，将新表命名为“销售员销售统计”，并在新表中按照销售员姓名统计不同销售员的销售总数量。**(接【跟我练5-24】)

跟我练5-25

01 复制表。右击“销售数据1-7月”数据表，从快捷菜单中选择“复制”命令；再次右击“销售数据1-7月”数据表，从快捷菜单中选择“粘贴”命令，即可复制整张表，复制的新表名为“销售数据1-7月(2)”，如图5-49所示。

02 重命名表。右击“销售数据1-7月(2)”数据表，从快捷菜单中选择“重命名”命令，将表名修改为“销售员销售统计”，如图5-50所示。

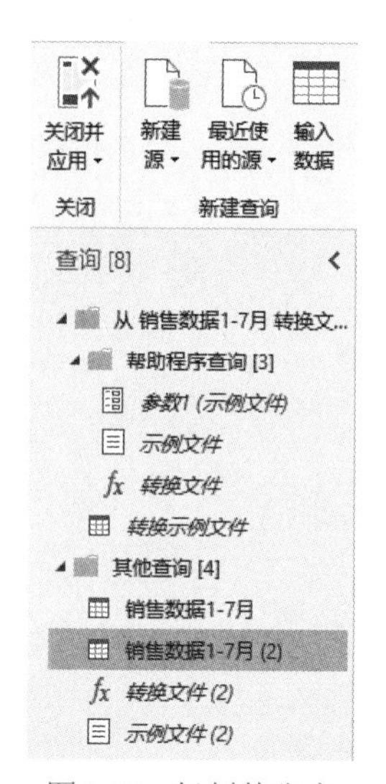

图5-49　复制整张表

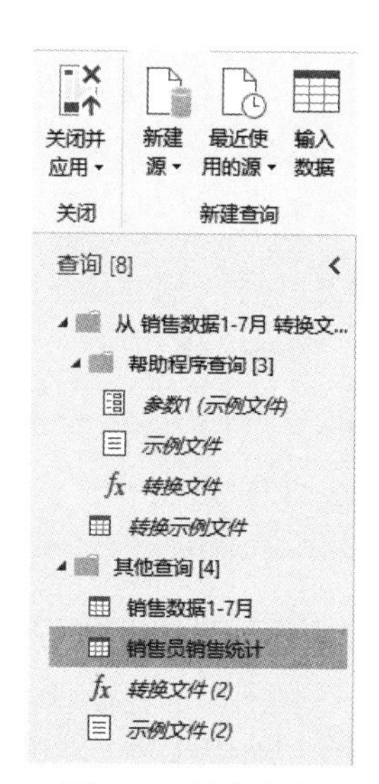

图5-50　重命名表

03 设置分组依据。选中“销售员销售统计”数据表，执行“转换”|“分组依据”命令，在“分组依据”对话框中，指定分组所依据的列为“姓名”，设置新列名为“销售量”，设置操作为“求和”，设置柱为“数量”，如图5-51所示。

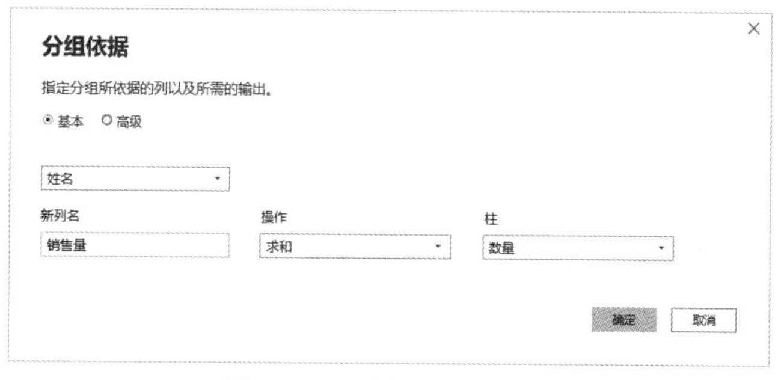

图5-51　“分组依据”设置

04 查看分组结果。单击“确定”按钮，“分组依据”操作结果如图5-52所示。

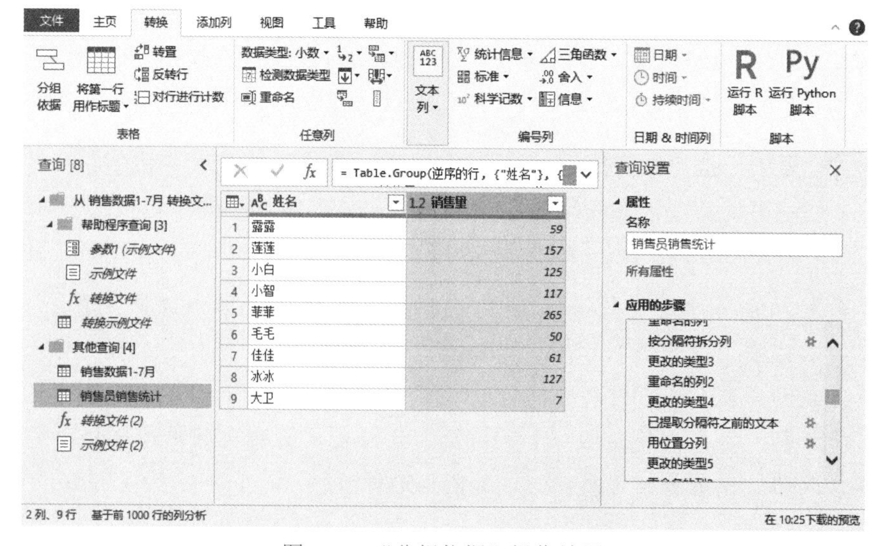

图5-52　“分组依据”操作结果

5.4.9 复制列到表

复制列到表是复制表中的某一列，并生成新的查询。

跟我练5-26 复制“犬粮品牌”列，并将其转换成列表，生成包含该列的新查询。(接【跟我练5-25】)

跟我练5-26

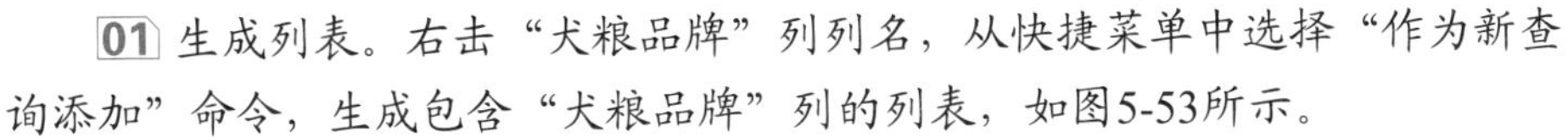

01 生成列表。右击“犬粮品牌”列列名，从快捷菜单中选择“作为新查询添加”命令，生成包含“犬粮品牌”列的列表，如图5-53所示。

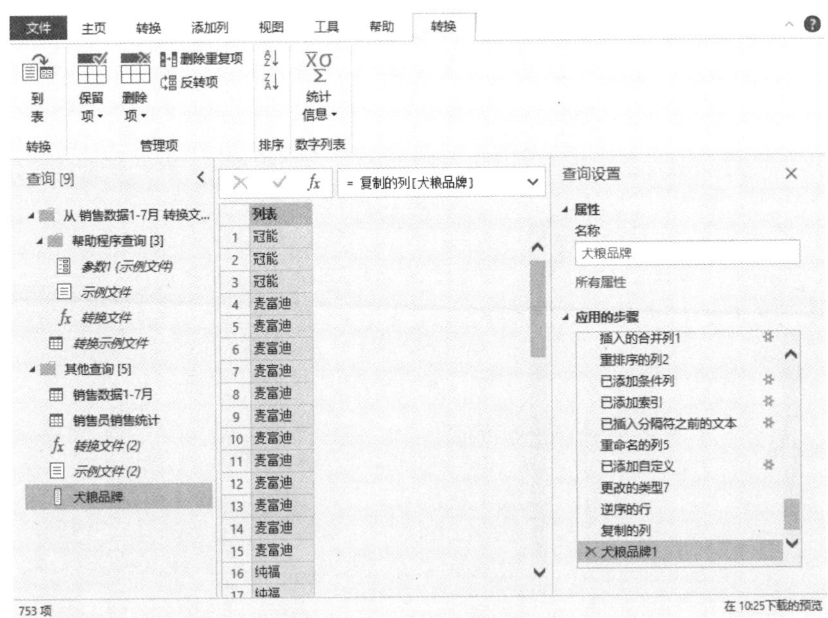

图5-53 作为新查询添加

02 转换到表。执行“列表工具”|“转换”|“到表”命令，打开“到表”对话框，如图5-54所示。

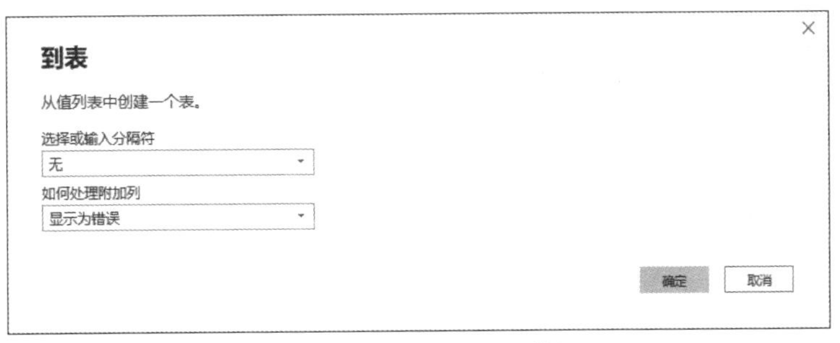

图5-54 “到表”对话框

03 将列表转换为查询表。单击“确定”按钮，将“犬粮品牌”列表创建为一个查询表。在查询区中，“犬粮品牌”前面的列表图标变成了图标，如图5-55所示。

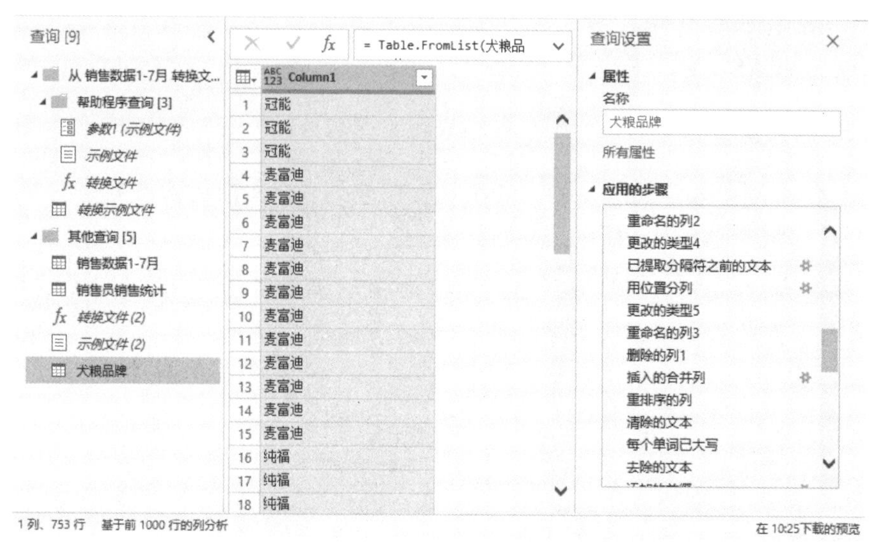

图5-55　将列表转换为查询表

04 删除重复项。右击该列列名，从快捷菜单中选择“删除重复项”命令。

05 修改列名和数据类型。将该列列名修改为“犬粮品牌”，将数据类型修改为“文本”，如图5-56所示。

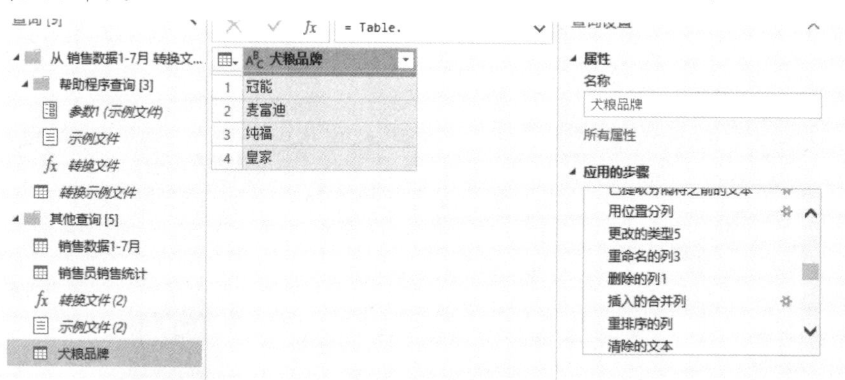

图5-56　“犬粮品牌”表

❖ 提示：

✧ 使用“转换”选项卡下的“转换到列表”命令也可以将当前选中的列直接转换成列表，但是此操作是在原表上进行的，会改变原表数据。

5.4.10 追加查询与合并查询

在Power Query编辑器中，追加查询和合并查询是将多张表合并成一张表的两种方式。追加查询是将多张表纵向地合并在一起；合并查询是将多张表横向地合并为一张表，它与Excel中的Vlookup函数功能类似，会将某些列值从一个表添加到另一个表中。

1. 追加查询

“追加查询”命令下有两个子命令：“追加查询”命令用于在当前表的基础上追加其他表；“将查询追加为新查询”命令用于将追加后的结果生成一张新表。

跟我练5-27 在Power Query编辑器中通过“新建源”命令，分别获取“销售数据1-7月”文件夹中1月、2月和3月的数据，并将表名改为“1月”“2月”“3月”，然后将这三个月的数据合并在一起。

跟我练5-27

01 新建源。在Power Query编辑器中，执行“主页”|“新建源”|“Excel工作簿”命令，选择“销售数据1-7月”文件夹中的“销售数据2022年1月.xlsx”文件，导入sheet1数据后，将表的名称改为“1月”，并执行“主页”|“将第一行用作标题”命令，提升标题。按照同样的操作，导入2月和3月的数据，如图5-57所示。

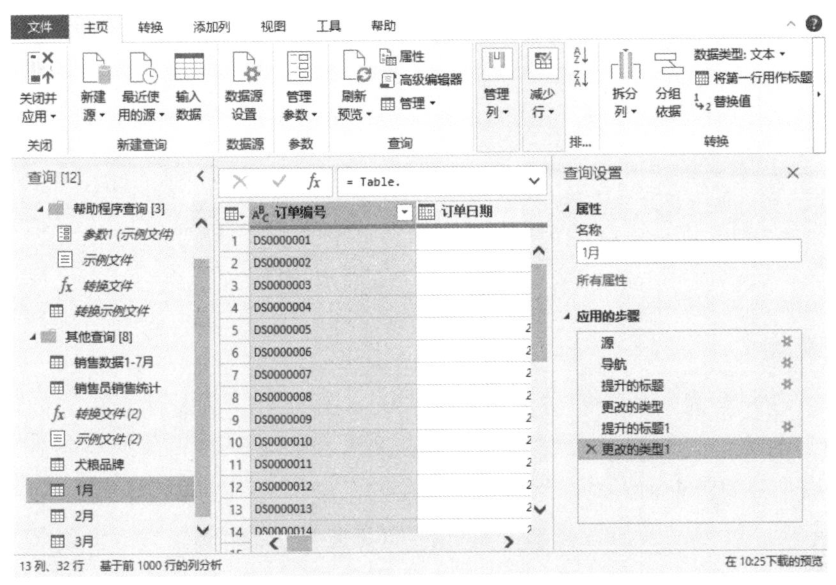

图5-57 分别导入1月、2月和3月的销售数据

02 追加查询。选中“1月”表，执行“主页”|“追加查询”|“将查询追加为新查询”命令，打开“追加”对话框(见图5-58)，单击“三个或更多表”单选按钮，分别选择“可用表”中的2月、3月，单击 添加 >> 按钮，将其添加到“要追加的表”。

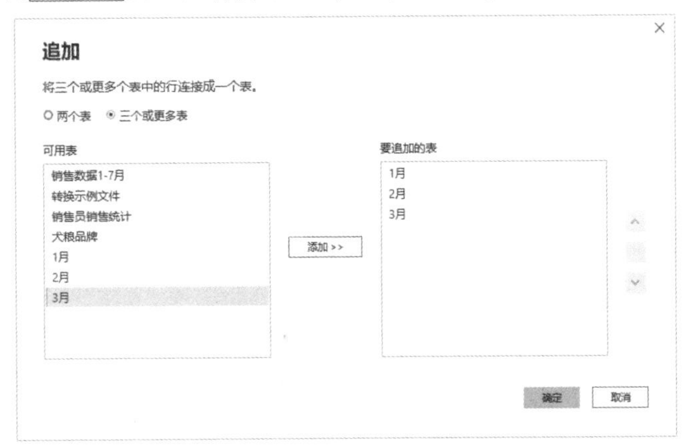

图5-58 “追加”对话框

03 查看结果。单击“确定”按钮，即可将1月、2月、3月的销售数据合并到“追加1”表中，如图5-59所示。

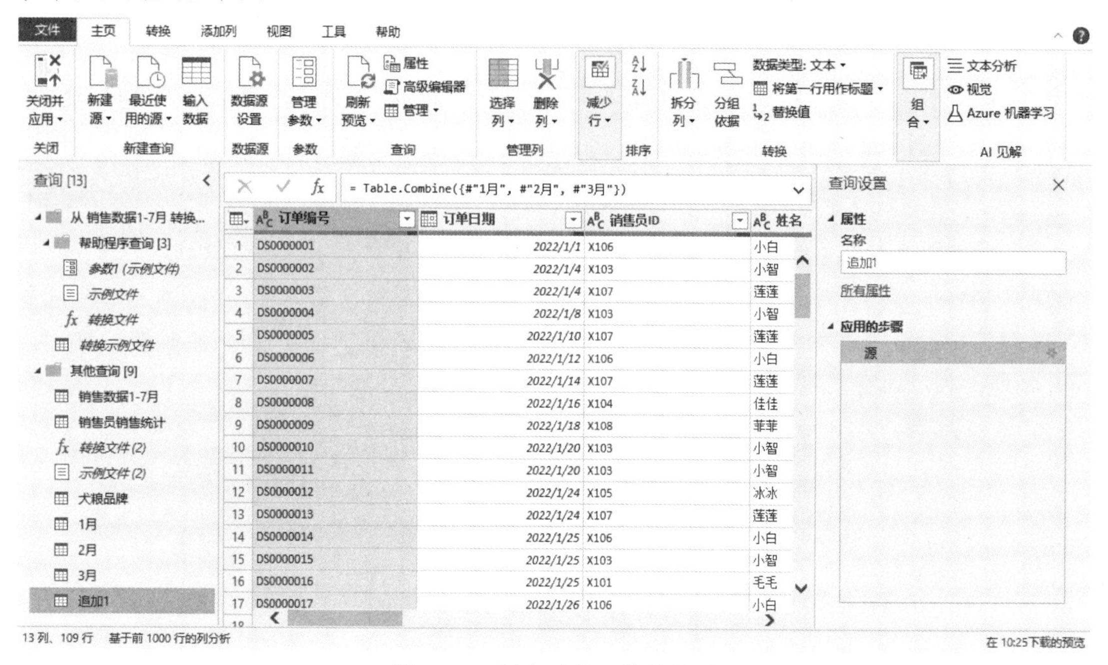

图5-59 “追加查询”结果显示

2. 合并查询

在使用“合并查询”命令横向连接两个表时，必须有一列是两个表之间的关键值。“合并查询”命令下有两个子命令：“合并查询”命令用于在当前表的基础上合并其他表；“将查询合并为新查询”命令用于将合并后的结果生成一张新表。

假如有一个“犬粮品牌与直播平台信息表”(见图5-9)，如何在“销售数据1-7月”数据表中添加直播平台的信息？

表5-9 犬粮品牌与直播平台信息表

犬粮品牌	直播平台
冠能	赛手
麦富迪	萌品
纯福	佳播
皇家	佳播

首先，在Power Query编辑器中创建“犬粮品牌与直播平台信息表”。有3种方法可以创建此表：一是在Power Query编辑器中执行“主页”|“输入数据”命令，在“创建表”对话框中输入表5-9的信息；二是在Excel中输入表5-9的信息，再利用“新建源”命令从Excel中获取数据到Power Query编辑器中；三是复制“销售数据1-7月”数据表中的“犬粮品牌”列生成“犬粮品牌”表，在“犬粮品牌”表中添加“直播平台”列。

其次，使用“合并查询”命令，在“销售数据1-7月”数据表中添加直播平台的信息。

跟我练5-28 在“犬粮品牌”表中添加表5-9中的直播平台信息，并使用“合并查询”命令在“销售数据1-7月”数据表中添加直播平台的信息。(接【跟我练5-27】)

跟我练5-28

01 添加条件列。在Power Query编辑器中选择“犬粮品牌”表的“犬粮品牌”列，执行“添加列”|“条件列”命令，在“添加条件列”对话框中，设置新列名为“直播平台”，其他设置如图5-60所示。

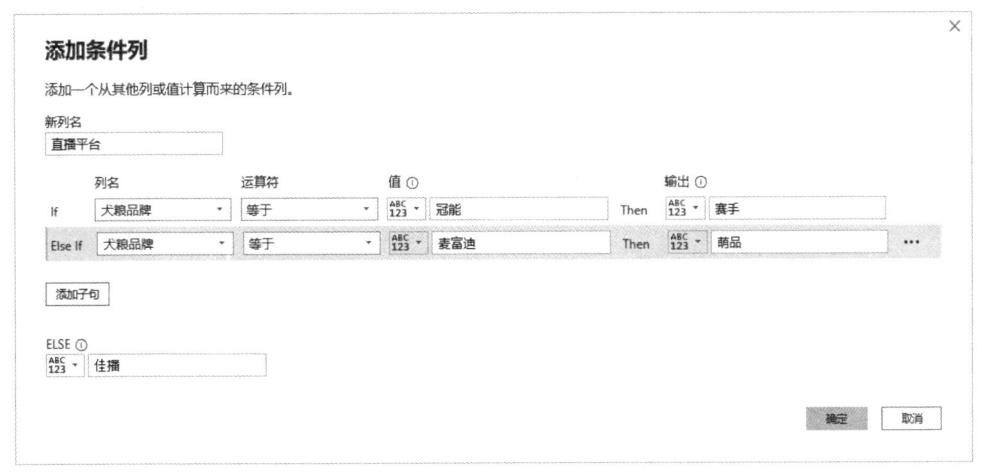

图5-60 “添加条件列”设置

02 生成犬粮品牌与直播平台信息表。设置完成后，单击“确定”按钮，便可生成犬粮品牌与直播平台信息表，如图5-61所示。

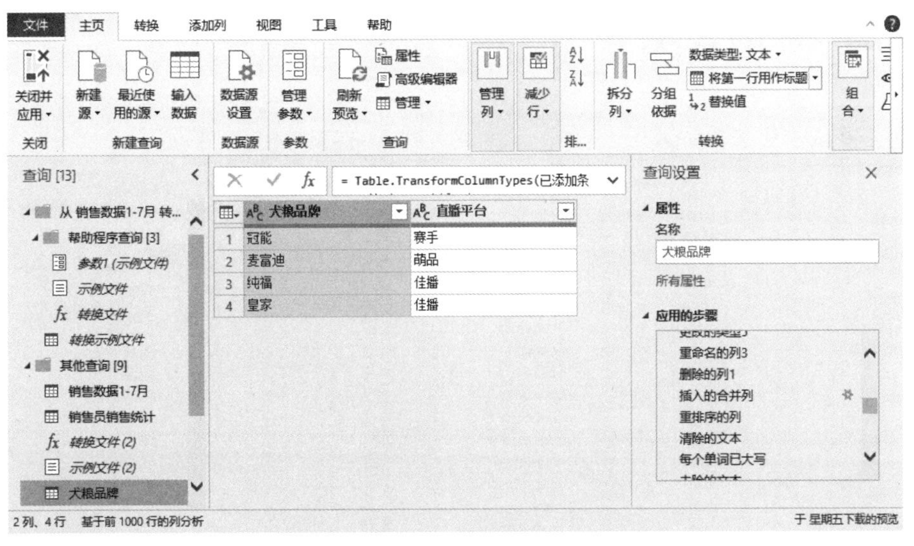

图5-61 犬粮品牌与直播平台信息表

03 合并查询。选定“销售数据1-7月”数据表，执行“主页”|“合并查询”|“合并查询”命令，在“合并”对话框(见图5-62)中，选择表和匹配列。在“销售数据1-7月”表和“犬粮品牌”表下均选择“犬粮品牌”列，设置联接种类为“左外部”。

图5-62 “合并”对话框

04 生成新列。单击“确定”按钮，“销售数据1-7月”数据表的右侧会新增一列“犬粮品牌.1”(见图5-63)，此列的值是Table。

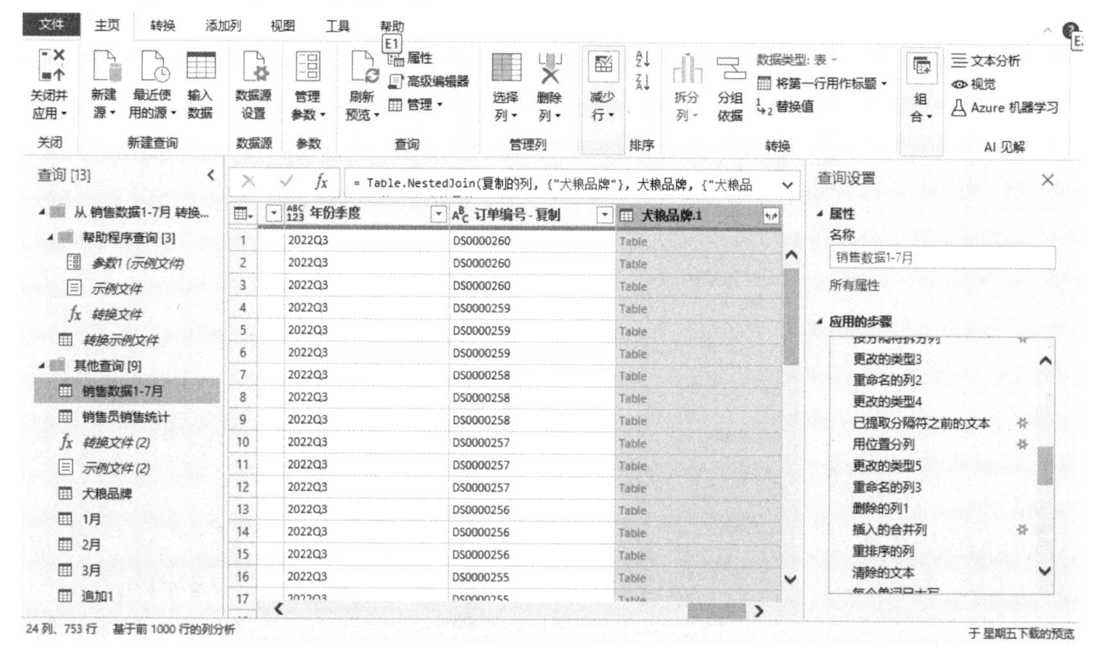

图5-63 “犬粮品牌.1”列

05 选择连接关键字。单击“犬粮品牌.1”列列名右侧的“展开”按钮，便会显示可以展开的列，如图5-64所示。在展开的列中选择“直播平台”，最后单击“确定”按钮即可。

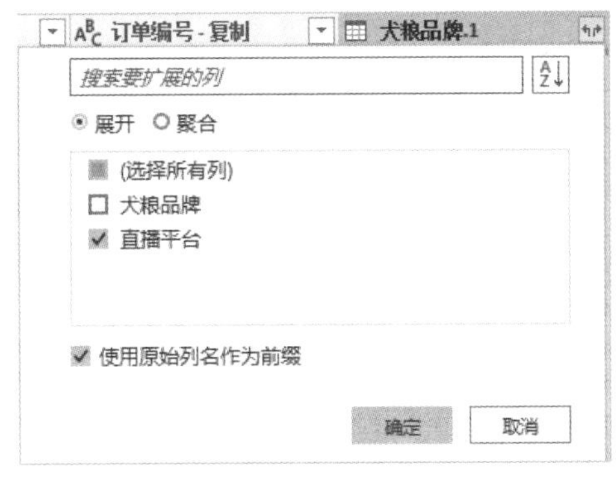

图5-64 可以展开的列

一、判断题

1. 当已设定的数据源文件路径发生改变时，Power BI能自动调整。 ( )
2. 将二维表转换为一维表要使用透视列功能。 ( )
3. 对于非文本列也可以使用文本数据处理功能。 ( )
4. 在添加索引列时，Power BI默认从数字1开始。 ( )
5. 对于数据表，既可以实现行反转，也可以实现列反转。 ( )
6. 在追加查询时必须指定两个表之间的关联字段。 ( )

二、单选题

1. 在Power Query编辑器中，可以使用( )语言完成数据整理工作。

   A. VBA　　B. SQL　　C. M　　D. Python

2. 以下代表本列为文本数据类型的数据类型标识按钮是( )

   A. ▦　　B. A^B_C　　C. 1^2_3　　D. ABC 123

3. 若要选中多列，则需要按住( )键。

   A. Shift　　B. Ctrl　　C. Alt　　D. Windows

4. 新添加的列默认排在数据表的( )。

   A. 首列　　B. 当前列的前面　　C. 当前列的后面　　D. 末列

5. 对于文本中间的空格，可以采用( )命令将其删除。

   A. “修整”　　B. “清除”　　C. “替换值”　　D. “替换错误”

6. 假设数据表中的数据为“one-China piinciple”，如果指定提取范围为自第四个字符开始，提取两位，则提取到的字符串为( )。

   A. -C　　B. Ch　　C. nc　　D. ci

三、多选题

1. 在Power Query编辑器中，填充功能的填充方向包括(　　)。

   A. 向上填充　　B. 向下填充

   C. 向左填充　　D. 向右填充

2. 数据表中的数据类型包括(　　)。

   A. 小数　　B. 分数

   C. 整数　　D. 百分比

3. 在Power Query编辑器中，对文本型数据进行整理的命令包括(　　)。

   A. “拆分”　　B. “提取”

   C. “合并”　　D. “格式化”

4. 在Power Query编辑器中可以添加(　　)。

   A. 条件列　　B. 索引列

   C. 重复列　　D. 示例中的列

5. 自定义列的特征包括(　　)。

   A. 自定义列默认排在数据表末尾

   B. 自定义列中可以设置连接运算

   C. 数据表中的列名自动用[ ]括起来

   D. 自定义列中不能进行数学运算

四、问答题

1. 数据的拆分、提取和合并操作有哪些？
2. “逆透视列”和“仅逆透视选定列”有何不同？
3. 合并查询和追加查询有何不同？

第6章

数据建模与DAX语言

6.1 认识数据建模

数据建模就是建立数据模型。建立数据模型就是在事实表与维度表之间创建关联，使从不同来源获取的数据在逻辑上形成一张大表，以便从不同维度对数据进行可视化分析。

6.1.1 了解关系模型

数据模型是现实世界数据特征的抽象。常见的数据模型有层次模型、网状模型、关系模型和面向对象模型，其中关系模型是目前比较流行的数据模型，大部分的数据库管理系统都基于关系模型。

关系模型把客观世界看作是由实体和联系构成的。在关系模型中，实体通常以表的形式来表现，表中的每一行代表一条记录，表中的每一列描述实体的一个特征或属性。在现实世界中，几乎所有的实体和实体之间的联系都可以用关系模型来表示。在Power BI中，数据建模的过程就是建立关系模型的过程。

6.1.2 数据建模要点

在Power BI中，数据建模就是识别表与表之间的关系，并在Power BI的模型视图中通过拖动字段或设置“编辑关系”对话框来建立关联，实现在不同数据源之间创建逻辑连接。

创建一个良好的数据模型可以帮助用户理解数据，从而能够更轻松地生成有价值的可视化报表。一个好的数据模型应该体现如下要点：数据浏览速度更快、度量值更容易生成、报表更加准确、生成报表所需的时间更少、报表更容易维护。“馨派宠物数据可视化2.pbix”中创建的数据模型就充分体现了以上要点，如图6-1所示。

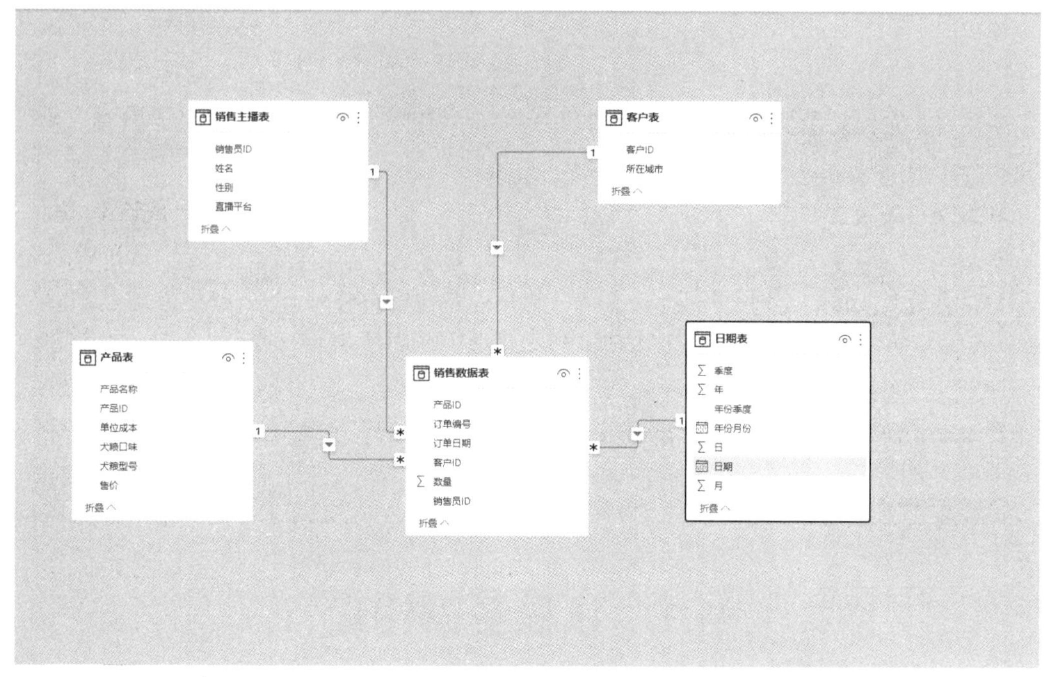

图6-1 “馨派宠物数据可视化2.pbix”中创建的数据模型

❖ 提示：

✧ 本章节使用的“馨派宠物数据可视化2.pbix”是在第3章创建的Power BI文件的基础上删除了虚拟表和日期表中的“年份月份”列。

✧ 本章所有【跟我练】示例均基于“馨派宠物数据可视化2.pbix”，不再一一说明。

1. 区分维度表和事实表

前已述及，在Power BI中，数据表分为维度表和事实表两类，数据分析就是通过维度表中的各个维度来对事实表中的数据进行处理。例如，在“馨派宠物数据可视化2.pbix”中，就是通过产品表中的“犬粮品牌”“犬粮型号”“产品名称”，日期表中的“年”“月”“季度”，客户表中的“所在城市”，销售主播表中的“销售员姓名”“直播平台”等维度来分析销售数据表中的“销售量”“销售金额”“销售成本”“销售毛利”等数据。维度表与事实表的区别如表6-1所示。

表6-1 维度表与事实表的区别

区别	维度表	事实表
特征	数据量小，其行数一般少于事实表的行数	数据量大，有较多数字型字段，行数多
举例	日期表、客户表、产品表、销售主播表等	销售数据表、凭证数据表、存货数据表、报表数据表等
用途	用于设置切片器(或筛选器)的字段和图表的坐标轴	用于在创建度量值时提供数据来源
模型视图	“1”的一端	“*”的一端

在设计数据表时，切记不要将所有数据都放到一张大表中，而是先要按照维度表和事实表的特性将数据进行拆分，再分别将其放置于维度表和事实表中。

2. 确定事实表中的字段

事实表中只存放基本的字段，能够通过计算得到的字段一般不作为表中的固定字段。例如，“销售额”可以通过创建度量值“销售额=SUMX('销售数据表',[数量]*[售价])”计算得到，因此不需要在表中设置“销售额”字段。

3. 建立关联

在Power BI中，通过主键和外键在表与表之间建立关联。主键是一种用于唯一标识数据表中每条记录的字段或字段组合。例如，产品表中的“产品ID”、客户表中的“客户ID”、销售主播表中的“销售员ID”、日期表中的“日期”都是所在数据表的主键。如果这些主键出现在其他数据表中，那么就是该数据表的外键。例如，销售数据表包括“订单编号”“订单日期”“产品ID”“客户ID”“销售员ID”“数量”6个字段，其中“订单编号”是主键，“产品ID”“客户ID”“销售员ID”和“订单日期”是4个外键。各个数据表通过主键与外键的关联来确定表与表之间的数据关系。例如，客户表中的主键“客户ID”关联销售数据表中的外键“客户ID”，在客户表与销售数据表之间建立了关联。

在Power BI的模型视图中，可以使用自动识别功能建立关系，也可以手动建立或修改关系。一个关系仅存在于两个表之间，以一条直线(即关系线)连接，双击两个表之间的关系线，打开“编辑关系”对话框(见图6-2)，可以查看建立关系模型的相关参数。

图6-2 “编辑关系”对话框

在“编辑关系”对话框中，不仅要选择相互关联的表和列，还要设置“基数”和“交叉筛选器方向”。

(1) 基数。基数用于指明两个表的关系。两表之间有多对一、一对多、一对一和多对多

4种关系。表6-2列示了不同的关系类型及具体说明。

表6-2 关系类型及具体说明

关系类型	具体说明
一对多(1:*)	最常见的类型，代表右表中的关系列有重复值，而左表中是单一值
一对一(1:1)	左表与右表关系列中的值都是唯一的
多对一(*:1)	代表左表中的关系列有重复值，而右表中是单一值
多对多(*:*)	左表与右表关系列中均有重复值

在数学建模中，一般情况下不建议使用一对一和多对多的关系。一对一关系会造成数据存储冗余，说明模型构建不合理，最好将两个表合二为一。多对多关系中，两个表的关系列都不具备唯一性，可能会产生多义性。

(2) 交叉筛选器方向。交叉筛选器方向用于表示数据筛选的流向，在关系线上用箭头标示。一般情况下，箭头指向事实表。交叉筛选器方向主要有以下两种类型。

- “单一”即单向关系。关系中一个表会沿着箭头的方向对另一个表进行筛选，且不能反向。例如，表 1 可以按表 2 进行筛选，但表 2 不能按表 1 进行筛选。这适用于根据维度表的维度单向对事实表的数据进行汇总计算。
- “两个”即双向关系。关系中两个表可以互相筛选。例如，可以通过事实表筛选维度表，也可以通过维度表筛选事实表。除非完全了解启用双向交叉筛选关系导致的后果，否则不应启用双向交叉筛选关系。启用它有可能产生多义性、过度采样、意外结果，以及性能降低等问题。

❖ 提示:

- 对于一对一关系，唯一可用的选项是双向交叉筛选，可以在此关系的任一侧对数据进行筛选，并生成一个含义明确的非重复值。例如，可以对一个产品ID进行筛选并返回一个产品信息，也可以对一个产品进行筛选并返回一个产品ID。
- 对于多对多关系，可以通过使用交叉筛选选择在单一方向或两个方向上进行筛选。多对多关系会放大与双向交叉筛选相关联的多义性，因为不同表之间将存在多个连接路径。当创建度量值、计算列或使用筛选器时，在筛选数据的位置可能出现不可预料的结果，影响数据分析效果。双向关系也是如此，这正是在使用它们时要格外小心的原因。

4. 数据模型的结构

在Power BI中，数据模型的结构是指维度表与事实表之间建立关联时的布局样式，主要有星形结构和雪花结构两种。

(1) 星形结构。星形结构是Power BI的最佳模型结构，其特点是在事实表外侧只有一层维度表，所有维度表都直接与事实表关联，这种结构的形状类似于星形，故而得名。星形结构如图6-3所示。

星形结构的好处是两个表之间不会有循环关系，一个表到另一个表只有一条路径，这种数据模型更便于理解，性能更优。星形结构并不限定为具有五个角的星形，这取决于维度表的数量。

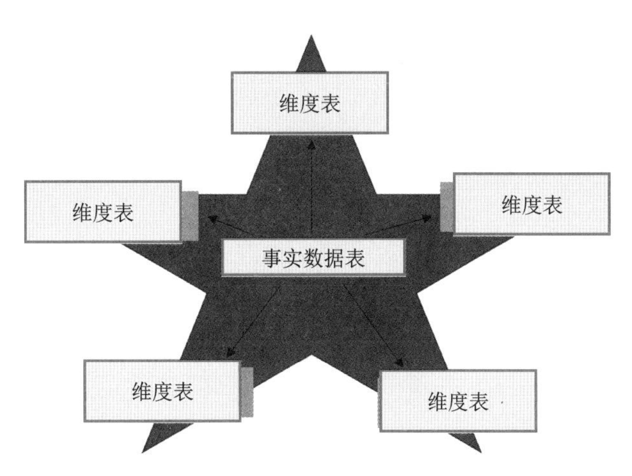

图6-3 星形结构

(2) 雪花结构。雪花结构的特点是在事实表外侧有多层维度表，每个维度表又可能连接多个维度表，就像雪花一样由中心向外延伸。如图6-4所示，该结构中有6个维度表和1个事实表(销售数据表)，其中“产品品牌”先与“产品表”关联，再与“销售数据表”相关联；“直播平台”与“销售主播表”关联后，再与“销售数据表”关联。

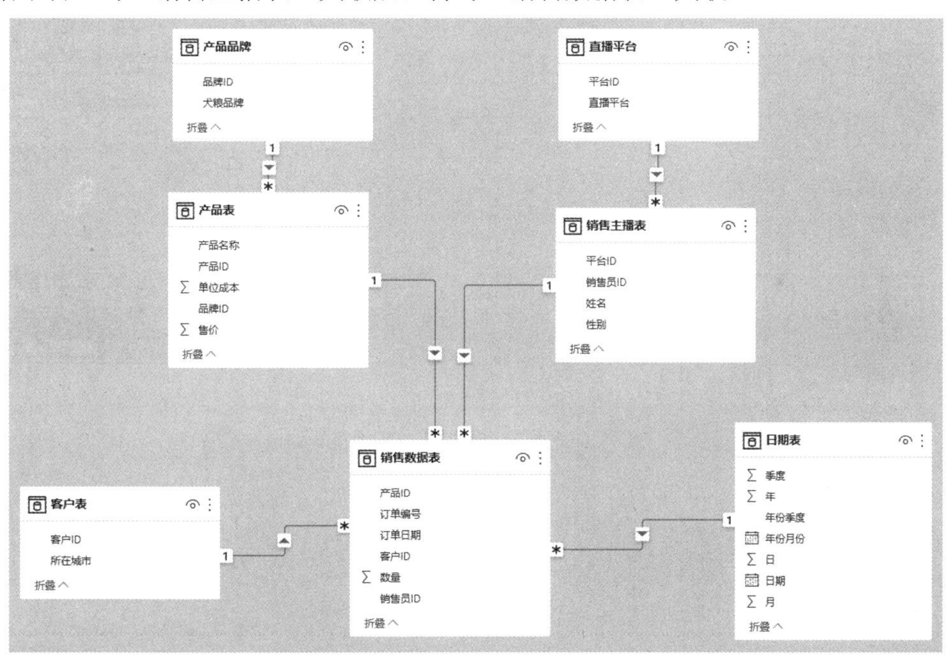

图6-4 雪花结构

一般情况下，建议采用星形结构来创建数据模型，如果在一个维度上有多个维度表，则需要想办法将它们合并到一个维度表中，以简化维度表结构。例如，在“馨派宠物数据可视化2.pbix”中，我们将产品品牌及型号都合并到产品表中，将直播平台信息直接合并到销售主播表中，使事实表的外围只有一层维度表，从而呈现星形结构。

当然，由于实际业务的复杂性，数据表之间的关系错综复杂，并不一定都适合建立星形结构，但是应该努力使数据模型更接近于星形结构。

6.1.3 创建与应用度量值

度量值是数据分析的核心和基础，是学习Power BI的重点和难点。

1. 显式度量值与隐式度量值

显式度量值(简称为度量值)是使用DAX语言书写的度量值。例如，我们在第3章中创建的销售量、销售额、销售成本、毛利等度量值，都属于显式度量值。

隐式度量值是允许视觉对象汇总模型列数据的自动行为。例如，我们在第3章中创建的矩阵表并没有编写度量值，但却生成了报表，这正是因为存在隐式度量值。

在Power BI Desktop的“字段”窗格中，有些列名前面有“∑”标志，这代表该列为数值列，将它应用在视觉对象中可以自动汇总列值。

跟我练6-1 打开“馨派宠物数据可视化2.pbix”，新建页面，在新页面中创建一个矩阵表，观察隐式度量值。

跟我练6-1

01 新建矩阵表。打开“馨派宠物数据可视化2.pbix”，在“报表视图”中单击 + 按钮新建页面，在新页面中插入一个矩阵表，设置行字段为“年份季度”，设置值字段为“数量”和“售价”，生成的矩阵表如图6-5所示。系统默认按年份季度对数量和售价求和。

年份季度	数量	售价
2021Q1	34	6317
2021Q2	468	83925
2021Q3	883	163671
2021Q4	1623	281169
2022Q1	2031	337737
2022Q2	4472	788848
2022Q3	7365	1363480
2022Q4	9831	1823173
总计	**26707**	**4848320**

图6-5 矩阵表

❖ 提示：

✧ 在图6-5所示的矩阵表中，统计不同年份季度的数量和是没问题的，但是对售价求和是无意义的，需要改变此矩阵表中对售价的汇总方式。

02 确定或改变列的汇总方式。在“可视化”窗格中，单击“售价”右侧的∨按钮，在下拉列表中选择“平均值”，如图6-6所示。此时新生成的矩阵表的最后一列显示售价的平均值，如图6-7所示。

删除字段
针对此视觉对象重命名
移动 ›
移到 ›
添加迷你图
条件格式 ›
删除条件格式
求和
✓ 平均值
最小值
最大值
计数(非重复)
计数
标准偏差
差异
中值
将值显示为 ›
新建快速度量值

图6-6 设置汇总方式

年份季度	数量	售价 的平均值
2021Q1	34	185.79
2021Q2	468	179.33
2021Q3	883	185.36
2021Q4	1623	173.24
2022Q1	2031	166.29
2022Q2	4472	176.40
2022Q3	7365	185.13
2022Q4	9831	185.45
总计	**26707**	**181.54**

图6-7 新生成的矩阵表

在实际应用中，可以用隐式度量值进行简单的计算，以减少工作量。隐式度量值不能解决的复杂问题，就需要通过编写DAX公式来解决。

2. 创建度量值

创建度量值不能直接引用表或列，只能将表或列作为DAX函数中的参数来汇总数据。

在Power BI中，新建度量值的途径有多种：可以在“报表视图”的“主页”选项卡或“建模”选项卡中选择“新建度量值”命令；也可以在“数据视图”的“主页”选项卡或“表工具”选项卡中选择“新建度量值”命令；还可以在“数据视图”中右击，在快捷菜单中选择“新建度量值”命令。一般建议在“数据视图”中创建度量值，因为“数据视图”中会直接显示编辑栏，输入DAX公式更容易、更直观。

在编辑栏中输入DAX公式时，Power BI会智能显示输入函数的语法及参数提示。如果DAX公式太长，输入时可以通过Alt+Enter组合键或Shift+Enter组合键在表达式中添加一个换行符。Alt+Enter组合键代表“换行不缩进”，Shift+Enter组合键代表“换行并缩进”。

跟我练6-2 **新建度量值“销售主播平均销售额”，并在公式表达式中添加换行符。**

跟我练6-2

01 输入DAX公式。在“数据视图”中选择“产品表”，执行“主页”|“新建度量值”命令。在公式编辑栏中输入“销售主播平均销售额=Divide([销售额], Distinctcount('销售数据表'[销售员ID]))”，按Alt+Enter组合键或Shift+Enter组合键在公式中添加两个换行符，如图6-8所示。

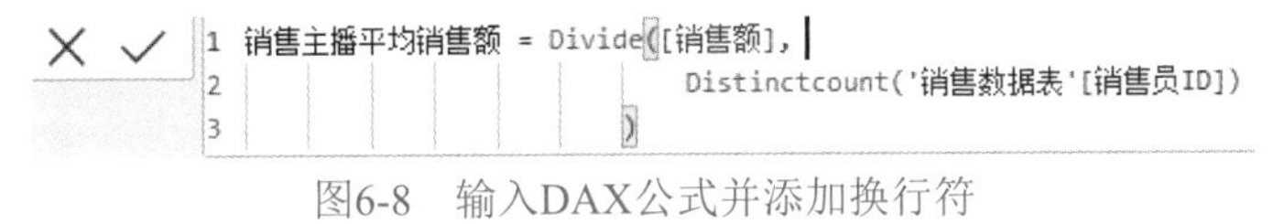

图6-8 输入DAX公式并添加换行符

02 确认DAX公式。单击✓按钮或按回车键，“产品表”的字段列表中增加了度量值“销售主播平均销售额”。

3. 快速创建度量值

除了上述创建度量值的方法外，Power BI Desktop中还提供了一个名为“快度量值”的功能。用户根据需要在计算列表中选择每个类别的聚合、筛选器、时间智能、总计、数学运算、文本等计算类别，系统便可自动生成DAX公式，从而快速创建度量值。计算列表中可供选择的计算类别及具体内容如表6-3所示。

表6-3 计算列表中可供选择的计算类别及具体内容

计算类别	具体内容
每个类别的聚合	每个类别的平均值、差异、最大值、最小值、加权平均值
筛选器	已筛选的值、与已筛选值的差异、与已筛选值的百分比差异、新客户的销售额
时间智能	本年迄今总计、本季度至今总计、本月至今总计、年增率变化、季度增率变化、月增率变化、移动平均
总计	汇总、类别合计(应用筛选器)、类别合计(未应用筛选器)
数学运算	加法、减法、乘法、除法、百分比差异、相关系数
文本	星级评分、值连接列表

跟我练6-3 **使用“快度量值”命令新建度量值“客户平均销售额”和“毛利率”。**

跟我练6-3

(1) 创建“客户平均销售额”度量值。

01 调用命令。在“数据视图”中选择“产品表”，执行“主页”|“快度量值”命令，打开“快度量值”对话框。

02 快度量值设置。在“计算”下拉列表中，选择计算类别为“每个类别的平均值”，在字段列表中将度量值“销售额”拖动到“基值”，将销售数据表中的“客户ID”拖动到“类别”，如图6-9所示。

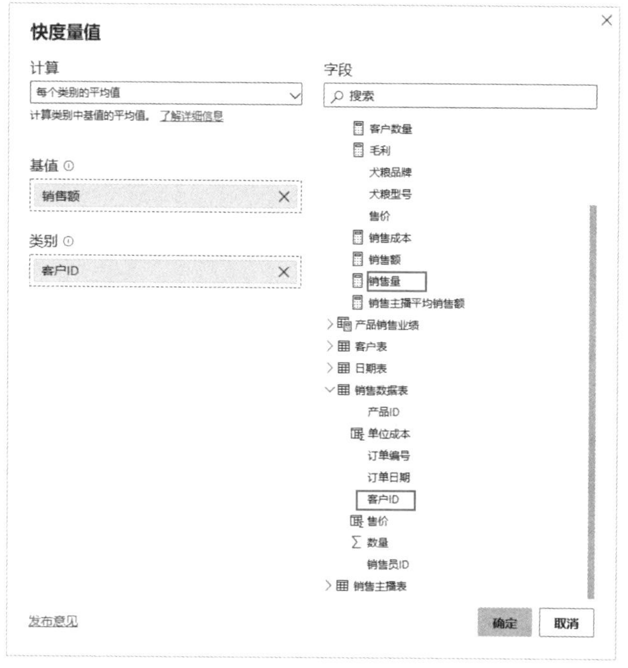

图6-9 设置快度量值“客户平均销售额”

03 修改度量值名称。单击“确定”按钮，公式编辑栏中会自动显示快度量值的DAX公式，将该度量值的名称修改为“客户平均销售额”，如图6-10所示。单击✓按钮或按回车键，“产品表”字段列表中增加了度量值“客户平均销售额”。

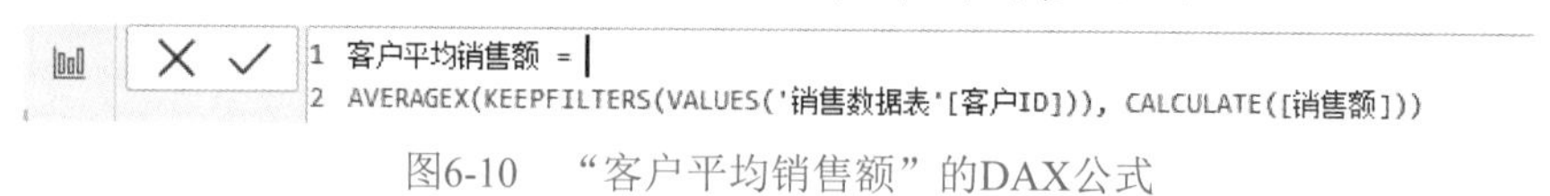

图6-10 “客户平均销售额”的DAX公式

(2) 创建“毛利率”度量值。

01 调用命令。在“数据视图”中选择“产品表”，执行“主页”|“快度量值”命令，打开“快度量值”对话框。

02 快度量值设置。在“计算”下拉列表中选择“数学运算”组下面的“除法”，在字段列表中将度量值“毛利”拖动到“分子”，将度量值“销售额”拖动到“分母”，如图6-11所示。

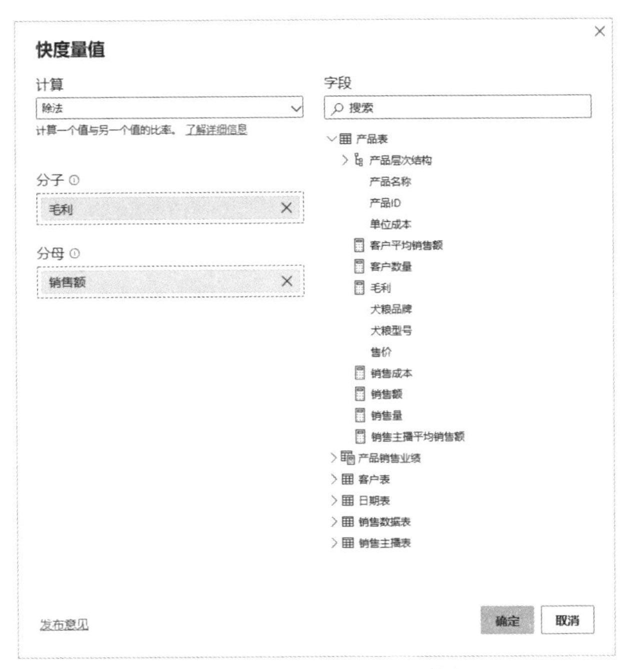

图6-11　设置快度量值“毛利率”

03 修改度量值名称。单击“确定”按钮，公式编辑栏中会自动显示快度量值的DAX公式，将该度量值的名称修改为“毛利率”，并将格式设置为带有两个小数位数的百分比，如图6-12所示。单击✓按钮或按回车键，“产品表”字段列表中增加了度量值“毛利率”。

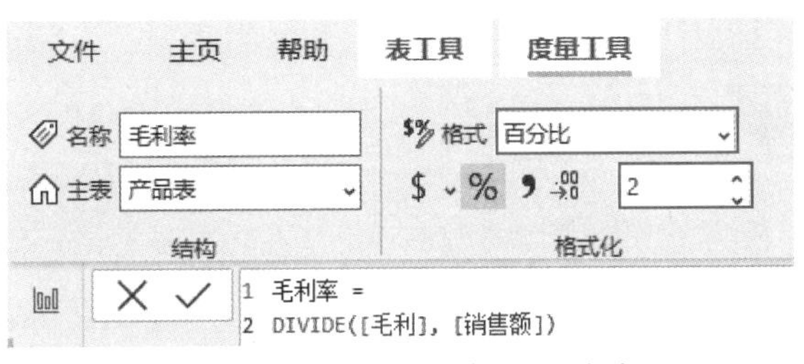

图6-12　“毛利率”的DAX公式

4. 应用度量值

新建的度量值会自动插入当前选择的任何表中，我们可以像使用表中的任意字段一样使用度量值。在实际工作中，当度量值的数量很多时，可以在Power BI中新建空表专门用来存放不同类别的度量值，以便查找使用。

跟我练6-4　新建矩阵表(见图6-13)，分析不同犬粮品牌、不同犬粮型号的毛利率、客户平均销售额和销售主播平均销售额。

跟我练6-4

01 毛利率分析。在“报表视图”中新建视觉对象“矩阵表”。设置行字段为“犬粮品牌”，设置列字段为“犬粮型号”，设置值字段为“毛利率”。在常规格式设置中将标题设置为“毛利率”。

02 客户平均销售额分析。选择“毛利率”矩阵表，按Ctrl+C组合键和Ctrl+V组合键，复制一张矩阵表，修改该矩阵表的值字段为“客户平均销售额”，在常规格式设置中将标题设置为“客户平均销售额”。

03 销售主播平均销售额分析。再复制一张矩阵表，修改该矩阵表的值字段为“销售主播平均销售额”，在常规格式设置中将标题设置为“销售主播平均销售额”。

毛利率

犬粮品牌	成犬	全犬	幼犬	总计
纯福	25.53%	25.71%	25.66%	**25.65%**
冠能	22.87%	22.86%	23.01%	**22.91%**
皇家	28.74%	28.72%	28.23%	**28.59%**
麦富迪	20.31%	20.00%	20.00%	**20.07%**
总计	**24.28%**	**24.18%**	**24.12%**	**24.18%**

客户平均销售额

犬粮品牌	成犬	全犬	幼犬	总计
纯福	277	378	336	**611**
麦富迪	183	258	228	**399**
皇家	215	278	263	**381**
冠能	213	270	262	**338**
总计	**359**	**597**	**454**	**1137**

销售主播平均销售额

犬粮品牌	成犬	全犬	幼犬	总计
纯福	60,912.00	110,950.00	74,454.44	**246,316.44**
冠能	15,792.00	32,340.00	25,261.78	**73,393.78**
皇家	16,665.33	36,513.78	21,109.00	**74,288.11**
麦富迪	32,355.56	70,395.00	41,953.33	**144,703.89**
总计	**125,724.89**	**250,198.78**	**162,778.56**	**538,702.22**

图6-13　新建矩阵表

在应用度量值的过程中，我们不仅能够很方便地进行相同维度下不同度量值的数据分析，还可以快速地更换维度进行数据可视化分析。例如，我们可以将图6-13矩阵表中的犬粮品牌和犬粮型号换成年份季度、直播平台等字段来分析不同年份季度和不同直播平台的毛利率、销售主播平均销售额，从而实现多维度、多角度分析。可见，度量值相当于一个移动的公式，可以与不同维度灵活结合进行数据分析。

需要注意的是，在使用度量值建立的矩阵表中，每一个数据(包括“总计”的数据)都是独立按照度量值设定的公式计算出来的。

6.1.4 新建列

在Power BI中有两种方法可以添加新列：一是在Power Query编辑器中使用图形化工具或M语言来添加列，如添加自定义列、日期列、示例中的列、索引列、条件列等；二是在Power BI Desktop中通过DAX公式来创建计算列。两者的区别在于：在Power BI Desktop的“报表视图”或“数据视图”中新建列是以已经加载到模型中的数据为基础的。例如，本书第3章中介绍的在“销售数据表”中使用RELATED函数从“产品表”中提取数据新建“售价”列。

在Power BI Desktop中新建的计算列会显示在“字段”窗格的所选当前表中，新建的列前面会有特殊图标，表示其值为DAX公式的计算结果。

跟我练6-5 **在“日期表”中新建“年份月份”列，其值的样式为“****年**月”。**(如果数据模型中已有该字段，先将该字段删除，再练习新建列)

跟我练6-5

在Power BI Desktop“数据视图”中选择“日期表”，执行“表工具”|“新建列”命令，在公式编辑栏中输入“年份月份 = [年]&"年"&[月]&"月"”，再按回车键，即可新建“年份月份”列，如图6-14所示。

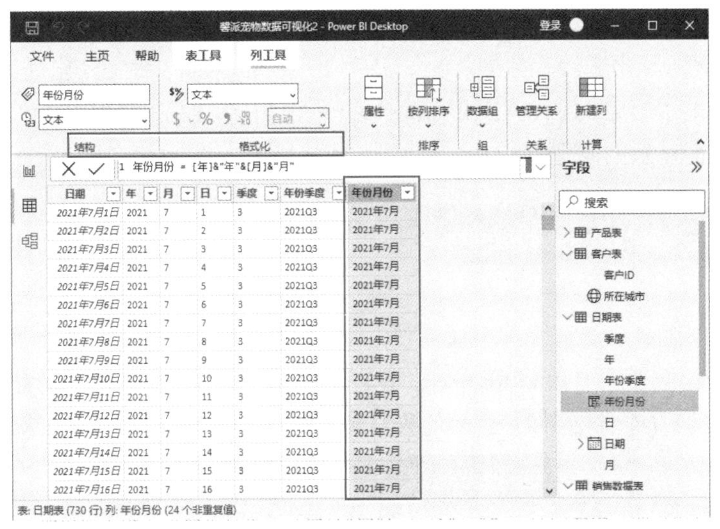

图6-14 新建“年份月份”列

❖ 提示：

✧ 在新建列之前，需要检查日期表中的“年”“月”两列数据是否为文本型，如果不是，就需要先将其数据类型修改为文本型，然后再新建列。

新建的度量值与计算列都是使用DAX公式定义的，都可以添加到数据模型。但是两者在用途、计算、应用、存储等方面有一些区别，如表6-4所示。

表6-4 度量值与计算列的区别

比较类别	度量值	计算列
用途	用于计算、汇总数据	用于扩展数据表的信息
计算	使用筛选上下文进行计算	使用行上下文进行计算
应用	通常在可视化效果的“值”区域中使用，用于汇总数据	通常在可视化效果的“行”“轴”“图例”“组”区域中的字段设置中使用，用于筛选、分组或汇总
存储	以公式形式存储在数据模型中，不使用时几乎不占用内存空间	将各行的值存储在表中，占用一定的内存空间

❖ 提示：

✧ 在Power BI中理解上下文的概念非常重要，后面将详细介绍。

✧ 在实践应用中，如果能用度量值解决问题，就不要新建列。

6.2 DAX语言：数据分析表达式

数据分析表达式(DAX)是在Analysis Services、Power BI，以及Excel的Power Pivot中使用的编程语言，它最早于2010年与Power Pivot一同发布，后来被作为数据建模语言整合于Power BI中，主要用于创建计算列、度量值和新建表。

DAX的使用方法与Excel函数有很多相似之处，它可以对数据进行算术运算、关系运算或逻辑运算等。对于熟悉Excel的人来说，上手使用DAX语言相对较快，但当涉及迭代、筛选、时间智能等高级概念时，DAX语言就会有些复杂。我们必须弄清楚其数据计算背后的逻辑关系，才能将复杂的问题简单化。

6.2.1 DAX语法规则

1. 书写规则

DAX公式的构成要素有度量值名称、等号、DAX函数名称、可重复引用的度量值、引用指定表中指定的列(或直接引用表)、运算符和常数等，如图6-15所示。

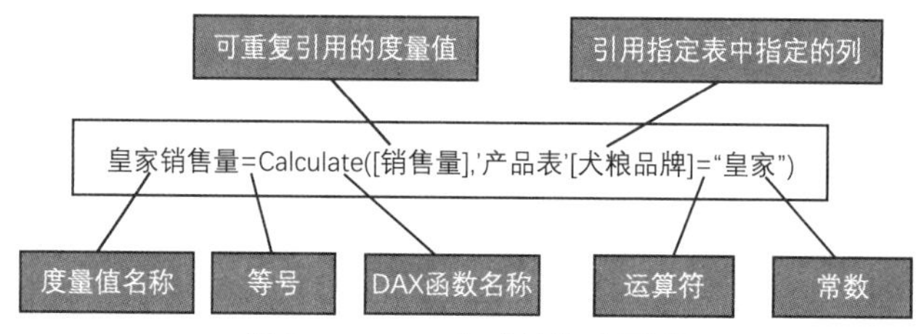

图6-15 DAX公式的构成要素

在Power BI Desktop中新建度量值、新建列、新建表时，公式编辑栏首先显示“度量值=”“列=”或“表=”，用户可以根据需要更改“=”前面的名称。与Excel函数类似，“=”表示公式的开头，完成计算后将返回结果。“=”的右边是输入的公式，可以引用指定表中的列或重复引用其他度量值。

在Power BI中，表、列和度量值都有固定的书写规则，如表6-5所示。

表6-5 Power BI中表、列和度量值的书写规则

对象名称	书写规则	举例
表名称	一般使用单引号引起来	'产品表'
列名称或度量值	使用方括号括起来	[犬粮品牌]、[销售量]
表中的列	'表'[列]	'产品表'[犬粮品牌]

❖ 提示：

✧ 除了列名、度量值、表的名称和常数，其他公式、运算符等必须在英文状态下书写。

✧ 在输入DAX公式时，系统具有自动感知功能，输入“'”或“[”便可启动智能感知功能。

✧ 如果DAX公式太长或嵌套的函数太多，则可以使用Shift+Enter组合键或Alt+Enter组合键来换行；使用Tab键或空格键调整间距，使公式整齐美观，增加易读性。

2. 命名要求

Power BI对于数据模型中的表名称、列名称、度量值名称等对象名称都有一定的命名要求，如表6-6所示。

表6-6　对象名称的命名要求

对象名称	命名要求
表名称	模型中的表名称必须是唯一的。如果表名称不包含空格、特殊字符或非英语字母数字字符，则可以不用单引号引起来
列名称	列名称在表的上下文中必须是唯一的，但是不同表的列允许拥有相同的名称(通过在列名称前面加上表名称消除歧义)，如'产品表'[产品ID]与'销售数据表'[产品ID]
度量值名称	模型中的每个度量值名称必须是唯一的，度量值名称中可以有空格

❖ 提示：

- ✧ 所有对象名称都不区分大小写，例如，SALES 和 Sales 表示同一个表。
- ✧ 对象名称中不得包含以下字符：“.” “,” “;” “'” “:” “/\” “*” “|” “?” “&” “%” “$” “!” “+” “=” “()” “[]” “{}” “<>”。

6.2.2 DAX支持的数据类型

当我们将数据加载到Power BI Desktop中时，系统会尝试将数据源列的数据类型转换为更便于进行存储、计算和数据可视化的数据类型。例如，如果从Excel导入的数值数据列没有小数值，那么Power BI Desktop会将整个数据列转换为整数数据类型。

我们可以在 Power Query 编辑器或 Power BI Desktop 的“数据视图”和“报表视图”中确定或修改列的数据类型。“日期/时间/时区”和“持续时间”这两种数据类型在Power Query编辑器中存在，在Power BI Desktop中不存在。当将使用这两种数据类型的列加载到Power BI Desktop中，并在“数据视图”或“报表视图”中进行查看时，使用“日期/时间/时区”数据类型的列将会被转换为“日期/时间”，而使用“持续时间”数据类型的列将会被转换为“十进制数字”，如图6-16所示。

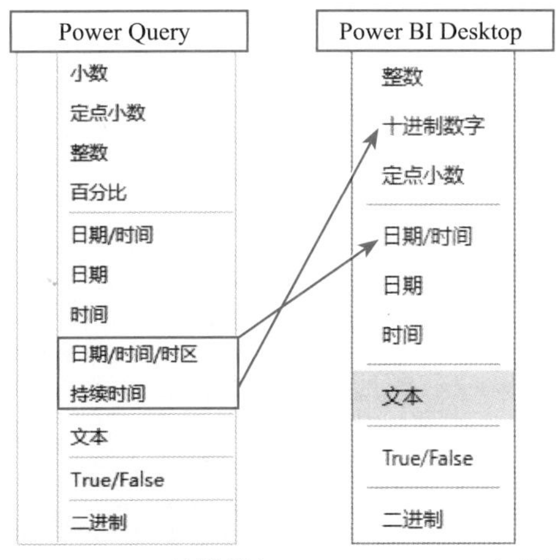

图6-16　Power Query编辑器与Power BI Desktop中的数据类型

在 DAX 公式中使用数据时，DAX 会自动识别所引用列中的数据类型或键入的值的数据类型。DAX中支持的数据类型有整数、小数、货币、True/False、文本、日期/时间、空白/Null及表数据等，如表6-7所示。

表6-7　DAX中支持的数据类型

数据类型	详细介绍
整数	表示64位(八字节)整数值。支持19位数：从-2^{63}到$2^{63}-1$的整数
小数	支持双精度浮点数，DAX中有效位数限制为17位小数位
True/False	布尔类型，True或False值
文本	一个Unicode字符数据字符串，可以是字符串、以文本格式表示的数字或日期
日期/时间	表示日期与时间值。支持1900年—9999年的日期。日期与时间值是以十进制数据类型存储的，所以它可以在这两个数据类型之间转换
货币	存储为64位整数值除以10000，数据类型允许值介于$-2^{63}/10000$到$(2^{63}-1)/10000$之间，并且具有四个小数位的固定精度
空白/Null	空白是DAX中的一种数据类型，表示并替代SQL中的Null。可以使用BLANK函数创建空白，也可以使用逻辑函数ISBLANK测试空白是否存在
表数据	许多函数中使用表数据类型，如聚合函数和时间智能函数等。某些函数的参数需要引用表，可以指定计算结果为表格的表达式，也可以引用基础表，视需要而定

6.2.3 DAX中的运算符

1. 运算符

DAX语言是使用运算符来创建比较值、执行算术计算或处理字符串的表达式。DAX中的运算符及其含义如表6-8所示。

表6-8　DAX中的运算符及其含义

运算符	符号	含义
算术运算符	+	加法
	–	减法或负号
	*	乘法
	/	除法
	^	求幂
比较运算符	=	等于
	==	严格等于
	>	大于
	<	小于
	>=	大于或等于
	<=	小于或等于
	<>	不等于
文本连接运算符	&	连接两个或多个字符串
逻辑运算符	&&	与运算。如果两个表达式均为TRUE，则结果为TRUE；否则，结果为FALSE
	||	或运算。如果某一表达式为TRUE，则结果为TRUE；仅当两个表达式都为FALSE时，结果才为FALSE
其他运算符	IN	设置具体取值范围。其语法是使用大括号{}
	( )	括号

❖ 提示：

✧ 运算符“==”与“=”的区别在于：当列值为0或BLANK时，表达式“[列名]=0”的结果均为TRUE；仅当列值为0时，表达式“[列名]== 0”的结果才为 TRUE，而当列值为BLANK时，表达式“[列名]== 0”的结果为FALSE。

✧ “||”双竖线按键一般位于计算机键盘Enter键的上方。

2. 运算符优先级

如果DAX公式中有多种运算，则按照表6-9对运算进行排序。当运算符具有同等优先级时，则按从左至右的顺序进行。

表6-9 DAX中运算符优先级

优先级	运算符	说明
1	^	求幂
2	–	负号(如 –1 中的负号)
3	* 和 /	乘法和除法
4	+ 和 –	加法和减法
5	&	连接两个文本字符串(串联)
6	=，==，<，>，<=，>=，<>，IN	比较
7	&&，||	逻辑运算符

6.2.4 认识“上下文”

“上下文”是DAX中一个非常重要的概念。理解并有效使用“上下文”对于进行高性能的动态交互分析至关重要。众所周知，在Excel中通过地址定义函数的运算范围，在DAX中则通过“上下文”来定义函数所处的环境变量(即运算范围)。

DAX主要有两种类型的上下文：筛选上下文和行上下文。

1. 筛选上下文

筛选上下文是指将原始数据先按照一定的规则进行筛选，然后将筛选出的结果作为环境变量传递到DAX公式中。在Power BI中，有很多改变筛选上下文的方式，如使用切片器、报表页筛选器、公式中定义的筛选条件等，这些筛选上下文方式的变化都会影响DAX公式的计算方式和显示方式。通过筛选上下文，可以使报表中的图表呈现动态交互关系。

一般情况下，筛选上下文出现在度量值的应用中。

跟我练6-6 在报表视图中使用同一个DAX度量值“销售量”创建三个视觉对象(见图6-17)，并观察筛选上下文是如何影响DAX度量值的。

跟我练6-6

01 创建第一个视觉对象：簇状柱形图。设置Y轴为“销售量”。

02 创建第二个视觉对象：簇状条形图。设置Y轴为“犬粮品牌”，设置X轴为“销售量”。

03 创建第三个视觉对象：簇状柱形图。设置X轴为“直播平台”，设置Y轴为“销售量”。

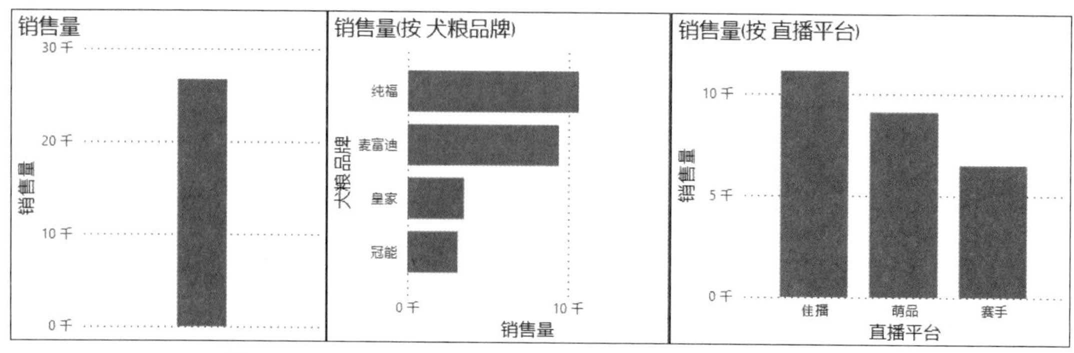

图6-17　同一个度量值在不同视觉对象中具有不同的计算结果

04 结果解读。尽管每个视觉对象都使用了相同的度量值“销售量”，但这些视觉对象生成的结果却不同。第一个视觉对象显示整个数据集的“销售量”；在第二个视觉对象中，“销售量”按照“犬粮品牌”细分；在第三个视觉对象中，“销售量”按照“直播平台”细分。

可见，尽管只定义了一次度量值，但可以在这些视觉对象中以不同的方式使用它。因此，通过筛选上下文可以准确、快速地在不同视觉对象中对度量值进行汇总计算。

05 视觉对象之间的交互也会更改DAX度量值的计算方式。如图6-18所示，如果选择第二个视觉对象中的犬粮品牌“麦富迪”，则三个视觉对象中的汇总结果都会发生变化。

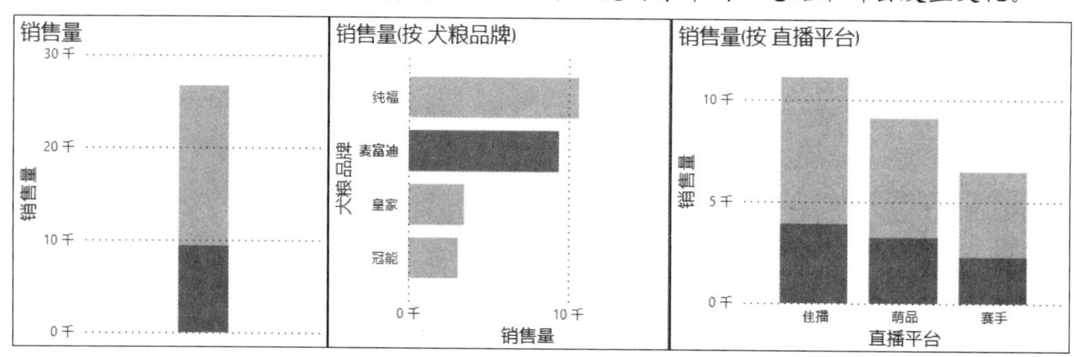

图6-18　在第二个视觉对象中选择“麦富迪”的计算结果

❖ 提示：

✧ 在第二个视觉对象中选择犬粮品牌“麦富迪”更改了DAX度量值的筛选上下文。它将第一个视觉对象的计算结果修改为“麦富迪”的销售量，第三个视觉对象中还会按“直播平台”细分“销售量”，但会突出显示“麦富迪”的结果。这些计算在内存中快速更改，并以高度交互的方式向用户显示结果。

2. 行上下文

行上下文是指仅对当前行进行处理。一般情况下，行上下文出现在新建计算列的应用中。例如，在产品表中新建“单位利润”列，单位利润=[售价]−[单位成本]，此公式仅自动计算并获取指定列中当前行的值。

行上下文还会依照模型中的表与表之间的关系(包括使用DAX公式在计算列中定义的关系)来确定相关表中与当前行关联的行，例如，在销售数据表中新建“售价2”列，售价2=RELATED('产品表'[售价])，此公式使用RELATED函数根据产品ID从产品表中提取“售价”。

3. 筛选上下文与行上下文的区别

筛选上下文和行上下文共同作用于DAX公式并对其结果产生影响。在分析行上下文对DAX公式计算结果的影响时要以当前行中的数据为研究基准，而分析筛选上下文对DAX公式计算结果的影响时则要从筛选出的数据表入手。当创建计算列时，DAX会自动为其定义行上下文关系，即计算列中的每个值都受到其所在行数据的影响。而当使用度量值创建报表时，其运算都是基于数据表中其他条件生成的筛选上下文而进行的。筛选上下文与行上下文的区别如表6-10所示。

表6-10　筛选上下文与行上下文的区别

比较内容	筛选上下文	行上下文
应用场景	度量值	计算列
原理	可视化图表中的每一个值都是基于对该值设定筛选上下文计算出来的	计算列是逐行计算的，每次进行公式计算时都会引用行数据
引用列	不能直接引用列，需要使用聚合函数或带有计算功能的函数汇总引用列的值	一般不对引用列使用聚合函数，“=SUM([列名])”输出的列值都是总计数
计算结果	多行的数据表	当前行

❖ **提示:**

✧ 一般情况下，筛选上下文只出现在度量值的应用中，行上下文只出现在新建列的应用中，但是也有特殊情况：使用迭代函数SUMX、EARLIER等可以在度量值中引用行上下文。例如，销售额 = SUMX('销售数据表',[数量]*[售价])，其中，度量值“销售额”应用中先逐行计算，引用行上下文，然后汇总求和，引用筛选上下文。

6.2.5 DAX函数分类

DAX函数根据其功能可以分为以下几个类别。

1. 聚合函数

聚合函数用于计算由表达式定义的列或表中所有行的值，可以进行计数、求和、求平均值、求最小值或最大值等操作。

聚合函数可以分为与Excel共用的聚合函数(主要的区别在于Excel中可以引用单个单元格或行列，而DAX中只能引用完整的数据表或数据列)、DAX中特有的聚合函数(在常用的聚合函数后面加X，这类函数可以循环访问表的每一行并进行计算，因此也称为迭代函数)和其他聚合函数，如表6-11所示。

表6-11　DAX中的聚合函数

类别	聚合函数	说明
与Excel共用的聚合函数	AVERAGE	返回列中所有数字的平均值(算术平均值)
	SUM	对某个列中的所有数值求和
	MAX	返回列中的最大值或两个标量表达式中的最大值
	MIN	返回列中的最小值或两个标量表达式中的最小值
	COUNT	计算指定列中包含非空值的行数
DAX中特有的聚合函数	AVERAGEX	计算针对表进行计算的一组表达式的平均值(算术平均值)
	SUMX	返回为表中的每一行计算的表达式的和
	MAXX	针对表的每一行计算表达式，并返回最大数字值
	MINX	返回针对表中的每一行计算表达式而得出的最小数值
	COUNTX	在针对表计算表达式的结果时，对包含数字或计算结果为数字的表达式的行数目进行计数
其他聚合函数	COUNTBLANK	对列中的空白单元格数目进行计数
	COUNTROWS	统计指定表中或由表达式定义的表中的行数
	DISTINCTCOUNT	对列中的非重复值数目进行计数

在聚合函数中用于计数的函数有很多，能够满足我们不同的需求。当我们统计数据表的行数时，既可以使用COUNT函数，也可以使用COUNTROWS函数。假设所统计的列值中不包含BLANK(空值)，则两个函数将获得相同的结果。一旦所统计的列值中有BLANK(空值)，那么使用COUNT函数计数则不准。因此，在Power BI中对表的行进行计数时，建议使用COUNTROWS函数。

2. 日期与时间函数

DAX中的很多日期与时间函数类似于Excel中的日期与时间函数，这些函数有助于创建基于日期和时间的计算，并且支持使用“日期/时间”数据类型的列作为参数。例如，我们可以使用CALENDAR函数根据现有日期区间创建一个包括年、月、日、季度、星期等值的日期表。常见的日期与时间函数及其说明如表6-12所示。

表6-12　常见的日期与时间函数及其说明

日期与时间函数	说明
CALENDAR	返回一个表，其中有一个包含一组连续日期的名为“Date”的列
DATE	以日期或时间格式返回指定的日期
DATEDIFF	返回两个日期之间的间隔边界的计数
DATEVALUE	将文本格式的日期转换为日期或时间格式的日期
DAY	返回一月中的日期，1～31的数字
EDATE	返回在开始日期之前或之后指定月份数的日期
EOMONTH	以日期或时间格式返回指定月份数之前或之后的月份的最后一天的日期
HOUR	以数字形式返回小时值，0～23的数字
MINUTE	给定日期和时间值，以数字形式返回分钟值，0～59的数字
MONTH	以数字形式返回月份值，1～12的数字
NETWORKDAYS	返回两个日期之间的整个工作日数
NOW	以日期或时间格式返回当前日期和时间

(续表)

日期与时间函数	说明
QUARTER	将季度返回为1～4的数字
SECOND	以数字形式返回时间值的秒数，0～59的数字
TIME	将以数值形式给定的小时、分钟和秒值转换为日期或时间格式的时间
TIMEVALUE	将文本格式的时间转换为日期或时间格式的时间
TODAY	返回当前日期
UTCNOW	返回当前的 UTC 日期和时间
UTCTODAY	返回当前的 UTC 日期
WEEKDAY	返回指示日期属于星期几的数字，1～7的数字
WEEKNUM	根据 return_type 值返回给定日期和年份的周数
YEAR	返回日期的年份，1900～9999的四位整数
YEARFRAC	计算由两个日期之间的整日数表示的年份部分

3. 筛选器函数

DAX中的筛选器函数功能强大，可帮助我们返回特定的数据类型、在相关表中查找值，以及按相关值进行筛选。筛选器函数通过使用表及表与表之间的关系来工作，可用于操作筛选器上下文来创建动态计算。例如，我们可以使用FILTER函数按照条件筛选数据，也可以使用CALCULATE筛选并计算数据。常见的筛选器函数及其说明如表6-13所示。

表6-13　常见的筛选器函数及其说明

筛选器函数	说明
ALL	返回表中的所有行或列中的所有值，同时忽略可能已应用的任何筛选器
ALLCROSSFILTERED	清除应用于表的所有筛选器
ALLEXCEPT	删除表中所有上下文筛选器，已应用于指定列的筛选器除外
ALLNOBLANKROW	从关系的父表中，返回除空白行之外的所有行或列的所有非重复值，并且忽略可能存在的所有上下文筛选器
ALLSELECTED	删除当前查询的列和行中的上下文筛选器，同时保留所有其他上下文筛选器或显式筛选器
CALCULATE	在已修改的筛选器上下文中计算表达式
CALCULATETABLE	在已修改的筛选器上下文中计算表表达式
EARLIER	返回所述列的外部计算传递中指定列的当前值
EARLIEST	返回指定列的外部计算传递中指定列的当前值
FILTER	按照条件筛选返回一个表，用于表示另一个表或表达式的子集
KEEPFILTERS	计算 CALCULATE 或 CALCULATETABLE 函数时，修改应用筛选器的方式
LOOKUPVALUE	返回满足搜索条件所指定的所有条件的行的值。函数可以应用一个或多个搜索条件
REMOVEFILTERS	清除指定表或列中的筛选器
SELECTEDVALUE	如果筛选 ColumnName 的上下文后仅剩下一个非重复值，则返回该值；否则返回 AlternateResult

4. 信息函数

DAX中的信息函数用于查看作为另一个函数的参数提供的表或列，并反馈此值是否与预期类型匹配。例如，如果引用的值包含错误，则ISERROR函数返回TRUE。常见的信息函数及其说明如表6-14所示。

表6-14　常见的信息函数及其说明

信息函数	说明
HASONEFILTER	如果ColumnName上的直接筛选值的数目为一个，则返回 TRUE；否则返回 FALSE
HASONEVALUE	如果筛选 ColumnName 的上下文后仅剩下一个非重复值，则返回 TRUE；否则返回 FALSE
ISBLANK	检查值是否为空白，并返回 TRUE 或 FALSE
ISEMPTY	检查表是否为空，并返回 TRUE 或 FALSE
ISERROR	检查值是否错误，并返回 TRUE 或 FALSE
ISLOGICAL	检查值是否为逻辑值，并返回 TRUE 或 FALSE
ISNONTEXT	检查值是否为非文本(空单元格为非文本)，并返回 TRUE 或 FALSE
ISNUMBER	检查值是否为数值，并返回 TRUE 或 FALSE
ISTEXT	检查值是否为文本，并返回 TRUE 或 FALSE

5. 逻辑函数

DAX中的逻辑函数用于返回表达式中值的信息。例如，可以使用IF函数检查表达式是否为TRUE并按条件返回结果。常见的逻辑函数及其说明如表6-15所示。

表6-15　常见的逻辑函数及其说明

逻辑函数	说明
AND	检查两个参数是否均为 TRUE，如果两个参数都是 TRUE，则返回 TRUE
FALSE	返回逻辑值 FALSE
IF	检查条件，如果为 TRUE，则返回一个值；否则返回另一个值
IFERROR	计算表达式，如果表达式返回错误，则返回指定的值
NOT	将 FALSE 更改为 TRUE，或者将 TRUE 更改为 FALSE
OR	检查某一个参数是否为 TRUE，如果是，则返回 TRUE
SWITCH	针对值列表计算表达式，并返回多个可能的结果表达式之一
TRUE	返回逻辑值 TRUE

6. 数学函数

DAX中的数学函数与Excel中的数学函数和三角函数非常相似，不过它们在数值数据类型的使用上有所不同。DAX中的部分数学函数及其说明如表6-16所示。

表6-16　DAX中的部分数学函数及其说明

数学函数	说明
ABS	返回某一数字的绝对值
CONVERT	将一种数据类型的表达式转换为另一种数据类型的表达式

(续表)

数学函数	说明
CURRENCY	计算参数并以货币数据类型的形式返回结果
DIVIDE	执行除法运算，并在被 0 除时返回备用结果或 BLANK( )
EXP	返回 e 的指定次方
INT	将数值向下舍入到最接近的整数
ROUND	将数值舍入到指定的位数
ROUNDDOWN	向零的方向向下舍入某一数字
ROUNDUP	按远离 0(零)的方向向上舍入某一数字
SQRT	返回某一数字的平方根

7. 关系函数

DAX中的关系函数用于管理和利用表之间的关系。例如，可以使用RELATED函数从其他表中返回相关的值。DAX中的关系函数及其说明如表6-17所示。

表6-17　DAX中的关系函数及其说明

关系函数	说明
CROSSFILTER	指定要用于计算两列之间存在的关系的交叉筛选方向
RELATED	从其他表返回相关值
RELATEDTABLE	在给定筛选器修改的上下文中计算表表达式
USERELATIONSHIP	指定要在特定计算中使用的关系，如 ColumnName1 与 ColumnName2 之间存在的关系

8. 表操作函数

DAX中的表操作函数用于返回一个表或对现有表进行操作。例如，我们在第3章中使用SUMMARIZE函数创建了“产品销售业绩表”。DAX中的表操作函数及其说明如表6-18所示。

表6-18　DAX中的表操作函数及其说明

表操作函数	说明
ADDCOLUMNS	将计算列添加到给定的表或表达式
CROSSJOIN	返回一个表，其中包含参数中所有表的所有行的笛卡尔乘积
EXCEPT	返回一个表的行，这些行未在另一个表中出现
INTERSECT	返回两个表的行交集，保留重复项
UNION	返回两个表创建的联合表
FILTERS	返回直接作为筛选器应用到 ColumnName 的值组成的表
SELECTCOLUMNS	将计算列添加到给定的表或表表达式
SUMMARIZE	返回一个摘要表，显示对一组函数的请求总数
SUMMARIZECOLUMNS	返回一组组的摘要表
EVALUATE	表构造函数，返回包含一列或多列的表
TOPN	返回指定表的前 *N* 行
VALUES	返回单列表，其中包含指定表或列中的非重复值

9. 文本函数

DAX中的文本函数与Excel中的字符型函数类似。有些文本函数可以返回字符串的一部分、搜索字符串中的文本或连接字符串值，如LEFT函数用于从文本字符串开头返回指定数量的字符；有些文本函数用于控制日期、时间和数字的格式，如FORMAT函数可以将日期或数字格式的值转换为文本格式。DAX中的文本函数及其说明如表6-19所示。

表6-19 DAX中的文本函数及其说明

文本函数	说明
COMBINEVALUES	将两个或更多个文本字符串连接成一个文本字符串
CONCATENATE	将两个文本字符串连接成一个文本字符串
CONCATENATEX	连接为表中的每一行计算的表达式的结果
EXACT	比较两个文本字符串，如果它们完全相同，则返回 TRUE；否则返回 FALSE
FIND	返回一个文本字符串在另一个文本字符串中的起始位置
FIXED	将数值舍入到指定的小数位数并将结果返回为文本
FORMAT	根据所指定的格式将值转换为文本
LEFT	从文本字符串开头返回指定数量的字符
LEN	返回文本字符串中的字符数
LOWER	将文本字符串中的所有字母都转换为小写
MID	在提供开始位置和长度的情况下，从文本字符串中间返回字符串
REPLACE	根据指定的字符数，将部分文本字符串替换为不同的文本字符串
REPT	按给定次数重复文本
RIGHT	根据指定的字符数返回文本字符串中的最后一个或几个字符
SEARCH	返回按从左向右的读取顺序首次找到特定字符或文本字符串的字符编号
SUBSTITUTE	在文本字符串中将现有文本替换为新文本
TRIM	删除文本中除单词之间的单个空格外的所有空格
UPPER	将文本字符串全部转换为大写字母
VALUE	将表示数值的文本字符串转换为数值

10. 时间智能函数

DAX中目前有37个时间智能函数，这些函数通过使用时间段(包括日、月、季度和年)对数据进行操作，生成并比较与这些时间段相关的数据计算结果，以满足数据可视化智能分析的需求。DAX中的部分时间智能函数及其说明如表6-20所示。

表6-20 DAX中的部分时间智能函数及其说明

分类	时间智能函数	说明
返回期末数	CLOSINGBALANCEMONTH	计算当前上下文中该月最后一个日期的表达式
	CLOSINGBALANCEQUARTER	计算当前上下文中该季度最后一个日期的表达式
	CLOSINGBALANCEYEAR	计算当前上下文中该年份最后一个日期的表达式
返回期初数	OPENINGBALANCEMONTH	计算当前上下文中该月份第一个日期的表达式
	OPENINGBALANCEQUARTER	计算当前上下文中该季度第一个日期的表达式
	OPENINGBALANCEYEAR	计算当前上下文中该年份第一个日期的表达式

(续表)

分类	时间智能函数	说明
返回最后一天	ENDOFMONTH	返回当前上下文中指定日期列的月份的最后一个日期
	ENDOFQUARTER	为指定的日期列返回当前上下文的季度最后一日
	ENDOFYEAR	返回当前上下文中指定日期列的年份的最后一个日期
返回第一天	STARTOFMONTH	返回当前上下文中指定日期列的月份的第一个日期
	STARTOFQUARTER	为指定的日期列返回当前上下文中季度的第一个日期
	STARTOFYEAR	返回当前上下文中指定日期列的年份的第一个日期。
第一天或最后一天	FIRSTDATE	返回当前上下文中指定日期列的第一个日期
	FIRSTNONBLANK	返回按当前上下文筛选的 column 列中的第一个值，其中表达式不为空
	LASTDATE	返回当前上下文中指定日期列的最后一个日期
	LASTNONBLANK	返回按当前上下文筛选的 column 列中的最后一个值，其中表达式不为空
本期至今	DATESMTD	返回一个表，此表包含当前上下文中该月份至今的一列日期
	DATESQTD	返回一个表，此表包含当前上下文中该季度至今的一列日期
	DATESYTD	返回一个表，此表包含当前上下文中该年份至今的一列日期
返回上一期	PREVIOUSDAY	返回一个表，此表包含的某一列中所有日期所表示的日期均在当前上下文的 dates 列中的第一个日期之前
	PREVIOUSMONTH	根据当前上下文中的 dates 列中的第一个日期返回一个表，此表包含上一月份所有日期的列
	PREVIOUSQUARTER	根据当前上下文中的 dates 列中的第一个日期返回一个表，此表包含上一季度所有日期的列
	PREVIOUSYEAR	基于当前上下文中的“日期”列中的最后一个日期，返回一个表，该表包含上一年所有日期的列
返回下一期	NEXTDAY	根据当前上下文中的 dates 列中指定的第一个日期返回一个表，此表包含从第二天开始的所有日期的列
	NEXTMONTH	根据当前上下文中的 dates 列中的第一个日期返回一个表，此表包含从下个月开始的所有日期的列
	NEXTQUARTER	根据当前上下文中的 dates 列中指定的第一个日期返回一个表，其中包含下季度所有日期的列
	NEXTYEAR	根据 dates 列中的第一个日期，返回一个表，表中的一列包含当前上下文中明年的所有日期
指定区间段	PARALLELPERIOD	返回一个表，此表包含一列日期，表示与当前上下文中指定的 dates 列中的日期平行的时间段，日期按间隔数向未来或向过去推移
	DATESBETWEEN	返回一个包含一列日期的表，这些日期以指定开始日期，一直持续到指定的结束日期
	DATESINPERIOD	返回一个表，此表包含一列日期，日期以指定的开始日期开始，并按照指定的日期间隔一直持续到指定的数字

(续表)

分类	时间智能函数	说明
期初至今累计	TOTALMTD	计算当前上下文中该月份至今的表达式的值
	TOTALQTD	计算当前上下文中该季度至今的日期的表达式的值
	TOTALYTD	计算当前上下文中表达式的 year-to-date 值
时间平移指标函数	SAMEPERIODLASTYEAR	返回一个表，其中包含指定 dates 列中的日期在当前上下文中前一年的日期列
	DATEADD	返回一个表，此表包含一列日期，日期从当前上下文中的日期开始按指定的间隔数向未来或向过去推移

除了上述函数，DAX中还有财务函数和统计函数，其与Excel中的财务函数和统计函数类似，在这里就不再赘述。

11. DAX函数自主学习

DAX函数博大精深，大家可以访问网址"https://docs.microsoft.com/zh-cn/dax/calculate-function-dax"来查看DAX函数的详细文档并进行自主学习。文档中针对每个DAX函数都从语法、函数参数、返回值、注意问题、函数应用示例等方面进行了详细介绍。Power BI会持续新增DAX函数，改进DAX函数的功能，使之支持新特性。

6.3 DAX函数的语法结构与应用示例

本节选择了几个较为常用的DAX函数，详解其语法结构，并给出应用示例。

6.3.1 CALCULATE函数

1. CALCULATE函数的语法结构

CALCULATE函数是DAX中非常重要的筛选器函数，它不仅有筛选功能，还有计算功能。

知识点：CALCULATE函数

- 函数语法

CALCULATE(<expression>[, <filter1> [, <filter2> [, …]]])

- 函数功能

根据第二个及之后参数筛选上下文，返回第一个表达式的值。

- 函数参数

expression：是要进行求值的表达式，一般为聚合函数或度量值；

filter1,filter2…：是一系列筛选条件。多个筛选条件间用逗号分隔。

CALCULATE函数的筛选条件有布尔筛选表达式、表筛选表达式、筛选器修饰符函数3种，具体类别及特点如表6-21所示。

表6-21 CALCULATE函数筛选条件的类别及特点

类别	特点	举例
布尔筛选表达式	计算结果为 TRUE 或 FALSE 的表达式，可以引用单个表中的列，但是不能引用度量值	'产品表'[犬粮品牌]="皇家",'产品表'[犬粮型号]="成犬"
表筛选表达式	这个表可以是对模型中基表的引用，也可以是返回表的函数(如FILTER函数)	FILTER('产品表', '产品表' [犬粮品牌]="皇家"&&'产品表'[犬粮型号]="成犬")
筛选器修饰符函数	使用REMOVEFILTERS、ALL等筛选器修饰符函数来添加、修改筛选器上下文	REMOVEFILTERS('产品表' [犬粮品牌])

2. CALCULATE函数的应用示例

从CALCULATE函数的语法结构中我们可以看出，CALCULATE函数能够把计算表达式和筛选条件整合起来。假如创建报表或可视化对象时将筛选器、切片器、行、列设置看作是初始筛选条件，那么CALCULATE函数可以使用内部筛选条件设置对初始筛选条件进行修改，生成新的筛选条件，从而缩小或扩大筛选上下文。

(1) 筛选条件为空，不影响外部上下文。

跟我练6-7 **新建度量值“销售量1”，销售量1=CALCULATE([销售量])，然后新建矩阵表观察筛选上下文的变化。**

跟我练6-7

01 新建度量值。在“报表视图”中选择“产品表”，执行“主页”|“新建度量值”命令，在编辑栏中输入“销售量1= CALCULATE([销售量])”，按回车键。

02 新建矩阵表。在“报表视图”中新建矩阵表，将“产品名称”拖动到“行”，将“销售量”和“销售量1”拖动到“值”，即可显示度量值“销售量1”的计算结果，如图6-19所示。

产品名称	销售量	销售量1
纯福成犬粮	2916	2916
纯福全犬粮	4755	4755
纯福幼犬粮	2965	2965
冠能成犬粮	756	756
冠能全犬粮	1386	1386
冠能幼犬粮	1006	1006
皇家成犬粮	862	862
皇家全犬粮	1748	1748
皇家幼犬粮	909	909
麦富迪成犬粮	2275	2275
麦富迪全犬粮	4693	4693
麦富迪幼犬粮	2436	2436
总计	**26707**	**26707**

图6-19 度量值“销售量1”的计算结果

03 结果解读。在创建度量值“销售量1”时，CALCULATE函数只用了第一个参数，该函数内部筛选条件为空，所以此度量值完全依赖初始筛选条件，其计算结果与原度量值“销售量”一致。

(2) 添加筛选条件，缩小上下文。

跟我练6-8 新建度量值“销售量2”，销售量2 = CALCULATE([销售量],'产品表'[犬粮品牌]="皇家")，然后在矩阵表中观察筛选上下文的变化。(接【跟我练6-7】)

跟我练6-8

01 新建度量值。在“报表视图”中选择“产品表”，执行“表工具”|“新建度量值”命令，在公式编辑栏中输入“销售量2 = CALCULATE([销售量],'产品表'[犬粮品牌]="皇家")”，按回车键。

02 将度量值放入矩阵表。将“销售量2”拖动到“值”，即可显示度量值“销售量2”的计算结果，如图6-20所示。

产品名称	销售量	销售量1	销售量2
纯福成犬粮	2916	2916	
纯福全犬粮	4755	4755	
纯福幼犬粮	2965	2965	
冠能成犬粮	756	756	
冠能全犬粮	1386	1386	
冠能幼犬粮	1006	1006	
皇家成犬粮	862	862	862
皇家全犬粮	1748	1748	1748
皇家幼犬粮	909	909	909
麦富迪成犬粮	2275	2275	
麦富迪全犬粮	4693	4693	
麦富迪幼犬粮	2436	2436	
总计	**26707**	**26707**	**3519**

图6-20 度量值“销售量2”的计算结果

03 结果解读。在创建度量值“销售量2”时，CALCULATE函数中添加了筛选条件“'产品表'[犬粮品牌]="皇家"”，计算的是皇家犬粮的销售量，在矩阵表中只筛选出皇家犬粮的产品销售数据即可。可见，该度量值已经改变了初始筛选条件，缩小了筛选上下文。

(3) 结合ALL函数，扩大上下文。

跟我练6-9 新建度量值“All销售量”，All销售量=CALCULATE([销售量],all('产品表'))，然后在矩阵表中观察结果。(接【跟我练6-8】)

跟我练6-9

01 新建度量值。在“报表视图”中选择“产品表”，执行“表工具”|“新建度量值”命令，在公式编辑栏中输入“All销售量=CALCULATE([销售量],all('产品表'))”，按回车键。

02 将度量值放入矩阵表。将“All销售量”拖动到“值”，即可显示度量值“All销售量”的计算结果，如图6-21所示。

产品名称	销售量	销售量1	销售量2	All销售量
皇家全犬粮	1748	1748	1748	26707
皇家幼犬粮	909	909	909	26707
皇家成犬粮	862	862	862	26707
纯福成犬粮	2916	2916		26707
纯福全犬粮	4755	4755		26707
纯福幼犬粮	2965	2965		26707
冠能成犬粮	756	756		26707
冠能全犬粮	1386	1386		26707
冠能幼犬粮	1006	1006		26707
麦富迪成犬粮	2275	2275		26707
麦富迪全犬粮	4693	4693		26707
麦富迪幼犬粮	2436	2436		26707
总计	**26707**	**26707**	**3519**	**26707**

图6-21 度量值“All销售量”的计算结果

03 结果解读。在创建度量值“All销售量”时，CALCULATE函数中添加了筛选条件“all('产品表')”，其含义是清除产品表的所有外部筛选上下文，即涉及“产品表”的初始筛选条件均不起作用，矩阵表中每行统计的是产品表中所有产品的信息，其值均为所有产品的销售量。可见，将CALCULATE函数与ALL函数结合使用，可以扩大筛选上下文。

从上述例子中可以看出，在使用CALCULATE函数创建度量值时：如果筛选条件为空，则不影响外部上下文；如果添加了限制的筛选条件，则缩小了上下文；在限制条件中使用ALL函数，则会扩大上下文。

❖ 提示：

✧ 筛选器函数中的CALCULATETABLE函数与CALCULATE函数具有完全相同的功能，只不过CALCULATETABLE函数的第一个参数是模型中的表或返回表的函数，其返回的值是表，而不是具体值。

6.3.2 ALL、ALLEXCEPT和ALLSELECTED函数

筛选器函数中存在一些以ALL开头的函数，这些函数往往不单独使用，而是作为中间函数，用于清除上下文筛选器，从而改变其他计算的结果集。常见的用法是与CALCULATE函数结合使用，以更改CALCULATE函数的计算范围。

1. ALL函数的语法结构及应用示例

1) ALL函数的语法结构

知识点：ALL函数

- 函数语法

ALL([<table> | <column>[, <column>[, <column>[,…]]]])

- 函数功能

删除某些初始筛选条件，扩大筛选的范围。

- 函数参数

函数的参数必须是对基表的引用或对基列的引用。

- 注意事项

不能将 ALL 函数与表表达式或列表达式一起使用。

2) ALL函数的应用示例

ALL函数具体用法有以下几种。

ALL()用于删除所有筛选器。只能用于清除筛选器，不能返回表。

ALL(<table>)用于删除指定表的筛选器。实际上用于返回表中的所有值，同时删除上下文中已应用的筛选器。

ALL(column[, column[, …]])用于删除表中指定列的所有筛选器，表中针对其他列的所有筛选器仍有效。需要注意的是，所有列参数必须来自同一张表。

(1) 使用ALL()删除所有筛选条件。

跟我练6-10 新建度量值“All销售量1”，All销售量1=CALCULATE([销售量],all()),并在报表视图中新建切片器“犬粮型号”和“直播平台”，观察度量值“All销售量”与“All销售量1”的区别。(接【跟我练6-9】)

跟我练6-10

01 新建度量值。在“报表视图”中选择“产品表”，执行“表工具”|“新建度量值”命令，在公式编辑栏中输入“All销售量1=CALCULATE([销售量],all())”，按回车键。

02 设置切片器。新建两个切片器，设置字段分别为“犬粮型号”和“直播平台”。

03 将度量值放入矩阵表。将“犬粮品牌”拖动到“行”，将“All销售量1”拖动到“值”，即可显示度量值“All销售量1”的计算结果，如图6-22所示。

犬粮型号
- ☐ 成犬
- ☐ 全犬
- ☐ 幼犬

直播平台
- ☐ 佳播
- ■ 萌品
- ☐ 赛手

犬粮品牌	销售量	销售量1	销售量2	All销售量	All销售量1
纯福	3597	3597	1241	9100	26707
冠能	1036	1036	1241	9100	26707
皇家	1241	1241	1241	9100	26707
麦富迪	3226	3226	1241	9100	26707
总计	**9100**	**9100**	**1241**	**9100**	**26707**

图6-22 度量值“All销售量1”的计算结果

04 结果解读。当选择“犬粮型号”切片器中的“全犬”时，“All销售量”与“All销售量1”的值相同，都可以删除涉及产品表的筛选条件；当选择“直播平台”切片器中的“萌品”时，“All销售量”反映的是“萌品”直播平台的所有产品销售量，并没有删除“销售主播表”的筛选条件，而“All销售量1”则是删除报表中的所有初始筛选条件，反映的是所有平台、所有产品的销售量。

(2) 使用ALL (column[, column[, …]])删除表中指定列的所有筛选器。

跟我练6-11 新建度量值“All销售量2”，All销售量2= CALCULATE([销售量],all('产品表'[犬粮品牌]))。观察度量值“All销售量”“All销售量1”和“All销售量2”的计算结果。(接【跟我练6-10】)

跟我练6-11

01 新建度量值。在“报表视图”中选择“产品表”，执行“表工具”|“新建度量值”命令，在公式编辑栏中输入“All销售量2= CALCULATE([销售量],all('产品表'[犬粮品牌]))”，按回车键。

02 将度量值放入矩阵表。将“All销售量2”拖动到“值”，即可显示度量值“All销售量2”的计算结果，如图6-23所示。

犬粮品牌	销售量	销售量1	销售量2	All销售量	All销售量1	All销售量2
纯福	4755	4755	1748	26707	26707	12582
麦富迪	4693	4693	1748	26707	26707	12582
皇家	1748	1748	1748	26707	26707	12582
冠能	1386	1386	1748	26707	26707	12582
总计	**12582**	**12582**	**1748**	**26707**	**26707**	**12582**

图6-23 度量值“All销售量2”的计算结果

03 结果解读。度量值“All销售量”删除所有涉及“产品表”的初始筛选条件(犬粮型号、犬粮品牌等条件)，输出的是所有产品销售量的总计。度量值“All销售量2”只删除与产品表“犬粮品牌”列相关的初始筛选条件，其他筛选条件(如犬粮型号、直播平台)继续起作用，输出的是不同直播平台不同犬粮型号的所有犬粮品牌的销售量合计。

❖ 提示：

✧ All函数所清除的筛选列和初始筛选条件中的筛选列完全一致，即来源同一张表的列。错误的书写格式如下：All('产品表'[犬粮型号], '销售主播表'[直播平台])。

3) ALL函数的应用场景

使用ALL函数解决实际问题的地方有很多，例如，可以计算不同种类商品的销售量(额)占总销售量(额)的比率。

跟我练6-12 新建度量值“占比”，在报表视图的“矩阵表”中展示不同犬粮品牌的销售量占总销售量的百分比。(接【跟我练6-11】)

跟我练6-12

01 新建度量值。在“报表视图”中选择“产品表”，执行“表工具”|“新建度量值”命令，在公式编辑栏中输入“占比 = DIVIDE([销售量], [All销售量])”，按回车键。

02 格式设置。执行“度量工具”|“%”命令，将该度量值的数据格式改成“百分比”。

03 将度量值放入矩阵表。将“占比”拖动到“值”，即可显示度量值“占比”的计算结果，如图6-24所示。

犬粮型号
成犬
全犬
幼犬

直播平台
佳播
萌品
赛手

犬粮品牌	销售量	销售量1	销售量2	All销售量	All销售量1	All销售量2	占比
纯福	10636	10636	3519	26707	26707	26707	39.82%
冠能	3148	3148	3519	26707	26707	26707	11.79%
皇家	3519	3519	3519	26707	26707	26707	13.18%
麦富迪	9404	9404	3519	26707	26707	26707	35.21%
总计	**26707**	**26707**	**3519**	**26707**	**26707**	**26707**	**100.00%**

图6-24 度量值“占比”的计算结果

❖ 提示：

✧ 与除法运算符“/”不同，DIVIDE函数执行安全除法运算，并在分母为0时返回备用结果或空值BLANK()。DIVIDE函数的语法结构为DIVIDE(<numerator>, <denominator> [,<alternateresult>])，其中，第一个参数为分子表达式，第二个参数为分母表达式，第三个参数(可选项)是分母为0时返回的值，例如，Divide(8,0,1)返回的值为1。

2. ALLEXCEPT函数的语法结构

知识点：ALLEXCEPT函数

❍ 函数语法

ALLEXCEPT(<table>,<column>[,<column>[,…]])

❍ 函数功能

除指定列，删除所有筛选条件。

❍ 函数参数

第一个参数必须是对基表的引用；所有后续参数必须是对基列的引用。

❍ 注意事项

不能将表表达式或列表达式作为ALLEXCEPT 函数的参数。

跟我练6-13 新建度量值“allexcept”，allexcept= CALCULATE([销售量], ALLEXCEPT('产品表','产品表'[犬粮品牌]))，并在报表视图的“矩阵表”中比较该度量值与其他销售量的执行结果。(接【跟我练6-12】)

跟我练6-13

01 新建度量值。在“报表视图”中选择“产品表”，执行“表工具”|“新建度量值”命令，在公式编辑栏中输入“allexcept= CALCULATE([销售量],ALLEXCEPT('产品表','产品表'[犬粮品牌]))”，按回车键。

02 将度量值放入矩阵表。将“allexcept”拖动到“值”，即可显示度量值“allexcept”的计算结果，如图6-25所示。

犬粮型号
☐ 成犬
■ 全犬
☐ 幼犬

直播平台
☐ 佳播
☐ 萌品
☐ 赛手

犬粮品牌	销售量	销售量1	销售量2	All销售量	All销售量1	All销售量2	allexcept
纯福	4755	4755	1748	26707	26707	12582	10636
冠能	1386	1386	1748	26707	26707	12582	3148
皇家	1748	1748	1748	26707	26707	12582	3519
麦富迪	4693	4693	1748	26707	26707	12582	9404
总计	**12582**	**12582**	**1748**	**26707**	**26707**	**12582**	**26707**

图6-25　度量值“allexcept”的计算结果

03 结果解读。度量值“All销售量2”只删除与产品表“犬粮品牌”列相关的初始筛选条件，其他筛选条件(如犬粮型号、直播平台)继续起作用，输出的是不同直播平台不同犬粮型号的所有犬粮品牌的销售量合计。而度量值“allexcept”结果正好相反，只保留了“犬粮品牌”列的筛选条件，删除了其他所有筛选条件(如犬粮型号、直播平台)。

3. ALLSELECTED函数的语法结构

知识点：ALLSELECTED函数

❍ 函数语法

ALLSELECTED([<TableName> | <ColumnName>[, <ColumnName> [, <ColumnName>[,…]]]])

❍ 函数功能

删除当前指定表或列的上下文筛选器，同时保留所有其他上下文筛选器或显式筛选器。

❍ 函数参数

如果有一个参数，则该参数为TableName或ColumnName；如果有多个参数，则它们必须是同一表中的列。

❍ 注意事项

ALLSELECTED函数与ALL函数不同，因为它不仅保留了在查询中显式设置的所有筛选器，还保留了除行和列筛选器之外的所有上下文筛选器。

跟我练6-14　**新建度量值“allselected”和“占比2”，allselected = CALCULATE([销售量],ALLSELECTED('产品表'))；占比2 = [销售量]/[allselected]，并在报表视图的“矩阵表”中比较这两个度量值与其他销售量的执行结果。(接【跟我练6-13】)**

跟我练6-14

01 新建度量值1。在“报表视图”中选择“产品表”，执行“表工具”|“新建度量值”命令，在公式编辑栏中输入“allselected = CALCULATE([销售量],ALLSELECTED('产品表'))”，按回车键。

02 新建度量值2。继续执行“表工具”|“新建度量值”命令，在公式编辑栏中输入“占比2 = [销售量]/[allselected]”，按回车键。执行“度量工具”|“%”命令，将该度量值的数据格式改成“百分比”。

03 将度量值放入矩阵表。将“allselected”和“占比2”拖动到“值”，将“直播平台”切片器的字段修改为“犬粮品牌”，然后在两个切片器上分别按住Ctrl键，选择“全犬”“幼犬”“纯福”“皇家”和“冠能”。新的矩阵表如图6-26所示。

犬粮型号
☐ 成犬
■ 全犬
■ 幼犬

犬粮品牌
■ 纯福
■ 冠能
■ 皇家
☐ 麦富迪

犬粮品牌	销售量	销售量1	销售量2	All销售量	All销售量1	All销售量2	allexcept	allselected	占比	占比2
纯福	7720	7720	2657	26707	26707	19898	10636	12769	28.91%	60.46%
皇家	2657	2657	2657	26707	26707	19898	3519	12769	9.95%	20.81%
冠能	2392	2392	2657	26707	26707	19898	3148	12769	8.96%	18.73%
总计	**12769**	**12769**	**2657**	**26707**	**26707**	**19898**	**17303**	**12769**	**47.81%**	**100.00%**

图6-26　比较“All销售量”与“allselected”、“占比”与“占比2”的计算结果

04 结果解读1。度量值“All销售量”删除所有涉及“产品表”的初始筛选条件，包括显式筛选器(如犬粮型号、犬粮品牌切片器)，无论外部筛选条件如何变化，其值永远是所有产品的销售量合计。而度量值“allselected”仅删除行和列筛选器(如矩阵表中的“犬粮品牌”)，保留了其他所有显式筛选器(如犬粮型号、犬粮品牌切片器)的筛选条件，所以图6-26所示的矩阵表中计算的是纯福、冠能、皇家三个品牌的全犬、幼犬的犬粮销售量总计。

05 结果解读2。度量表“占比”与“占比2”的分子都是“销售量”，其值不同是因为分母的取值不同。该矩阵表中，度量值“占比”计算的是全犬、幼犬两种犬粮型号中纯福、冠能、皇家三个品牌的犬粮销售量占总销售量的百分比，其总计不是100%；度量值“占比2”计算的是全犬、幼犬两种犬粮型号中纯福、冠能、皇家三个品牌的犬粮销售量占纯福、冠能、皇家三个品牌的全犬、幼犬的犬粮销售量总计的百分比，其总计为100%。

❖ **提示：**

- ALLSELECTED函数的最大用途就是统计直观合计，即清除所有显式的筛选条件。
- 在矩阵表中，“销售量”的合计数与度量值“allselected”计算的值相等。

6.3.3 FILTER函数

1. FILTER函数的语法结构

FILTER函数是一个功能强大的筛选器函数，可以应用复杂的筛选条件。它不能直接用于新建度量值，但可以用于新建表。最常见的用法是作为CALCULATE函数的参数，返回表中符合筛选条件的行，此外，FILTER函数也可以直接与某些聚合函数搭配使用。

知识点：FILTER函数

- 函数语法

FILTER(<table>,<filter>)

- 函数功能

返回一个表，用于表示另一个表或表达式的子集。

- 函数参数

table：表或者是返回表的表达式。

filter：筛选条件。

- 注意事项

如果有多个条件筛选，则可以用“&&”或“||”等逻辑运算符将筛选条件连接起来。

FILTER函数的筛选条件一般是布尔表达式，而CALCULATE函数的筛选条件可以是布尔表达式、表表达式或筛选器函数，FILTER函数本身可以作为表筛选条件应用于CALCULATE函数。

跟我练6-15　分别使用CALCULATE函数的布尔表达式筛选条件和FILTER函数的筛选条件，新建两个度量值，计算皇家成犬犬粮的销售量，并将其应用于视觉对象中，观察计算结果。

跟我练6-15

01 新建度量值。在“报表视图”中选择“产品表”，执行“表工具”|“新建度量值”命令，在公式编辑栏中依次输入下面两个公式，并按回车键。

度量值1 = CALCULATE([销售量],'产品表'[犬粮品牌]="皇家",'产品表'[犬粮型号]="成犬")

度量值2= CALCULATE([销售量],filter('产品表', '产品表'[犬粮品牌]="皇家"&&'产品表'[犬粮型号]="成犬"))

02 将度量值放入矩阵表。新建一个矩阵表，将“年份季度”拖动到“行”，将“度量值1”和“度量值2”拖动到“值”，即可显示度量值“度量值1”和“度量值2”的计算结果，如图6-27所示。

年份季度	度量值1	度量值2
2021Q1	7	7
2021Q2	91	91
2021Q3	140	140
2021Q4	129	129
2022Q1	97	97
2022Q2	147	147
2022Q3	136	136
2022Q4	115	115
总计	**862**	**862**

图6-27　“度量值1”和“度量值2”的计算结果

03 结果解读。这两个度量值的计算结果相同，均用于计算皇家成犬犬粮的销售量合计。

FILTER函数与CALCULATE函数中对布尔表达式的要求不同(见表6-22)。FILTER函数可以应用于更复杂的计算。

表6-22　比较FILTER函数与CALCULATE函数中对布尔表达式的要求

函数	对布尔表达式筛选条件的要求
CALCULATE	可以引用单个表中的列，但是不能引用度量值。一般只执行[列名]=固定值，从 Power BI Desktop 的 2021 年 9 月版本开始，可以执行[列名]=聚合函数表达式。两个表达式之间可以使用逗号或“&&”表示“and”的关系
FILTER	FILTER函数的筛选条件没有局限性，可以是[列]=[列]、公式、度量值，也可以是度量值=度量值、公式、固定值。两个表达式之间只能使用“&&”表示“and”的关系

2. FILTER函数的应用示例

(1) FILTER函数可以单独用于创建表。

跟我练6-16　使用FILTER函数，新建“萌品直播平台信息”表。(接【跟我练6-15】)

跟我练6-16

01 新建度量值。在“报表视图”中选择“产品表”，执行“建模”|“新表”命令，在公式编辑栏中输入“萌品直播平台信息 = FILTER('销售主播表','销售主播表'[直播平台]="萌品")”，按回车键。

02 查看结果。在“数据视图”中，选择“字段”窗格中的“萌品直播平台信息”表，即可查看该表的具体信息，如图6-28所示。

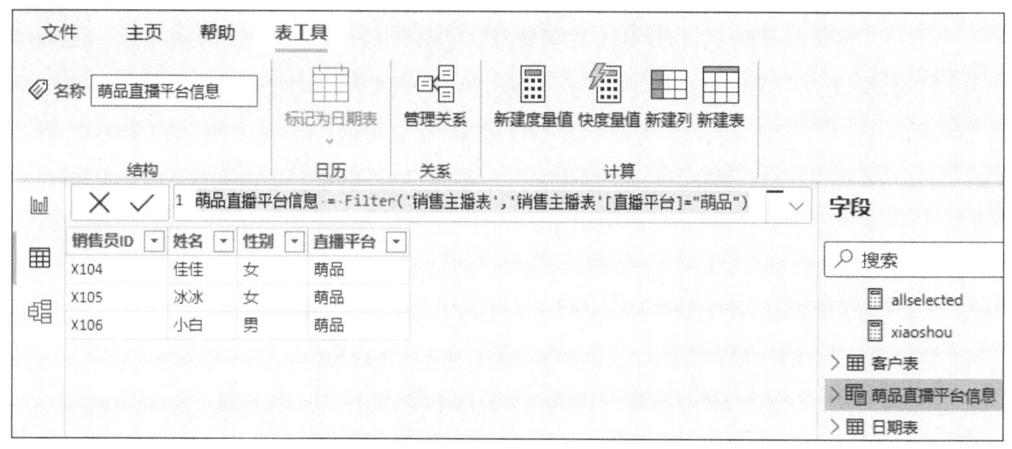

销售员ID	姓名	性别	直播平台
X104	佳佳	女	萌品
X105	冰冰	女	萌品
X106	小白	男	萌品

图6-28　使用FILTER函数创建“萌品直播平台信息”表

(2) FILTER函数直接与某些聚合函数结合起来使用。

跟我练6-17　新建度量值，计算“萌品”直播平台信息的行数。(接【跟我练6-16】)

跟我练6-17

01 新建度量值。在“报表视图”中选择“产品表”，执行“表工具”|“新建度量值”命令，在公式编辑栏中输入“萌品直播平台信息的行数 = COUNTROWS(filter('销售主播表','销售主播表'[直播平台]="萌品"))”，按回车键。

02 添加卡片图。在“报表视图”中添加一个卡片图，将“萌品直播平台信息的行数”拖动到“字段”，即可显示该度量值的计算结果，如图6-29所示。

3

萌品直播平台信息的行数

图6-29　度量值“萌品直播平台信息的行数”的计算结果

(3) FILTER函数作为CALCULATE函数的参数。

CALCULATE函数如果不能直接由布尔筛选表达式定义筛选条件，则可以将FILTER函数作为CALCULATE函数的参数应用复杂的筛选条件。

跟我练6-18　新建度量值“Filter”计算不同年份季度销售量超过400的销售主播的销售量。

跟我练6-18

01 新建度量值。在“报表视图”中选择“产品表”，执行“表工具”|“新建度量值”命令，在公式编辑栏中输入“Filter = CALCULATE([销售量],filter('销售主播表',[销售量]>400))”，按回车键。

02 添加到矩阵表。在“报表视图”中添加一个矩阵表，将“年份季度”拖动到“行”，将“销售量”和“Filter”拖动到“值”，即可显示度量值“Filter”的计算结果，如图6-30所示。

年份季度	销售量	Filter
2021Q1	34	
2021Q2	468	
2021Q3	883	
2021Q4	1623	
2022Q1	2031	502
2022Q2	4472	3559
2022Q3	7365	7031
2022Q4	9831	9831
总计	**26707**	**26707**

图6-30　度量值“Filter”的计算结果

03 结果解读。度量值“Filter”计算的是不同年份季度销售量超过400的销售主播销售的产品数量合计。

❖ 提示：

✧ 此时的筛选条件是“[度量值]>0”，其不能作为布尔表达式筛选条件直接出现在CALCULATE函数中，只能使用FILTER函数以表表达式筛选条件作为参数出现在CALCULATE函数中进行计算。

6.3.4 IF与SWITCH函数

IF函数与SWITCH函数均为逻辑函数。

1. IF函数的语法结构与应用示例

IF函数的用法与Excel中的IF函数的用法基本一样。

知识点：IF函数

- 函数语法

IF(<logical_test>,<value_if_true>, [value_if_false])

- 函数功能

计算第一个表达式的值，如果结果为TRUE，则返回第二个参数的值；如果结果为FALSE，则返回第三个参数的值。

- 函数参数

logical_test：逻辑表达式，计算结果为TRUE或FALSE。

value_if_true：如果第一项参数的计算结果为TRUE，则取该项的值。

value_if_false：如果第一项参数的计算结果为FALSE，则取该项的值。

- 注意事项

最后一个参数是可选项，如果省略，则默认返回空。

IF函数可以嵌套使用。

跟我练6-19 将“产品表”中“售价”列，使用IF函数建立包括3个售价区间的列。

跟我练6-19

01 新建列。打开“馨派宠物数据可视化2.pbix”，在“数据视图”中选择“产品表”，执行“表工具”|“新建列”命令，在公式编辑栏中输入以下内容。

```
if售价区间 = if([售价]>100&&[售价]<=150,"100~150",
             if([售价]>150&&[售价]<=200,"150~200",
             if([售价]>200,">200")))
```

按回车键，“产品表”中会新增“if售价区间”列，如图6-31所示。

```
1 if售价区间 = if([售价]>100&&[售价]<=150,"100~150",
2                if([售价]>150&&[售价]<=200,"150~200",
3                   if([售价]>200,">200")))
```

产品ID	犬粮型号	产品名称	售价	单位成本	犬粮品牌	if售价区间
C1001	成犬	皇家成犬粮	174	124	皇家	150~200
C1002	全犬	皇家全犬粮	188	134	皇家	150~200
C1003	幼犬	皇家幼犬粮	209	150	皇家	>200
C2001	成犬	纯福成犬粮	188	140	纯福	150~200
C2002	全犬	纯福全犬粮	210	156	纯福	>200
C2003	幼犬	纯福幼犬粮	226	168	纯福	>200
C3001	成犬	麦富迪成犬粮	128	102	麦富迪	100~150
C3002	全犬	麦富迪全犬粮	135	108	麦富迪	100~150
C3003	幼犬	麦富迪幼犬粮	155	124	麦富迪	150~200
C4001	成犬	冠能成犬粮	188	145	冠能	150~200
C4002	全犬	冠能全犬粮	210	162	冠能	>200
C4003	幼犬	冠能幼犬粮	226	174	冠能	>200

图6-31 使用IF函数新增“if售价区间”列

02 结果解读。观察“if售价区间”列，当售价大于200时，该列显示“>200”；当售价介于150～200时，该列显示“150～200”；当售价介于100～150时，该列显示“100~150”。

2. SWITCH函数的语法结构及应用示例

若存在多个IF函数嵌套问题，则可以选用SWITCH函数来解决。

知识点：SWITCH函数

- 函数语法

SWITCH(<expression>, <value>, <result>[, <value>, <result>]…[, <else>])

- 函数功能

SWITCH函数的返回值是一个标量值，如果与<value>匹配，则该值来自相应的<result>表达式；如果与任何 <value>值都不匹配，则该值来自<else>表达式 。

- 函数参数

expression：该表达式将根据行上下文进行多次计算。

value：与<expression>的结果相匹配的常量值。

result：当 <expression>的结果与对应的<value>匹配时，要进行计算并返回的值。

else：当<expression>的结果与对应的<value>参数不匹配时，要进行计算并返回的值。

跟我练6-20 **将“产品表”中“售价”列，使用SWITCH函数建立包括4个售价区间的列。(接【跟我练6-19】)**

跟我练6-20

01 新建列。打开“馨派宠物数据可视化2.pbix”，在“数据视图”中选择“产品表”，执行“表工具”|“新建列”命令，在公式编辑栏中输入以下内容。

```
Switch售价区间 = SWITCH(true,[售价]>100&&[售价]<=150,"100~150",
                        [售价]>150&&[售价]<=200,"150~200",
                        [售价]>200,">200",
                        "<=100")
```

按回车键，“产品表”中会新增“Switch售价区间”列，如图6-32所示。

```
1 Switch售价区间 = Switch(true,[售价]>100&&[售价]<=150,"100~150",
2                        [售价]>150&&[售价]<=200,"150~200",
3                        [售价]>200,">200",
4                        "<=100 ")
```

产品ID	犬粮型号	产品名称	售价	单位成本	犬粮品牌	if售价区间	Switch售价区间
C1001	成犬	皇家成犬粮	174	124	皇家	150~200	150~200
C1002	全犬	皇家全犬粮	188	134	皇家	150~200	150~200
C1003	幼犬	皇家幼犬粮	209	150	皇家	>200	>200
C2001	成犬	纯福成犬粮	188	140	纯福	150~200	150~200
C2002	全犬	纯福全犬粮	210	156	纯福	>200	>200
C2003	幼犬	纯福幼犬粮	226	168	纯福	>200	>200
C3001	成犬	麦富迪成犬粮	128	102	麦富迪	100~150	100~150
C3002	全犬	麦富迪全犬粮	135	108	麦富迪	100~150	100~150
C3003	幼犬	麦富迪幼犬粮	155	124	麦富迪	150~200	150~200
C4001	成犬	冠能成犬粮	188	145	冠能	150~200	150~200
C4002	全犬	冠能全犬粮	210	162	冠能	>200	>200
C4003	幼犬	冠能幼犬粮	226	174	冠能	>200	>200

图6-32 使用SWITCH函数新增“Switch售价区间”列

02 结果解读。观察“Switch售价区间”列，与多层IF函数嵌套得到的结果相同。

❖ 提示：

✧ 如果以一个准确值来进行逻辑判断，则SWITCH函数可以直接引用表达式。例如，在日期表中根据月份输出中文月份的名称，可以在“日期表”中新建“月份”列，编写如下DAX公式。

月份 = SWITCH([月],"1","一月","2","二月","3","三月","4","四月","5","五月","6","六月","7","七月","8","八月","9","九月","10","十月","11","十一月","12","十二月")

注意：公式中的1、2、3……是否需要使用双引号引起来，取决于日期表中[月]列的数据类型，如果[月]是文本型数据，则必须使用双引号引起来；如果[月]是数字型数据，则可以直接写数字。

6.3.5 VALUES、HASONEVALUE和SELECTEDVALUE函数

VALUES函数属于表操作函数，HASONEVALUE函数属于信息函数，SELECTEDVALUE函数属于筛选器函数，之所以把它们放在一起介绍是因为这三个函数都与“VALUE”有

关，在应用上存在一定的相关性。

1. VALUES函数的语法结构

知识点：VALUES函数

- 函数语法

VALUES(<TableName/ ColumnName>)

- 函数功能

当参数为表名时，返回具有相同列的表；当参数为列名时，返回不含重复值的列表。

- 函数参数

TableName：表名。

ColumnName：列名。

跟我练6-21 使用VALUES函数新建两个表，区分参数为列名或表名的结果。

跟我练6-21

01 新建表。在“数据视图”中选择“产品表”，执行“主页”|“新建表”命令，在公式编辑栏中分别输入以下内容。

表1 = VALUES('销售主播表')

表2 = VALUES('销售主播表'[直播平台])

按回车键，即可创建两个虚拟表，如图6-33所示。

1 表1 = VALUES('销售主播表')

销售员ID	姓名	性别	直播平台
X101	毛毛	女	赛手
X102	露露	女	赛手
X103	小智	男	赛手
X104	佳佳	女	萌品
X105	冰冰	女	萌品
X106	小白	男	萌品
X107	莲莲	女	佳播
X108	菲菲	女	佳播
X109	大卫	男	佳播

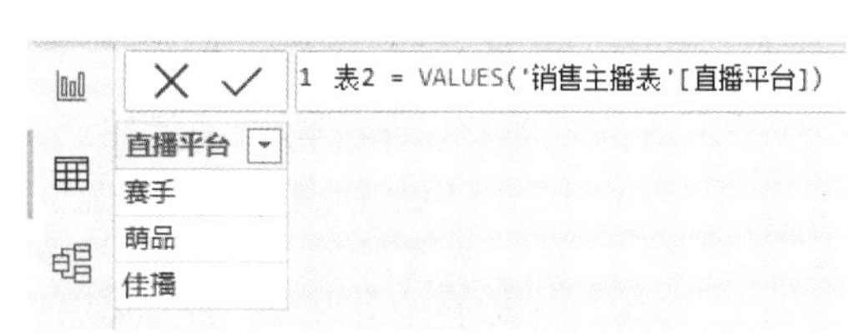

1 表2 = VALUES('销售主播表'[直播平台])

直播平台
赛手
萌品
佳播

图6-33　用VALUES函数创建的两个虚拟表

02 结果解读。表1中参数为表名，返回销售主播表；表2中参数为列名，返回不含重复值的列表。

❖ 提示：

✧ 在使用FILTER、CALCULATE、COUNTROWS、SUMX、TOPN等函数时，需要引用表而不能直接引用列。VALUES函数可以把列转换成含该列的表，因此可以将VALUES函数作为中间函数来获取一个非重复值的列表。例如，可以创建以下度量值：直播平台数= COUNTROWS(VALUES('销售主播表'[直播平台]))。

✧ 经典句型：CALCULATE([度量值], filter(values('表'[列名称]), 筛选条件))。

2. HASONEVALUE函数的语法结构

知识点：HASONEVALUE函数

❍　函数语法

HASONEVALUE(<ColumnName>)

❍　函数功能

如果筛选column的上下文后仅剩下一个非重复值，则返回TRUE；否则返回FALSE。

❍　函数参数

ColumnName：列名。

COUNTROWS(values(<column>)) = 1是 HASONEVALUE(<column>)的等效表达式。HASONEVALUE函数与IF函数配合使用可以拦截错误信息，较常用的功能是禁止求总计，把总计变成空值。

跟我练6-22　在【跟我练6-18】中，度量值“Filter”计算的是销售量超过400的销售主播销售的产品数量，矩阵表中显示的是合计数，并不是矩阵表中每个季度的和，是一个无意义的数据。请使用HASONEVALUE函数将总计数变成空值。

跟我练6-22

01 新建度量值。在“报表视图”中选择“产品表”，执行“表工具”|“新建度量值”命令，在公式编辑栏中输入“hasonevalue= IF(hasonevalue('日期表'[年份季度]),[Filter],blank())”，按回车键。

02 添加到矩阵表。在如图6-30所示的矩阵表中，将“hasonevalue”拖动到“值”，即可将总计数变成空值，如图6-34所示。

年份季度	销售量	Filter	hasonevalue
2022Q4	9831	9831	9831
2022Q3	7365	7031	7031
2022Q2	4472	3559	3559
2022Q1	2031	502	502
2021Q1	34		
2021Q2	468		
2021Q3	883		
2021Q4	1623		
总计	26707	26707	

图6-34　使用HASONEVALUE函数将总计数变成空值

3. SELECTEDVALUE函数的语法结构及应用

知识点：SELECTEDVALUE函数

❍　函数语法

SELECTEDVALUE(<ColumnName>[, <AlternateResult>])

❍　函数功能

当筛选ColumnName的上下文后仅剩下一个非重复值时，返回该值；否则返回AlternateResult。

❍ 函数参数

ColumnName: 现有列的名称，不能是列表达式。

AlternateResult：可选项，如果筛选 ColumnName 的上下文后剩下零个或多个非重复值，则返回该值；如果没有提供，则默认值为BLANK()。

IF(HASONEVALUE(<ColumnName>),VALUES(<ColumnName>),<AlternateResult>)是SELECTEDVALUE(<ColumnName>, <AlternateResult>)的等效表达式。例如，下列两个度量值的结果是一样的，都表示当月份为唯一值时返回该月份，否则返回FALSE。

```
hasonevalue1 = IF(HASONEVALUE('日期表'[月份]),VALUES('日期表'[月份]),FALSE())
selectedvalue = SELECTEDVALUE('日期表'[月份],FALSE())
```

SELECTEDVALUE函数经常用于动态切换数据。

6.3.6 时间智能函数

在进行财务大数据分析时，通常会涉及时间维度，如与去年同期比较、与上个月比较或计算到某一个时间点的累计值等，时间智能函数可以帮助我们快速解决这些问题。与普通的日期与时间函数相比，时间智能函数的优势在于可以重置上下文，并快速定位到指定区间。

在Power BI中，一般在新建度量值时使用时间智能函数，在新建列时使用日期与时间函数。

DAX中目前有37个时间智能函数，根据返回值的结果，可以将其归集为时期智能函数(返回某个时间段)、时点智能函数(返回某个时间点)和计算类时间智能函数(返回表达式的值)，其中，时期智能函数和时点智能函数返回的是表，在创建度量值时不能单独使用，通常与CALCULATE函数配合使用来设置筛选条件。

下面我们新建一个切片器设定日期表的上下文(2022年6月1日到2022年6月26日)，如图6-35所示。以此为基础介绍几个具有代表性的时间智能函数。

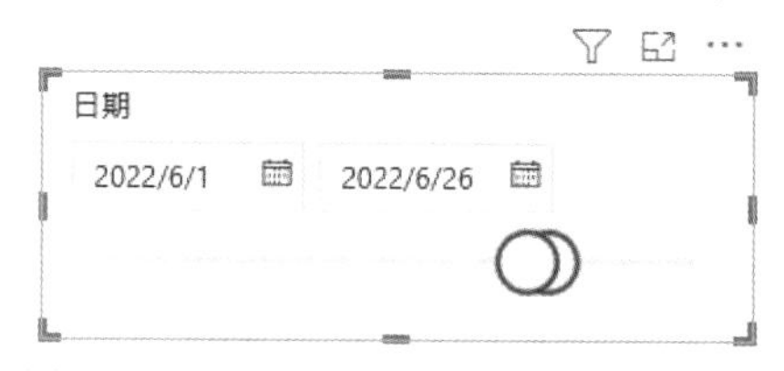

图6-35 新建切片器设定日期表的上下文

1. 时期智能函数：DATESYTD函数、DATESQTD函数、DATESMTD函数

时期智能函数的返回值均为某一时间段。下面以DATESYTD函数为例介绍时期智能函数。

知识点：DATESYTD函数

❍ 函数语法

DATESYTD(<dates> [,<year_end_date>])

❍　函数功能

返回当前上下文中所在年份至今的一系列日期。

❍　函数参数

dates：包含日期的列。

year_end_date：日期文本字符串，用于定义年末日期，默认值为 12 月 31 日。

跟我练6-23　**在“馨派宠物数据可视化2.pbix”中，创建度量值计算不同犬粮品牌本年至今的销售量。**

跟我练6-23

01 新建度量值。在“报表视图”中选择“产品表”，执行“表工具”|“新建度量值”命令，在公式编辑栏中输入“Datesytd销售量=CALCULATE([销售量]，Datesytd('日期表'[日期]))”。

02 添加到矩阵表。在新建页面中新建一个矩阵表，将“犬粮品牌”拖动到“行”，将“Datesytd销售量”拖动到“值”，即可显示度量值“Datesytd销售量”的计算结果，如图6-36所示。

犬粮品牌	datesytd销售量
纯福	1168
冠能	1131
皇家	926
麦富迪	2870
总计	**6095**

图6-36　度量值“Datesytd销售量”的计算结果

03 结果解读。该度量值的计算结果为2022年1月1日至2022年6月26日的销售量。因为在切片器设定日期表的上下文环境下，Datesytd('日期表'[日期])返回的是2022年1月1日至2022年6月26日的一系列日期。

DATESQTD函数和DATESMTD函数的用法与DATESYTD函数类似，返回值分别表示本季度至今、本月份至今。在上述设定日期表的上下文环境下，DATESQTD('日期表'[日期])返回的是2022年4月1日至2022年6月26日的一系列日期；DATESMTD('日期表'[日期])返回的是2022年6月1日至2022年6月26日的一系列日期。

除了上述时期智能函数以外，Power BI中还有PREVIOUSYEAR/PREVIOUSQUARTER/PREVIOUSMONTH(返回上一期)、NEXTYEAR/NEXTQUARTER/NEXTMONTH(返回下一期)、DATESBETWEEN/DATESINPERIOD/PARLLELPERIOD(返回指定区间段)等时期智能函数，这些函数在当前上下文中的返回值如表6-23所示。

表6-23　部分时期智能函数在当前上下文中的返回值

函数分类	函数举例	返回值
返回上一期	CALCULATE([销售量], PREVIOUSYEAR('日期表'[日期]))	计算结果是2021年全年的销售量
	CALCULATE([销售量], PREVIOUSMONTH('日期表'[日期]))	计算结果是上一个月份(2022年5月)的销售量
	CALCULATE([销售量], PREVIOUSQUARTER('日期表'[日期]))	计算结果是上一季度(2022年1月至2022年3月)的销售量

(续表)

函数分类	函数举例	返回值
返回下一期	CALCULATE([销售量], NEXTYEAR ('日期表'[日期]))	计算结果是下一年度(2023年)全年的销售量
	CALCULATE([销售量], NEXTQUARTER ('日期表'[日期]))	计算结果是下一季度(2022年7月至2022年9月)的销售量
	CALCULATE([销售量], NEXTMONTH ('日期表'[日期]))	计算结果是下一个月份(2022年7月)的销售量
返回指定区间段	CALCULATE([销售量],DATEADD('日期表'[日期], -1, year)) 等价于: CALCULATE([销售量], SAMEPERIODLASTYEAR('日期表'[日期]))	这两个度量值的计算结果均为上一年的同期(即2021年6月1日至2021年6月26日)销售量
	CALCULATE([销售量],DATESBETWEEN('日期表'[日期], "2021-01-01",max('日期表'[日期]))	计算结果是2021年1月1日至2022年6月26日的销售量
	CALCULATE([销售量],DATESINPERIOD('日期表'[日期], "2021-01-01",1,month)	以2021-01-01为起点,向后数1个月,即计算结果是2021年1月1日至2021年1月31日的销售量

2. 时点智能函数:FIRSTDATE函数、LASTDATE函数

时点智能函数的返回值为某一时间点。下面以FIRSTDATE函数为例介绍时点智能函数。

知识点:FIRSTDATE函数

- 函数语法

FIRSTDATE(<dates>)

- 函数功能

返回当前上下文中指定日期列的第一个日期。

- 函数参数

dates:日期列。

跟我练6-24 **在"馨派宠物数据可视化2.pbix"中,创建度量值计算当前日期上下文环境下第一天各个犬粮品牌的销售量。(接【跟我练6-23】)**

跟我练6-24

01 新建度量值。在"报表视图"中选择"产品表",执行"表工具"|"新建度量值"命令,在公式编辑栏中输入"Firstdate销售量= CALCULATE([销售量], Firstdate('日期表'[日期]))"。

02 添加到矩阵表。将"Firstdate销售量"拖动到"值",即可显示度量值"Firstdate销售量"的计算结果,如图6-37所示。

03 结果解读。该度量值的计算结果为2022年6月1日的销售量。

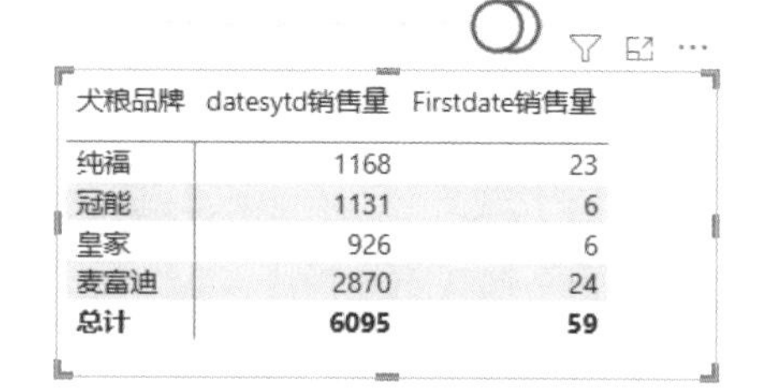

犬粮品牌	datesytd销售量	Firstdate销售量
纯福	1168	23
冠能	1131	6
皇家	926	6
麦富迪	2870	24
总计	6095	59

图6-37 度量值"Firstdate销售量"的计算结果

LASTDATE函数与FIRSTDATE函数类似，返回值为当前上下文中指定日期列的最后一个日期。在上述设定日期表的上下文环境下，LASTDATE('日期表'[日期])的返回值为2022年6月26日的销售量。

Power BI中还有ENDOFMONTH/ENDOFQUARTER/ENDOFYEAR(返回最后一天)、STARTOFMONTH/STARTOFQUARTER/STARTOFYEAR(返回第一天)等时点智能函数，这些函数在当前上下文中的返回值如表6-24所示。

表6-24 部分时点智能函数在当前上下文中的返回值

函数分类	函数举例	返回值
返回最后一天	CALCULATE([销售量],ENDOFMONTH('日期表'[日期]))	2022年6月30日(即月末)的销售量
	CALCULATE([销售量],ENDOFQUARTER('日期表'[日期]))	2022年6月30日(即季度末)的销售量
	CALCULATE([销售量],ENDOFYEAR('日期表'[日期]))	2022年12月31日(即年末)的销售量
返回第一天	CALCULATE([销售量],STARTOFMONTH('日期表'[日期]))	2022年6月1日(即月初)的销售量
	CALCULATE([销售量],STARTOFQUARTER('日期表'[日期]))	2022年3月1日(即季度初)的销售量
	CALCULATE([销售量],STARTOFYEAR('日期表'[日期]))	2022年1月1日(即年初)的销售量

3. 计算类时间智能函数：TOTALYTD函数、TOTALQTD函数、TOTALMTD函数

计算类时间智能函数的返回值是函数中表达式的值。下面以TOTALYTD函数为例介绍计算类时间智能函数。

知识点：TOTALYTD函数

- 函数语法

TOTALYTD(<expression>,<dates>[,<filter>][,<year_end_date>])

- 函数功能

计算当前上下文中表达式的年初至今累计值。

- 函数参数

expression：返回标量值的表达式。

dates：包含日期的列。

filter：可选项，指定要应用于当前上下文的筛选器的表达式。

year_end_date：可选项，带有日期的文本字符串，用于定义年末日期，默认值为12月31日。

跟我练6-25 在“馨派宠物数据可视化2.pbix”中，使用TOTALYTD函数创建度量值计算不同犬粮品牌本年累计至今的销售量。(接【跟我练6-24】)

跟我练6-25

01 新建度量值。在“报表视图”中选择“产品表”，执行“表工

具”|“新建度量值”命令，在公式编辑栏中输入“Totalytd销售量= TOTALYTD([销售量],'日期表'[日期])”。

02 添加到矩阵表。将“Totalytd销售量”拖动到“值”，即可显示度量值“Totalytd销售量”的计算结果，如图6-38所示。

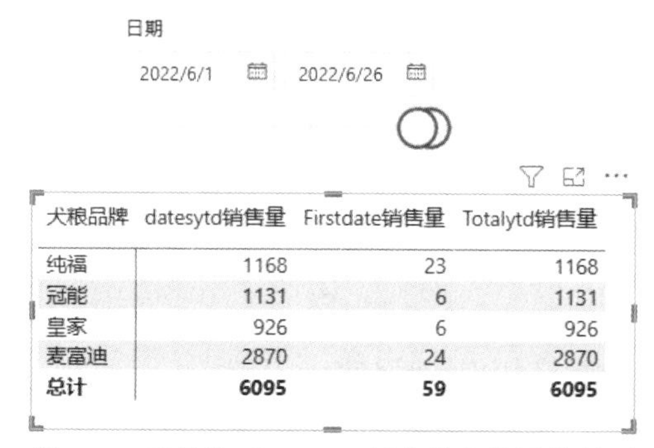

图6-38 度量值“Totalytd销售量”的计算结果

03 结果解读。该度量值的计算结果与度量值“Datesytd销售量”的计算结果相同，均为2022年1月1日至2022年6月26日的累计销售量。两者的区别在于：TOTALYTD函数自带计算功能，而DATESYTD必须与CALCULATE函数配合使用。

TOTALQTD函数和TOTALMTD函数的用法与DATESYTD函数类似，分别用于返回本季度至今累计值、本月份至今累计值。在上述设定日期表的上下文环境下，TOTALQTD([销售量],('日期表'[日期]))计算的是2022年3月1日至2022年6月26日的累计销售量；TOTALMTD([销售量],('日期表'[日期])) 计算的是2022年6月1日至2022年6月26日的累计销售量。

Power BI中还有CLOSINGBALANCEMONTH/CLOSINGBALANCEQUARTER/CLOSINGBALANCEYEAR(返回期末数)、OPENINGBALANCEMONTH/OPENINGBALANCEQUARTER/OPENINGBALANCEYEAR(返回期初数)等计算类时间智能函数，这些函数在当前上下文中的返回值如表6-25所示。

表6-25 部分计算类时间智能函数在当前上下文中的返回值

函数分类	函数举例	返回值
返回期末数	CLOSINGBALANCEMONTH([销售量],'日期表'[日期])	2022年6月30日(即月末)的销售量
	CLOSINGBALANCEQUARTER([销售量],'日期表'[日期])	2022年6月30日(即季度末)的销售量
	CLOSINGBALANCEYEAR([销售量],'日期表'[日期])	2022年12月31日(即年末)的销售量
返回期初数	OPENINGBALANCEMONTH([销售量],'日期表'[日期])	2022年6月1日(即月初)的销售量
	OPENINGBALANCEQUARTER([销售量],'日期表'[日期])	2022年3月1日(即季度初)的销售量
	OPENINGBALANCEYEAR([销售量],'日期表'[日期])	2022年1月1日(即年初)的销售量

6.4 使用变量改进DAX公式

在进行数据分析时，一个复杂的表达式中会存在使用多个函数嵌套或重复使用某个表达式等情况，此时，在DAX公式中使用VAR语句可以提高性能、可靠性和可读性，并降低公式编写的复杂性。

6.4.1　VAR语句

VAR是variable(变量)的缩写，在DAX公式中，VAR语句用于将表达式的结果存储为命名变量，使其在其他度量值表达式中作为参数使用。在实际使用时，先用VAR语句定义变量，再用RETURN语句返回包含该变量的度量值公式的计算结果。

知识点：VAR函数

❍　函数语法

VAR <name> = <expression>

❍　函数功能

返回包含该表达式结果的命名变量。

❍　函数参数

expression：DAX表达式。

name：定义的变量名称。

❍　注意事项

变量名称不能与模型中现有的表名、字段名相同。

可以使用a～z、A～Z、0～9中的字符，但是第一个字符不能是数字。

6.4.2　使用VAR语句改进DAX公式

跟我练6-26　在“馨派宠物数据可视化2.pbix”中，使用两种DAX公式创建两个不同度量值：同比销售增长率1(一般公式)和同比销售增长率2(使用VAR语句)。分别计算不同犬粮品牌的同比销售增长率，并进行对比。

跟我练6-25

同比销售增长率=(当年销售量−去年同期销售量)÷去年同期销售量。

01 新建度量值1。在“报表视图”中选择“产品表”，执行“表工具”|“新建度量值”命令，在公式编辑栏中输入以下内容。

```
同比销售增长率1 = DIVIDE(SUM('销售数据表'[数量])-CALCULATE(SUM('销售数据表'[数量]),SAMEPERIODLASTYEAR('日期表'[日期])),CALCULATE(SUM('销售数据表'[数量]),SAMEPERIODLASTYEAR('日期表'[日期])))
```

02 新建度量值2。执行“表工具”|“新建度量值”命令，在公式编辑栏中输入以下内容。

```
同比销售增长率2 = VAR  sales=SUM('销售数据表'[数量])
                  VAR  saleslastyear=CALCULATE(Sum('销售数据表'[数量]),
                  SAMEPERIODLASTYEAR('日期表'[日期]))
                  RETURN DIVIDE(sales-saleslastyear,saleslastyear)
```

03 结果解读。度量值“同比销售增长率1”公式中“SUM('销售数据表'[数量]) (当年销售量)”和“CALCULATE(SUM('销售数据表'[数量]),SAMEPERIODLASTYEAR('日期表'[日期]))(去年同期销售量)”相同的表达式出现了多次，效率低且编写复杂，容易出错。

使用VAR语句对“同比销售增长率1”的度量值定义进行改进：将“本年销售量”表达式的结果赋给变量“sales”，将“去年同期销售量”表达式的结果赋给变量“saleslastyear”，然后在RETURN语句中引用已定义的两个变量(sales和saleslastyear)表达同比销售增长率的计算公式并返回结果。

一、判断题

1. 维度表一般是“1*n”关系中“1”的那端。 ( )
2. 数据库管理系统一般是基于网状模型建模。 ( )
3. 如果产品表中已经设置了“数量”列和“单价”列，则无须再设置“金额”列。 ( )
4. 利用除法函数DIVIDE和直接进行“/”运算的区别在于：当除数为0时可以不报错，显示为指定信息。 ( )
5. 度量值既不会改变源数据，也不会改变数据模型。 ( )
6. 若存在多个IF函数嵌套问题，则可以选用SWITCH函数来解决。 ( )

二、单选题

1. 度量值前面的标识是( )。

A. 　　B.

C. 　　D.

2. 在以下数据表中，产品ID属于其外键的是( )。

A. 产品表　　B. 销售主播表

C. 客户表　　D. 销售数据表

3. 用VAR语句定义变量后，再用( )语句返回包含该变量的度量值公式计算结果。

A. QUIT　　B. EXIT

C. RETURN　　D. END

4. ( )函数不仅有筛选功能，还有计算功能。

A. CALCULATE　　B. SUM

C. FILTER　　D. RELATED

三、多选题

1. 两表之间的关系类型可分为( )。

A. 一对一　　B. 一对多

C. 多对一　　D. 多对多

2. 在Power BI中，数据模型的结构包括(　　)。

A. 层次结构　　B. 星形结构

C. 网状结构　　D. 雪花结构

3. 在DAX公式中，“[ ]”中为(　　)。

A. 表名　　B. 列名

C. 行名　　D. 度量值名

4. 关于DAX函数，以下说法正确的是(　　)。

A. 利用DAX函数可以新建列　　B. DAX函数创建的是一个虚拟值

C. 必须使用大写字母书写公式　　D. DAX函数参数中可以引用表或列

5. 创建的度量值可以放置在(　　)中。

A. 维度表　　B. 事实表

C. 空表　　D. 虚拟表

6. 常见的数据模型包括(　　)。

A. 层次模型　　B. 星形模型

C. 网状模型　　D. 关系模型

四、问答题

1. 新建列和新建度量值有何不同?

2. 总结DAX函数的语言要求。

3. “筛选上下文”和“行上下文”有何不同?

第7章

数据可视化分析

在Power BI中，经过数据获取、数据整理和数据建模后，便可以可视化的方式展示数据分析的结果。数据可视化就是在Power BI的报表视图中插入各种视觉对象来展示和分析数据。第3章中已经介绍了折线和簇状柱形图、饼图、环形图、簇状条形图、瀑布图、仪表图、多行卡、卡片图等基本视觉对象的可视化制作，本章将对数据可视化分析进行系统梳理，并对常用的视觉对象进行展示。

7.1 数据可视化原则

7.1.1 数据可视化基本原则

数据可视化旨在让他人快速获取我们要传达的信息。为了达成这一目标，在进行可视化过程中需要遵守以下基本原则。

1. 准确性原则

数据可视化首先要确保数据的准确性和可用性。数据可视化应该忠于数据，不能故意夸大或美化数据。

2. 目的性原则

数据可视化应该用于解答重要的问题，或者提供真正的价值来帮助解决实际问题。在进行数据可视化分析的过程中首先要明确数据可视化的目的，根据不同的问题提供不同的答案，而不能答非所问。

3. 比较性原则

没有比较就没有鉴别。若希望通过数据分析反映问题，就必须有比较。比较一般分为同比和环比两种方式。

4. 数据指标化原则

在进行数据可视化分析的过程中，建立数据指标才会有对比性，才能知道问题出在哪里。在建立数据指标时，需结合自身的业务背景科学地进行设置。

5. 逻辑性原则

逻辑性原则要求我们按照一定的逻辑顺序进行可视化，先从总体上观察变化，再从局部细节中寻找问题，并提供有针对性的解决方案。良好的可视化应当符合数据的逻辑，并通过数据讲述故事：明确要展示什么(即数据背后的含义)、基于什么(即数据的趋势变化)，以及得出什么结论(即数据反映的问题)。

6. 可读性和生动性原则

在确保数据准确、图形合适的基础上，可以让数据可视化呈现的方式更加多样化，增加图形的可读性和生动性，使用户更好地理解分析意图。

7.1.2　视觉对象的选择依据

Power BI中提供了丰富的视觉对象用于创建可视化图表，那么如何选择合适的视觉对象呢？ 数据可视化要根据数据本身的属性(如时间数据、空间数据等)和数据分析的目的(如比较、关联、分类等)来选择合适的视觉对象。视觉对象的选择依据如表7-1所示。

表7-1　视觉对象的选择依据

选择依据		视觉对象
数据属性	时间数据	折线图、柱形图、散点图等
	空间数据	地图、着色地图
分析目的	比较分析	柱形图、条形图、折线和簇状柱形图等
	分类分析	柱形图、条形图、簇状柱形图、簇状条形图、树状图等
	结构分析	环形图、饼图、瀑布图、面积图、百分比堆积柱形图、堆积条形图等
	排名分析	条形图、柱形图、带状图等
	关联分析	散点图、折线图、气泡图等
	业绩分析	仪表图、卡片图、多行卡、KPI、马表图、子弹图等
	因素分析	分解树、关键影响者等

7.2　常用的基本视觉对象

第3章中已经对部分基本视觉对象的应用进行了介绍，本章继续沿用馨派宠物数据可视化案例，来介绍其他常用的基本视觉对象的应用。

7.2.1　散点图与气泡图

散点图是指数据点在直角坐标系平面上的分布图，通常用于显示和比较数据，并根据数据点的分布及趋势来判断两个变量之间是否存在某种相关关系。在制作散点图时，至少要有两组数据：一组是放在水平轴(X轴)的数值数据，另一组是放在垂直轴(Y轴)的数值数据。散点图中的数据点是由这两组数据构成的多个坐标点。在Power BI中，可以跨水平轴均匀或不均匀地分布这些数据点，数据点的数量越多，散点图的分布规律越清晰。

气泡图是一种用气泡代替散点图中的数据点，以便通过气泡的大小来展示第三个数据维度的可视化图表。气泡图是在散点图的基础上制作而成的，但两者的使用场景有所不同。散点图与气泡图的使用场景如表7-2所示。

表7-2　散点图与气泡图的使用场景

图表	使用场景
散点图	用于显示两个数值之间的关系
	用于将两组数字绘制成一个X和Y坐标系列
	用于显示大型数据集中的趋势，例如，显示线性或非线性趋势、簇状和离群值
	在不考虑时间的情况下，用于比较大量数据点。散点图中的数据点越多，比较结果就越好
气泡图	当数据包含三个数据系列，每个系列都有一组值时，可以使用气泡图进行可视化展示
	当需要展示财务数据，并且不同的气泡大小能够有效增强特定值的视觉效果时，气泡图是一种有效的选择
	当需要制作象限图来分析数据时，也可利用气泡图进行可视化呈现

如无特别说明，本章所有示例均基于“馨派宠物数据可视化7.pbix”文件。

1. 散点图

跟我练7-1 新建报表页面“其他常用视觉对象”，然后在此报表页面中新建散点图，展示不同“年份月份”的“客户数量”与“销售量”之间的相关关系。

跟我练7-1

01 新建报表页面。在Power BI Desktop中打开“馨派宠物数据可视化7.pbix”文件，在“报表视图”中，单击下方的+按钮，新建报表页面，并将其命名为“其他常用视觉对象”。

02 画布自定义设置。单击“可视化”窗格中的按钮，选择“画布设置”选项，在“类型”下拉列表中选择“自定义”，并将“高度”设置为2000，将“宽度”设置为1280，其他为默认。

03 新建散点图。选择“其他常用视觉对象”报表页面，执行“插入”|“新建视觉对象”命令，然后单击“可视化”窗格中的“散点图”图标，插入一个“散点图”视觉对象。

04 字段设置。在“可视化”窗格中，将“客户数量”拖动到“X轴”，将“销售量”拖动到“Y轴”，将日期表中的“年份月份”拖动到“图例”，即可生成展示不同月份的客户数量与销售量之间相关关系的散点图。

05 格式设置。单击“可视化”窗格中的“格式”按钮，在“常规”选项卡中执行“标题”|“文本”命令，在文本框中输入“客户数量和销售量的相关关系”。

06 添加趋势线。单击“可视化”窗格中的按钮，单击“趋势线”右侧的按钮，

使其变成 状态，在散点图中添加一条趋势线，即可明晰地看到客户数量和销售量之间的相关关系，如图7-1所示。

07 调整大小和位置。在“其他常用视觉对象”页面中，调整散点图的大小和位置。

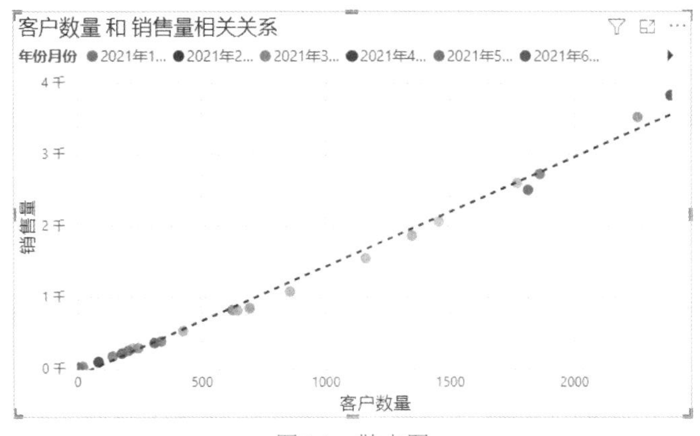

图7-1　散点图

2. 气泡图

跟我练7-2 新建气泡图，展示随着时间的推移，不同犬粮品牌的“客户数量”与“销售量”的动态变化情况。(接【跟我练7-1】)

跟我练7-2

01 新建散点图。在“其他常用视觉对象”报表页面中，执行“插入”|“新建视觉对象”命令，然后单击“可视化”窗格中的“散点图”图标 ，插入一个“散点图”视觉对象。

02 字段设置。在“可视化”窗格中，将“客户数量”拖动到“X轴”，将“销售量”拖动到“Y轴”，将产品表中的“犬粮品牌”拖动到“图例”，将日期表中“年份月份”拖动到“播放轴”，将“销售量”拖动到“大小”。

03 格式设置。单击“可视化”窗格中的 按钮，在“常规”选项卡中执行“标题”|“文本”命令，在文本框中输入“客户数量与销售量动态变化情况”，生成的气泡图如图7-2所示。

04 调整大小和位置。在“其他常用视觉对象”页面中，调整气泡图的大小和位置。

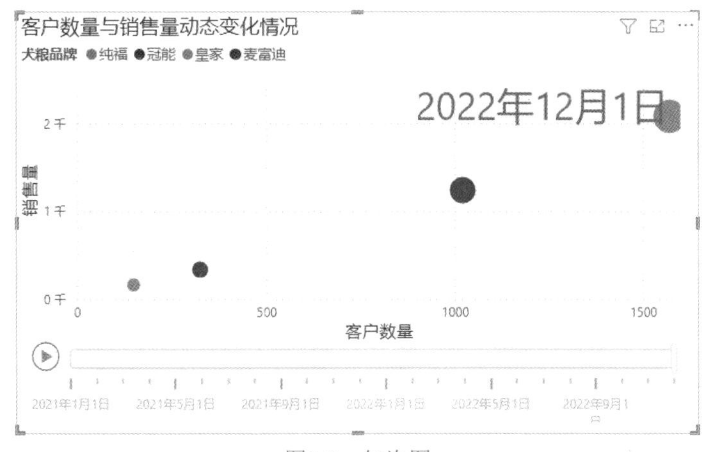

图7-2　气泡图

❖ 提示：

✧ 在图7-2所示的气泡图中，单击“播放”按钮▶，能够动态展示随着时间的推移，不同犬粮品牌的“客户数量”与“销售量”之间的变化情况。

7.2.2 树状图

树状图是将分层数据显示为一组嵌套矩形，层次结构中每个层次的数据都由包含更小的彩色矩形(枝叶)来表示，这些矩形按照从左上(最大)到右下(最小)的顺序排列在一个大矩形中，并根据数据的大小来确定每个矩形内的空间大小。因此，严格来说，树状图应该叫矩形树图。树状图既可以表示单层数据关系，也可以表示双层结构。

一般情况下，树状图有以下应用场景：一是用于显示大量的分层数据；二是用于显示每个部分与整体之间的比例；三是用于使用大小和颜色编码来显示属性；四是用于发现模式、离群值、最重要影响因素和异常。

跟我练7-3 **新建“树状图”，分层显示不同犬粮品牌不同产品的销售情况。(接【跟我练7-2】)**

跟我练7-3

01 新建树状图。在“其他常用视觉对象”报表页面中，执行“插入”|“新建视觉对象”命令，然后单击“可视化”窗格中的“树状图”图标▦，插入一个“树状图”视觉对象。

02 字段设置。在“可视化”窗格中，将产品表中的“犬粮品牌”拖动到“类别”，将“销售额”拖动到“值”，将产品表中的“产品名称”拖动到“详细信息”。

03 格式设置。单击“可视化”窗格中的“格式”按钮，在“常规”选项卡中执行“标题”|“文本”命令，在文本框中输入：不同“犬粮品牌”不同产品的销售情况。生成的双层树状图如图7-3所示。

04 调整大小和位置。调整树状图的大小和位置。

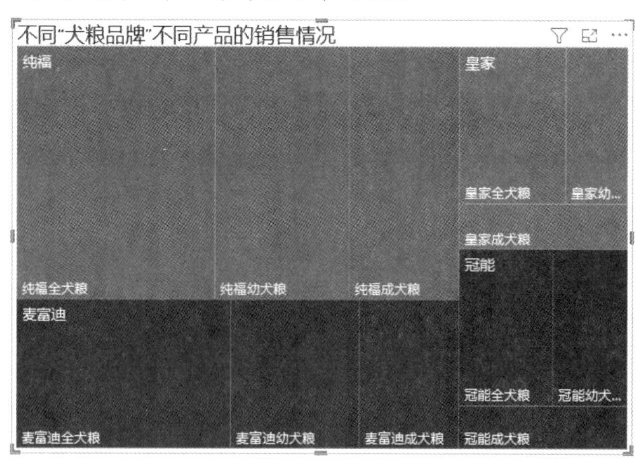

图7-3 双层树状图

❖ 提示：

✧ 如果在字段设置中仅设置“类别”和“值”，就可以绘制单层树状图来显示不同犬粮品牌的销售金额占总体的比例情况。

7.2.3　表与矩阵

在Power BI中有两个类似于表格的视觉对象：“表”和“矩阵”。其中，视觉对象“表”不仅可以提供明细数据，还可以测试度量值的返回结果。而视觉对象“矩阵”则相当于Excel中的数据透视表，可以按行和列分组汇总数据。在“表”和“矩阵”可视化图表中，可以通过单元格格式设置对数字字段各种元素的颜色、方向进行标识。

1. 表

跟我练7-4　**新建“表”，列示不同犬粮品牌的销售量、销售额、销售成本、毛利等明细信息，并设置“毛利”数据条的颜色为红色。(接【跟我练7-3】)**

跟我练7-4

01 新建表。在“其他常用视觉对象”报表页面中，执行“插入”|“新建视觉对象”命令，然后单击“可视化”窗格中的“表”图标，插入一个“表”视觉对象。

02 字段设置。将产品表中的“犬粮品牌”“销售量”“销售额”“销售成本”“毛利”依次拖动到“列”。

03 格式设置。单击“可视化”窗格中的按钮，在“视觉对象”选项卡中执行“单元格元素”|“将数字应用于”命令，在“数据系列”下拉列表中选择“毛利”，单击“数据条”右侧的按钮，使其变成状态；然后，单击“数据条”下面的按钮，打开“数据条-数据条”对话框(见图7-4)，在“正值条形图”下拉列表中选择“红色”，生成带有“数据条”标识的“表”，如图7-5所示。

04 调整大小和位置。在“其他常用视觉对象”页面中，调整表的大小和位置。

图7-4　“数据条-数据条”对话框

犬粮品牌	销售量	销售额	销售成本	毛利
纯福	10636	2216848	1648140	568708
麦富迪	9404	1302335	1040958	261377
冠能	3148	660544	509196	151348
皇家	3519	668593	477470	191123
总计	26707	4848320	3675764	1172556

图7-5　带有“数据条”标识的表

❖ 提示：

✧ 在设置“单元格元素”时，不仅可以设置“数据条”，还可以设置选定元素的背景色、字体颜色和图标等。

2. 矩阵

跟我练7-5 新建“矩阵”，分组统计不同年度、季度不同犬粮品牌的销售情况，并设置渐变布局，分两列显示行数据。(接【跟我练7-4】)

跟我练7-5

01 新建矩阵。在“其他常用视觉对象”报表页面中，执行“插入”|“新建视觉对象”命令，然后单击“可视化”窗格中的“矩阵”图标，插入一个“矩阵”视觉对象。

02 字段设置。将日期表中的“年”和“季度”依次拖动到“行”，将“犬粮品牌”拖动到“列”，将“销售额”拖动到“值”。单击矩阵表中的按钮，可以分层列示年度、季度数据。

03 格式设置。单击“可视化”窗格中的“格式”按钮，在“视觉对象”选项卡中执行“行标题”|“选项”|“渐变布局”命令，单击“渐变布局”右侧的按钮，使其变成状态。生成的矩阵如图7-6所示。

04 调整大小和位置。调整矩阵的大小和位置。

年	季度	纯福	冠能	皇家	麦富迪	总计
⊟ 2021	1			5919	398	**6317**
	2			71012	12913	**83925**
	3		38108	104986	20577	**163671**
	4		94528	91684	94957	**281169**
	总计		**132636**	**273601**	**128845**	**535082**
⊟ 2022	1		108234	74586	154917	**337737**
	2	279440	135214	109338	264856	**788848**
	3	817950	117764	105376	322390	**1363480**
	4	1119458	166696	105692	431327	**1823173**
	总计	**2216848**	**527908**	**394992**	**1173490**	**4313238**
总计		**2216848**	**660544**	**668593**	**1302335**	**4848320**

图7-6 矩阵

7.2.4 漏斗图

漏斗图用于对有序、多阶段的流程进行可视化分析。例如，通过构建销售漏斗图可以跟踪各个阶段的客户(潜在客户、合格的潜在客户、预期客户、已签订合同的客户、已成交客户等)，并识别整个流程中存在的问题。漏斗图的每个阶段代表的是其相对于总数的百分比。在大多数情况下，漏斗图的形状类似于一个漏斗，第一阶段的值最大，后面每个阶段的值都小于其前一阶段的值。

跟我练7-6 新建“漏斗图”，展示不同犬粮品牌销售金额的变化情况。(接【跟我练7-5】)

跟我练7-6

01 新建漏斗图。在“其他常用视觉对象”报表页面中，执行“插入”|“新建视觉对象”命令，然后单击“可视化”窗格中的“漏斗图”图

标，插入一个“漏斗图”视觉对象。

02 字段设置。在“可视化”窗格中，将产品表中的“犬粮品牌”拖动到“类别”，将“销售量”拖动到“值”，生成的漏斗图如图7-7所示。

03 调整大小和位置。调整漏斗图的大小和位置。

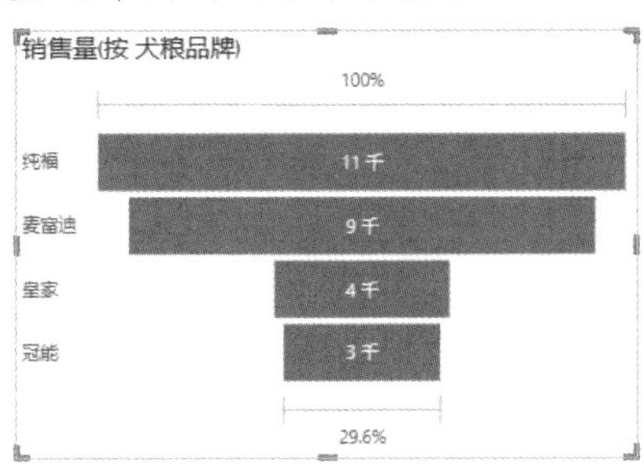

图7-7 漏斗图

7.2.5 地图

地图与其他可视化图表稍有不同，因为它是利用城市名称或地理位置来定位的，需要明确带有城市名称或地理位置的字段。本例中，客户表中有每个客户所在城市的信息，根据该信息可以使用地图直观地展示产品流向的城市。

跟我练7-7 **绘制“地图”，分析产品流向。**(接【跟我练7-6】)

跟我练7-7

01 生成地图标志。在“其他常用视觉对象”报表页面中，单击客户表中的“所在城市”字段，在“列工具”选项卡的“数据类别”下拉列表中选择“城市”，这时，“字段”窗格中的“所在城市”字段前面会出现一个图标。

02 插入地图。执行“插入”|“新建视觉对象”命令，然后单击“可视化”窗格中的“地图”图标，插入一个“地图”视觉对象。

03 字段设置。单击“可视化”窗格中的“字段”按钮，将客户表中的“所在城市”拖动到“位置”，将“销售量”拖动到“起泡大小”。

04 格式设置。在“常规”选项卡中执行“标题”|“文本”命令，在文本框中输入“产品流向分析”。

05 调整大小和位置。调整地图的大小和位置。

❖ 提示：

- ✧ 地图中的气泡越大，表示该城市的销售量越多。
- ✧ 滚动鼠标滚轮，可以更改地图的显示比例。
- ✧ 随着Power BI版本的不断更新，Power BI越来越智能，在最新版本中，不设置“所在城市”字段的“数据类别”，也能正常显示地图。
- ✧ 如果刚安装的Power BI Desktop的“可视化”窗格中没有地图，需要先进行Power BI选项设置，具体操作如下：在 Power BI Desktop 中执行“文件”|“选项和设置”|“选项”命令，在“选项”设置对话框中选择“安全性”，并勾选“使用地图和着色地图视觉对象”复选框，最后单击“确定”按钮即可。

7.2.6 分解树

分解树是一个交互式视觉对象，用于进行及时探索和根本原因分析。我们可以使用分解树对某一指标进行多维度智能探索，依次在多个维度上逐层分解数据，并根据特定条件向下钻取数据。分解树往往用于分析业绩的贡献因子。

跟我练7-8 **新建“分解树”，对销售额按照犬粮品牌、犬粮型号等维度进行逐层分解，查看销售额最大的犬粮品牌及犬粮型号。**(接【跟我练7-7】)

跟我练7-8

01 新建分解树。在“其他常用视觉对象”报表页面中，执行“插入”|“新建视觉对象”命令，然后单击“可视化”窗格中的“分解树”图标，插入一个“分解树”视觉对象。

02 字段设置。在“可视化”窗格中，将产品表中的“犬粮品牌”“犬粮型号”依次拖动到“解释依据”，将“销售额”拖动到“值”。

03 生成第一层级分解树。单击“分解树”中“销售额”图标旁边的+按钮，可以选择数据拆分的方式(见图7-8)，选择“犬粮型号”，即可生成第一层级分解树，如图7-9所示。

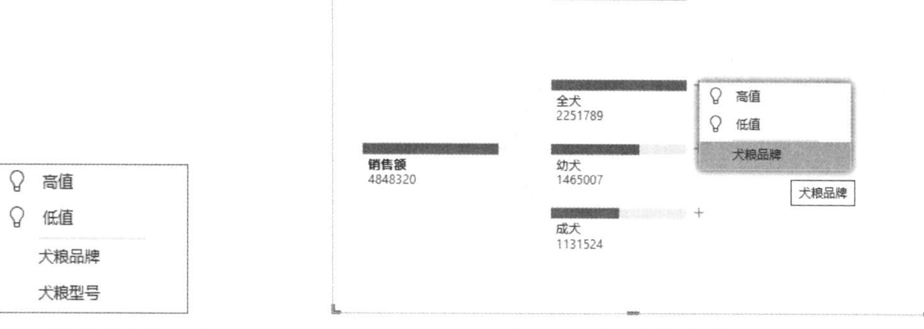

图7-8 数据拆分的方式

图7-9 第一层级分解树

04 生成第二层级分解树。单击销售额最大的“全犬”图标旁边的+按钮，继续选择数据拆分方式，选择“犬粮品牌”，即可生成第二层级分解树，如图7-10所示。

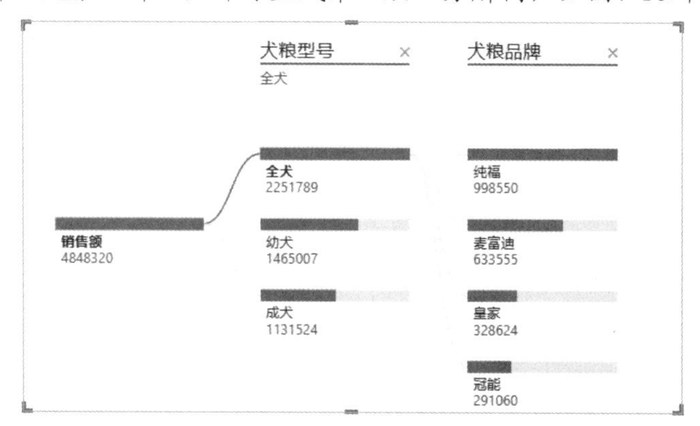

图7-10 第二层级分解树

05 调整大小和位置。调整分解树的大小和位置。

❖ **提示：**

✧ 在数据拆分方式中，“高值”用于查找指标值最大的字段，“低值”用于查找指标值最小的字段。在分解树中可以根据自己设定的层次维度逐层显示数据，也可以通过高值或低值智能地选取解释依据。

✧ 若要修改、取消或删除分解树中的某个字段，单击图中该字段名称旁边的×按钮即可。

7.2.7 智能问答

智能问答也是一个交互式的视觉对象，用户输入想要知道的问题，“问答”视觉对象便会自动生成相应的图表，这是解决临时性问题的一种方法。

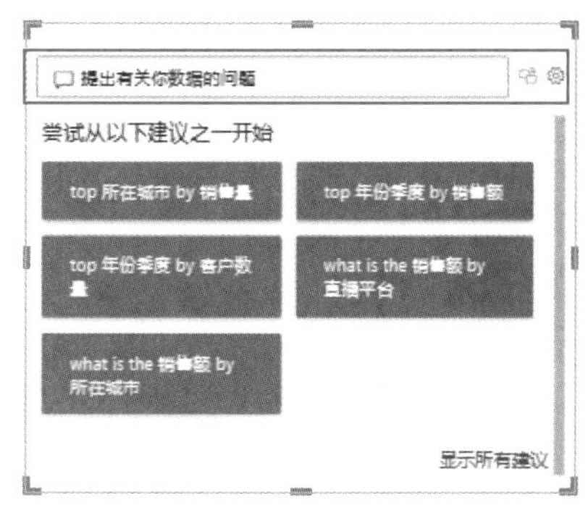

图7-11 “问答”视觉对象

在“问答”视觉对象中有两种创建“问答”的方法：一是使用推荐的问题，即在系统显示的建议中选择问题，例如，在图7-11所示的“问答”视觉对象中选择“what is the 销售额 by 直播平台”，那么很快就会得到显示不同直播平台销售额的条形图。二是在问答框中直接提出问题，例如，在问答框中输入“销售额 by 年份月份” 或“销售额 按 年份月份”，系统马上就会生成一张时间趋势折线图。可见，“问答”视觉对象会根据“提出的问题”显示最佳的可视化图表。

跟我练7-9 **新建“问答”，在问答对话框中输入“销售额 by 销售员ID”，并将“问题”的结果转换为标准视觉对象。(接【跟我练7-8】)**

跟我练7-9

01 新建问答。在“其他常用视觉对象”报表页面中，执行 “插入”|“新建视觉对象”命令，然后单击“可视化”窗格中的“问答”图标，插入一个“问答”视觉对象。

02 提出问题。在问答文本框中输入“销售额 by 销售员ID”即可瞬间生成，一张显示业绩排名的条形图，如图7-12所示。

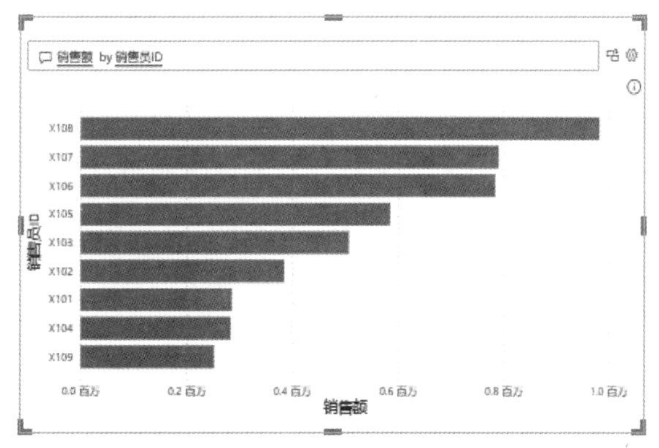

图7-12 使用“问答”生成条形图

03 转化为视觉对象。单击问答文本框右侧的按钮，“问答”视觉对象中生成的条形图将会转换成“条形图”视觉对象。

❖ 提示：

- 在“问答”视觉对象的问答文本框中输入问题时，关键词by后面一般是类别。
- 在智能问答中，经常使用一些关键词来提出问题，如筛选范围(between…and)、排序(sorted by)、日期前后(before和after)等。
- 单击问答文本框右侧的⚙按钮，可以打开“问答设置”对话框(见图7-13)，该对话框也可以通过在Power BI Desktop中执行“建模”|“问答”|“问答设置”命令直接打开。在该对话框中可以审阅问题、教导Q&A、管理术语及建议问题等。

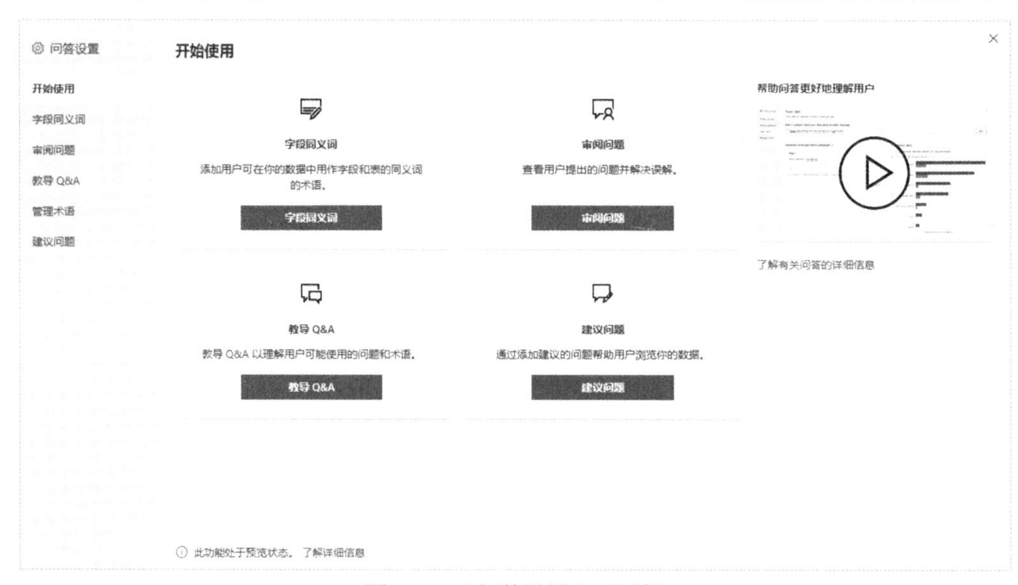

图7-13 “问答设置”对话框

7.3 自定义视觉对象

7.3.1 获取自定义视觉对象

除了使用Power BI中常见的视觉对象来满足大部分的数据可视化分析需求外，用户还可以利用Power BI提供的自定义视觉对象来制作更加精美的可视化图表。目前，Power BI提供了400多个自定义视觉对象，大部分都是免费的，而且数量还在不断增加。

使用自定义视觉对象之前必须将其加载到Power BI Desktop中，自定义视觉对象的加载方式有两种：一是从文件中导入视觉对象；二是直接获取更多视觉对象。

1. 从文件中导入视觉对象

首先，在微软官网中下载自定义视觉对象的源文件(扩展名为“.pbiviz”)，将其保存到计算机中；然后，通过“从文件中导入视觉对象”功能将其导入Power BI的“可视化”窗格中。

跟我练7-10 从微软官网中下载“Word Cloud”自定义视觉对象源文件，并将其加载到Power BI Desktop中。

跟我练7-10

01 打开官网。在浏览器中进入微软官网，打开AppSource(具体网址为https://appsource.microsoft.com/en-us/marketplace/apps?page=1&exp=ubp8&product=power-bi-visuals)，即可进入如图7-14所示的自定义视觉对象下载界面。

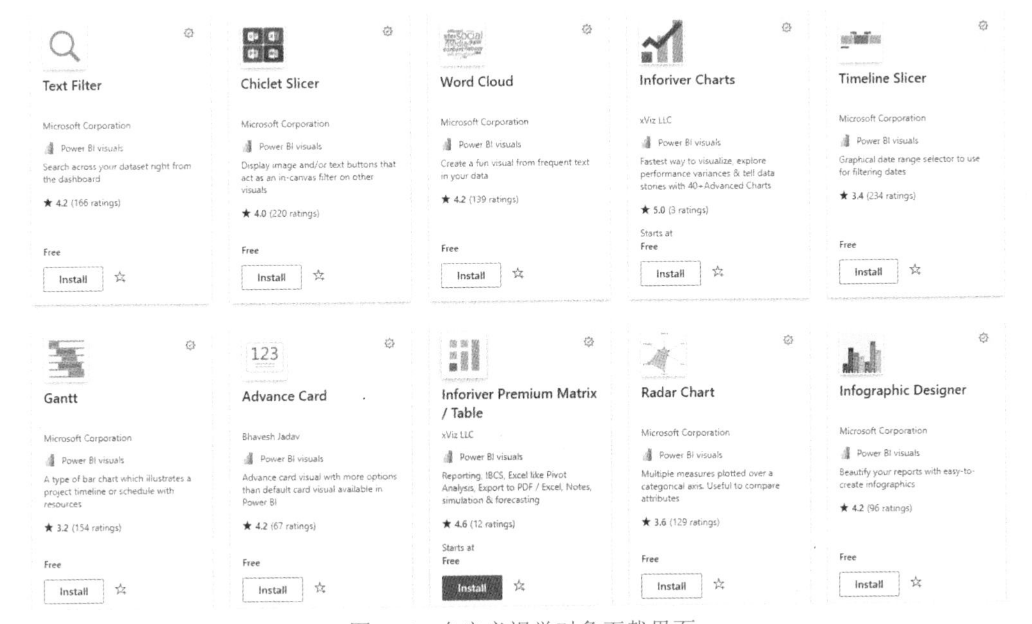

图7-14　自定义视觉对象下载界面

02 下载视觉对象。选择自定义视觉对象下载界面中的“Word Cloud”，单击“Install”按钮，打开如图7-15所示的信息确认对话框。

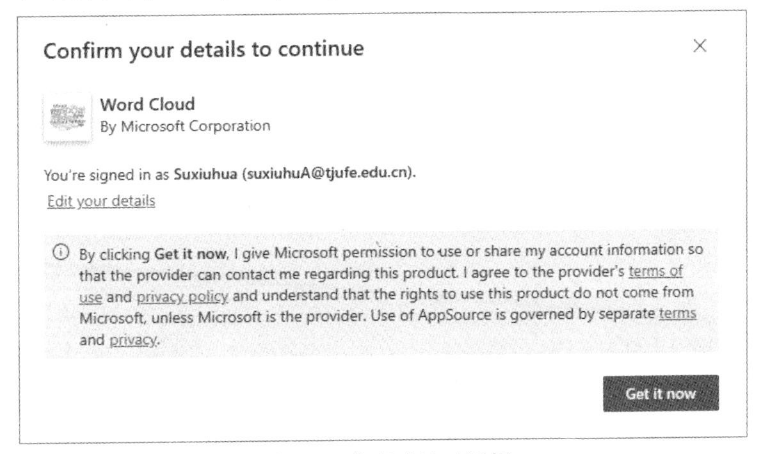

图7-15　信息确认对话框

03 设置下载路径。单击“Get it now”按钮，打开如图7-16所示的“新建下载任务”对话框，设置源文件保存路径，单击“下载”按钮。

图7-16 “新建下载任务”对话框

04 从文件导入视觉对象。单击“可视化”窗格中的···按钮，即可显示如图7-17所示的视觉对象设置选项，选择“从文件导入视觉对象”，打开如图7-18所示的“导入自定义视觉对象”对话框。

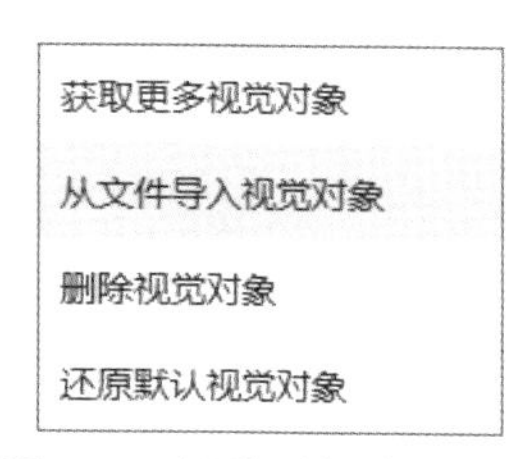

图7-17 视觉对象选项设置

图7-18 “导入自定义视觉对象”对话框

05 导入源文件。单击“导入”按钮，在“打开”对话框中，选择“WordCloud.WordCloud1447959067750.2.0.0.0.pbiviz”源文件，如图7-19所示。单击“打开”按钮，即可在“可视化”窗格中添加“词云图”视觉对象。

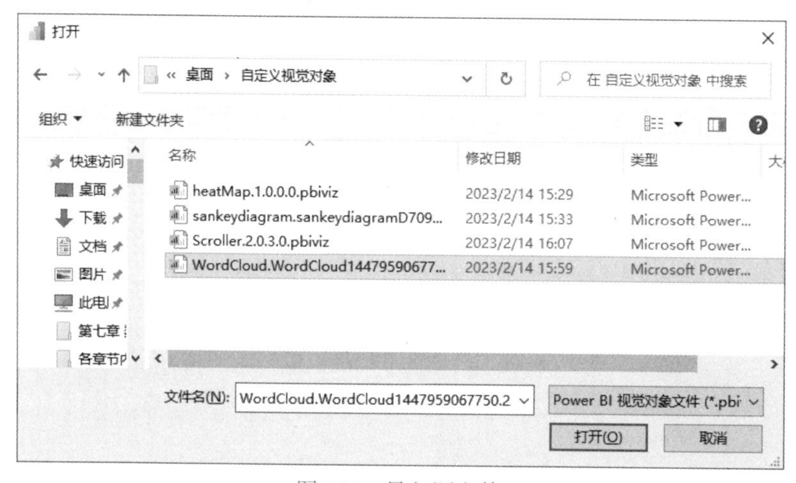

图7-19 导入源文件

06 固定到可视化效果窗格。在“可视化”窗格中右击新导入的“词云图”图标，在弹出的快捷菜单中选择“固定到可视化效果窗格”命令，如图7-20所示。固定后，下次打开Power BI时，该视觉对象依然存在，不用重新导入。

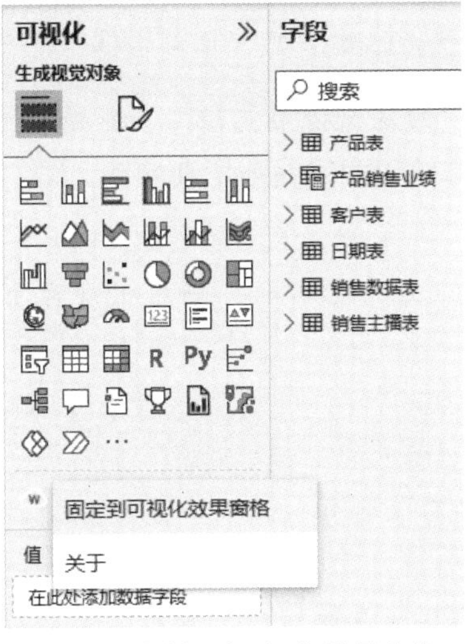

图7-20 固定到可视化效果窗格

❖ 提示：

✧ 在微软官网中用工作邮箱进行注册、登录后才能下载自定义视觉对象。

✧ 也可以在Power BI的“报表视图”中执行“插入”|“更多视觉对象”|“从我的文件”命令，将自定义视觉对象的源文件导入Power BI。

2. 直接获取更多视觉对象

单击“可视化”窗格中的···按钮，在如图7-17所示的视觉对象设置选项中选择“获取更多视觉对象”，就可以看到各种自定义可视化对象，找到待导入的自定义视觉对象，单击“添加”按钮即可。这种导入方式简单方便，但是需要用户先注册一个Power BI账户，登录后才能使用。

❖ 提示：

✧ 也可以在Power BI的“报表视图”中执行“插入”|“更多视觉对象”|“从AppSource”命令，将自定义视觉对象直接添加到Power BI中。

7.3.2 常用自定义视觉对象

本节将介绍一些常用的自定义视觉对象，在进行“跟我练”的实践操作之前需要将相应的自定义视觉对象源文件导入Power BI(教学资源中提供了各种自定义视觉对象的源文件)，也可以从AppSource中搜索自定义视觉对象的英文名称，下载自定义视觉对象并将其导入Power BI。

1. 词云图(Word Cloud)

词云图比较常见，它以一种直观的方式展现文本内容，当关键词出现的频率较高或其取值较大时，词语会以较大字号呈现；当关键词出现的频率较低或其取值较小时，词语会以较小字号呈现，这样我们就可以快速地从中获取出现频率较高或取值较大的关键词。

跟我练7-11 **新增报表页面“自定义视觉对象”，在此报表页面中新建词云图，观察销售额较大的客户所在城市。**

跟我练7-11

01 新增报表页面。打开“馨派宠物数据可视化7.pbix”文件，进入“报表视图”，单击“报表视图”下方的 + 按钮，新增报表页面，并将其命名为“自定义视觉对象”。

02 新建词云图。执行“插入”|“新建视觉对象”命令，单击“可视化”窗格中的“词云图”图标，插入一个“词云图”视觉对象。

03 字段设置。在“可视化”窗格中，将客户表中的“所在城市”拖动到“类别”，将“销售额”拖动到“值”。

04 格式设置。单击“可视化”窗格中的“格式”按钮，在“常规”选项中执行“标题”|“文本”命令，在文本框中输入“词云图”，生成的词云图如图7-21所示。

05 调整大小和位置。调整词云图的大小和位置。

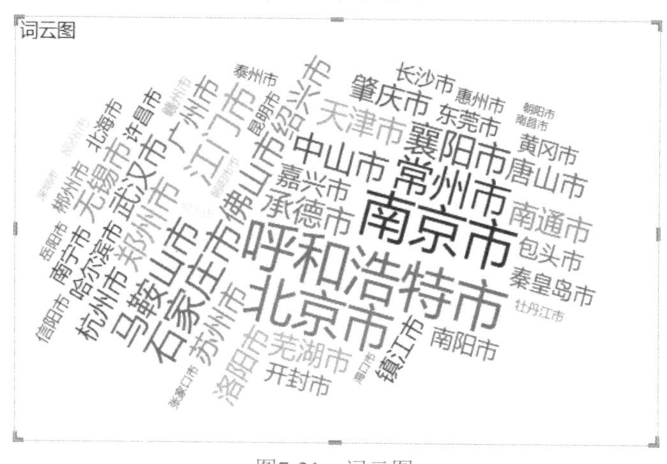

图7-21 词云图

2. 旭日图(Sunburst Chart)

旭日图不仅可以展示多个层次的比例结构，还可以清晰展示不同层次数据间的关系。我们可以将旭日图看作是多层环形图套在一起，最里面一层为一级分类，往外依次是二级分类、三级分类等。

跟我练7-12 **新建旭日图，展示不同层次产品的销售结构。(接【跟我练7-11】)**

跟我练7-12

01 导入源文件。单击“可视化”窗格中的···按钮，选择“从文件导入视觉对象”，选定Sunburst Chart源文件后，单击“打开”按钮，“可视化”窗格中将会出现“旭日图”的图标。

02 新建旭日图。在“自定义视觉对象”报表页面中，执行“插入”|“新建视觉对象”命令，然后单击“可视化”窗格中的“旭日图”图标，插入一个“旭日图”视觉对象。

03 字段设置。在“可视化”窗格中，将产品表中的“产品层次结构”拖动到“组”，将“销售额”拖动到“值”。

04 格式设置。单击“可视化”窗格中的“格式”按钮，在“常规”选项卡中执行“标题”|“文本”命令，在文本框中输入“不同层次产品销售结构图”，生成的旭日图如图7-22所示。

05 调整大小和位置。调整旭日图的大小和位置。

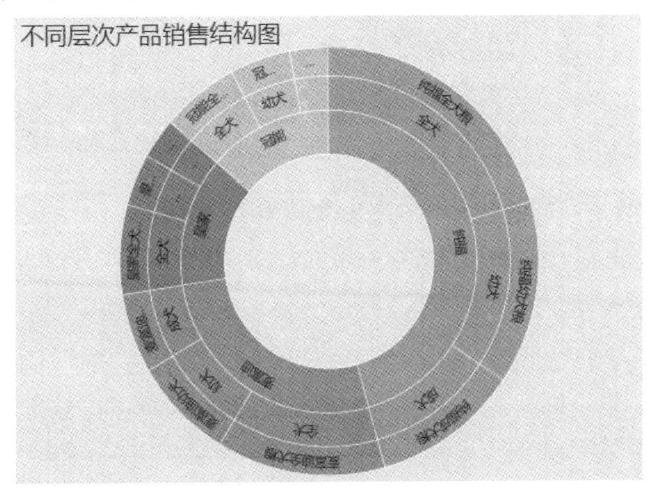

图7-22 旭日图

3. 桑基图(Sankey Diagram)

桑基图也称为桑基能量平衡图，是一种特定类型的流程图，图中延伸的分支的宽度对应数据流量的大小，通常应用于能源、材料成分、金融等数据的可视化分析。桑基图最明显的特征就是，始末端的分支宽度总和相等，即所有主支宽度的总和与所有分支宽度的总和相等，保持能量的平衡。

跟我练7-13 **新建桑基图，展示不同产品在各大直播平台的销售情况。**（接【跟我练7-12】）

跟我练7-13

01 导入源文件。单击“可视化”窗格中的···按钮，选择“从文件导入视觉对象”，选定Sankey Diagram源文件后，单击“打开”按钮，“可视化”窗格中将会出现“桑基图”的图标。

02 新建桑基图。在“自定义视觉对象”报表页面中，执行“插入”|“新建视觉对象”命令，然后单击“可视化”窗格中的“桑基图”图标，插入一个“桑基图”视觉对象。

03 字段设置。在“可视化”窗格中，将产品表中的“产品名称”拖动到“源”，将销售主播表中的“直播平台”拖动到“目标”。

04 格式设置。单击“可视化”窗格中的“格式”按钮，在“常规”选项卡中执行

“标题”|“文本”命令，在文本框中输入“不同产品在各大直播平台的销售情况”，生成的桑基图如图7-23所示。

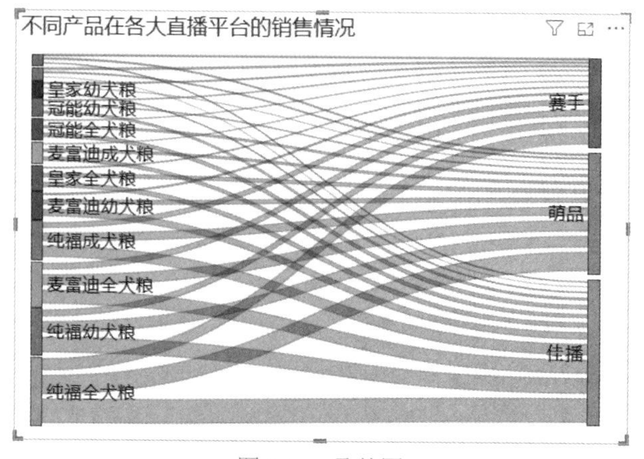

图7-23　桑基图

05 调整大小和位置。调整桑基图的大小和位置。

4. 华夫饼图(Waffle Chart)

华夫饼图也称为直角饼图，是一种表示百分比数据的视觉对象，其由10×10的图标网格组成，每个格子代表1%的数据份额。华夫饼图能够直观地表示原始数据值并将其以百分比的形式进行比较。华夫饼图常用于同类型指标的比较，如不同产品的利润率比较、不同季度的完成情况对比等。

跟我练7-14 **新建华夫饼图，展示各大直播平台的销售毛利。**(接【跟我练7-13】)

跟我练7-14

01 导入源文件。单击“可视化”窗格中的…按钮，选择“从文件导入视觉对象”，选定Waffle Chart源文件后，单击“打开”按钮，“可视化”窗格中会出现“华夫饼图”的图标。

02 新建华夫饼图。在“自定义视觉对象”报表页面中，执行“插入”|“新建视觉对象”命令，然后单击“可视化”窗格中的“华夫饼图”图标，插入一个“华夫饼图”视觉对象。

03 字段设置。在“可视化”窗格中，将销售主播表中的“直播平台”拖动到“Category Data”，将“毛利”拖动到“Values”。生成的华夫饼图如图7-24所示。

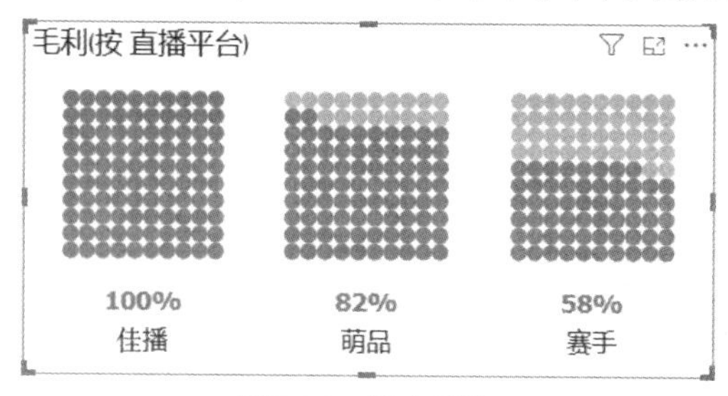

图7-24　华夫饼图

04 调整大小和位置。调整华夫饼图的大小和位置。

5. 子弹图(Bullet Chart)

子弹图主要用于考核实际数据与目标数据的差异情况，在进行KPI分析时经常用到。例如组成，若要考核销售人员的目标完成情况，则可以定义深红、红、黄、绿、深绿5种颜色，分别表示有待改善、一般、好、很好、最大值5个等级的目标完成情况。

跟我练7-15 **新建“子弹图”，展示各个销售主播的销售金额与目标销售额之间的差异情况，并使用不同颜色显示不同区域，如表7-3所示。**(接【跟我练7-14】)

跟我练7-15

表7-3　子弹图中数据值设置信息

数据值	目标完成情况	颜色
0~30%	有待改善	深红色
30%~80%	一般	红色
80%~100%	好	黄色
100%~120%	很好	绿色
140%	最大值	深绿色

01 导入源文件。单击“可视化”窗格中的…按钮，选择“从文件导入视觉对象”，选定Bullet Chart源文件后，单击“打开”按钮，“可视化”窗格中会出现“子弹图”的图标。

02 新建子弹图。在“自定义视觉对象”报表页面中，执行“插入”|“新建视觉对象”命令，然后单击“可视化”窗格中的“子弹图”图标，插入一个“子弹图”视觉对象。

03 字段设置。在“可视化”窗格中，将销售主播表中的“姓名”拖动到“类别”，将“销售额”拖动到“值”，将“目标销售额”拖动到“目标值”。

04 格式设置。单击“可视化”窗格中的“格式”按钮，在“视觉对象”选项卡中设置数据值：最小设为0，有待改善设为30，一般设为80，好设为100，很好设为120，最大值设为140。在“常规”选项卡中执行“标题”|“文本”命令，在文本框中输入“销售人员目标完成情况”。生成的子弹图如图7-25所示。

05 调整大小和位置。调整子弹图的大小和位置。

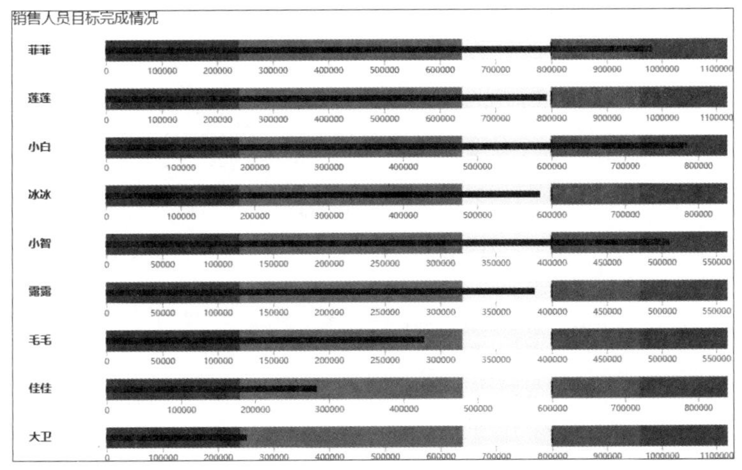

图7-25　子弹图

7.4 数据可视化分析实例

7.4.1 动态指标分析

为了节省空间，有时候需要将多项指标放在同一个图表上显示，在Power BI中可以根据需要动态切换显示的指标数据。

跟我练7-16 新建“簇状柱形图”，展示各个犬粮品牌的销售情况，要求在同一个空间内通过切片器动态切换销售额和销售量。

跟我练7-16

1. 建立辅助表，用于创建切片器

数据源中，销售额和销售量是两个度量值，无法通过选取现成的字段列来创建切片器，需要手动创建辅助表或参数表作为切片器。

01 在“馨派宠物数据可视化7.pbix”的“数据视图”中，执行“主页”|“输入数据”命令，打开“创建表”对话框，设置列名为“选择”，值为“销售额”和“销售量”；将名称设置为“动态”，如图7-26所示。

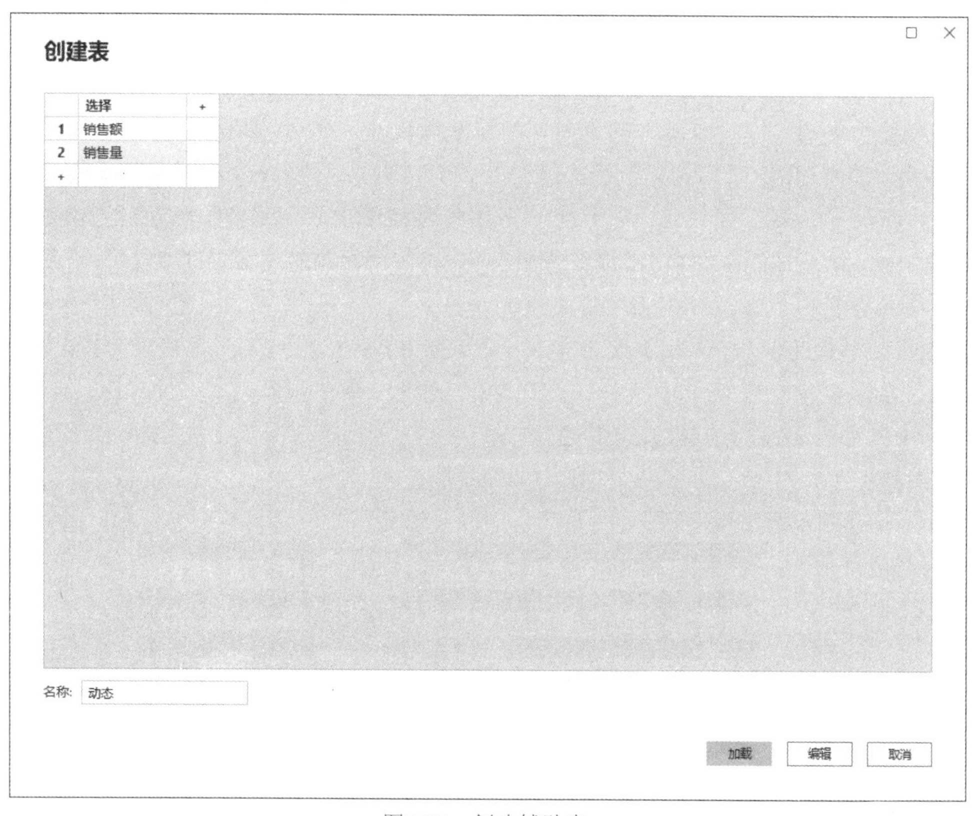

图7-26　创建辅助表

02 单击“加载”按钮，返回数据视图，即可新建一个“动态”表，如图7-27所示。

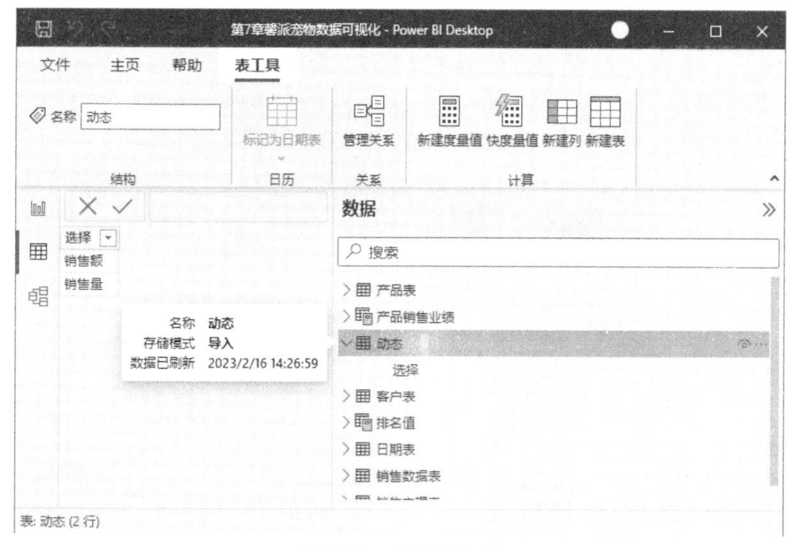

图7-27　“动态”表

03 新建页面。单击 + 按钮，新建报表页面，并将其命名为“动态指标分析”。

04 新建切片器。在此页面中新建一个切片器，将字段设置为“动态”表中的“选择”列。

05 格式设置。单击“可视化”窗格中的按钮，在“视觉对象”选项卡中执行“切片器设置”|“选项”命令，设置样式为“水平”或“磁贴”，即可生成如图7-28所示的切片器。

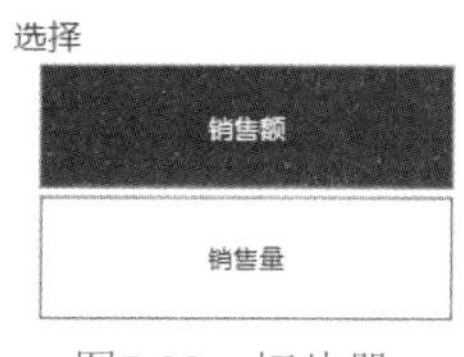

图7-28　切片器

2. 新建度量值使图表中显示的值与切片器相关联

01 新建度量值。在“报表视图”中，执行“主页”|“新建度量值”命令，在公式编辑栏中输入以下DAX公式。

动态切换数据 = SWITCH(SELECTEDVALUE('动态'[选择]), “销售额”,[销售额], “销售量”,[销售量])

02 关联切片器。按回车键，模型中便会生成一个和切片器相关联的度量值“动态切换数据”。

3. 新建“簇状柱形图”

01 新建簇状柱形图。在“报表视图”的“动态切换数据”页面中，执行“插入”|“新建视觉对象”命令，然后单击“可视化”窗格中的“簇状柱形图”图标，插入一个“簇状柱形图”视觉对象。

02 字段设置。将“犬粮品牌”拖动到“X轴”，将“动态切换数据”拖动到“Y轴”。当在切片器上选择“销售量”时，柱形图中会显示销售量的数据；当在切片器上选择“销售额”时，柱形图中会显示销售额的数据。

03 格式设置。单击“可视化”窗格中的“格式”按钮，在“常规”选项卡中执行“标题”|“文本”命令，在文本框中输入“动态指标分析”。生成的“动态指标分析”图如图7-29所示。

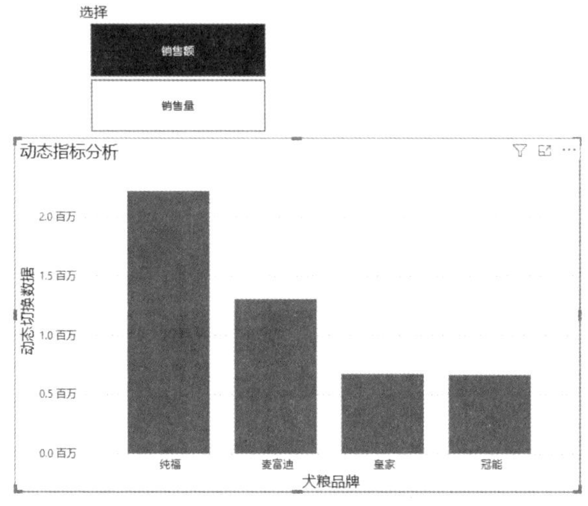

图7-29 “动态指标分析”图

7.4.2 产品战略分析

1. 波士顿矩阵

波士顿矩阵分析法是一种常用的企业产品组合规划方法，由美国大型商业咨询公司——波士顿咨询集团(Boston Consulting Group)首创。该方法旨在解决如何使企业的产品品种及其结构适合市场需求的变化，将企业有限的资源有效地分配到合理的产品结构中去，保证企业在竞争中获利。

在波士顿矩阵中，决定产品结构的基本因素可以归纳为市场引力和企业实力。市场引力包括企业销售增长率、目标市场容量、竞争对手实力及利润高低等因素，其中反映市场引力的综合指标是销售增长率，它是决定企业产品结构的外在因素。企业实力则包括市场占有率、技术、设备、资金利用能力等因素，其中市场占有率是决定企业产品结构的内在因素，直接体现企业的竞争实力。根据销售增长率和市场占有率可以将产品分为问题类、明星类、瘦狗类和金牛类4类，如图7-30所示。

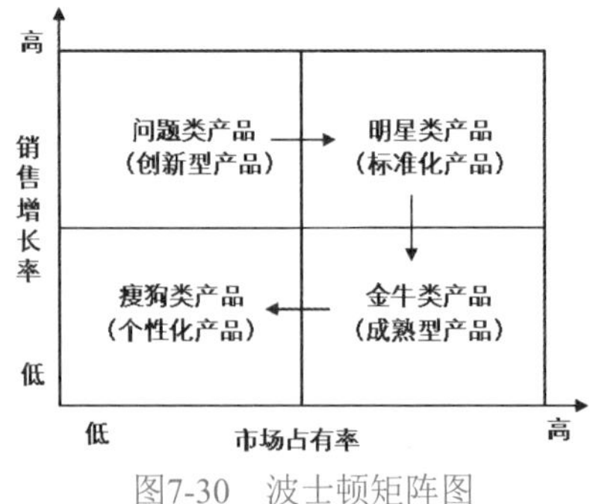

图7-30 波士顿矩阵图

明星类产品是处于高增长率、高市场占有率象限内的产品。对于这类产品应采取发展战略：积极扩大经济规模，寻找市场机会，以长远利益为目标，提高市场占有率，加强竞争地位。

问题类产品是处于高增长率、低市场占有率象限内的产品。对于问题类产品应采取选择性投资战略：先确定该象限中那些经过改进可能会成为明星类产品的产品，并进行重点投资，提高市场占有率，使之转变成明星类产品；对于其他有潜力成为明星类产品的产品，则在一段时期内采取扶持策略。

瘦狗类产品是处于低增长率、低市场占有率象限内的产品，其财务特点是利润率低、处于保本或亏损状态，负债比率高，无法为企业带来收益。对于这类产品应采取撤退战略：首先应减少批量，逐渐撤退，立即淘汰销售增长率和市场占有率均极低的产品；其次将剩余资源向其他产品转移。

金牛类产品是处于低增长率、高市场占有率象限内的产品。这类产品正处于成熟期，享有规模效益和高边际利润的优势，可以给企业带来大量的回流资金。企业往往会对金牛类产品采取稳定战略。

2. 产品战略分析实例

本节继续使用馨派宠物案例数据，介绍在Power BI中如何通过绘制散点图(波士顿矩阵图)判别各个产品的类别，从而针对不同产品类别采取不同的战略行动来应对市场。操作步骤如下：一是确定核算产品销售增长率和市场占有率的指标，在这里，销售增长率选取销售增长率指标，市场占有率选取销售额指标(销售额越大，市场占有率越高)；二是绘制散点图，以0销售增长率和100 000元销售额为高低标准分界线，将坐标图划分为4个象限。

跟我练7-17 **新建报表页面“产品战略分析”，在此报表页面中新建度量值“销售增长率”，并绘制产品战略象限图，来判别不同产品的类别(问题类、明星类、瘦狗类和金牛类)。**

跟我练7-17

01 新建报表页面。在“报表视图”中，单击下方的 + 按钮，新建报表页面，并将其命名为“产品战略分析”。

02 新建度量值。在“报表视图”中，选择“字段”窗格中的“产品表”，执行“主页”|“新建度量值”命令，在公式编辑栏中输入以下DAX公式。

```
销售增长率 = Divide([销售量]−Calculate([销售量], Previousmonth('日期表' [日期])),
Calculate([销售量], Previousmonth('日期'[日期]))
```

03 修改数据类型。执行“度量工具”|“%”命令，将度量值“销售增长率”的数据格式改成“百分比”，单击✓按钮或按回车键，“产品表”字段列表中便会增加度量值“销售增长率”。

04 新建散点图。在“产品战略分析”报表页面中，执行“插入”|“新建视觉对象”命令，然后单击“可视化”窗格中的“散点图”图标，插入一个“散点图”视觉对象。

05 字段设置。在“可视化”窗格中，将“销售额”拖动到“X轴”，将“销售增长率”拖动到“Y轴”，将产品表中的“产品名称”拖动到“图例”，将日期表中的“年份月份”拖动到“播放轴”，将“销售额”拖动到“大小”。

06 格式设置。单击“可视化”窗格中的“格式”按钮，在“常规”选项卡中执行“标题”|“文本”命令，在文本框中输入“产品战略分析”。在“视觉对象”选项卡中执行“图例”|“位置”命令，选择“右上角堆叠”，使图例显示在图表的右上方；执行“Y轴”|“范围”命令，将最大值设置为“0.25”，将最小值设置为“-0.35”。

07 分析设置。单击“可视化”窗格中的按钮，执行“X轴恒线”|“添加行”命令，设定“直线”的值为100 000，为X轴设置一条恒线；执行“Y轴恒线”|“添加行”命令，设定“直线”的值为0，为Y轴设置一条恒线。生成的产品战略象限图如图7-31所示。

08 结果解读。由图7-31可见，纯福全犬粮、纯福幼犬粮、纯福成犬粮属于明星类产品；皇家幼犬粮、皇家全犬粮为瘦狗类产品；其他产品则为问题类产品。

❖ 提示：

✧ 销售增长率计算公式：销售增长率=(本月销售量-上月销售量)/上月销售量。这里使用时间智能函数Previousmonth()返回上月数据。

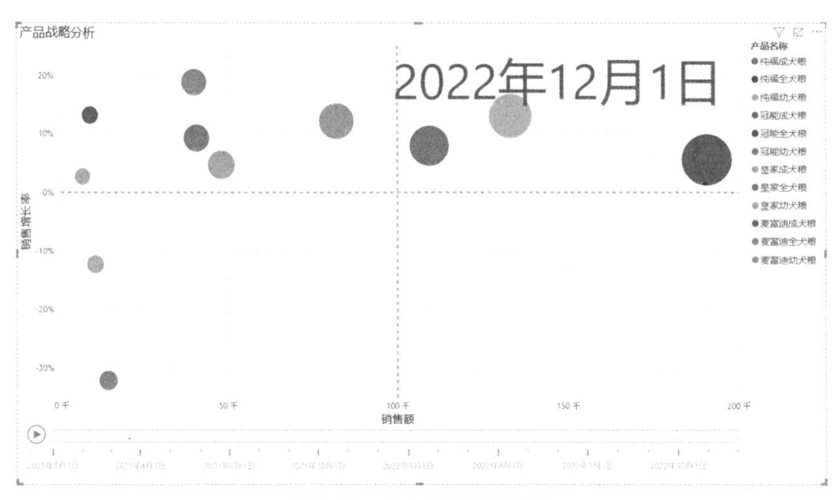

图7-31　产品战略象限图

7.4.3 排名分析

排名分析主要用于比较具有相同属性的不同事物，并展示它们的排名顺序。企业在经营过程中经常会选择一些能够反映运营情况或财务状况的关键指标进行排名分析，然后进一步分析差距产生的原因，为管理者作出决策提供依据。

在Power BI中有很多排名分析的方法：一是直接创建簇状柱形图、条形图、矩阵表等基本视觉对象，使用图表中的“排列轴”功能或“排序角标”功能直接对数据进行降序或升序排列；二是利用Power BI自带的“筛选器”功能提取出前几名的数据，例如，如果要提取前10名的数据，则在“筛选器”窗格中将待排名字段的筛选类型设置为“前N个”，并设置“显示项”为10即可；三是使用排名函数构建度量值进行排名分析。前两种方法只能进行一些简单的排名分析，本节主要针对第三种方法进行详细介绍。

1. RANKX函数与TOPN函数

RANKX函数与TOPN函数都通过构建度量值展示排名数据。

(1) RANKX函数的语法结构及应用示例。

知识点：RANKX函数

❍ 函数格式

RANKX(<table>, <expression>[, <value>[, <order>[, <ties>]]])

❍ 函数功能

针对为指定表中每一行计算的表达式，返回值列表的当前上下文中计算的表达式的排名。

❍ 函数参数

table: 表或是返回表的表达式。

expression：任何返回单个标量值的DAX表达式(或度量值)。

value：可选项，一般情况下默认为空值。

order：可选项，用来指定排列顺序，默认为0(降序排序)。当取值为1时升序排序。

ties：可选项，用于定义当存在相同值时排名的排序方法，默认为skip(跳过)。若设置为dense，则表示紧凑型排序。

跟我练7-18 新建报表页面“排名分析”，在此报表页面中新建度量值“销售量排名”，并用矩阵表在“排名分析”页面中展示各个产品的销售量排名。

跟我练7-18

01 新建报表页面。在Power BI Desktop中打开“馨派宠物数据可视化7.pbix”文件，单击“报表视图”下方的 + 按钮，新建报表页面，并将其命名为“排名分析”。

02 新建度量值。在“报表视图”中选择“产品表”，执行“主页”|“新建度量值”命令，在公式编辑栏中输入“销售量排名 = RANKX(all('产品表'),[销售量])”，按回车键。

03 新建矩阵表。在“排名分析”报表页面中，执行“插入”|“新建视觉对象”命令，然后单击“可视化”窗格中的“矩阵表”图标，插入一个“矩阵表”视觉对象。

04 字段设置。在“可视化”窗格中，将产品表中的“产品名称”拖动到“行”，将“销售量排名”拖动到“值”，即可显示度量值“销售量排名”的计算结果，如图7-32所示。

05 调整大小和位置。调整矩阵表的大小和位置。

产品名称	销售量排名
纯福全犬粮	1
麦富迪全犬粮	2
纯福幼犬粮	3
纯福成犬粮	4
麦富迪幼犬粮	5
麦富迪成犬粮	6
皇家全犬粮	7
冠能全犬粮	8
冠能幼犬粮	9
皇家幼犬粮	10
皇家成犬粮	11
冠能成犬粮	12
总计	**1**

图7-32 度量值“销售量排名”的计算结果

(2) TOPN函数的语法结构及应用示例。

知识点：TOPN函数

○ 函数格式

TOPN(<N_Value>,<Table>,<OrderBy_Expression>,[<Order>[, <OrderBy_Expression>,[<Order>]]…])

○ 函数功能

返回指定表的前*N*行组成的表。

○ 函数参数

N_Value：要返回的行数。

Table：返回从中提取前*N*行的数据表(或数据表的表达式)。

OrderBy_Expression：对表进行排序并针对表的每一行进行计算的任何DAX表达式。

○ 注意事项

如果参数N_Value 为0或更小，则返回的是一个空表。

该函数往往需要与CALCULATE函数或其他计算类函数结合起来使用。

跟我练7-19 **在“排名分析”报表页面的“矩阵表”中展示各个产品的销售量及前5名产品的销量和。(接【跟我练7-18】)**

跟我练7-19

01 新建度量值。在“报表视图”中选择“产品表”，执行“主页”|“新建度量值”命令，在公式编辑栏中输入“Top5销售量 = CALCULATE([销售量],TOPN(5,all('产品表'),[销售量]))”，按回车键。

02 字段设置。选定“排名分析”报表页面中的矩阵表，将“销售量”“Top5销售量”分别拖动到“值”，即可显示度量值“Top5销售量”的计算结果。

03 结果解读。度量值“销售量”和“Top5销售量”的计算结果如图7-33所示。可见，度量值“Top5销售量”的计算结果(17765)是一个固定值，是度量值“销售量”排名前5名的数量和。

产品名称	销售量排名	销售量	Top5销售量
纯福全犬粮	1	4755	17765
麦富迪全犬粮	2	4693	17765
纯福幼犬粮	3	2965	17765
纯福成犬粮	4	2916	17765
麦富迪幼犬粮	5	2436	17765
麦富迪成犬粮	6	2275	17765
皇家全犬粮	7	1748	17765
冠能全犬粮	8	1386	17765
冠能幼犬粮	9	1006	17765
皇家幼犬粮	10	909	17765
皇家成犬粮	11	862	17765
冠能成犬粮	12	756	17765
总计	**1**	**26707**	**17765**

图7-33 度量值“销售量”和“Top5销售量”的计算结果

2. 动态排名分析

度量值“Top5销售量”的计算结果是一个固定值，如果想动态显示多个值的排名情况，就需要使用Power BI中的模拟参数与TOPN函数进行排名分析。接下来主要介绍如何动态显示前*N*名的销量占比情况。

动态显示前*N*名的销量占比情况需要参照以下3个步骤。

(1) 新建模拟参数。

Power BI在2017年及之后的版本中有一个新功能“新建参数”，该功能可以自动生成度量值“参数值”和一个切片器，用于调整视觉对象或DAX表达式中的数值(或字段)。

跟我练7-20　**新建一个模拟参数“排名值”，取值范围是[1,10]。(接【跟我练7-19】)**

跟我练7-20

01 新建参数。在“排名分析”报表页面中，执行“建模”|“新建参数”|“数值范围”命令(见图7-34)，打开“参数”对话框。

图7-34　新建参数

02 设置参数。在“参数”对话框中，设置名称为“排名值”，选择数据类型为“整数”，设置最小值为“1”、最大值为“10”、增量为“1”、默认值为“5”，勾选“将切片器添加到此页”复选框，如图7-35所示。

图7-35　参数设置

03 生成切片器。单击“创建”按钮，“排名分析”报表页面中便会生成“排名值”切片器，如图7-36所示。同时，“字段”窗格中也会生成参数表“排名值”，参数表中有一个字段“排名值”和一个度量值“排名值 值”，如图7-37所示。

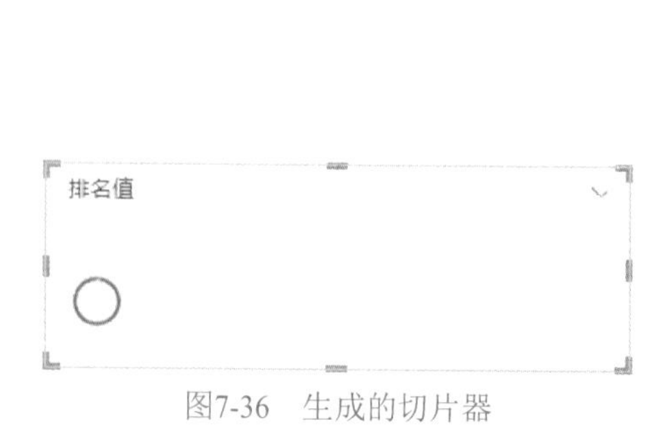

图7-36 生成的切片器

字段
搜索
产品表
产品销售业绩
客户表
排名值
排名值
排名值 值
日期表
销售数据表
销售主播表

图7-37 生成的参数表

❖ 提示：

✧ 创建模拟参数后，该参数和度量值将成为模型的一部分，既可以在整个Power BI报表中使用，也可以在其他报表页面中使用。

(2) 新建度量值。

新建两个度量值：一个用于计算前N名的销售量，另一个用于计算前N名销售量占总销售量的比率。

跟我练7-21 新建度量值“TopN”和“前N名的销售量占比”。(接【跟我练7-20】)

跟我练7-21

01 新建度量值1。在“排名分析”报表页面中，执行“建模”|“新建度量值”命令，在公式编辑栏中输入“TopN = CALCULATE([销售量], TopN([排名值 值],all('产品表'),[销售量]))”，按回车键。

02 新建度量值2。继续新建度量值，在公式编辑栏中输入“前N名的销售量占比 = Divide([TopN],calculate([销售量],all('产品表')))”，按回车键。

(3) 制作折线图。

制作一张折线图，用于动态反映“前N名的销售量占比”随着年份季度的变化情况。

跟我练7-22 新建“折线图”，展示前N名的销售量占比随着年份季度的动态变化情况。(接【跟我练7-21】)

跟我练7-22

01 新建折线图。在“排名分析”报表页面中，执行“插入”|“新建视觉对象”命令，然后单击“可视化”窗格中的“折线图”图标，插入一个“折线图”视觉对象。

02 字段设置。在“可视化”窗格中，将日期表中的“年份季度”拖动到“X轴”，将“前N名的销售量占比”拖动到“Y轴”，即可生成反映“前N名的销售量占比”随着年份季度变化情况的折线图。在动态排名分析图(见图7-38)中，可以通过调整“排名值”切片器中的取值来直接控制折线图中“前N名的销售量占比”的动态变化情况。

03 调整大小和位置。调整折线图的大小和位置。

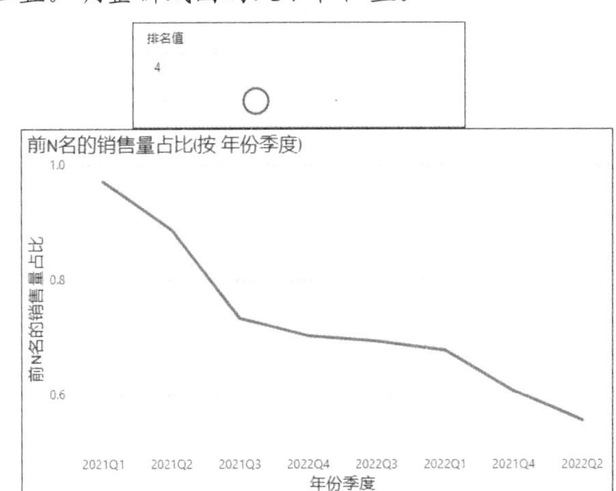

图7-38　动态排名分析图

7.4.4　帕累托分析

帕累托分析法又称为二八法则或80-20法则，最早是由意大利经济学家帕累托发现并提出的，是一种非常实用的数据分析方法。例如，社会中大约20%的人掌握着约80%的财富；大约20%的产品贡献了约80%的销售额；大约20%的客户带来了约80%的利润；等等。通过帕累托分析，我们可以从多项因素中快速地找到关键因素，从而提出更有针对性的建议和解决措施，做到把握关键、分清主次。

那么在馨派宠物销售数据中，有可能也存在这样一种情况：20%的产品贡献着80%的销售额。如果确实存在这种情况，企业在制定经营策略时就应该重点关注。

接下来，我们先在Power BI中通过新建度量值计算“累计销售额”和“累计销售占比”，然后使用折线和簇状柱形图生成帕累托图(又称为排列图或主次图，是按照发生频率的高低顺序绘制的直方图)进行可视化分析。

1. 计算“累计销售额”和“累计销售占比”

跟我练7-23　新建报表页面“帕累托分析”，在此报表页面中新建度量值“累计销售额”和“累计销售占比”，并用矩阵表在“帕累托分析”页面中展示各个产品的销售额、累计销售额和累计销售占比。

跟我练7-23

01 新建报表页面。在Power BI Desktop中打开“馨派宠物数据可视化7.pbix”文件，单击“报表视图”下方的 + 按钮，新建报表页面，并将其命名为“帕累托分析”。

02 新建度量值1。在“报表视图”中选择“产品表”，执行“主页”|“新建度量值”命令，在公式编辑栏中输入“累计销售额 = calculate([销售额],FILTER(all('产品表'),sumx('销售数据表',[数量]*[售价])<=[销售额]))”，按回车键。

03 新建度量值2。继续执行“主页”|“新建度量值”命令，在公式编辑栏中输入“累计销售占比 = DIVIDE([累计销售额],CALCULATE([销售额],all('产品表')))”，按回车键。执

行“度量工具”|“%”命令，将该度量值的数据格式设置为“百分比”，并设置小数位数为0。

04 新建矩阵表。在“帕累托分析”报表页面中执行“插入”|“新建视觉对象”命令，然后单击“可视化”窗格中的“矩阵表”图标，插入一个“矩阵表”视觉对象。

05 字段设置。在“可视化”窗格中，将产品表中的“产品名称”拖动到“行”，将“销售额”“累计销售额”“累计销售占比”拖动到“值”，即可生成不同产品累计销售额及占比情况表，如图7-39所示。

06 排序设置。单击矩阵表中销售额下面的按钮，按照降序排列数据。

07 调整大小和位置。调整矩阵表的大小和位置。

产品名称	销售额	累计销售额	累计销售占比
纯福全犬粮	998550	998550	20.6%
纯福幼犬粮	670090	1668640	34.4%
麦富迪全犬粮	633555	2302195	47.5%
纯福成犬粮	548208	2850403	58.8%
麦富迪幼犬粮	377580	3227983	66.6%
皇家全犬粮	328624	3556607	73.4%
麦富迪成犬粮	291200	3847807	79.4%
冠能全犬粮	291060	4138867	85.4%
冠能幼犬粮	227356	4366223	90.1%
皇家幼犬粮	189981	4556204	94.0%
皇家成犬粮	149988	4706192	97.1%
冠能成犬粮	142128	4848320	100.0%
总计	**4848320**		

图7-39　不同产品累计销售额及占比情况表

❖ 提示：

✧ 累计销售额的计算逻辑是将大于和等于当前销售额的产品销售额全部累加起来。

2. 生成帕累托图

跟我练7-24 在“帕累托分析”报表页面中插入“折线和簇状柱形图”，然后通过设置生成帕累托分析图。(接【跟我练7-23】)

跟我练7-24

01 插入折线和簇状柱形图。在“帕累托分析”报表页面中，执行“插入”|“新建视觉对象”命令，然后单击“可视化”窗格中的“折线和簇状柱形图”图标，插入一个“折线和簇状柱形图”视觉对象。

02 字段设置。在“可视化”窗格中，将产品表中的“产品名称”拖动到“X轴”，将“销售额”拖动到“列Y轴”，将度量值“累计销售占比”拖动到“行Y轴”。

03 格式设置1。单击“可视化”窗格中的按钮进行格式设置，在“常规”选项卡中执行“标题”|“文本”命令，在文本框中输入“帕累托分析图”。

04 格式设置2。在“视觉对象”选项卡中设置“数据标签”：不显示“销售额”数据标签；显示“累计销售占比”数据标签。

05 格式设置3。在“视觉对象”选项卡中执行“列”|“颜色”命令，修改“列”颜色，如图7-40所示。单击fx按钮，进入如图7-41所示的“默认颜色-列”对话框，在此对话框中，设置格式样式为“规则”，设置字段为“累计销售占比”，添加规则：如果值售占

比大于等于0.9、小于1则设置为浅橙色；如果值大于等于0.6、小于0.9则设置为橙色；如果值大于等于0、小于0.6则设置为蓝色。单击“确定”按钮，即可生成帕累托分析图，如图7-42所示。

图7-40　修改“列”颜色

图7-41　“默认颜色-列”对话框

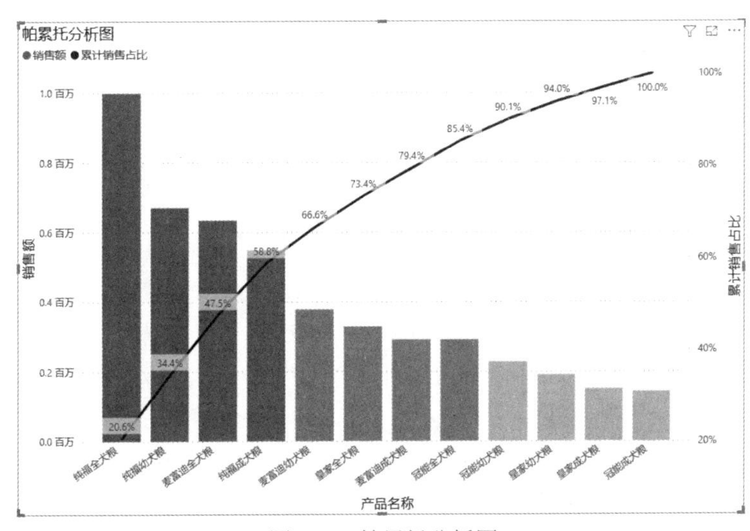

图7-42　帕累托分析图

06 调整大小和位置。调整帕累托分析图的大小和位置。

7.5 Power BI的封面制作

封面在可视化分析中起到了向用户展示报表内容的导引作用。打开“馨派宠物数据可视化7.pbix”文件，可以看到“报表视图”中已经建立了销售概况、产品战略分析、动态指标分析、排名分析、帕累托分析等多个报表页面。我们可以使用Power BI中的按钮和书签功能制作一个封面，将多个报表页面集成在一起，以便用户总览和动态查看，使其单击界面中的任何一个按钮就能直接切换到相应的报表页面中。馨派宠物经营可视化智能分析封面如图7-43所示。

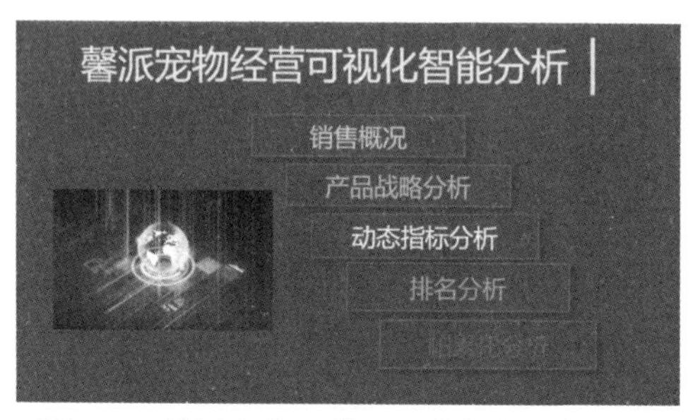

图7-43 馨派宠物经营可视化智能分析封面

7.5.1 首页设计

跟我练7-25 新建报表页面“首页”，并在此报表页面中制作如图7-43所示的馨派宠物经营可视化智能分析封面。

跟我练7-25

01 新建报表页面。打开“馨派宠物数据可视化7.pbix”文件，单击“报表视图”下方的 + 按钮，新建报表页面，并将其命名为“首页”。将鼠标指针放在“首页”上，按住鼠标左键，将“首页”拖动到“销售概况”报表页面的前面。

02 报表页面格式设置。单击“可视化”窗格中的按钮，执行“画布背景”|“颜色”命令，将颜色设置为“深蓝色”，将透明度设置为0。

03 插入文本框并进行格式设置。执行“插入”|“文本框”命令，将插入的“文本框”拖动到画布顶端并调整尺寸。在该文本框中输入“馨派宠物经营可视化智能分析”，并设置字体颜色为黄色，字体大小为54，加粗，中间对齐。在“格式”窗格的“常规”选项卡中执行“效果”|“背景”命令，将“背景”的透明度设置为100%。

04 插入图片。执行“插入”|“图像”命令，在“打开文件”对话框中选择要插入的图片，单击“打开”按钮。将图片拖动到画布左侧的适当位置，并调整尺寸。

05 插入按钮。执行“插入”|“按钮”|“空白”命令，将空白按钮拖动到画布右侧的适当位置并调整尺寸。在“格式”窗格的“按钮”选项卡中执行“样式”|“文本”命令，将文本设置为“销售概况”，将字体大小设置为35，将字体颜色设置为“粉色”，如图7-44所示。在“常规”选项卡中，单击“阴影”右侧的按钮，使其变成状态，如图7-45所示。

06 复制按钮。选中新插入的“销售概况”按钮，按Ctrl+C组合键，然后按4次Ctrl+V

组合键，将“销售概况”按钮复制粘贴4次，并将其分别拖动到画布右侧的适当位置。在“格式”窗格的“按钮”选项卡中执行“样式”|“文本”命令，将文本分别修改为“产品战略分析”“动态指标分析”“排名分析”和“帕累托分析”，将字体颜色分别设置为“浅蓝色”“浅黄色”“浅橙色”和“红色”。

❖ **提示：**

✧ 在Power BI中除了空白按钮，还有向左键、右箭头、重置、上一步、书签等按钮，如图7-46所示。

图7-44　按钮设置

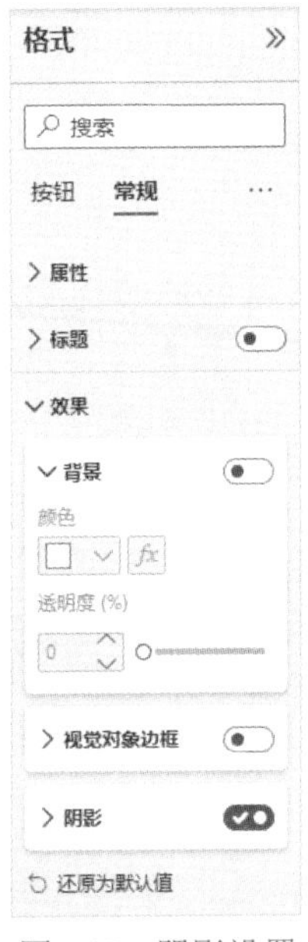

图7-45　阴影设置

图7-46　按钮类型

7.5.2　添加书签

封面设计完成后，单击页面中的按钮还不能实现跳转，还需要进一步添加书签，并将按钮与书签建立关联。

跟我练7-26　为每个报表页面添加书签，使用户单击“首页”页面中的按钮即可直接切换到相应报表页面。(接【跟我练7-25】)

跟我练7-26

01 显示“书签”窗格。在“馨派宠物数据可视化7.pbix”的“报表视图”中，执行“视图”|“书签”命令，界面右侧便会显示“书签”窗格，如图7-47所示。

02 添加书签。选定“销售概况”报表页面，单击“书签”窗格中的“添加”按钮，“书签”窗格中便会增加“书签1”，单击“书签1”右侧的···按钮，即可将“书签1”重新命名为“销售概况”，如图7-48所示。

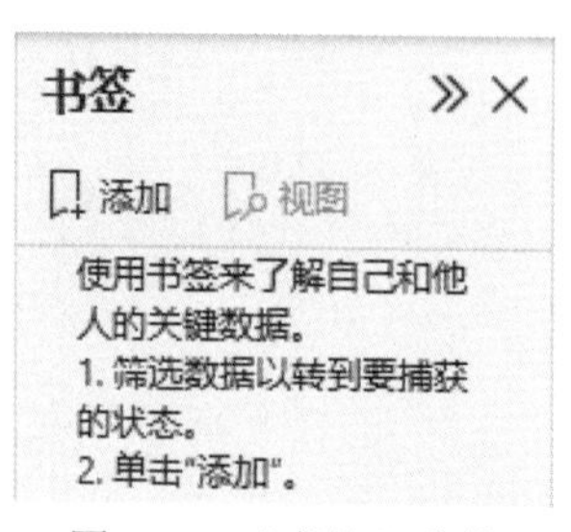

图7-47 “书签”窗格

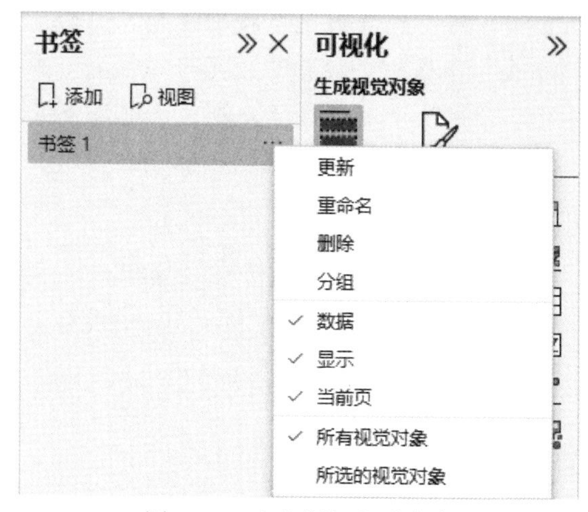

图7-48 对“书签1”重命名

03 添加其他书签。分别选定“首页”“动态指标分析”“产品战略分析”“排名分析”和“帕累托分析”报表页面，为其添加书签，并重新命名，如图7-49所示。在“书签”窗格下单击不同的书签，即可跳转到相应的报表页面。

04 关联按钮与书签。单击“首页”报表页面中的“销售概况”按钮，在界面右侧的“格式”窗格中选择“按钮”选项卡，设置类型为“书签”，设置书签为“销售概况”，如图7-50所示。

05 按照同样的方法，分别对“动态指标分析”“产品战略分析”“排名分析”和“帕累托分析”按钮的操作格式进行设置。在“首页”页面中按住Ctrl键，同时单击页面上的按钮，即可直接跳转到按钮所对应的报表页面中。

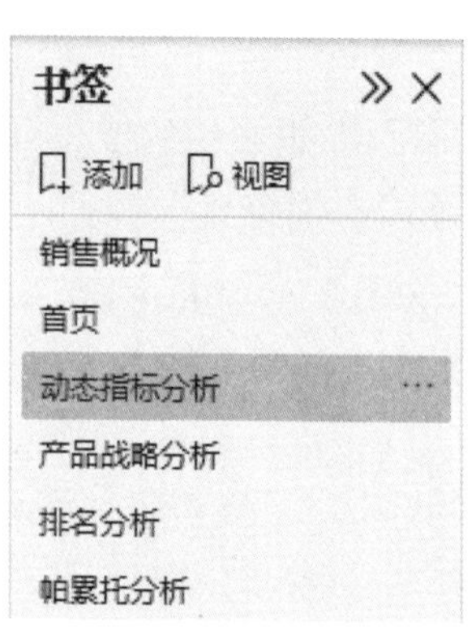

图7-49 添加的书签

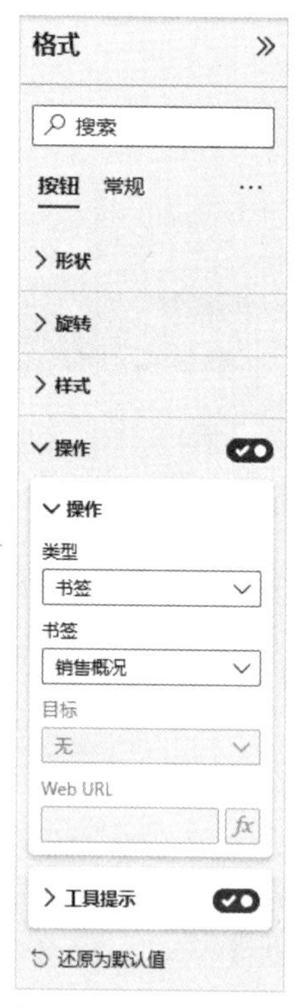

图7-50 为“销售概况”按钮设置书签

❖ 提示：

- ✧ 添加书签后，建议及时对其进行重命名，否则在有很多书签的情况下，很难判断哪个书签对应哪个报表页面。双击书签的名称，使书签处于编辑状态，可以直接重命名。
- ✧ 除了重命名以外，用户还可以对书签进行更新、删除、分组等操作，如图7-48所示。如果书签设置有误，则可以使用更新命令进行修改。
- ✧ 在图7-49所示的“书签”窗格下，如果想将“首页”书签放在“销售概况”书签的前面，则可以选定“首页”书签，按住鼠标左键，直接将其拖动到“销售概况”书签的前面。
- ✧ 在Power BI操作界面编辑状态下，需要按住Ctrl键，再单击相应按钮才能跳转。如果将报表发布到Web上，不需要按Ctrl键，单击相应按钮就可以直接实现交互。

7.5.3　添加返回按钮、书签导航器、页面导航器

现在，从“首页”报表页面可以很方便地跳转到其他报表页面中，那么如何返回“首页”报表页面呢？在Power BI中有3种解决方法：添加返回按钮、添加书签导航器、添加页面导航器。

1. 添加返回按钮

跟我练7-27　在“销售概况”页面中添加一个返回按钮。(接【跟我练7-26】)

跟我练7-27

01 插入按钮。选择“销售概况”页面，执行“插入”|“按钮”|“空白”命令，将空白按钮拖动到页面的适当位置，并调整尺寸；在“格式”窗格的“按钮”选项卡中执行“样式”|“文本”命令，设置文本为“返回首页”，设置字体颜色为“白色”。添加的“返回首页”按钮如图7-51所示。

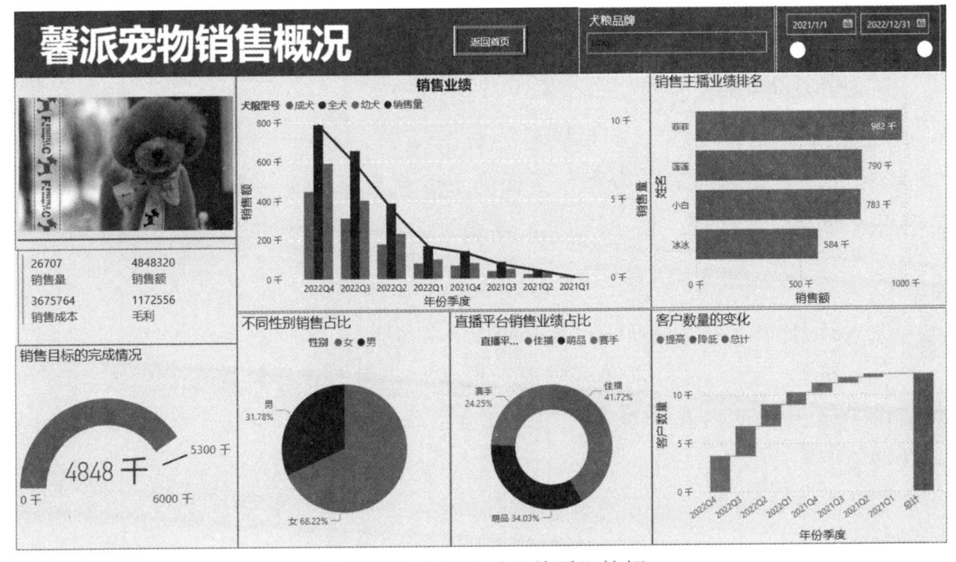

图7-51　添加“返回首页”按钮

02 设置按钮格式。单击"销售概况"页面中的"返回首页"按钮，在"格式"窗格中选择"按钮"选项卡，设置类型为"书签"，设置书签为"首页"。

03 单击按钮返回首页。按住Ctrl键，同时单击"返回首页"按钮，即可直接跳转到"首页"报表页面。

2. 添加书签导航器

跟我练7-28 在"产品战略分析"页面中添加一个书签导航器。(接【跟我练7-27】)

跟我练7-28

01 插入书签导航器。在"产品战略分析"页面，执行"插入"|"按钮"|"导航器"|"书签导航器"命令，页面的上方便会显示书签导航器，如图7-52所示。

02 利用书签导航器跳转。按住Ctrl键，单击导航器中的任意书签就能跳转到相应页面。

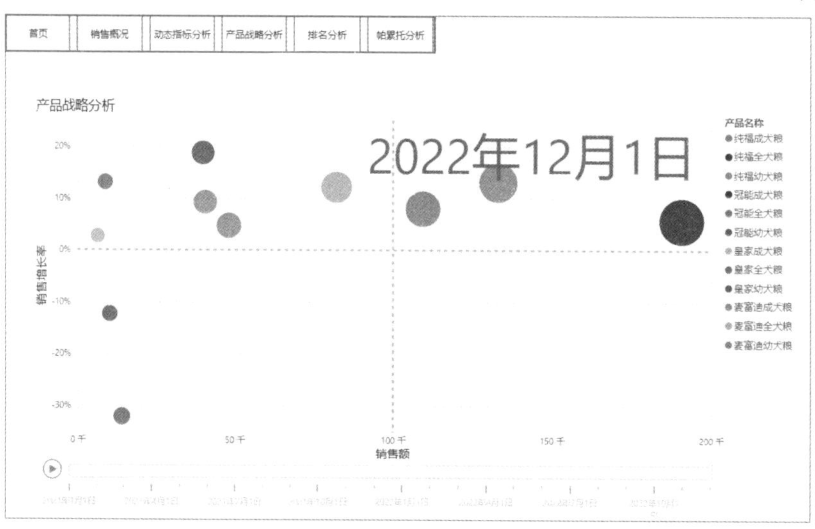

图7-52　添加书签导航器

3. 添加页面导航器

跟我练7-29 在"帕累托分析"页面中添加一个页面导航器。(接【跟我练7-28】)

跟我练7-29

01 插入页面导航器。在"产品战略分析"页面，执行"插入"|"按钮"|"导航器"|"页面导航器"命令，页面的上方便会显示页面导航器，如图7-53所示。

02 利用页面导航器跳转。按住Ctrl键，单击页面导航器中的按钮就能跳转到相应页面。

❖ 提示：

✧ 在Power BI中，书签导航器和页面导航器都相当于一个视觉对象，可以在"格式"窗格的"视觉对象"和"常规"选项卡中对其进行格式设置。

✧ 借助 Power BI的内置导航器，可快速生成页面或书签导航，节省生成和管理页面或书签导航所需的时间。

✧ 书签导航器与页面导航器的最大区别在于，书签导航器需要先为各个页面添加书签后才能生成，而页面导航器不用添加书签即可直接生成。

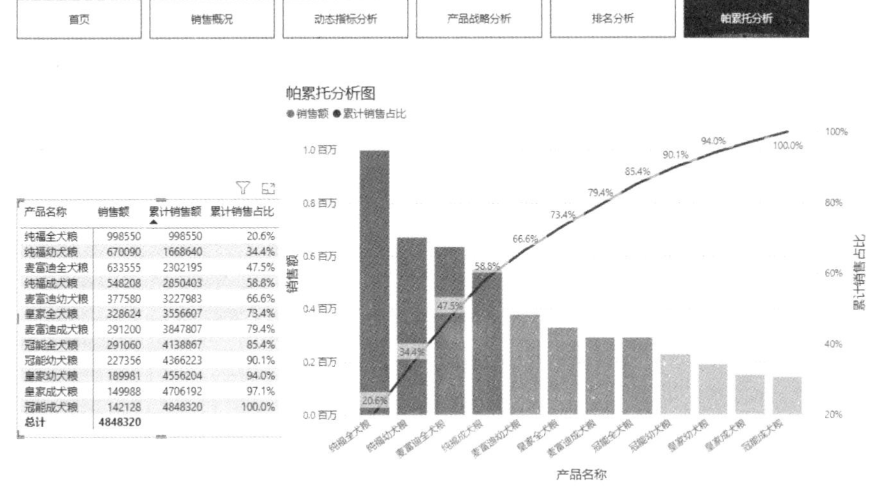

产品名称	销售额	累计销售额	累计销售占比
纯福全犬粮	998550	998550	20.6%
纯福幼犬粮	670090	1668640	34.4%
麦富迪全犬粮	633555	2302195	47.5%
纯福成犬粮	548208	2850403	58.8%
麦富迪幼犬粮	377580	3227983	66.6%
皇家全犬粮	328624	3556607	73.4%
麦富迪成犬粮	291200	3847807	79.4%
冠能全犬粮	291060	4138867	85.4%
冠能幼犬粮	227356	4366223	90.1%
皇家幼犬粮	189981	4556204	94.0%
皇家成犬粮	149988	4706192	97.1%
冠能成犬粮	142128	4848320	100.0%
总计	4848320		

图7-53　添加页面导航器

随堂测

一、判断题

1. 表和矩阵是同一种视觉对象。（　　）
2. 用户不仅可以导入Power BI 提供的基本视觉对象，还可以导入自定义视觉对象。（　　）
3. 书签导航器需要先为各个页面添加书签后才能生成。（　　）
4. 无论在哪个报表页面中新建参数，均可以在所有报表页面中使用。（　　）

二、单选题

1. 以下适合进行产品战略分析的视觉对象是(　　)。

   A. 散点图　　B. 词云图　　C. 树状图　　D. 仪表图

2. 帕累托图需要使用(　　)进行绘制。

   A. 柱形图　　B. 折线图　　C. 分区图　　D. 折线和簇状柱形图

3. 按住(　　)键，再单击按钮，可以实现不同页面间的跳转。

   A. Shift　　B. Ctrl　　C. Alt　　D. Fn

三、多选题

1. 以下适合进行比较分析的视觉对象是(　　)。

   A. 柱形图　　B. 树状图　　C. 条形图　　D. 仪表图

2. 以下属于自定义视觉对象的有(　　)。

   A. 瀑布图　　B. 词云图　　C. 桑基图　　D. 智能问答

四、问答题

1. 散点图和气泡图的应用场景有何不同？
2. 制作帕累托图需要注意哪些问题？
3. 如何获得自定义视觉对象？

第 8 章

财务数据可视化智能设计——以利润表为例

本章以云南白药(股票代码：000538)和东阿阿胶(股票代码：000423)两家经营模式相近的公司为例，首先从网易财经网站上直接爬取这两家公司的利润表数据，然后对爬取的数据进行数据整理、数据建模和可视化设计与分析，综合展示Power BI如何应用于财务数据可视化智能分析，过程中也将梳理并分享一些应用技巧。

8.1 从Web上爬取利润表数据

8.1.1 选择数据获取方式

数据分析的第一步就是获取数据，上市公司财务数据的获取渠道大致分为3种：一是从数据库管理系统中获取财务数据，数据库管理系统一般是指企业内部的信息系统，其存储于企业服务器中；二是从国泰安、瑞思、Wind等商品化数据库中获取财务数据，很多高校及研究机构都购买了不同类别的商品化数据库；三是从新浪财经、网易财经、巨潮资讯、东方财富等财经网站上爬取财务数据。

对于普通大众来说，商品化数据库并非易得，而企业数据库管理系统属于企业内部资源更是触不可及，因此，从财经网站这种公共媒体上获取数据成为不二之选。直接从Web上爬取财务数据具有两大优势：一是数据公开、易得，有时无须验证身份即可访问；二是在Power BI中使用从Web上爬取的数据可以实现实时在线更新数据，不需要对新增的数据进行重新获取或整理。可以说这种方式既方便又高效。

本章中，我们选择使用Power BI的爬虫功能从新浪财经网站上直接爬取的云南白药(000538)和东阿阿胶(000423)两家上市公司最近十年的利润表数据作为分析源。

从财经网站上下载的财务报表Excel文件与从Web上爬取的数据有区别吗？

我们也可以直接从财经网站上下载财务报表Excel文件，在Excel中将数据整理成适合进行数据可视化分析的格式，然后将其导入Power BI进行进一步整理和分析(本书第9章案例中的数据就是利用这种方法采集的)。但是这种方法不能实现随时在线更新数据，这正是两者的差异所在。

8.1.2 分析网址规律

爬取数据前，首先需要分析新浪财经网站上云南白药(000538)和东阿阿胶(000423)两家上市公司利润表的网址规律及内容规律，从而设计爬取方式。

跟我练8-1 查看网页结构，分析网址规律。

跟我练8-1

01 打开网站搜索行情。进入新浪财经网站(https://finance.sina.com.cn/)首页，在“行情”文本框中输入“000538”或“云南白药”，在下拉列表中选择“云南白药”，如图8-1所示。单击“搜索”按钮，进入云南白药(000538)行情页面。

图8-1 新浪财经网站行情搜索

02 定位财务数据。向下滚动页面直至左侧出现“公司公告”选项，单击“年报”按钮，进入云南白药年度报告页面，如图8-2所示。

03 查看利润表。继续向下滚动页面直至左侧出现“财务数据”选项，单击“利润表”按钮，进入云南白药利润表页面。

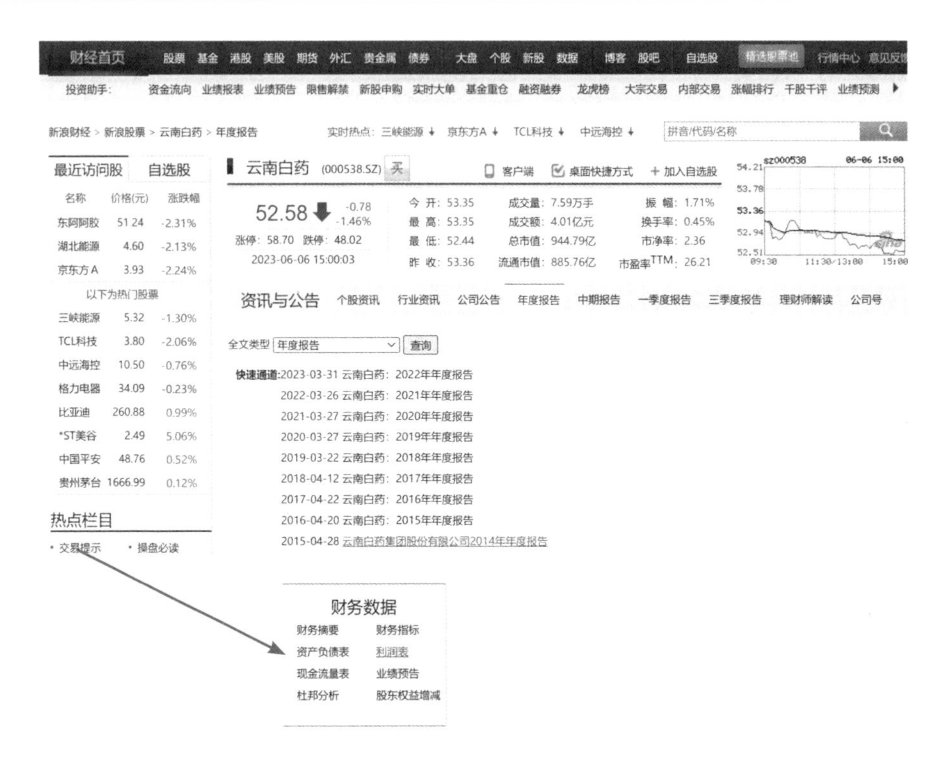

图8-2　云南白药年度报告页面

04 查看利润表数据规律。选择历年数据中的“2022”年，不难发现，2022年利润表数据是以表格形式存放的，页面中包括4个季度的利润信息，如图8-3所示。

云南白药 深圳 000538　52.58　-0.78 -1.46%　2023-06-06 15:00:03

昨收盘:53.36 今开盘:53.35 最高价:53.35 最低价:52.44　代码/名称/拼音　查询　代码检索

市值:944.79亿元 流通:885.76 成交:75889手 换手:0.45%　公司资料意见反馈

财务报表：　财务摘要　资产负债表　利润表　现金流量表

历年数据：　2023　2022　2021　2020　2019　2018　2017　2016　2015　2014　2013

云南白药(000538) 利润表　单位：万元

报表日期	2022-12-31	2022-09-30	2022-06-30	2022-03-31
一、营业总收入	3,648,837.26	2,691,568.97	1,801,673.86	942,953.99
营业收入	3,648,837.26	2,691,568.97	1,801,673.86	942,953.99
二、营业总成本	3,208,716.82	2,309,681.31	1,524,579.73	774,178.64
营业成本	2,688,348.53	1,932,179.63	1,279,249.81	658,770.56
营业税金及附加	21,048.94	15,463.86	10,757.81	5,227.88
销售费用	416,556.39	308,901.12	201,008.87	95,789.37
管理费用	83,378.43	53,534.70	37,078.50	20,278.55
财务费用	-34,287.84	-21,184.29	-16,377.73	-11,120.00
研发费用	33,672.37	20,786.28	12,862.47	5,232.29
资产减值损失	--	--	--	--
公允价值变动收益	-61,990.29	-75,171.45	-41,661.25	-52,451.74
投资收益	86,819.84	71,983.50	53,306.98	867.70
其中:对联营企业和合营企业的投资收益	73,223.33	60,387.36	41,581.08	-915.52
汇兑收益	--	--	--	--
三、营业利润	337,127.92	253,685.20	165,804.11	108,400.22

图8-3　云南白药(000538)2022年利润表

❖ **提示：**

✧ 图8-3所示的页面中只显示最近十年的完整数据，目前为止是2013—2022年度的完整数据，因此本案例使用的是2013—2022年度的数据。随着时间的推移，爬取的数据可能会根据页面中显示的年度进行调整，在数据爬取过程中只需将年份更改一下即可。

05 通过对比发现网址规律。将同一公司不同年度和同一年度不同公司的利润表存放网址进行对比。

云南白药(000538)2022年利润表的网址如下。

https://money.finance.sina.com.cn/corp/go.php/vFD_ProfitStatement/stockid/000538/ctrl/2022/displaytype/4.phtml

将年度切换为2021年，利润表的网址如下。可以发现，云南白药2021年利润表的网址中除了年度项由2022变成了2021，其他网址信息没变。

https://money.finance.sina.com.cn/corp/go.php/vFD_ProfitStatement/stockid/000538/ctrl/2021/displaytype/4.phtml

将公司切换为东阿阿胶(000423)，利润表的网址如下。可以发现，该网址与云南白药2022年利润表的网址相比，只改变了股票代码。

http://money.finance.sina.com.cn/corp/go.php/vFD_ProfitStatement/stockid/000423/ctrl/2022/displaytype/4.phtml

通过以上分析得知，可以通过控制网址中的股票代码和年份信息来爬取两家公司不同年度的利润表数据。

8.1.3 获取数据

依据上述网址变化规律获取单个页面的数据。

跟我练8-2 从Web中获取云南白药2022年利润表数据。

跟我练8-2

01 选择从Web获取数据。在Power BI Desktop中新建一个文件，执行“主页”|“获取数据”|“Web”命令，打开“从Web”对话框。

02 输入网址。在URL文本框中输入云南白药2022年利润表网址“https://money.finance.sina.com.cn/corp/go.php/vFD_ProfitStatement/stockid/000538/ctrl/2022/displaytype/4.phtml”，如图8-4所示。

从 Web

◉ 基本　○ 高级

URL

/go.php/vFD_ProfitStatement/stockid/000538/ctrl/2022/displaytype/4.phtml

确定　取消

图8-4　输入云南白药2022年利润表网址

03 打开导航器。单击“确定”按钮，打开“访问Web内容”对话框。单击“连接”按钮，打开“导航器”对话框。

04 选中要导入的表。在“导航器”对话框中，逐个选择左侧的表，右侧“表视图”中便会显示其具体内容。经过逐一查看，发现表17中的内容为云南白药2022年利润表数据，勾选“表17”复选框，如图8-5所示。

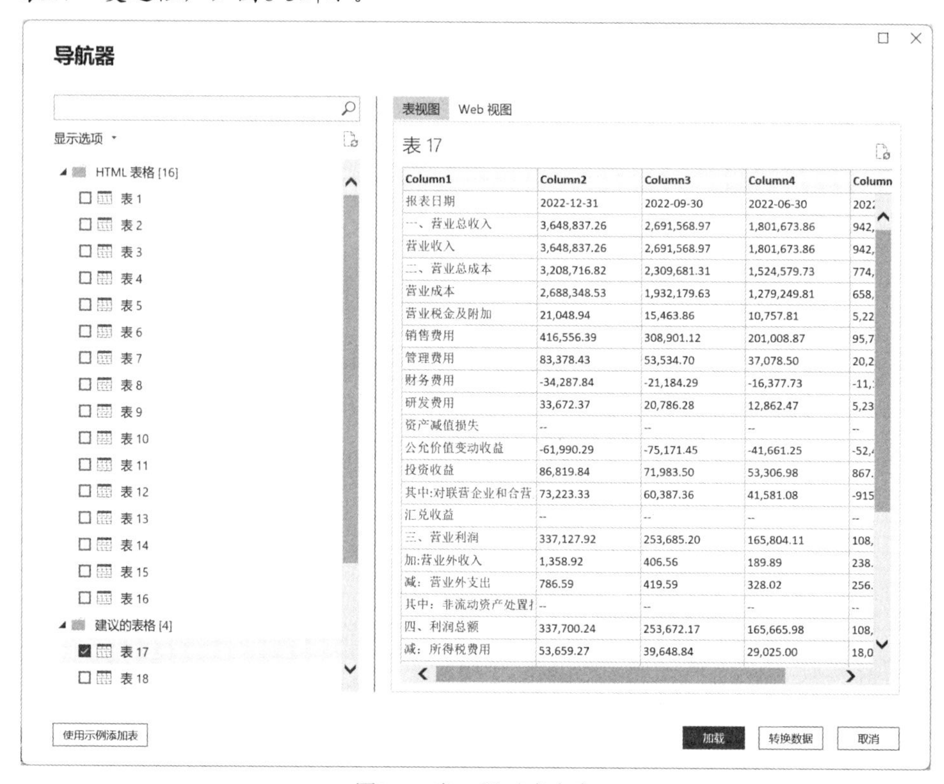

Column1	Column2	Column3	Column4	Column
报表日期	2022-12-31	2022-09-30	2022-06-30	202
一、营业总收入	3,648,837.26	2,691,568.97	1,801,673.86	942,
营业收入	3,648,837.26	2,691,568.97	1,801,673.86	942,
二、营业总成本	3,208,716.82	2,309,681.31	1,524,579.73	774,
营业成本	2,688,348.53	1,932,179.63	1,279,249.81	658,
营业税金及附加	21,048.94	15,463.86	10,757.81	5,22
销售费用	416,556.39	308,901.12	201,008.87	95,7
管理费用	83,378.43	53,534.70	37,078.50	20,2
财务费用	-34,287.84	-21,184.29	-16,377.73	-11,
研发费用	33,672.37	20,786.28	12,862.47	5,23
资产减值损失	--	--	--	--
公允价值变动收益	-61,990.29	-75,171.45	-41,661.25	-52,
投资收益	86,819.84	71,983.50	53,306.98	867.
其中:对联营企业和合营	73,223.33	60,387.36	41,581.08	-915
汇兑收益	--	--	--	--
三、营业利润	337,127.92	253,685.20	165,804.11	108,
加:营业外收入	1,358.92	406.56	189.89	238.
减：营业外支出	786.59	419.59	328.02	256.
其中：非流动资产处置	--	--	--	--
四、利润总额	337,700.24	253,672.17	165,665.98	108,
减：所得税费用	53,659.27	39,648.84	29,025.00	18,0

图8-5　表17及对应内容

05 转换数据。单击“转换数据”按钮，直接进入Power Query编辑器，获取的原始数据如图8-6所示。

表 17

	Column1	Column2	Column3	Column4	Column5
1	报表日期	2022-12-31	2022-09-30	2022-06-30	2022-03-31
2	一、营业总收入	3,648,837.26	2,691,568.97	1,801,673.86	942,953.99
3	营业收入	3,648,837.26	2,691,568.97	1,801,673.86	942,953.99
4	二、营业总成本	3,208,716.82	2,309,681.31	1,524,579.73	774,178.64
5	营业成本	2,688,348.53	1,932,179.63	1,279,249.81	658,770.56
6	营业税金及附加	21,048.94	15,463.86	10,757.81	5,227.88
7	销售费用	416,556.39	308,901.12	201,008.87	95,789.37
8	管理费用	83,378.43	53,534.70	37,078.50	20,278.55
9	财务费用	-34,287.84	-21,184.29	-16,377.73	-11,120.00
10	研发费用	33,672.37	20,786.28	12,862.47	5,232.29
11	资产减值损失	--	--	--	--
12	公允价值变动收益	-61,990.29	-75,171.45	-41,661.25	-52,451.74
13	投资收益	86,819.84	71,983.50	53,306.98	867.70
14	其中:对联营企业和合营企...	73,223.33	60,387.36	41,581.08	-915.52
15	汇兑收益	--	--	--	--
16	三、营业利润	337,127.92	253,685.20	165,804.11	108,400.22
17	加:营业外收入	1,358.92	406.56	189.89	238.60
18	减：营业外支出	786.59	419.59	328.02	256.91
19	其中：非流动资产处置损失	--	--	--	--
20	四、利润总额	337,700.24	253,672.17	165,665.98	108,381.91
21	减：所得税费用	53,659.27	39,648.84	29,025.00	18,025.50
22	五、净利润	284,040.97	214,023.33	136,640.98	90,356.41

5列、30行　基于前 1000 行的列分析

图8-6　获取的原始数据

8.1.4 整理数据

如果获取的原始数据不满足规范化的要求，则需要对其进行提升标题、修改表名、逆透视等清洗和转换操作。

跟我练8-3 对云南白药2022年利润表原始数据进行清洗。(接【跟我练8-2】)

跟我练8-3

01 将表名“表17”修改为“单表”。在Power Query编辑器中，有两种方法可以修改表名，一种是在左侧的查询区中双击“表17”直接修改；另一种是在右侧的查询设置区的“名称”文本框中输入新表名称“单表”。

02 将数据列中的“--”替换为“0”。首先单击“Column2”列，按住Shift键，再单击“Column5”列，选中4个数据列；执行“主页”|“替换值”命令，打开“替换值”对话框，将数据列中要查找的值“--”替换为“0”，单击“确定”按钮，如图8-7所示。

替换值

在所选列中，将其中的某值用另一个值替换。

要查找的值

--

替换为

0

▷高级选项

确定 取消

图8-7 将数据列中的“--”替换为“0”

03 行列转置。单击行号“1”，选取第一行“报表日期”数据，执行“转换”|“转置”命令(见图8-8)，将行作为列，将列作为行，进行行列转置。

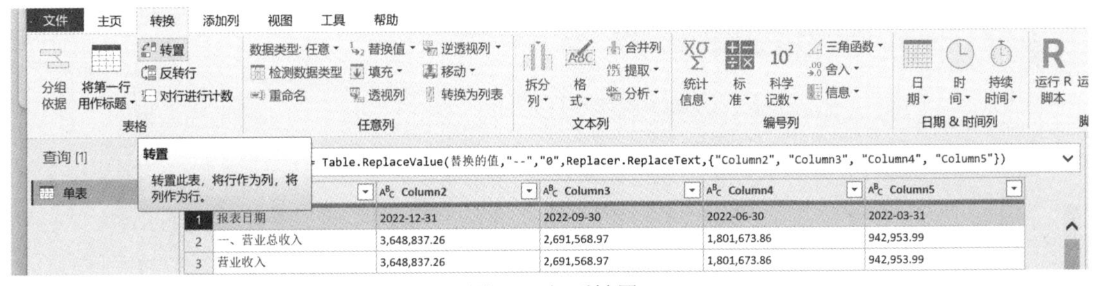

图8-8 行列转置

❖ 提示：

✧ 进行行列转置是为了在调用自定义函数时可以批量获取不同报告日期的利润表数据。

04 设置标题行。执行“转换”|“将第一行用作标题”命令，将第一行提升为标题。整理后的数据表如图8-9所示。

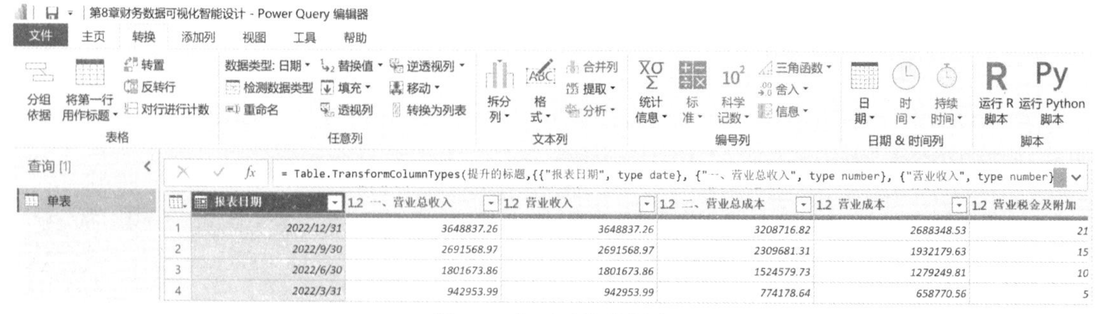

图8-9　整理后的数据表

8.1.5　新建管理参数

1. 新建两个管理参数

根据前面对网址规律的分析，需要创建“股票代码”和“年份”两个管理参数，以便直接从网页中获取其他公司不同年度的利润表数据。

跟我练8-4　在“单表”中创建“股票代码”和“年份”两个管理参数。(接【跟我练8-3】)

跟我练8-4

01 打开“管理参数”对话框。在Power Query编辑器中，执行“主页”|“管理参数”|“新建参数”命令，打开“管理参数”对话框。

02 新建管理参数“股票代码”。在“管理参数”对话框中，设置名称为“股票代码”、类型为“文本”、建议的值为“值列表”，并在列表中输入“000538”和“000423”，将默认值和当前值都设置为“000538”，如图8-10所示。单击“确定”按钮。

管理参数

新建

股票代码

名称：股票代码

说明

必需

类型：文本

建议的值：值列表

1 000538

2 000423

默认值：000538

当前值：000538

确定　取消

图8-10　新建管理参数“股票代码”

❖ 提示：

- ✧ 管理参数的数据类型必须是文本型。值列表中建议的值是我们要爬取的上市公司的股票代码。
- ✧ 默认值和当前值之所以设置为“000538”，是因为我们提取的单页数据表是云南白药(000538)的数据。

03 新建管理参数“年份”。在“管理参数”对话框中，设置名称为“年份”、类型为“文本”、建议的值为“任何值”、当前值为“2022”，如图8-11所示。单击“确定”按钮。

图8-11　新建管理参数“年份”

04 查看结果。创建好的管理参数在Power Query编辑器的查询区中以斜体字显示，如图8-12所示。

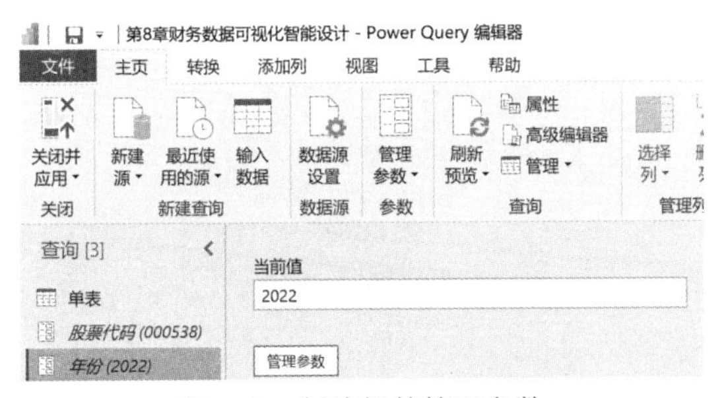

图8-12　创建好的管理参数

❖ 提示：

- ✧ 在创建管理参数“年份”时，之所以没有设置建议的值，是因为后面要新建一张年份表用来存放所要提取的年份数据。

2. 将管理参数插入URL中

管理参数创建完成后，需要将URL地址“https://money.finance.sina.com.cn/corp/go.php/vFD_ProfitStatement/stockid/000538/ctrl/2022/displaytype/4.phtml”中的常量“000538”替换为管理参数“股票代码”，将“2022”替换为管理参数“年份”。

跟我练8-5 **在“单表”中将创建的“股票代码”和“年份”两个管理参数插入URL中。(接【跟我练8-4】)**

跟我练8-5

01 打开“从Web”对话框。在Power Query编辑器中，选择左侧查询区中的“单表”，然后在右侧查询设置区的“应用的步骤”中双击“源”，打开“从Web”对话框。

02 将管理参数插入URL中。

选择“高级”单选按钮，第一个文本框中显示的是URL地址。选中自“000538”开始至结尾的字符串，按Ctrl+X组合键，将其剪切下来。

单击第二个图标右侧的下三角按钮，从列表中选择“参数”|“股票代码”。

单击“添加部件”按钮，在第三个文本框中按Ctrl+V组合键，将刚刚剪切的地址粘贴过来，删除“000538”，只保留“/ctrl/”。选中自“2022”开始至结尾的字符串，再次剪切。

单击“添加部件”按钮，单击第四个图标右侧的下三角按钮，从列表中选择“参数”|“年份”。

单击“添加部件”按钮，在第五个文本框中按Ctrl+V组合键，将刚刚剪切的地址粘贴过来，删除“2022”。

03 查看新的URL网址。在“URL预览”中可以看到新的URL网址为“https://money.finance.sina.com.cn/corp/go.php/vFD_ProfitStatement/stockid/{股票代码}/ctrl/{年份}/displaytype/4.phtml”，如图8-13所示。

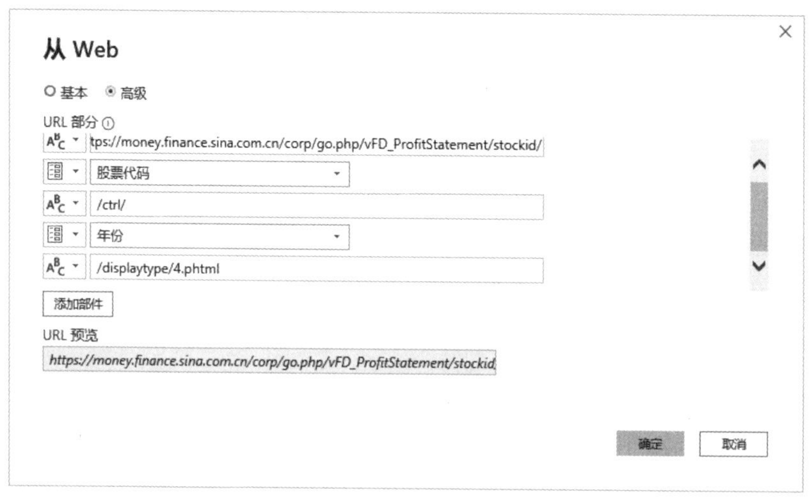

图8-13　将管理参数插入URL中

❖ 提示：

✧ 在URL网址中，需使用大括号{}将管理参数括起来。

8.1.6　创建并调用自定义函数

1. 创建自定义函数

若要批量提取数据，则需要创建自定义函数。

跟我练8-6　创建自定义函数“利润表数据提取”。(接【跟我练8-5】)

跟我练8-5

01 打开“创建函数”对话框。在Power Query编辑器中，右击左侧查询区中的“单表”，在快捷菜单中选择“创建函数”命令，打开“创建函数”对话框。

02 输入函数名称。在函数名称文本框中输入“利润表数据提取”，如图8-14所示。单击“确定”按钮，返回Power Query编辑器。

图8-14　创建函数

03 查看结果。查询区中会显示新建的“利润表数据提取”函数，函数前面有fx标识，如图8-15所示。

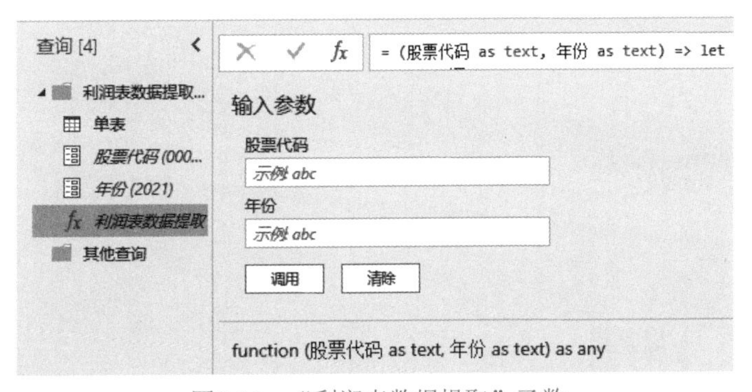

图8-15　“利润表数据提取”函数

2. 在Power Query编辑器中构建年份列表

为了提取2013—2022年度的利润表数据，需要构建一个年份列表，以便批量获取数据。在Power BI中有3种方式可以构建年份列表：一是在Excel中构建一个年份表，然后通过获取数据的功能，将该年份表导入Power BI；二是直接在Power BI中利用“输入数据”功能手动构建年份列表；三是利用Power Query编辑器中的List相关函数新建等差数列来构建年份列表。接下来，主要介绍如何使用Power Query编辑器中的List.Numbers函数新建等差数列来构建年份列表。

跟我练8-7 利用List.Numbers函数构建年份列表。(接【跟我练8-6】)

跟我练8-7

01 新建空查询。在Power Query编辑器中，执行“主页”|“新建源”|“空查询”命令，如图8-16所示。

02 新建等差数列。在公式编辑器中输入“=List.Numbers”，单击✓按钮，并输入参数：“start”为列表中的初始值，将其设置为“2013”；“count”为生成数据的个数，将其设置为“10”；“increment”为步长，将其设置为“1”，如图8-17所示。

图8-16 新建空查询　　图8-17 设置List.Numbers函数参数

03 生成年度列表。单击“调用”按钮，即可生成如图8-18所示的年度列表。

04 创建新表。执行“文件”|“到表”命令，打开“到表”对话框(见图8-19)，单击“确定”按钮。

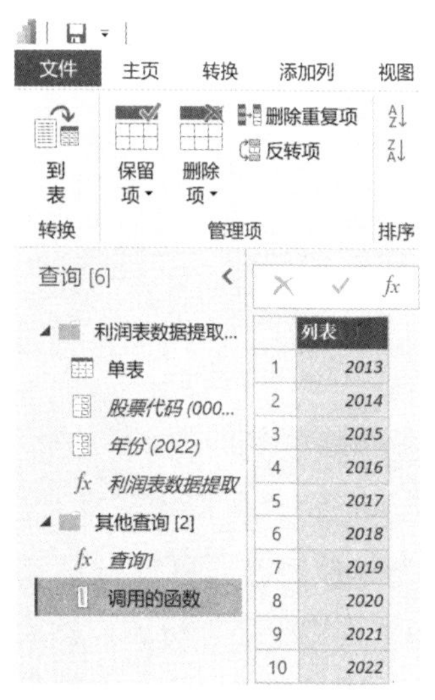

图8-18 年度列表　　图8-19 “到表”对话框

05 修改表名、列名和数据类型。将数据表的名称更改为“000538利润表”，将列名更改为“年份”，将该列数据类型更改为“文本”。

06 复制“000538利润表”生成“000423利润表”。右击“000538利润表”，在快捷菜单中选择“复制”命令，就复制了一张“000538利润表”，修改表名为“000423利润表”，以便存放爬取的东阿阿胶(000423)的利润表数据。

07 查看结果。新建的年份列表如图8-20所示。

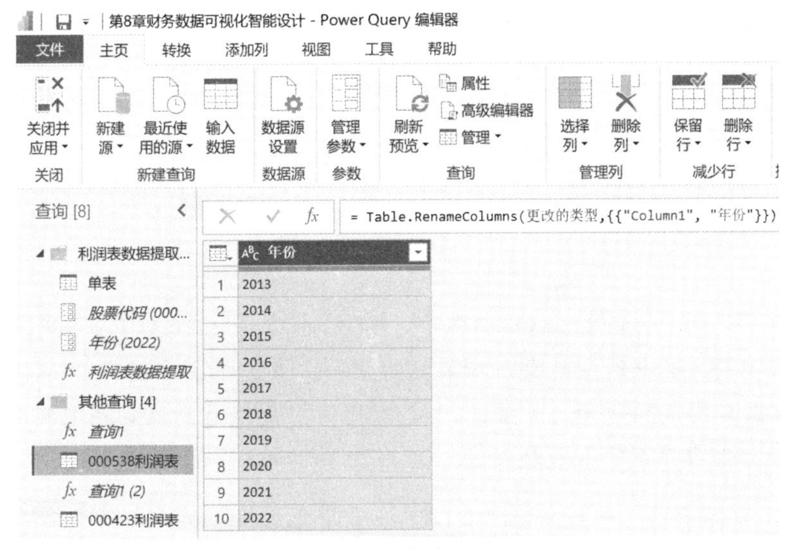

图8-20　新建的年份列表

❖ 提示：

✧ 务必将“年份”列的数据类型设置为文本型，否则在调用自定义函数时会出错。

3. 调用自定义函数

若要将新建的年份列表与前面提取的单页利润表数据建立关联，则可以调用自定义函数来完成。

跟我练8-8 在“000538利润表”和“000423利润表”中调用自定义函数。(接【跟我练8-7】)

跟我练8-8

01 调用自定义函数。在Power Query编辑器中，选择“000538利润表”，执行“添加列”|“调用自定义函数”命令，打开“调用自定义函数”对话框。设置新列名为“提取1”，选择功能查询为“利润表数据提取”，设置股票代码为文本数据“000538”，在“年份”下拉列表中选择“年份”，如图8-21所示。

图8-21　调用自定义函数

02 设置隐私级别。单击“确定”按钮，打开“隐私级别”对话框，勾选“忽略此文件的隐私级别检查”复选框(见图8-22)，单击“保存”按钮。

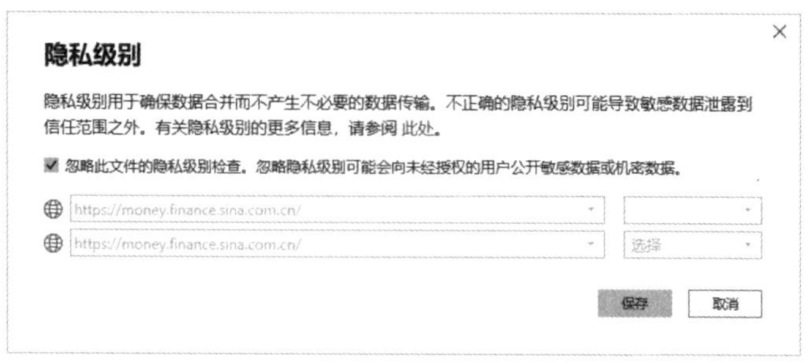

图8-22 设置隐私级别

03 查看结果。在Power Query编辑器中，可以看到，“000538利润表”中增加了“提取1”列(见图8-23)，这一列中的每一行数据对应一张表。单击“提取1”列名右边的按钮，展开的数据如图8-24所示。单击“确定”按钮，就能看到从Web上爬取的云南白药(000538)2013—2022年度的利润表数据。

图8-23 “提取1”列

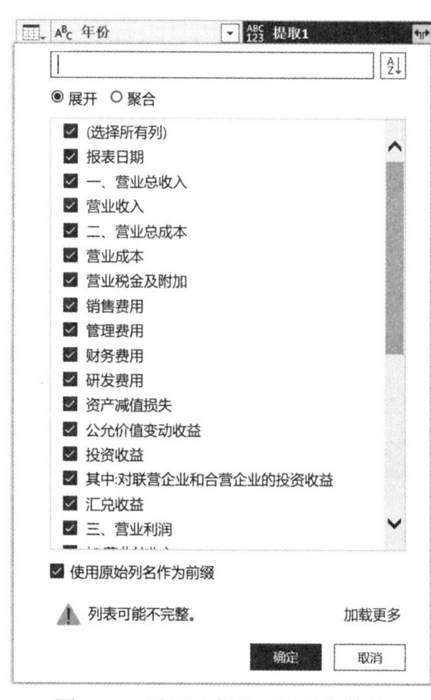

图8-24 展开“提取1”列表数据

❖ 提示：

✧ 在调用自定义函数之前，必须确保“000538利润表”中“年份”列的数据类型为文本型，否则会因为数据类型的问题无法爬取其他页面的数据。

按照同样的方法，选择“000423利润表”，按图8-25所示内容调用自定义函数，从Web上直接爬取东阿阿胶(000423)2013—2022年度的利润表数据。

调用自定义函数

调用在此文件中为各行定义的自定义函数。

新列名

提取1

功能查询

利润表数据提取

股票代码

000423

年份

年份

确定　取消

图8-25　调用自定义函数爬取东阿阿胶(000423)的利润表数据

04 关闭并应用。以上操作全部完成后，执行“文件”|“关闭并应用”命令，保存文件，返回Power BI Desktop界面。

8.2　利润表数据整理

8.2.1　数据整理思路

从新浪财经网站上爬取到云南白药(000538)和东阿阿胶(000423)这两家上市公司的利润表数据后，将其分别存放于“000538利润表”和“000423利润表”中，如图8-26所示。这两张表的数据格式、列名及排列顺序完全一致。

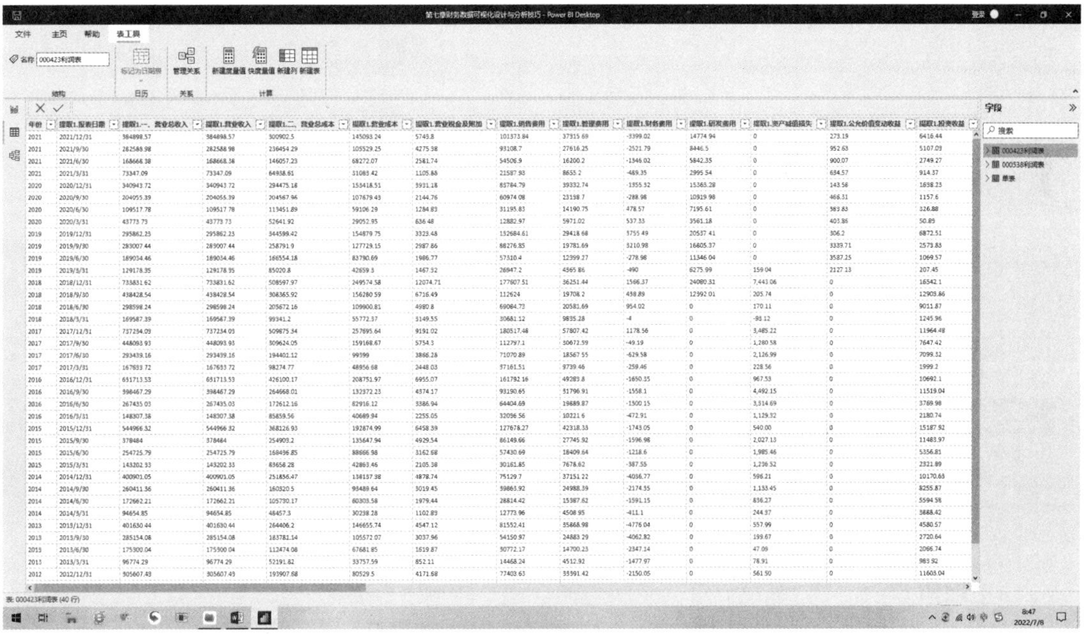

文件　主页　帮助　表工具

名称 000423利润表

标记为日期表　管理关系　新建度量值　快度量值　新建列　新建表

结构　日历　关系　计算

年份	提取1.报表日期	提取1.一、营业总收入	提取1.营业收入	提取1.二、营业总成本	提取1.营业成本	提取1.营业税金及附加	提取1.销售费用	提取1.管理费用	提取1.财务费用	提取1.研发费用	提取1.资产减值损失	提取1.公允价值变动收益	提取1.投资收益
2021	2021/12/31	384898.57	384898.57	300902.5	145093.24	5743.8	101373.84	37315.69	-3399.02	14774.94	0	273.19	6416.44
2021	2021/9/30	282588.98	282588.98	236454.29	105529.25	4275.38	93108.7	27616.25	-2521.79	8446.5	0	952.63	5107.09
2021	2021/6/30	168668.38	168668.38	146057.23	68272.07	2581.74	54506.9	16200.2	-1346.02	5842.35	0	900.07	2749.27
2021	2021/3/31	73347.09	73347.09	64938.61	31083.42	1105.88	21587.93	8655.2	-489.35	2995.54	0	684.57	914.37
2020	2020/12/31	340943.72	340943.72	294475.18	153418.51	3931.18	83784.79	39332.74	-1355.32	15363.28	0	143.56	1638.23
2020	2020/9/30	204055.39	204055.39	204567.96	107679.43	2144.76	60974.08	23198.7	-288.98	10919.98	0	466.31	1157.6
2020	2020/6/30	109517.78	109517.78	113451.89	59106.29	1284.83	31195.83	14190.75	478.57	7195.61	0	383.83	326.88
2020	2020/3/31	43773.73	43773.73	52641.92	29052.95	636.48	12882.97	5971.02	537.33	3561.18	0	403.86	50.89
2019	2019/12/31	295862.23	295862.23	344599.42	154879.75	3323.48	132684.61	29418.68	3755.49	20537.41	0	306.2	6872.51
2019	2019/9/30	283007.44	283007.44	258791.9	127729.15	2987.86	88276.85	19781.69	3210.98	16805.37	0	3339.71	2573.83
2019	2019/6/30	189034.46	189034.46	166554.18	83790.69	1986.77	57310.4	12399.27	-278.98	11346.04	0	3587.25	1069.57
2019	2019/3/31	129178.35	129178.35	85020.8	42659.3	1467.32	26947.2	4365.86	-490	6275.99	159.04	2127.13	207.45
2018	2018/12/31	733831.62	733831.62	508597.97	249574.58	12074.71	177807.51	36251.44	1566.37	24080.31	7,443.06	0	16542.1
2018	2018/9/30	438428.54	438428.54	308365.92	156280.59	6716.49	112624	19708.2	438.89	12992.01	205.74	0	12903.86
2018	2018/6/30	298598.24	298598.24	205672.16	109900.81	4980.8	69084.73	20581.69	954.02	0	170.11	0	9011.87
2018	2018/3/31	169587.39	169587.39	99341.2	55772.37	3149.55	30681.12	9835.28	-4	0	-98.12	0	1245.96
2017	2017/12/31	737234.09	737234.09	509875.34	257695.64	9191.02	180517.48	57807.42	1178.56	0	3,485.22	0	11964.48
2017	2017/9/30	448093.93	448093.93	309624.05	159168.67	5754.3	112797.1	30672.59	-49.19	0	1,280.58	0	7647.42
2017	2017/6/30	293439.16	293439.16	194401.12	99399	3866.28	71070.89	18567.55	-629.58	0	2,126.99	0	7099.32
2017	2017/3/31	167633.72	167633.72	98274.77	48956.68	2448.03	37161.51	9739.46	-259.46	0	228.56	0	1999.2
2016	2016/12/31	631713.53	631713.53	426100.17	208751.97	6955.07	161792.16	49283.8	-1650.35	0	967.53	0	10692.1
2016	2016/9/30	398467.29	398467.29	264668.01	132372.23	4374.17	93190.65	31796.91	-1558.1	0	4,492.15	0	11519.04
2016	2016/6/30	267435.03	267435.03	172612.16	82916.12	3386.94	64404.69	19889.87	-1500.15	0	3,514.69	0	3769.98
2016	2016/3/31	148307.38	148307.38	85859.56	40689.94	2255.05	32096.56	10221.6	-472.91	0	1,129.32	0	2180.74
2015	2015/12/31	544966.32	544966.32	368126.93	192874.99	6458.39	127678.27	42318.33	-1743.05	0	540.00	0	15187.92
2015	2015/9/30	378484	378484	254903.2	135647.94	4929.54	86149.66	27745.92	-1596.98	0	2,027.13	0	11483.97
2015	2015/6/30	254725.79	254725.79	168496.85	88666.98	3162.68	57430.69	18409.64	-1218.6	0	1,985.46	0	5356.81
2015	2015/3/31	143202.33	143202.33	83658.28	42863.46	2105.38	30161.85	7678.62	-387.55	0	1,236.52	0	2321.89
2014	2014/12/31	400901.05	400901.05	251856.47	138137.38	4878.74	75129.7	37151.22	-4036.77	0	596.21	0	10170.63
2014	2014/9/30	260411.36	260411.36	160320.5	93489.64	3019.45	59863.92	24988.39	-2174.35	0	1,133.45	0	8255.87
2014	2014/6/30	172662.21	172662.21	105730.17	60303.58	1979.44	28814.42	15387.62	-1591.15	0	836.27	0	5594.58
2014	2014/3/31	94654.85	94654.85	48457.3	30238.28	1102.89	12773.96	4508.95	-411.1	0	244.37	0	3888.42
2013	2013/12/31	401630.44	401630.44	264406.2	146655.74	4547.12	81552.41	35868.98	-4776.04	0	557.99	0	4580.57
2013	2013/9/30	285154.08	285154.08	183781.14	105572.07	3037.96	54150.97	24883.29	-4062.82	0	199.67	0	2720.64
2013	2013/6/30	175300.04	175300.04	112474.08	67681.85	1619.87	30772.17	14700.23	-2347.14	0	47.09	0	2066.74
2013	2013/3/31	96774.29	96774.29	52191.82	33757.59	852.11	14468.24	4512.92	-1477.97	0	78.91	0	983.92
2012	2012/12/31	305607.43	305607.43	193907.68	80529.5	4171.68	77403.63	33391.42	-2150.05	0	561.50	0	11603.04

表: 000423利润表 (40 行)

字段

图8-26　爬取的利润表

为了满足数据分析的需求，需要对爬取的数据进行整理，基本思路如下。

(1) 将两张利润表合并成一张事实表。

(2) 将二维表转化成一维表。

(3) 修改数据类型。

8.2.2 将两张利润表合并成一张事实表

1. 自定义列

在合并两张表之前，需要在两张利润表中分别增加“公司名称”列。这样，我们就可以通过该列来区分两家公司的利润表数据。

跟我练8-9 在“000538利润表”和“000423利润表”中分别添加“公司名称”列。(接【跟我练8-8】)

跟我练8-9

01 打开“自定义列”对话框。在Power Query编辑器中，选中“000538利润表”，执行“添加列”|“自定义列”命令，打开“自定义列”对话框。

02 自定义列。设置新列名为“公司名称”，设置自定义列公式为“="云南白药"”，如图8-27所示。单击“确定”按钮，“000538利润表”中便会新增“公司名称”列。

按照同样的方法，在“000423利润表”中新增“公司名称”列。

图8-27 自定义列

❖ 提示：

✧ 新增的“公司名称”列，位于数据表的最后一列，为了便于观察，在后面的操作中会将该列移到数据表的最前面。

2. 追加查询

跟我练8-10 将“000538利润表”和“000423利润表”进行合并，并将新表命名为“报表数据”。(接【跟我练8-9】)

跟我练8-10

01 打开“追加”对话框。在Power Query编辑器中，选中“000423利润

表”，执行“主页”|“追加查询”|“将查询追加为新查询”命令(见图8-28)，打开“追加”对话框。

02 设置追加查询参数。“这一张表”默认为“000423利润表”，设置“第二张表”为“000538利润表”，如图8-29所示。

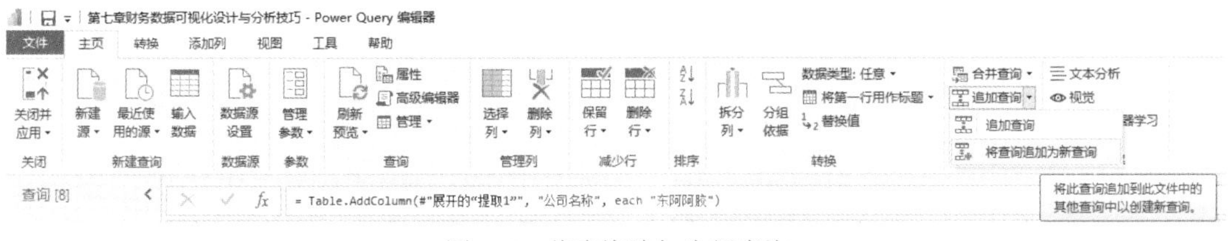

图8-28　将查询追加为新查询

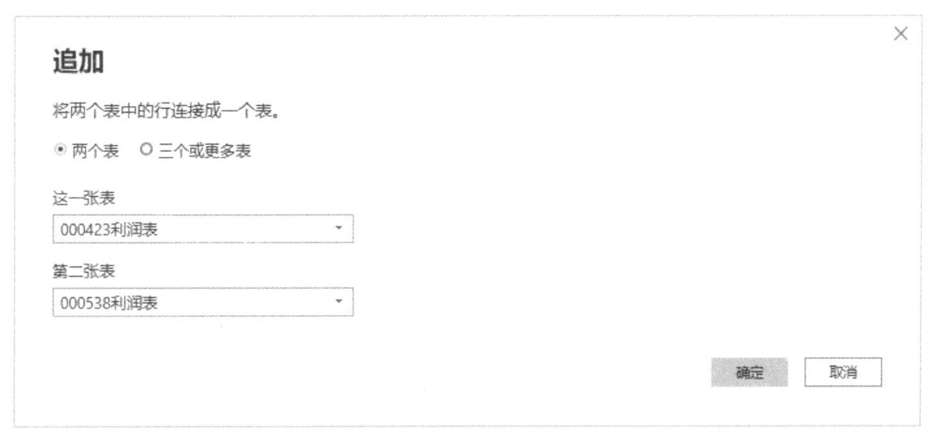

图8-29　设置追加查询参数

03 生成新表。单击“确定”按钮，即可生成一张新的查询表“追加1”，双击该查询表的名称，将其命名为“报表数据”。

❖ 提示：

✧ 在进行追加查询之前，必须保证两张表的数据格式、列名排列等保持一致，否则会影响合并数据的质量。

3. 整理新表

跟我练8-11　删除表“报表数据”列名中的“提取1.”字样，并将“公司名称”列移到首列。(接【跟我练8-10】)

跟我练8-11

01 修改列名。在Power Query编辑器中，选中“报表数据”表，双击“提取1.报表日期”列名，删除“提取1.”字样。

02 移动列。右击“公司名称”列，在快捷菜单中执行“移动”|“移到开头”命令，如图8-30所示。

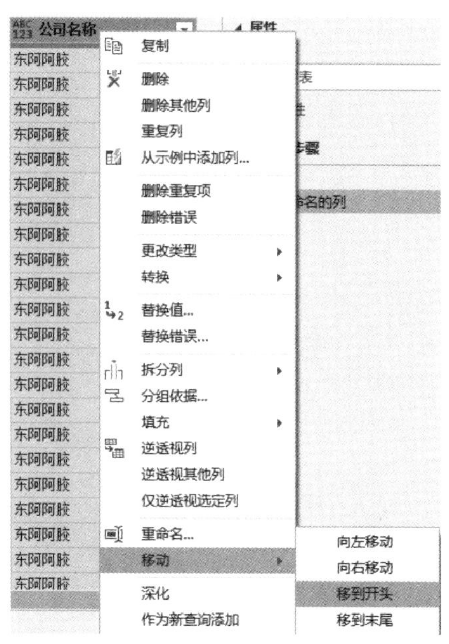

图8-30　移动列到开头

03 查看结果。完成上述操作后，即可得到如图8-31所示的“报表数据”表。

公司名称	年份	报表日期	提取1.一、营业总收入	提取1.营业收入	提取1.二、营业总成本	提取1.营业成本	提取1.营业税金及附加	提取1.销售费用	提取1.
云南白药	2013	2013/12/31	1581479.09	1581479.09	1386072.52	1111838.49	7634.11	201257.44	4618
云南白药	2013	2013/9/30	1121203.63	1121203.63	988177.57	775590.23	5112.29	147994.36	3067
云南白药	2013	2013/6/30	731144.12	731144.12	626936.56	510312.45	3288.88	89694.56	2078
云南白药	2013	2013/3/31	334896.68	334896.68	292720.02	238626.5	1517.56	43183.46	8830
云南白药	2014	2014/12/31	1881436.64	1881436.64	1609007.62	1313919.77	9214.54	243038.23	5516
云南白药	2014	2014/9/30	1331752.24	1331752.24	1114070.63	927651.95	6123.2	145730.38	3515
云南白药	2014	2014/6/30	862740.65	862740.65	735979.09	604219.06	3777.09	103517.2	2516
云南白药	2014	2014/3/31	415880.52	415880.52	358374.41	290035.62	1518.52	54396.15	1242
云南白药	2015	2015/12/31	2073812.62	2073812.62	1774487.84	1440590.48	10447.42	270956.15	4932
云南白药	2015	2015/9/30	1468777.44	1468777.44	1234653.05	1007884.66	7572.34	177126.9	8623
云南白药	2015	2015/6/30	954257.47	954257.47	817719.38	662219.91	4811.9	121607.93	2456
云南白药	2015	2015/3/31	470893.06	470893.06	406407.94	332626.06	2282.38	56719.99	1307
云南白药	2016	2016/12/31	2241065.44	2241065.44	1928468.39	1571796.12	15383.12	284048.87	4835
云南白药	2016	2016/9/30	1628767.97	1628767.97	1371199.89	1123672.21	8551.37	192930.72	3795
云南白药	2016	2016/6/30	1045241.45	1045241.45	895674.47	730561.35	5289.27	127841.83	2664
云南白药	2016	2016/3/31	517046.89	517046.89	447618.87	368721.76	2540.24	61316.63	1299
云南白药	2017	2017/12/31	2431461.4	2431461.4	2110888.22	1673157.52	16965.29	368351.24	3867
云南白药	2017	2017/9/30	1800779.2	1800779.2	1518549.05	1227782.16	12248.77	244361.82	2586
云南白药	2017	2017/6/30	1196032.03	1196032.03	1029036.97	815981.09	8199.92	182409.45	1731
云南白药	2017	2017/3/31	590871.59	590871.59	510620.15	410452.43	3877.38	86993.88	8794
云南白药	2018	2018/12/31	2670821.35	2670821.35	2329104.03	1854943.36	17625.43	392159.48	3120
云南白药	2018	2018/9/30	1972366.31	1972366.31	1687987.08	1372499.4	12752.49	253366.49	2598
云南白药	2018	2018/6/30	1297358.82	1297358.82	1130843.81	902448.81	8161.31	189088.45	1946
云南白药	2018	2018/3/31	633744.42	633744.42	551673.06	440729.65	4529.23	91669.37	1097
云南白药	2019	2019/12/31	2966467.39	2966467.39	2655985.62	2119136.44	14364.62	415630.29	9574

表: 报表数据 (80 行) 列: 公司名称 (2 个非重复值)

图8-31　修整后的“报表数据”表

8.2.3 将二维表转换成一维表

合并后的“报表数据”表是一张二维表，为了满足数据可视化分析的要求，需要使用“逆透视”功能将“报表数据”表由二维表转换成一维表。同时，还需要修改列名和数据类型，并删除多余的列。

跟我练8-12　将“报表数据”表由二维表转换成一维表。(接【跟我练8-11】)

跟我练8-12

01 选中列。在Power Query编辑器中，选择“报表数据”表，按住Ctrl键，分别单击“公司名称”“年份”“报表日期”3列，使其为选中状态。

02 逆透视其他列。执行“转换”|“逆透视列”|“逆透视其他列”命令(见图8-32)，将除当前选定列以外的所有列转换为属性值对。

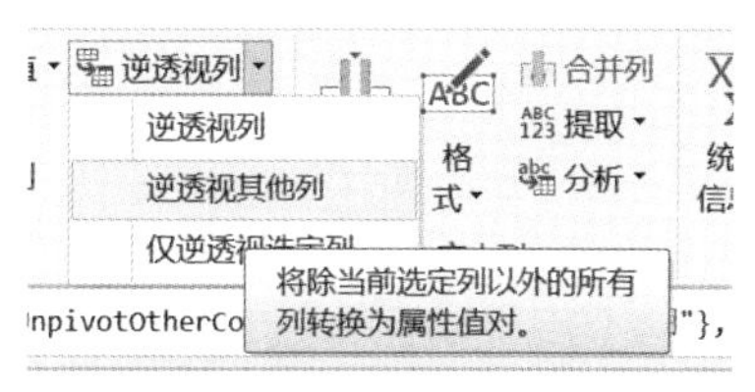

图8-32　逆透视其他列

03 修改列名。将列名“属性”修改为“报表项目”，将列名“值”修改为“报表金额”。

04 提取分隔符之后的文本。选中“报表项目”列，执行“提取”|“分隔符之后的文本”命令，删除该列列值中的“提取1.”字样。

05 删除列。右击“年份”列，在快捷菜单中执行“删除”命令。

06 确认各列的数据类型。“公司名称”和“报表项目”列的数据类型为文本型，“报表日期”列的数据类型为日期型，“报表金额”列的数据类型为数值型。清洗、转换后的数据表包括以下数据：公司名称、报表日期、报表项目、报表金额，如图8-33所示。

	公司名称	报表日期	报表项目	1.2 报表金额
1	东阿阿胶	2021/12/31	一、营业总收入	384898.57
2	东阿阿胶	2021/12/31	营业收入	384898.57
3	东阿阿胶	2021/12/31	二、营业总成本	300902.5
4	东阿阿胶	2021/12/31	营业成本	145093.24
5	东阿阿胶	2021/12/31	营业税金及附加	5743.8
6	东阿阿胶	2021/12/31	销售费用	101373.84
7	东阿阿胶	2021/12/31	管理费用	37315.69
8	东阿阿胶	2021/12/31	财务费用	-3399.02
9	东阿阿胶	2021/12/31	研发费用	14774.94
10	东阿阿胶	2021/12/31	资产减值损失	0
11	东阿阿胶	2021/12/31	公允价值变动收益	273.19
12	东阿阿胶	2021/12/31	投资收益	6416.44
13	东阿阿胶	2021/12/31	其中:对联营企业和合营企...	-672.65
14	东阿阿胶	2021/12/31	汇兑收益	0
15	东阿阿胶	2021/12/31	三、营业利润	56875.37
16	东阿阿胶	2021/12/31	加:营业外收入	892.78
17	东阿阿胶	2021/12/31	减：营业外支出	661.35
18	东阿阿胶	2021/12/31	其中：非流动资产处置损失	0
19	东阿阿胶	2021/12/31	四、利润总额	57106.8
20	东阿阿胶	2021/12/31	减：所得税费用	13215.45
21	东阿阿胶	2021/12/31	五、净利润	43891.35
22	东阿阿胶	2021/12/31	归属于母公司所有者的净利...	44044
23	东阿阿胶	2021/12/31	少数股东损益	-152.65
24	东阿阿胶	2021/12/31	基本每股收益(元/股)	0.68
25	东阿阿胶	2021/12/31	稀释每股收益(元/股)	0.68
26	东阿阿胶	2021/12/31	七、其他综合收益	-20.51
27	东阿阿胶	2021/12/31	八、综合收益总额	43870.84
28	东阿阿胶	2021/12/31	归属于母公司所有者的综合...	44023.49
29	东阿阿胶	2021/12/31	归属于少数股东的综合收益...	-152.65
30	东阿阿胶	2021/9/30	一、营业总收入	282588.98
31	东阿阿胶	2021/9/30	营业收入	282588.98
32	东阿阿胶	2021/9/30	二、营业总成本	236454.29

图8-33　“报表数据”表(一维表)

❖ 提示：

✧ “报表数据”表中的“年份”列是不必要的，而且占用了大量存储空间，将其删除，不会影响数据分析效果。后续可以根据报表日期新建日期表，用于从日期维度对数据进行分析。

✧ 本节只对利润表的数据进行了获取和转换，如果需要同时对资产负债表、现金流量表进行可视化分析，则可以按照这种方法先整理资产负债表和现金流量表的数据，并在各表中新增“报表类型”列后，将三张财务报表合并为一个“报表数据”表，此时的“报表数据”表中至少应包括以下列数据：报表类型、公司名称、报告日期、报表项目和报表金额。

8.3 利润表数据建模

对利润表进行数据清洗和转换后，即可得到用于进行数据可视化分析的事实表，为了方便对报表数据进行多维度分析，还需要新建两张维度表：日期表和利润结构表。日期表用于从日期维度对报表数据进行分析，利润结构表用于对利润表的结构进行分析。

8.3.1 构建维度表

1. 构建日期表

日期表的构建方式有3种：一是先在Excel中制作日期表，然后将其导入Power BI；二是在Power BI中使用“新建表”功能，利用DAX公式生成日期表；三是在Power Query编辑器中制作日期表。

利润表的数据主要按季度公示，其报告日期比较固定：第一季度的3月31日、第二季度的6月30日、第三季度的9月30日、第四季度(年度)的12月31日。所以利润表中的日期是不连续的，这与传统的日历表有所不同。在Power BI Desktop中使用DAX公式，根据已采集到的“报表数据”表中的“报告日期”列即可直接生成一张虚拟的日期表，这样，日期表中的日期数据与“报表数据”表中的“报告日期”列就会实时保持一致。

跟我练8-13 使用DAX公式制作日期表。(接【跟我练8-12】)

跟我练8-13

01 新建日期表。在“数据视图”中，执行“主页”|“新建表”命令，在公式编辑器中输入以下公式。

```
日期表 = SUMMARIZE('报表数据','报表数据'[报表日期])
```

按回车键，即可生成一张包含2013-2022年所有季度的日期表，共40条数据。

02 新建“年”列。选中“日期表”中的“报表日期”列，执行“列工具”|“新建列”命令，在公式编辑器中输入以下公式。

```
年 = YEAR('日期表'[报表日期])
```

按回车键，即可在日期表中添加“年”列。

03 新建“季度”列。继续执行“列工具”|“新建列”命令，在公式编辑器中输入以下公式。

季度 = QUARTER('日期表'[报表日期])

按回车键，即可在日期表中添加“季度”列。

04 新建“月份”列。继续执行“列工具”|“新建列”命令，在公式编辑器中输入以下公式。

月份 = MONTH('日期表'[报表日期])

按回车键，即在日期表中添加“月份”列。

05 新建“报告期间”列。继续执行“列工具”|“新建列”命令，在公式编辑器中输入以下公式。

```
报表期间 = SWITCH('日期表'[季度],
                4,"年度报告",
                1,"第一季度",
                2,"第二季度",
                3,"第三季度")
```

按回车键，即可在日期表中添加“报告期间”列。

新建的日期表如图8-34所示。

	日期	年	季度	月份	报告期间
1	2021/12/31	2021	4	12	年度报告
2	2021/9/30	2021	3	9	第三季度
3	2021/6/30	2021	2	6	第二季度
4	2021/3/31	2021	1	3	第一季度
5	2020/12/31	2020	4	12	年度报告
6	2020/9/30	2020	3	9	第三季度
7	2020/6/30	2020	2	6	第二季度
8	2020/3/31	2020	1	3	第一季度
9	2019/12/31	2019	4	12	年度报告
10	2019/9/30	2019	3	9	第三季度
11	2019/6/30	2019	2	6	第二季度
12	2019/3/31	2019	1	3	第一季度
13	2018/12/31	2018	4	12	年度报告
14	2018/9/30	2018	3	9	第三季度
15	2018/6/30	2018	2	6	第二季度
16	2018/3/31	2018	1	3	第一季度
17	2017/12/31	2017	4	12	年度报告
18	2017/9/30	2017	3	9	第三季度
19	2017/6/30	2017	2	6	第二季度

图8-34　新建的日期表

❖ 提示：

✧ 使用DAX公式新建的日期表是一张虚拟表。

2. 构建利润结构表

利润结构表主要有3个作用：一是通过索引列，在可视化设计时使利润表中的报表项目按照特定的顺序显示；二是便于构建灵活多变的度量值；三是便于按层级显示报表数据。下面主要介绍如何在Power Query编辑器中使用图形化工具构建利润结构表。

跟我练8-14 在Power Query编辑器中构建利润结构表，并添加索引列。在Power BI Desktop中使用“新建列”功能，利用SWITH函数新建“项目分类”列。(接【跟我练8-13】)

跟我练8-14

01 新建“报表项目”列表。在Power Query编辑器中，选择“报表数据”表，右击“报表项目”列，在快捷菜单中选择“作为新查询添加”命令，新建“报表项目”列表，如图8-35所示。

02 将列表转换成表。执行“文件”|“到表”命令，将列表转换成表。将“报表项目”表的表名修改为“利润结构表”，将列名修改为“报表项目”。

03 删除重复项。右击“报表项目”列，在快捷菜单中选择“删除重复项”命令，即可得到29个报表项目数据。修改“报表项目”列的数据类型为文本型。新建的“利润结构表”如图8-36所示。

图8-35 新建的“报表项目”列表

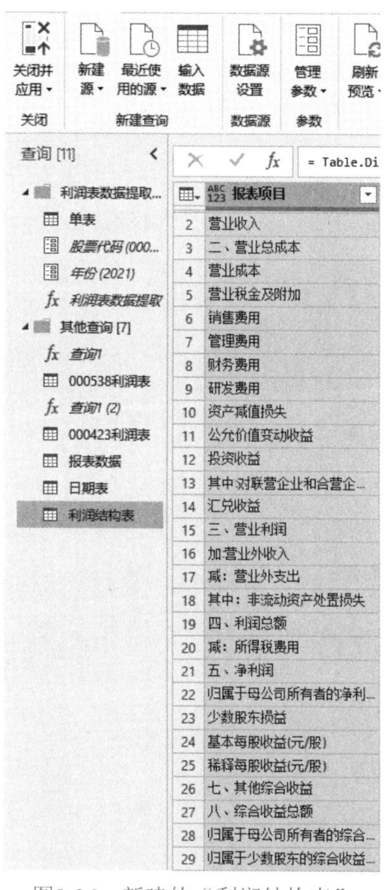

图8-36 新建的“利润结构表”

04 添加“索引”列。选中“报表项目”列，执行“添加列”|“索引列”|“从1”开始命令，添加“索引”列。

05 修整格式。选中“报表项目”列，执行“转换”|“格式”|“修整”命令，删除该列的前导空格和尾随空格；执行“转换”|“替换值”命令，在“替换值”对话框中将英文状态下的冒号(:)替换成中文状态下的冒号(：)。

❖ 提示：

✧ DAX公式中必须使用英文状态下的标点符号。但是一般常量数据中的标点符号可以是英文状态下的也可以是中文状态下的，为了避免混淆，统一将“报表项目”列中数据的冒号替换成中文状态下的冒号。

✧ “利润结构表”中的“报表项目”列与“报表数据”表中的“报表项目”列的取值需要完全保持一致，因此也需要按照上述方法，将“报表数据”表中“报表项目”列中英文状态下的冒号(:)替换成中文状态下的冒号(：)。

06 应用并关闭。在Power Query编辑器中，执行 “文件” | “应用并关闭” 命令，返回Power BI Desktop界面。

07 新建“项目分类”列。在“数据视图”中，选中“利润结构表”，执行“主页” | “新建列” 命令，在公式编辑栏中输入以下公式。

```
项目分类 = SWITCH(true,
[报表项目]="营业收入","一、营业总收入",
[报表项目] in {"营业成本","营业税金及附加","销售费用","财务费用","研发费用","管理费用","资产减值损失","公允价值变动收益","投资收益","汇兑收益"},"二、营业总成本",
[报表项目] in {"加：营业外收入","减：营业外支出"},"三、营业利润",
[报表项目]=" 四、利润总额","四、利润总额",
[报表项目] in {"归属于母公司所有者的净利润","少数股东损益"},"五、净利润",
[报表项目] in {"基本每股收益(元/股)","稀释每股收益(元/股)"},"六、每股收益",
[报表项目]="七、其他综合收益","七、其他综合收益",
[报表项目] in{"归属于母公司所有者的综合收益总额","归属于少数股东的综合收益总额"},"八、综合收益总额","")
```

08 查看结果。按回车键，即可在“利润结构表”中新建“项目分类”列，如图8-37所示。

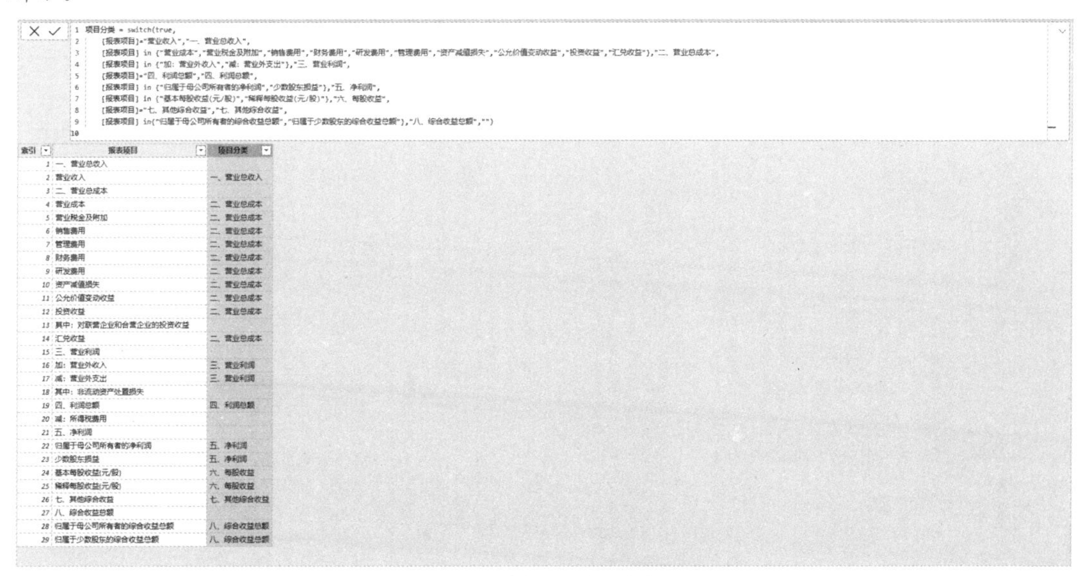

索引	报表项目	项目分类
1	一、营业总收入	
2	营业收入	一、营业总收入
3	二、营业总成本	
4	营业成本	二、营业总成本
5	营业税金及附加	二、营业总成本
6	销售费用	二、营业总成本
7	管理费用	二、营业总成本
8	财务费用	二、营业总成本
9	研发费用	二、营业总成本
10	资产减值损失	二、营业总成本
11	公允价值变动收益	二、营业总成本
12	投资收益	二、营业总成本
13	其中：对联营企业和合营企业的投资收益	
14	汇兑收益	二、营业总成本
15	三、营业利润	
16	加：营业外收入	三、营业利润
17	减：营业外支出	三、营业利润
18	其中：非流动资产处置损失	
19	四、利润总额	四、利润总额
20	减：所得税费用	
21	五、净利润	
22	归属于母公司所有者的净利润	五、净利润
23	少数股东损益	五、净利润
24	基本每股收益(元/股)	六、每股收益
25	稀释每股收益(元/股)	六、每股收益
26	七、其他综合收益	七、其他综合收益
27	八、综合收益总额	
28	归属于母公司所有者的综合收益总额	八、综合收益总额
29	归属于少数股东的综合收益总额	八、综合收益总额

图8-37 新建的“项目分类”列

8.3.2 数据建模

数据建模就是在事实表("报表数据"表)和新建的维度表("日期表"和"利润结构表")之间建立关联。

跟我练8-15 **将"报表数据"表与"日期表"和"利润结构表"建立关联，同时删除错误关联关系。**

跟我练8-15

01 查看自动关联。在"模型视图"中，可以看到"利润结构表"与"报表数据"表已经自动建立了关联。

02 将"日期表"和"报表数据"表进行关联。将"日期表"中的"报表日期"列直接拖动至"报表数据"表中的"报表日期"，一个简单的数据模型就构建完成了，如图8-38所示。

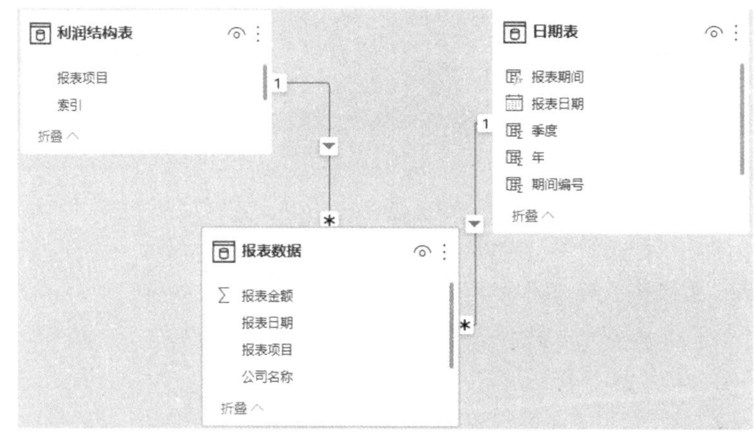

图8-38 数据建模

03 删除错误关联关系。在"模型视图"中，系统自动将"000423利润表"和"000538利润表"进行关联，右击两张表的连接线，在快捷菜单中选择"删除"命令(见图8-39)，即可删除错误关联关系。

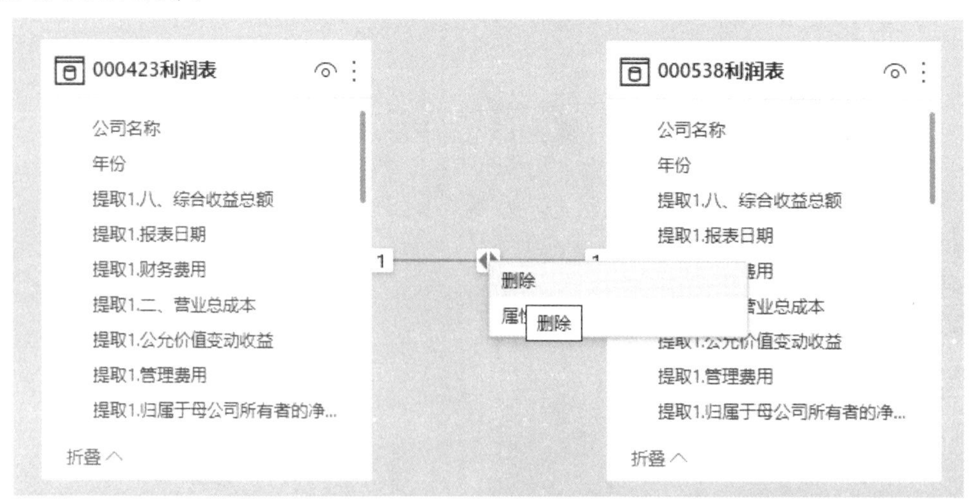

图8-39 删除错误关联关系

8.3.3 创建度量值

在进行可视化分析之前，还需要基于利润表数据创建必要的度量值。为了便于查看和使用度量值，可以将度量值存放在相应的度量值文件夹中。

1. 新建“度量值”空表

跟我练8-16

跟我练8-16 采用输入数据的方式，新建“度量值”空表。(接【跟我练8-15】)

在“数据视图”中，执行“主页”|“输入数据”命令，打开“创建表”对话框，在名称文本框中输入“度量值”(见图8-40)，单击“加载”按钮，创建“度量值”空表。

图8-40　创建“度量值”空表

2. 创建基础度量值

在Power BI中创建报表金额、营业总收入、营业收入、营业总成本、营业成本、营业利润、销售费用、管理费用、利润总额、净利润等基础度量值。

跟我练8-17

跟我练8-17 使用DAX函数创建基础度量值。(接【跟我练8-16】)

01 创建基础度量值。在“数据视图”中，选择“度量值”表，执行“主页”|“新建度量值”命令，在公式编辑栏中依次输入下列公式。

报表金额 = SUM('报表数据'[报表金额])

营业总收入 = CALCULATE([报表金额],filter(all('利润结构表'),'利润结构表'[报表项目]="一、营业总收入"))

营业收入 = CALCULATE([报表金额],filter(all('利润结构表'),'利润结构表'[报表项目]="营业收入"))

营业利润 = CALCULATE([报表金额],filter(all('利润结构表'),'利润结构表'[报表项目]="三、营业利润"))

营业总成本 = CALCULATE([报表金额],filter(all('利润结构表'),'利润结构表'[报表项目]="二、营业总成本"))

营业成本 = CALCULATE([报表金额],filter(all('利润结构表'),'利润结构表'[报表项目]="营业成本"))

营业外收入 = CALCULATE([报表金额],filter(all('利润结构表'),'利润结构表'[报表项目]="加：营业外收入"))

营业外支出 = CALCULATE([报表金额],filter(all('利润结构表'),'利润结构表'[报表项目]="减：营业外支出"))

管理费用 = CALCULATE([报表金额],filter(all('利润结构表'),'利润结构表'[报表项目]="管理费用"))

销售费用 = CALCULATE([报表金额],filter(all('利润结构表'),'利润结构表'[报表项目]="销售费用"))

财务费用 = CALCULATE([报表金额],filter(all('利润结构表'),'利润结构表'[报表项目]="财务费用"))

所得税费用 = CALCULATE([报表金额],filter(all('利润结构表'),'利润结构表'[报表项目]="减：所得税费用"))

研发费用 = CALCULATE([报表金额],filter(all('利润结构表'),'利润结构表'[报表项目]="研发费用"))

汇兑损益 = CALCULATE([报表金额],filter(all('利润结构表'),'利润结构表'[报表项目]="汇兑损益"))

利润总额 = CALCULATE([报表金额],filter(all('利润结构表'),'利润结构表'[报表项目]="四、利润总额"))

净利润 = CALCULATE([报表金额],filter(all('利润结构表'),'利润结构表'[报表项目]="五、净利润"))

资产减值损失 = CALCULATE([报表金额],filter(all('利润结构表'),'利润结构表'[报表项目]="资产减值损失"))

投资收益 = CALCULATE([报表金额],filter(all('利润结构表'),'利润结构表'[报表项目]="投资收益"))

其他综合收益 = CALCULATE([报表金额],filter(all('利润结构表'),'利润结构表'[报表项目]="七、其他综合收益"))

综合收益总额 = CALCULATE([报表金额],filter(all('利润结构表'),'利润结构表'[报表项目]="八、综合收益总额"))

02 删除“度量值”表中的“列1”。展开“度量值”表，右击“列1”，在快捷菜单中选择“从模型中删除”命令。这样，“度量值”表中只剩下新建的度量值，并自动移到字段栏的最上面。

❖ 提示：

✧ 基础度量值基本上是将利润表中的各项目金额在Power BI中使用度量值计算公式重新表示出来。

3. 使用DAX函数创建率值相关度量值

创建净利润率、毛利率、管理费用率、销售费用率等率值相关度量值。

跟我练8-18 创建率值相关度量值。(接【跟我练8-17】)

跟我练8-18

在“数据视图”中，选择“度量值”表，执行“主页”|“新建度量值”命令，在公式编辑栏中依次输入下列公式。

净利润率 = DIVIDE([净利润],[营业总收入])

毛利率 = DIVIDE([营业收入]-[营业成本],[营业收入])

销售费用率 = DIVIDE([销售费用],[营业总收入])

管理费用率 = DIVIDE([管理费用],[营业总收入])

按回车键，即可新增以上率值相关度量值。

4. 将度量值存放在文件夹中

当Power BI中存在大量度量值时，最好能将它们进行归类，并放到对应的文件夹中，便于管理和查看。

跟我练8–19　在Power BI中新建一个文件夹，用来存放项目金额、营业总收入、营业收入、营业总成本、营业成本、营业利润、利润总额、净利润、销售费用、管理费用等基础度量值。(接【跟我练8-18】)

跟我练8-19

01 选择要归类的度量值。在“模型视图”中，在“字段”窗格下，按住Ctrl键，同时选取报表金额、营业总收入、营业收入、营业总成本、营业成本、营业利润、利润总额、净利润等度量值。

02 新建“基础度量值”文件夹。在“属性”窗格下的“显示文件夹”文本框中输入“基础度量值”(见图8-41)，即可新建文件夹“基础度量值”，如图8-42所示。

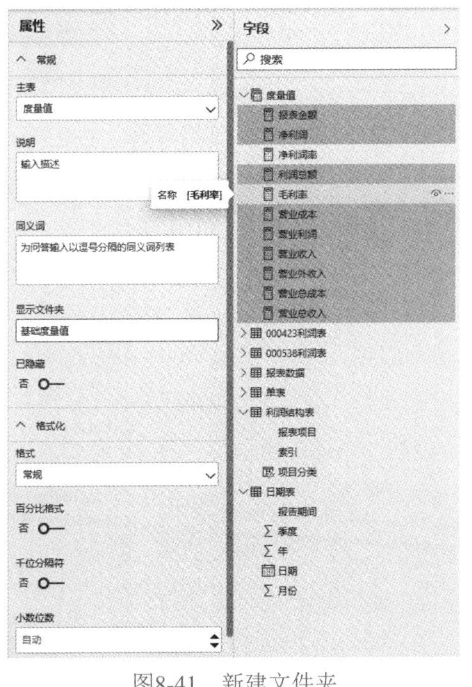

图8-41　新建文件夹

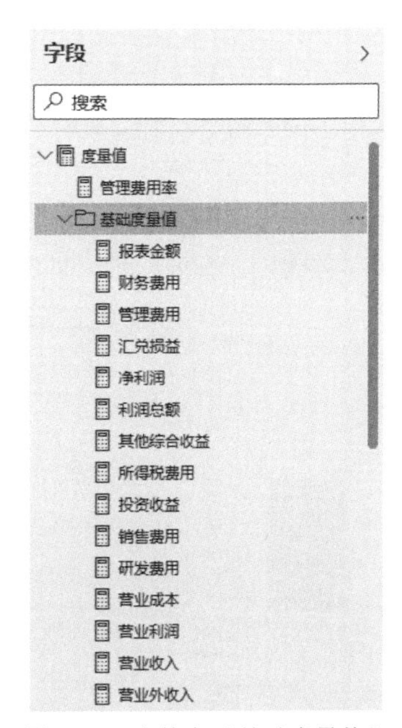

图8-42　文件夹“基础度量值”

03 新建“率值相关度量值”文件夹。在“模型视图”中，在“字段”窗格下，按住Ctrl键，同时选取净利润率、毛利率、销售费用率、管理费用率等度量值。在“属性”窗格下的“显示文件夹”文本框中输入“率值相关度量值”，即可新建文件夹“率值相关度量值”，如图8-43所示。

❖ 提示：

✧ 用来存放度量值的文件夹，可以全部展开或全部折叠。

✧ 若想将本章后面新增的度量值存放在已有的文件夹中，则需要进入“模型视图”，选择新增的度量值，在“属性”窗格下的“显示文件夹”文本框中输入目标文件夹的名称。

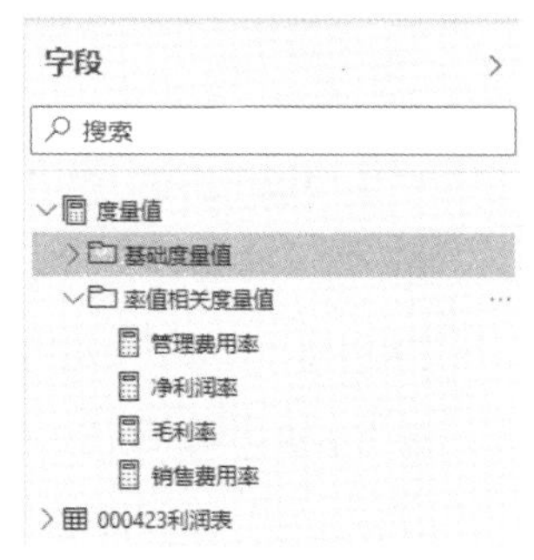

图8-43　文件夹“率值相关度量值”

8.4　利润明细表可视化设计

本节制作的利润明细表列举了数据源中利润表的所有项目名称，其格式与源数据基本一致。不同的是，源数据的金额单位为“万元”。本节将设置金额单位切片器，以便根据需求按照元、千元、万元动态切换查看利润明细表中的金额数据，同时利用日期切片器、公司名称切片器来筛选不同日期、不同公司的利润明细表情况，利润明细表可视化效果如图8-44所示。

公司名称：东阿阿胶　云南白药

单位：元　千元　万元

年：2013　2018　2014　2019　2015　2020　2016　2021　2017　2022

报表项目	2021年3月31日	2021年6月30日	2021年9月30日	2021年12月31日	总计
一、营业总收入	1,032,771.56	1,908,311.67	2,836,252.25	3,637,391.90	**9,414,727.38**
营业收入	1,032,771.56	1,908,311.67	2,836,252.25	3,637,391.90	**9,414,727.38**
二、营业总成本	857,563.03	1,649,929.93	2,442,980.18	3,173,981.82	**8,124,454.96**
营业成本	738,339.21	1,355,685.37	2,040,973.69	2,649,843.51	**6,784,841.78**
营业税金及附加	4,378.83	9,879.99	14,341.92	19,262.50	**47,863.24**
销售费用	95,302.82	209,796.50	287,635.38	389,621.67	**982,356.37**
管理费用	12,770.36	76,640.46	100,555.76	107,946.30	**297,912.88**
财务费用	1,471.46	-12,655.58	-20,085.06	-25,828.15	**-57,097.33**
研发费用	5,300.36	10,583.19	19,558.49	33,135.97	**68,578.01**
资产减值损失	0.00	0.00	0.00	0.00	**0.00**
公允价值变动收益	-78,907.23	-86,245.30	-155,499.76	-192,921.67	**-513,573.96**
投资收益	4,387.52	60,355.07	70,780.79	104,440.12	**239,963.50**
其中：对联营企业和合营企业的投资收益	118.30	395.24	552.29	-2,109.98	**-1,044.15**
汇兑收益	0.00	0.00	0.00	0.00	**0.00**
三、营业利润	88,124.61	222,357.10	298,776.64	348,516.85	**957,775.20**
加：营业外收入	166.37	176.04	333.94	1,014.95	**1,691.30**
减：营业外支出	167.20	286.62	509.63	1,367.18	**2,330.63**
其中：非流动资产处置损失	0.00	0.00	0.00	0.00	**0.00**
四、利润总额	88,123.77	222,246.53	298,600.95	348,164.62	**957,135.87**
减：所得税费用	11,937.11	42,326.07	53,383.62	68,531.01	**176,177.81**
五、净利润	76,186.66	179,920.46	245,217.34	279,633.60	**780,958.06**
归属于母公司所有者的净利润	76,315.78	180,166.70	245,053.40	280,362.16	**781,898.04**
少数股东损益	-129.12	-246.24	163.93	-728.55	**-939.98**
基本每股收益(元/股)	0.60	1.41	1.92	2.21	**6.14**
稀释每股收益(元/股)	0.60	1.40	1.91	2.18	**6.09**
总计	**4,256,772.49**	**8,298,362.61**	**12,107,073.52**	**15,419,018.10**	**40,081,226.72**

图8-44　利润明细表可视化效果

8.4.1 动态切换金额单位

页面中有元、千元、万元3种金额单位显示方式，而源数据的金额单位为“万元”。动态切换金额单位的设计思路如下：单击切片器，如果选择以“千元”为显示单位，就将度量值乘以10；如果选择以“元”为显示单位，就将度量值乘以10 000。因此，首先应新建一张“金额单位表”，用于存放各种金额单位显示方式的相关信息，然后将“金额单位表”引入计算金额的度量值。

1. 新建金额单位表

跟我练8-20　新建一张“金额单位表”，并将金额单位按照一定顺序排列。(接【跟我练8-19】)

跟我练8-20

01 创建表。在“数据视图”中，执行“主页”|“输入数据”命令，打开“创建表”对话框。在该对话框中，输入顺序、单位、单位值三列数据，将名称设置为“金额单位表”，如图8-45所示。单击“加载”按钮，“字段”窗格中将会出现“金额单位表”。

图8-45　创建“金额单位表”

02 检查自动识别关系。表格在加载时，有可能会自动识别关系，并根据字段名称与其他表建立关联。而“金额单位表”并不需要与其他任何表建立关联，因此，需要在“模型视图”中进行检查，如果发现“金额单位表”与其他数据表建立了关联，则需要删除这个错误的关联关系。

❖ 提示：

✧ 在“金额单位表”中，“顺序”列用来按照该顺序显示切片器，“单位值”列用于后期与源数据金额相乘，单位值主要依据源数据的金额来定。

03 将“单位”列按照“顺序”列进行排序。在“数据视图”的“字段”窗格中选择“金额单位表”，选中“单位”列，执行“主页”|“列工具”|“按列排序”|“顺序”命令，如图8-46所示。

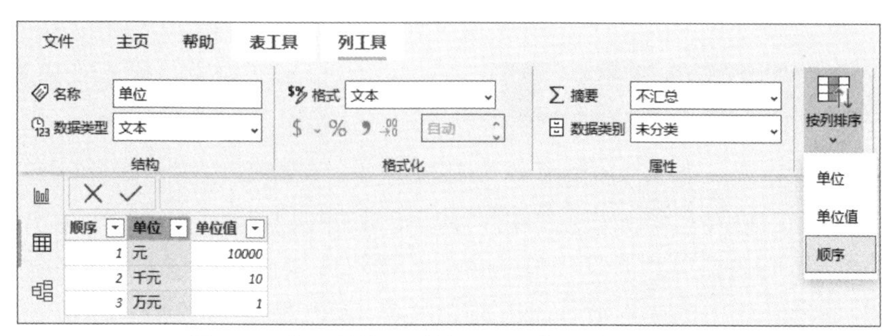

图8-46　将“单位”列按照“顺序”列进行排序

2. 新建金额单位切片器

跟我练8-21　使用“金额单位表”中的字段“单位”创建一个金额单位切片器。(接【跟我练8-20】)

跟我练8-21

01 插入切片器。在“报表视图”中，执行“插入”|“新建视觉对象”命令，然后单击“可视化”窗格中的“切片器”图标，插入一个“切片器”视觉对象。

02 字段设置。将“金额单位表”中的“单位”拖动到“字段”，如图8-47所示。

03 格式设置。单击“可视化”窗格中的按钮，在“视觉对象”选项卡中执行“切片器设置”|“选项”命令，将方向设置为“水平”，如图8-48所示。

04 查看结果。新建的金额单位切片器如图8-49所示。

图8-47　字段设置

图8-48　格式设置

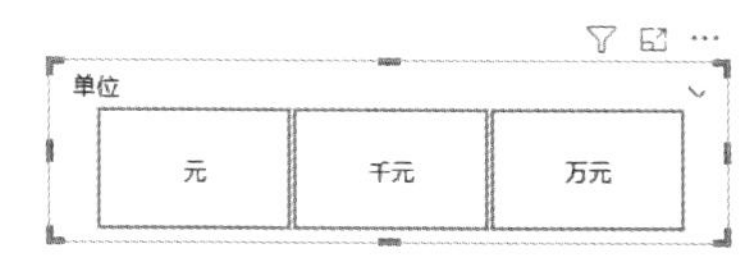

图8-49　金额单位切片器

3. 新建度量值

跟我练8-22　新建“显示金额”度量值，将显示金额与金额单位绑定。(接【跟我练8-21】)

跟我练8-22

在“数据视图”中，选择“字段”窗格下的“度量值”，执行“表工具”|“新建度量值”命令，在公式编辑栏中输入以下DAX公式。

显示金额 = IF(hasonevalue('金额单位表'[单位]),[报表金额]*values('金额单位表'[单位值]),[报表金额])

按回车键，“度量值”中便新增了“显示金额”度量值。

8.4.2　建立利润明细表

1. 新建利润明细表

使用矩阵表建立利润明细表，用于直接观察不同报告日期的利润表数据，其结构和数据格式应与源数据保持一致。

跟我练8-23　建立利润明细表。(接【跟我练8-22】)

跟我练8-23

01 插入矩阵表。在“报表视图”中，执行“插入”|“新建视觉对象”命令，然后单击“可视化”窗格中的“矩阵表”图标，插入一个“矩阵表”视觉对象。

02 字段设置。将“报表数据”表中的“报表项目”拖动到“行”，将“报表日期”拖动到“列”，将“显示金额”拖动到“值”，生成的利润明细表如图8-50所示。在此表中，能够很直观地了解不同报告日期的利润表数据。

报表项目	2013年3月31日	2013年6月30日	2013年9月30日	2013年12月31日	20
资产减值损失	79.00	2,203.00	28,305.00	18,925.00	
营业税金及附加	2,369.67	4,908.75	8,150.25	12,181.23	
营业收入	431,670.97	906,444.16	1,406,357.71	1,983,109.53	
营业成本	272,384.09	577,994.30	881,162.30	1,258,494.23	
一、营业总收入	431,670.97	906,444.16	1,406,357.71	1,983,109.53	
研发费用	0.00	0.00	0.00	0.00	
销售费用	57,651.70	120,466.73	202,145.33	282,809.85	
稀释每股收益(元/股)	1.13	2.18	3.85	5.18	
五、净利润	76,264.09	148,674.09	263,081.32	354,117.00	
投资收益	1,033.41	3,180.39	68,980.37	73,067.07	
四、利润总额	89,685.58	173,711.17	308,269.09	413,836.57	
少数股东损益	439.74	804.60	1,134.49	1,683.80	
三、营业利润	87,792.52	170,213.91	303,379.37	405,697.87	
其中：非流动资产处置损失	17.00	118.00	126.00	167.00	
其中：对联营企业和合营企业的投资收益	0.00	-12.23	-244.16	-85.46	
七、其他综合收益	0.00	144.60	144.60	203.63	
减：营业外支出	124.14	543.35	671.73	926.23	
减：所得税费用	13,421.50	25,037.07	45,187.78	59,719.57	
加：营业外收入	2,017.20	4,040.61	5,561.45	9,064.92	
基本每股收益(元/股)	1.13	2.18	3.85	5.18	
汇兑收益	0.00	0.00	0.00	0.00	
归属于少数股东的综合收益总额	439.74	804.60	1,134.49	1,683.80	
归属于母公司所有者的综合收益总额	75,824.35	148,014.10	262,091.43	352,636.83	
归属于母公司所有者的净利润	75,824.35	147,869.50	261,946.83	352,433.20	
管理费用	13,343.23	35,483.22	55,558.73	82,058.37	
总计	**2,052,315.65**	**4,263,676.07**	**6,941,331.49**	**9,646,659.68**	**2**

图8-50　利润明细表(排序前)

2. 对利润明细表中的“报表项目”进行排序

观察利润明细表中的数据，可以发现“报表项目”的排列顺序杂乱无章，因此，需要将其按照利润表的常规顺序排序。

跟我练8-24

跟我练8-24 对新建的利润明细表中的“报表项目”进行排序。(接【跟我练8-23】)

01 在“报表数据”表中新增“顺序”列。在“数据视图”中，选择“字段”窗格下的“报表数据”表，执行“表工具”|“新建列”命令，在公式编辑栏中输入以下DAX公式。

顺序 = RELATED('利润结构表'[索引])

02 将“报表项目”按“顺序”列排序。选定“报表数据”表中的“报表项目”列，执行“表工具”|“按列排序”|“顺序”命令，利润明细表中的“报表项目”即可按照利润表要求的顺序显示。排序后的利润明细表如图8-51所示。

报表项目	2021年9月30日	2021年12月31日	2022年3月31日	2022年6月30日	2022年9月30日	2022年12月31日	总计
一、营业总收入	3,118,841.23	4,022,290.47	1,031,998.72	1,984,263.56	2,996,218.69	4,053,019.09	**76,389,801.41**
营业收入	3,118,841.23	4,022,290.47	1,031,998.72	1,984,263.56	2,996,218.69	4,053,019.09	**76,389,801.41**
二、营业总成本	2,679,434.47	3,474,884.32	849,576.66	1,675,205.72	2,555,127.05	3,521,177.51	**64,283,480.15**
营业成本	2,146,502.94	2,794,936.75	688,914.92	1,340,988.52	2,031,033.99	2,816,470.05	**50,046,198.59**
营业税金及附加	18,617.30	25,006.30	6,523.17	13,567.45	20,545.53	27,863.43	**506,509.28**
销售费用	380,744.08	490,995.51	131,892.39	270,927.44	423,385.90	548,323.64	**10,930,866.97**
管理费用	128,172.01	145,261.99	26,548.07	49,912.21	75,774.84	122,093.64	**2,372,174.55**
财务费用	-22,606.85	-29,227.17	-12,418.55	-19,388.57	-25,765.29	-41,016.20	**-115,206.68**
研发费用	28,004.99	47,910.91	8,116.67	19,198.66	30,152.06	47,442.95	**434,091.92**
资产减值损失	0.00	0.00	0.00	0.00	0.00	0.00	**105,210.00**
公允价值变动收益	-154,547.13	-192,648.48	-51,789.14	-41,997.00	-75,278.29	-62,495.29	**-359,484.84**
投资收益	75,887.82	110,856.56	2,172.06	56,674.28	75,997.22	90,331.36	**1,562,442.62**
其中：对联营企业和合营企业的投资收益	918.38	-2,782.63	-1,170.08	40,713.15	58,516.92	69,530.47	**178,150.47**
汇兑收益	0.00	0.00	0.00	0.00	0.00	0.00	**0.00**
三、营业利润	335,490.65	405,392.22	124,112.16	201,372.45	316,098.87	428,619.97	**12,713,857.77**
加：营业外收入	1,013.50	1,907.73	376.06	412.98	889.23	1,958.41	**127,432.09**
减：营业外支出	878.87	2,028.53	285.00	403.37	1,028.84	1,677.03	**43,923.36**
其中：非流动资产处置损失	0.00	0.00	0.00	0.00	0.00	0.00	**5,396.00**
四、利润总额	335,625.28	405,271.42	124,203.22	201,382.06	315,959.26	428,901.33	**12,797,366.43**
减：所得税费用	60,167.06	81,746.46	22,375.58	33,936.90	50,708.29	66,938.05	**1,935,184.99**
五、净利润	275,458.23	323,524.95	101,827.64	167,445.16	265,250.96	361,963.29	**10,862,181.50**
归属于母公司所有者的净利润	275,180.59	324,406.16	102,904.39	180,875.70	281,779.47	378,112.40	**10,916,205.72**
少数股东损益	277.63	-881.20	-1,076.76	-13,430.54	-16,528.50	-16,149.11	**-54,024.18**
总计	**13,354,120.88**	**17,100,894.19**	**4,389,043.82**	**8,469,220.60**	**12,877,847.90**	**17,597,683.12**	**353,910,938.10**

图8-51 利润明细表(排序后)

03 修改页面名称。在“报表视图”中，双击页面名称“第一页”，将其修改为“利润明细表”。

8.4.3 创建日期、公司名称切片器

为了能够观察不同日期、不同公司的利润明细情况，还需要创建日期切片器和公司名称切片器。

1. 新建日期切片器

跟我练8-25

跟我练8-25 创建日期切片器。(接【跟我练8-24】)

01 插入切片器。在“报表视图”中，执行“插入”|“新建视觉对象”命令，然后单击“可视化”窗格中的“切片器”图标，插入一个“切片器”视觉对象。

02 字段设置。将“日期表”中的“年份”拖动到“字段”。

03 格式设置。单击“可视化”窗格中的按钮，在“视觉对象”选项卡中执行“切片

器设置”|“选项”命令，将方向设置为“水平”。

2. 新建公司名称切片器

跟我练8-26　创建公司名称切片器。(接【跟我练8-25】)

跟我练8-26

01 插入切片器。在“报表视图”中，执行“插入”|“新建视觉对象”命令，然后单击“可视化”窗格中的“切片器”图标，插入一个“切片器”视觉对象。

02 字段设置。将“报表数据”表中的“公司名称”拖动到“字段”。

03 格式设置。单击“可视化”窗格中的按钮，在“视觉对象”选项卡中执行“切片器设置”|“选项”命令，将方向设置为“水平”。

8.5　利润表分析可视化设计

利润表是反映企业在一定会计期间经营成果的财务报表。对利润表进行分析的主要目的是正确评价企业的经营业绩，及时、准确地发现企业经营管理中存在的问题，为管理者进行经营决策提供依据，为企业投资者、债权人的投资与信贷决策提供信息。利润表分析一般采用趋势分析、结构分析、比较分析等分析方法。本节利润表分析可视化设计如图8-52所示。

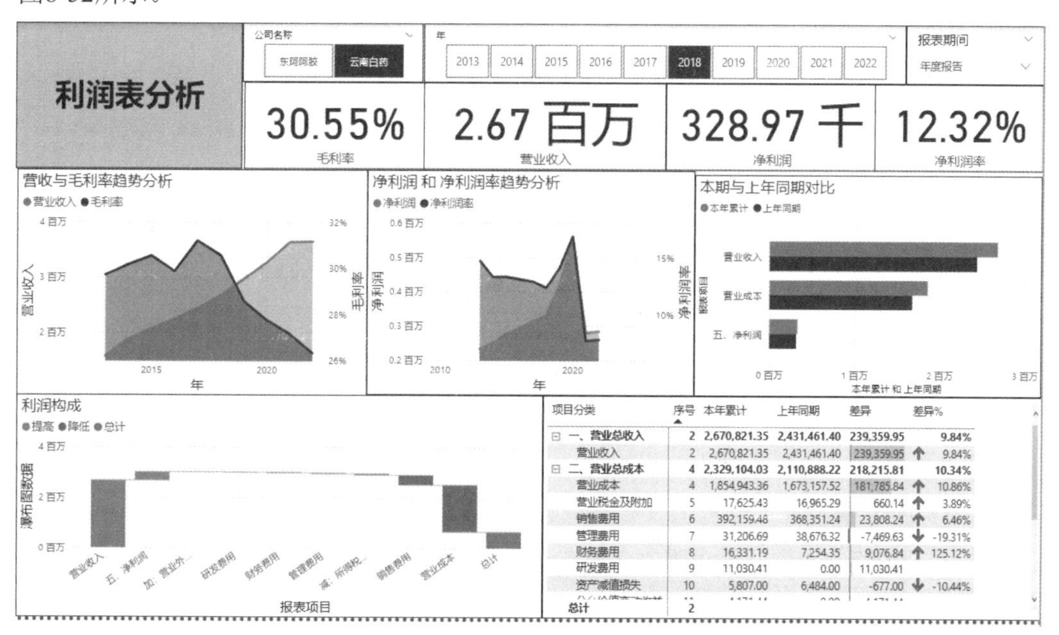

图8-52　利润表分析可视化设计总览

对利润表分析可视化设计面板中的“利润表分析”文本框、公司名称切片器、年切片器、报告期间切片器，以及4个卡片图的设置，在这里不再赘述。大家根据前几章学习的知识，先在Power BI中新增一个名为“利润表分析”的页面，并在此页面中自行完成上述设置。大家也可以根据自己的喜好对该页面的布局及格式进行调整。本节着重介绍利润表分析中趋势分析、结构分析和比较分析的可视化设计。

8.5.1 趋势分析

在Power BI中有很多用于进行趋势分析的视觉对象，如折线图、柱形图、散点图、折线和簇状柱形图等，这些图表一般用于表示变量的变化趋势，而分区图不仅能反映变量的变化趋势，还能展示变量随时间变化的程度。接下来主要介绍如何使用分区图来分析营业收入与毛利率之间、净利润与净利润率之间随着时间而变化的强度。

1. 云南白药营业收入与毛利率趋势分析

跟我练8-27 创建营业收入与毛利率趋势分析图。(接【跟我练8-26】)

跟我练8-27

01 插入分区图。在“报表视图”中，执行“插入”|“新建视觉对象”命令，然后单击“可视化”窗格中的“分区图”图标，插入一个“分区图”视觉对象。

02 字段设置。将日期表中的“年”拖动到“X轴”，将“营业收入”拖动到“Y轴”，将“毛利率”拖动到“辅助Y轴”。

03 格式设置。在“常规”选项卡中执行“标题”|“文本”命令，在文本框中输入“营业收入与毛利率趋势分析”；执行“效果”|“视觉对象边框”命令，单击“视觉对象边框”右侧的按钮，使其变成状态。在公司名称切片器中选择“云南白药”，生成的营业收入与毛利率趋势分析图如图8-53所示。

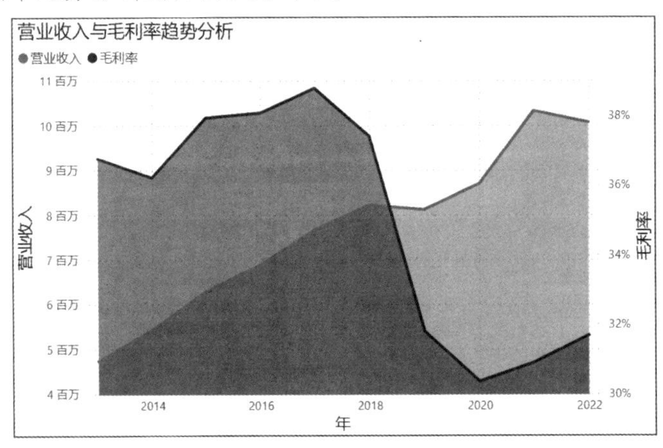

图8-53 营业收入与毛利率趋势分析图

04 问题分析。从图中可以看出，该公司自2018年开始在营业收入稳步上升的情况下毛利率急剧下降，2020年的毛利率为近十年最低值。

2. 云南白药净利润与净利润率趋势分析

跟我练8-28 创建净利润与净利润率趋势分析图。(接【跟我练8-27】)

跟我练8-28

01 插入分区图。在“报表视图”中，执行 “插入”|“新建视觉对象”命令，然后单击“可视化”窗格中的“分区图”图标，插入一个“分区图”视觉对象。

02 字段设置。将日期表中的“年”拖动到“X轴”，将“净利润”拖动到“Y轴”，将“净利润率”拖动到“辅助Y轴”。

03 格式设置。在“常规”选项中执行“标题”|“文本”命令，在文本框中输入“净利润与净利润率趋势分析”；执行“效果”|“视觉对象边框”命令，单击“视觉对象边框”右侧的按钮，使其变成状态。在公司名称切片器中选择“云南白药”，生成的净利润与净利润率趋势分析图如图8-54所示。

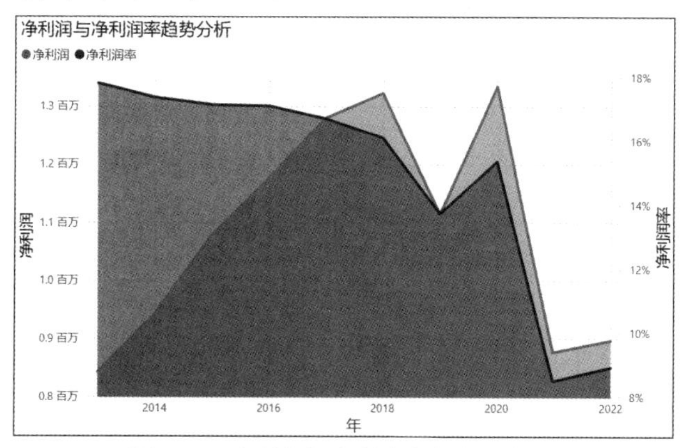

图8-54 净利润与净利润率趋势分析图

04 问题分析。从图中可以看出，该公司2019—2020年净利润率与净利润的变化趋势和变化程度比较接近，都在稳步上升，但是2021年净利润率和净利润都急剧下降，而且净利润率的下降程度更大。

05 取消编辑交互。在“报表视图”的“利润表分析”页面中，选择年切片器，执行“格式”|“编辑交互”命令，分别选择营业收入与毛利率趋势分析图、净利润与净利润率趋势分析图上右上角的按钮，使其变成状态，年切片器便会与这两个趋势分析图停止交互，如图8-55所示。

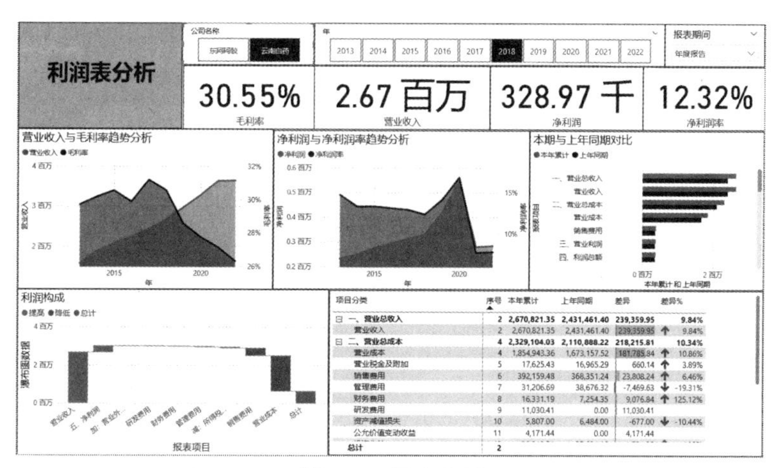

图8-55 停止交互

8.5.2 结构分析

在Power BI中，我们经常使用饼图、环形图、树状图等视觉对象进行结构分析。例如，使用环形图进行费用结构分析，如图8-56所示。

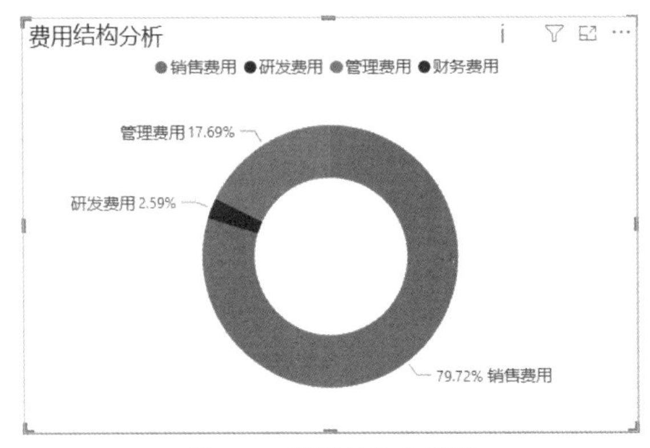

图8-56 费用结构分析图

接下来主要介绍如何使用瀑布图进行利润构成分析。瀑布图能够直观地显示收入、费用、成本对利润的影响。

1. 构建度量值

为了计算瀑布图所需的数据，需要构建“瀑布图数据”度量值，该度量值公式中将瀑布图用到的收入类科目设为正数，其他科目设为负数。

跟我练8–29 新建度量值“瀑布图数据”。(接【跟我练8-28】)

跟我练8-29

在“数据视图”中，选择“字段”窗格中的“度量值”，执行“表工具”|“新建度量值”命令，在公式编辑器中输入以下DAX公式。

```
瀑布图数据 = SWITCH(
    SELECTEDVALUE('利润结构表'[报表项目]),
    "营业收入",[营业收入],
    "加：营业外收入",[营业外收入],
    "五、净利润",[净利润],
    -[报表金额])
```

按回车键。

2. 绘制利润构成图

跟我练8–30 创建瀑布图，并显示收入、费用、成本、利润等相关报表项目。(接【跟我练8-29】)

跟我练8-30

01 创建瀑布图。在“报表视图”中，执行“插入”|“新建视觉对象”命令，然后单击“可视化”窗格中的“瀑布图”图标，插入一个“瀑布图”视觉对象。

02 字段设置。将“报表项目”拖动到“类别”，将“瀑布图数据”拖动到“Y轴”。

03 格式设置。在“常规”选项中执行“标题”|“文本”命令，在文本框中输入“利润构成”；执行“效果”|“视觉对象边框”命令，单击“视觉对象边框”右侧的按钮，使其变成状态。生成的初始“利润构成”瀑布图如图8-57所示。

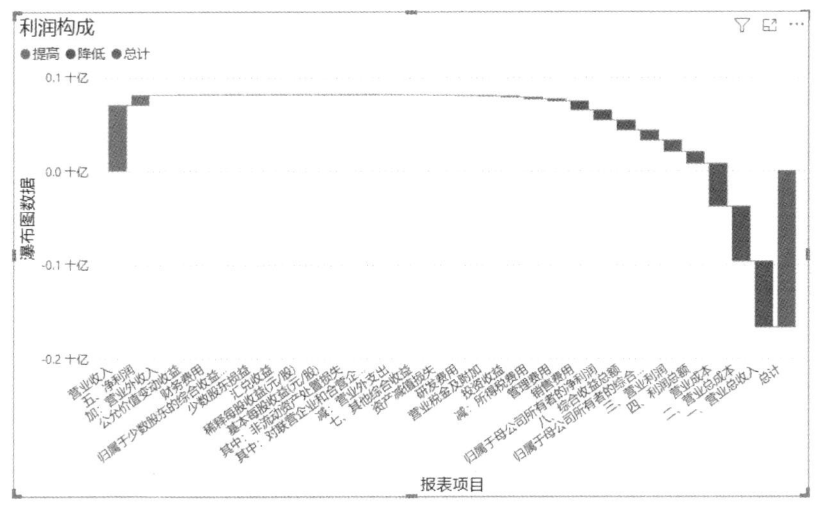

图8-57 初始“利润构成”瀑布图

❖ 提示:

✧ 初始“利润构成”瀑布图中显示了所有“报表项目”的数据，可以通过Power BI中筛选器的筛选功能，在“报表项目”中只保留与收入、费用、成本、利润等直接相关的项目。

04 设置筛选类型。选中“利润构成”瀑布图，在“筛选器”窗格中的“此视觉对象上的筛选器”下展开“报表项目”筛选器卡，设置筛选类型为“基本筛选”，如图8-58所示。

05 选择要展示的项目。在“搜索”栏目下的“报表项目”列表中选取我们需要的项目：净利润、营业收入、营业外收入、营业成本、管理费用、销售费用、研发费用、财务费用、所得税费用。最终生成的“利润构成”瀑布图如图8-59所示。

图8-58 筛选器设置

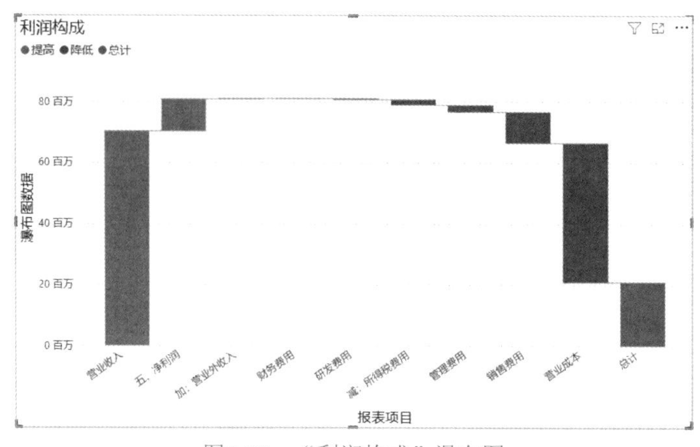

图8-59 “利润构成”瀑布图

06 对瀑布图排序。选中“瀑布图”，单击图表右上角的⋯按钮，执行“排列轴”|“以降序排列”命令。

8.5.3 比较分析

本案例采集的数据包括4个季度的财务数据，比较分析主要是将本期数据与上年同期数据进行对比分析，即将本季度的数据与上年同季度的数据进行对比。这就需要先构建度量值计算出本期数据与上年同期数据，然后绘制相应图表进行数据可视化分析。

1. 新建度量值“本年累计”和“上年同期”

为了便于辅助计算上年同期数据，需要在“日期表”中新增加一列“期间编号”。

跟我练8-31 新建“期间编号”列，根据该编号新建度量值计算出本期数据和上年同期数据。(接【跟我练8-30】)

跟我练8-31

01 新建列。在“数据视图”中，选中“日期表”，执行“表工具”|“新建列”命令，在公式编辑器中输入以下DAX公式。

期间编号 = ([年]−2013)*4+[季度]

按回车键，“日期表”中新增了“期间编号”列，如图8-60所示。

1 期间编号 = ([年]-2013)*4+[季度]

报表日期	年	季度	月份	报表期间	期间编号
2013/12/31	2013	4	12	年度报告	4
2013/9/30	2013	3	9	第三季度	3
2013/6/30	2013	2	6	第二季度	2
2013/3/31	2013	1	3	第一季度	1
2014/12/31	2014	4	12	年度报告	8
2014/9/30	2014	3	9	第三季度	7
2014/6/30	2014	2	6	第二季度	6
2014/3/31	2014	1	3	第一季度	5
2015/12/31	2015	4	12	年度报告	12
2015/9/30	2015	3	9	第三季度	11
2015/6/30	2015	2	6	第二季度	10
2015/3/31	2015	1	3	第一季度	9
2016/12/31	2016	4	12	年度报告	16

图8-60 “期间编号”列

❖ 提示：

✧ 在“期间编号”DAX公式中，2013是源数据的起始年份，“期间编号”的计算结果是1～40的连续自然数，相当于为“报告日期”按时间先后设置了顺序号。

02 新建度量值。在“数据视图”中，选择“字段”窗格中的“度量值”，执行“表工具”|“新建度量值”命令，在公式编辑器中依次输入下列DAX公式。

首先，计算本期数据。

```
本年累计 =
SWITCH(TRUE(),
  not HASONEVALUE('利润结构表'[报表项目]),
    SWITCH(TRUE(),
      SELECTEDVALUE('利润结构表'[项目分类])="二、营业总成本",[营业总成本],
      SELECTEDVALUE('利润结构表'[项目分类])="三、营业利润",[营业利润],
      SELECTEDVALUE('利润结构表'[项目分类])="五、净利润",[净利润],
      SELECTEDVALUE('利润结构表'[项目分类])="八、综合收益总额",[综合收益总额]),
      [报表金额])
```

其次，计算上年同期数据、差异及差异%。

```
上年同期 =
  VAR bh=SELECTEDVALUE('日期表'[期间编号])
  RETURN
    CALCULATE([本年累计],filter(all('日期表'),'日期表'[期间编号]=bh-4))
差异= [本年累计]-[上年同期]
差异% = DIVIDE([差异],[上年同期])
```

最后，创建一个“序号”度量值，用于对矩阵表的“报表项目”进行排序。

```
序号 = MIN('利润结构表'[索引])
```

2. 制作簇状条形图

跟我练8-32　在“利润表分析”页面中制作簇状条形图，用于比较营业收入、营业成本和净利润的关系。(接【跟我练8-31】)

跟我练8-32

01 插入簇状条形图。在“报表视图”中，执行“插入”|“新建视觉对象”命令，然后单击“可视化”窗格中的“簇状条形图”图标，插入一个“簇状条形图”视觉对象。

02 字段设置。将“报表项目”拖动到“X轴”，将“本年累计”和“上年同期”拖动到“Y轴”。

03 格式设置。在“常规”选项卡中执行“标题”|“文本”命令，在文本框中输入“本期与上年同期对比”；执行“效果”|“视觉对象边框”命令，单击“视觉对象边框”右侧的按钮，使其变成状态。生成的初始“本期与上年同期对比”簇状条形图如图8-61所示。

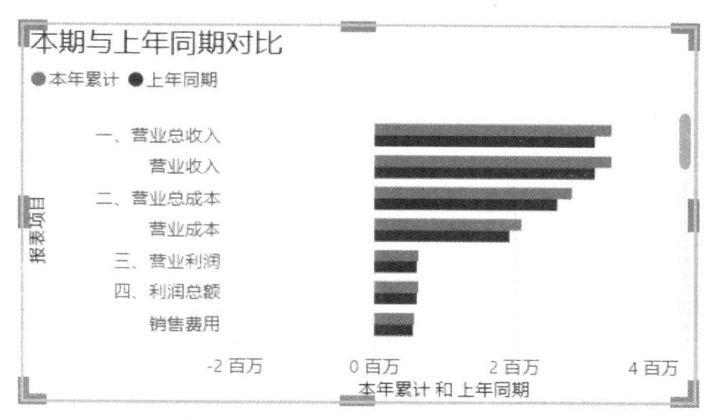

图8-61　初始“本期与上年同期对比”簇状条形图

❖ 提示：

✧ 初始“本期与上年同期对比”簇状条形图中显示了所有“报表项目”的数据，可以利用Power BI 中筛选器的筛选功能，在“报表项目”中只保留营业收入、营业成本和净利润3个项目。

04 设置筛选类型。选中此簇状条形图，在“筛选器”窗格中的“此视觉对象上的筛选器”下展开“报表项目”筛选器卡，将筛选类型设置为“基本筛选”。

05 选择要展示的项目。在“搜索”栏目下的“报表项目”列表中选取我们需要的项目：营业收入、营业成本、净利润。最终生成的“本期与上年同期对比”簇状条形图如图8-62所示。

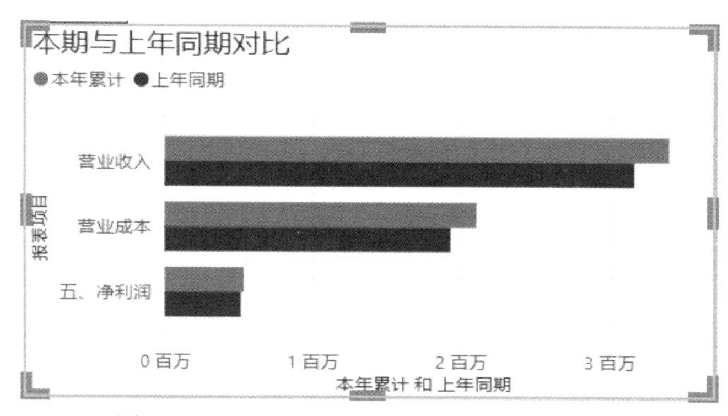

图8-62　“本期与上年同期对比”簇状条形图

3. 制作分层管理矩阵表

“利润结构表”的“项目分类”列中记录了所有报表项目的分类信息，我们可以根据报表项目的分类制作“分层管理矩阵表”，详细展示不同报表项目的当期与上年同期数据的对比明细及数据差异。

跟我练8-33 制作“分层管理矩阵表”，详细比较各个科目的本期与上年同期数据差异。(接【跟我练8-32】)

跟我练8-33

01 插入矩阵表。在“报表视图”中，执行“插入”|“新建视觉对象”命令，然后单击“可视化”窗格中的“矩阵表”图标，插入一个“矩阵表”视觉对象。

02 字段设置。将“利润结构表”中的“项目分类”和“报表项目”拖动到“行”，将“序号”“本年累计”“上年同期”“差异”“差异%”拖动到“值”，如图8-63所示。

03 格式设置。在“常规”选项卡中执行“效果”|“视觉对象边框”命令，单击“视觉对象边框”右侧的按钮，使其变成状态。生成的初始“分层管理矩阵表”如图8-64所示。

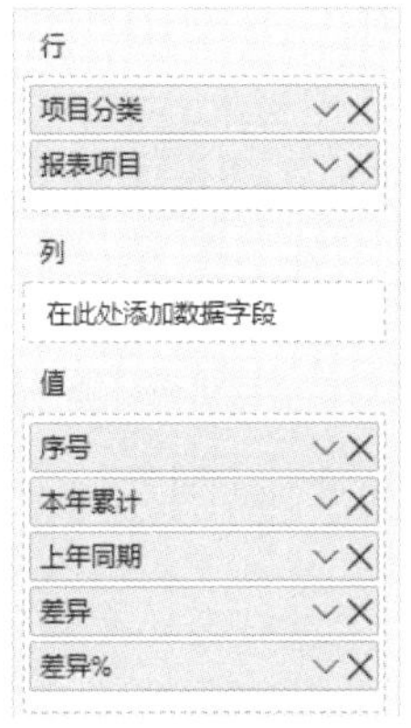

图8-63 字段设置

项目分类	序号	本年累计	上年同期	差异	差异%
⊞	1				
⊞ 八、综合收益总额	28	-44,706.12	204,821.35	-249,527.47	-121.83%
⊞ 二、营业总成本	4	344,599.42	508,597.97	-163,998.55	-32.25%
⊞ 六、每股收益	24				
⊞ 七、其他综合收益	26	-167.67	-3,839.22	3,671.55	-95.63%
⊞ 三、营业利润	16	-51,305.90	244,056.37	-295,362.27	-121.02%
⊞ 四、利润总额	19	-50,520.87	244,386.67	-294,907.54	-120.67%
⊞ 五、净利润	22	-44,538.45	208,660.58	-253,199.03	-121.34%
⊞ 一、营业总收入	2	295,862.23	733,831.62	-437,969.39	-59.68%
总计	1				

图8-64 初始“分层管理矩阵表”

❖ 提示：

✧ 初始“分层管理矩阵表”中存在几个问题：一是第一行数据不属于项目分类的数据，需要从图表中将它排除；二是项目名称的顺序混乱，需要将其按序号排序；三是图表数据比较单调，可以使用条件格式突出显示数据。

04 排除不需要的数据。单击矩阵表中的第一个⊞按钮，⊞按钮会转换成⊟按钮，并展开下一层次数据，右击⊟按钮，在快捷菜单中选择“排除”命令，即可将不需要的数据从矩阵表中排除。

05 升序排序。将鼠标指针移到矩阵表中的“序号”名称上，将会出现▼按钮；单击该按钮，矩阵表中的数据将会按照“序号”降序排列；继续单击该按钮，▼按钮将会转换成▲按钮，矩阵表中的数据也会相应地按照“序号”升序排列。

06 为“差异”列设置数据条。选中“分层管理矩阵表”，在“可视化”窗格中单击“字段”按钮右击“差异”字段，执行“条件格式”|“数据条”命令，打开如图8-65所示的“数据条-差异”对话框，将正值条形图设置为“绿色”，将负值条形图设置为“红色”，单击“确定”按钮。

07 为“差异%”列设置图标。选中“分层管理矩阵表”，在“可视化”窗格中单击“字段”按钮，右击“差异%”字段，执行“条件

图8-65 “数据条-差异”对话框

格式”|“图标”命令，打开“图标-差异%”对话框，在此对话框中进行条件格式设置，如图8-66所示。

图8-66　“图标-差异%”对话框

08 显示结果。单击“确定”按钮，最终的“分层管理矩阵表”如图8-67所示。

项目分类	序号	本年累计	上年同期	差异	差异%
⊟ 一、营业总收入	2	340,943.72	295,862.23	45,081.49	15.24%
营业收入	2	340,943.72	295,862.23	45,081.49	↑ 15.24%
⊟ 二、营业总成本	4	294,475.18	344,599.42	-50,124.24	-14.55%
营业成本	4	153,418.51	154,879.75	-1,461.24	↓ -0.94%
营业税金及附加	5	3,931.18	3,323.48	607.70	↑ 18.29%
销售费用	6	83,784.79	132,684.61	-48,899.82	↓ -36.85%
管理费用	7	39,332.74	29,418.68	9,914.06	↑ 33.70%
财务费用	8	-1,355.32	3,755.49	-5,110.81	↓ -136.09%
研发费用	9	15,363.28	20,537.41	-5,174.13	↓ -25.19%
资产减值损失	10	0.00	0.00	0.00	
公允价值变动收益	11	143.58	306.20	-162.62	↓ -53.11%
投资收益	12	1,638.23	6,872.51	-5,234.28	↓ -76.16%
总计	2				

图8-67　分层管理矩阵表

利用矩阵表、卡片图、瀑布图、分区图、切片器等视觉对象来分析云南白药(000538)和东阿阿胶(000423)两家公司的利润表数据，不仅可以反映营业收入、净利润、毛利率、净利润率等重要指标的变动趋势和变动程度，还便于观察各报表项目的本期和上年同期数据的变动额，并能够深入分析影响利润变动的因素，进而为信息使用者的决策提供支持。

随堂测

一、判断题

1. 管理参数的数据类型必须是文本型。（　　）

2. 可以利用“合并查询”命令将两个公司的利润表合并为一张事实表。（　　）

3. 从财经网站上下载的上市公司财务报表数据的Excel文件也可以实时更新数据。（　　）

二、单选题

1. 在URL网址中，需使用(　　)将管理参数括起来。

A. ( )　　B.[ ]　　C. { }　　D. “ ”

2. 在调用自定义函数之前，必须确保“000538利润表”中“年份”列的数据类型为(　　)。

A. 文本型　　B. 数值型　　C. 日期型　　D. 任意型

3. 下面的图表称为(　　)。

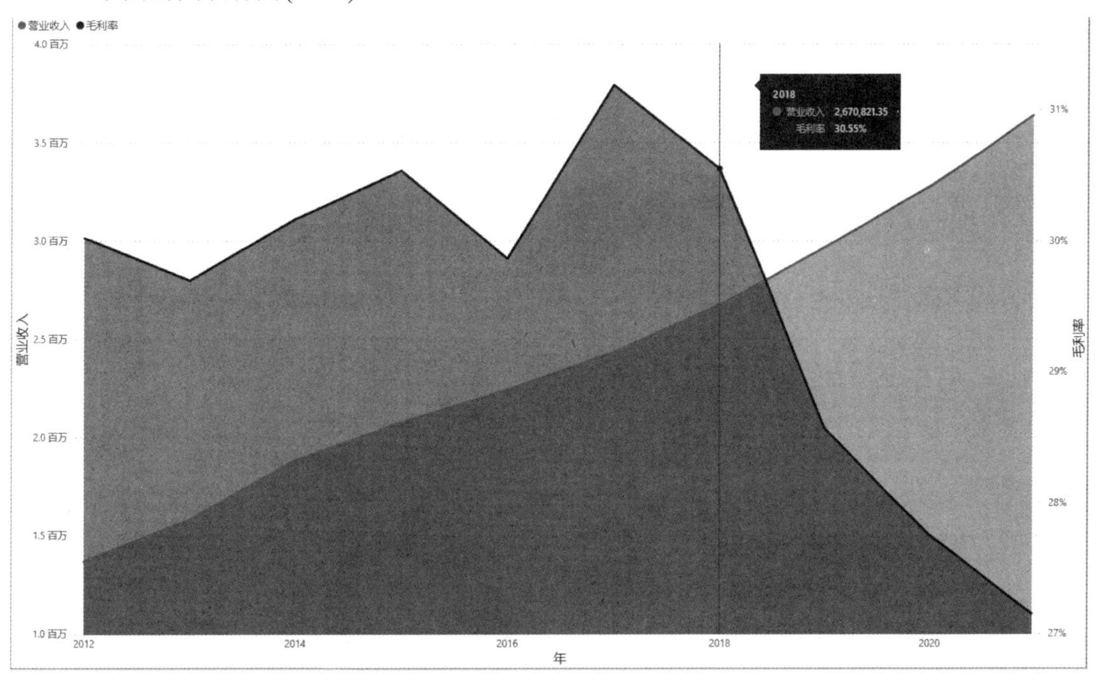

。

A. 折线图　　B. 面积图　　C. 分区图　　D. 瀑布图

三、多选题

1. 从(　　)可以获取上市公司财务数据。

A. 企业信息系统　　B. 财经网站

C. 商品化数据库　　D.财政部网站

2. 下列选项属于从Web上爬取数据的优势的是(　　)。

A. 数据公开、易得　　B. 爬到的是满足规范的数据

C. 可以实时更新　　D. 操作最简单

3. 在Power BI中有很多生成日期表的方式，下列可取的方法有(　　)。

A. 先在Excel中制作日期表，然后将其导入Power BI

B. 在Power BI中直接输入日期数据

C. 利用DAX公式生成日期表

D.在Power Query编辑器中制作日期表

4. 在将二维表转换为一维表时，需要逆透视的其他列包括(　　)。

A. 公司名称　　B. 年份

C. 报表项目　　D. 报表金额

四、问答题

1. 在进行利润表分析时，需要构建哪几个维度表？为什么？
2. 动态切换金额单位是如何实现的？
3. 图8-52中使用了哪些视觉对象？对利润表进行了哪些分析？

第9章

财务数据可视化智能综合分析——基于三张基本报表

上市公司的财务数据主要来自于资产负债表、利润表和现金流量表三张基本财务报表，上一章仅以利润表为例，详细介绍了在Power BI中获取数据、整理数据、数据建模及可视化智能分析的一些技巧。本章选取中宠股份(002891)等8家国内宠物行业上市公司的财务报表数据，按照财务报表分析的基本框架，进行财务数据可视化智能设计与分析，主要包括：资产负债表可视化分析、利润表可视化分析、现金流量表可视化分析、财务指标可视化分析、同业对比可视化分析。通过可视化分析可以直观地了解这几家宠物行业上市公司的财务状况、经营成果和未来发展趋势。

9.1 思路与框架

经过前期的学习，同学们应该已经掌握了数据分析的流程，熟悉了通过Power BI进行数据获取、数据清洗、数据建模和数据可视化设计的方法，对财务数据可视化智能分析建立了基本认知。为了检验前期学习成果，本章将引导同学们进行基于三张基本财务报表的综合分析，旨在培养同学们系统化思考、创新意识和动手能力。本章只提供整体设计框架和分析思路，鼓励同学们发挥自身的能动性和创造性，提升其解决问题的能力！

本章综合分析的整体框架如图9-1所示。

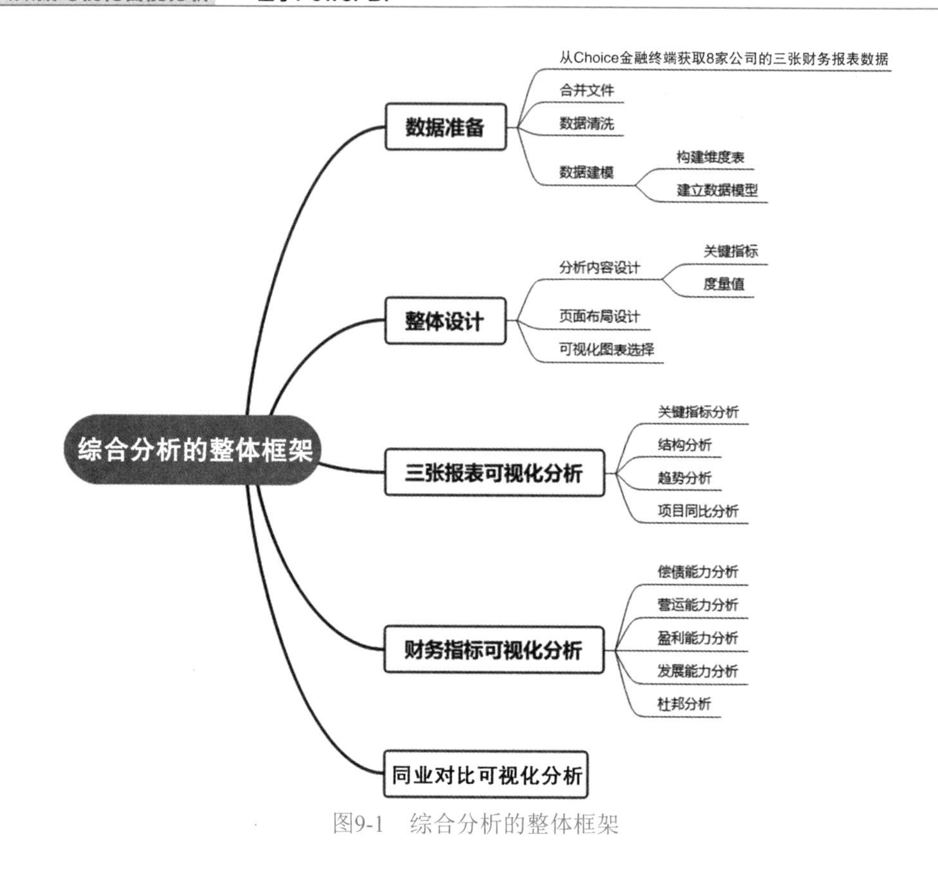

图9-1　综合分析的整体框架

9.2　数据准备

9.2.1　数据来源

本案例选择宠物行业上市公司作为数据分析对象，各公司的相关信息如表9-1所示。

表9-1　宠物行业上市公司的相关信息

序号	证券代码+证券名称	主营业务
1	佩蒂股份(300673)	宠物食品
2	中宠股份(002891)	宠物食品
3	新希望(000876)	宠物食品
4	禾丰股份(603609)	宠物医疗
5	瑞普生物(300119)	宠物医院
6	依依股份(001206)	宠物护理用品第一股
7	天元宠物(301335)	宠物用品的设计开发、生产、销售
8	路斯股份(832419)	宠物食品

本章数据源是从东方财富Choice金融终端上下载的8家宠物行业上市公司的三张基本财务报表数据(均为Excel文件)。由于大部分宠物行业上市公司在2014—2017年上市或开始涉足宠物行业，因此本案例选取了这些公司2014—2021年的年度合并报表数据(单位为万元)进行分析。

源文件数据是将下载好的各个公司的财务报表数据(Excel文件)进行规整后，分别存放在利润表、资产负债表、现金流量表3个文件夹中，调整每个文件夹中的报表数据使其格式完全一致，并更改Excel文件内的工作表名称：将“利润表_公司代码”改成“利润表”，将“现金流量表_公司代码”改成“现金流量表”，将“资产负债表_公司代码”改成“资产负债表”。源文件数据整理结果如图9-2所示。整理后的8家公司的利润表、现金流量表、资产负债表数据分别存放在利润表、现金流量表、资产负债表文件夹中。

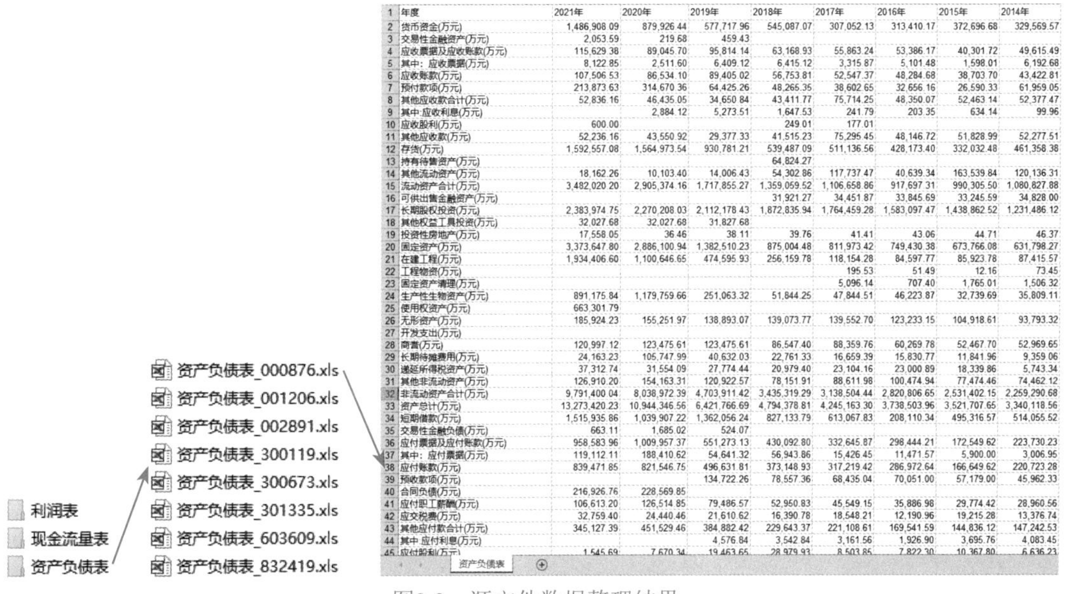

1	年度	2021年	2020年	2019年	2018年	2017年	2016年	2015年	2014年
2	货币资金(万元)	1,486,908.09	879,926.44	577,717.96	545,087.07	307,052.13	313,410.17	372,696.68	329,569.57
3	交易性金融资产(万元)	2,053.59	219.68	459.43					
4	应收票据及应收账款(万元)	115,629.38	89,045.70	95,814.14	63,168.93	55,863.24	53,386.17	40,301.72	49,615.49
5	其中：应收票据(万元)	8,122.85	2,511.60	6,409.12	6,415.12	3,315.87	5,101.48	1,598.01	6,192.68
6	应收账款(万元)	107,506.53	86,534.10	89,405.02	56,753.81	52,547.37	48,284.68	38,703.70	43,422.81
7	预付款项(万元)	213,873.63	314,670.36	64,425.26	48,265.35	38,602.65	32,656.16	26,590.33	61,959.05
8	其他应收款合计(万元)	52,836.16	46,435.05	34,650.84	43,411.77	75,714.25	48,350.07	52,463.14	52,377.47
9	其中:应收利息(万元)		2,884.12	5,273.51	1,647.53	241.79	203.35	634.14	99.96
10	应收股利(万元)	600.00			249.01	177.01			
11	其他应收款(万元)	52,236.16	43,550.92	29,377.33	41,515.23	75,295.45	48,146.72	51,828.99	52,277.51
12	存货(万元)	1,592,557.08	1,564,973.54	930,781.21	539,487.09	511,136.56	428,173.40	332,032.48	461,358.38
13	持有待售资产(万元)				64,824.27				
14	其他流动资产(万元)	18,162.26	10,103.40	14,006.43	54,302.86	117,737.47	40,639.34	163,539.84	120,136.31
15	流动资产合计(万元)	3,482,020.20	2,905,374.16	1,717,855.27	1,359,059.52	1,106,658.86	917,697.31	990,305.50	1,080,827.88
16	可供出售金融资产(万元)				31,921.27	34,451.87	33,845.69	33,245.59	34,828.00
17	长期股权投资(万元)	2,383,974.75	2,270,208.03	2,112,178.43	1,872,835.94	1,764,459.28	1,583,097.47	1,438,862.52	1,231,486.12
18	其他权益工具投资(万元)	32,027.68	32,027.68	31,827.68					
19	投资性房地产(万元)	17,558.05	36.46	38.11	39.76	41.41	43.06	44.71	46.37
20	固定资产(万元)	3,373,647.80	2,886,100.94	1,382,510.23	875,004.48	811,973.42	749,430.38	673,766.08	631,798.27
21	在建工程(万元)	1,934,406.60	1,100,646.65	474,595.93	256,159.78	118,154.28	84,597.77	85,923.78	87,415.57
22	工程物资(万元)					195.53	51.49	12.16	73.45
23	固定资产清理(万元)					5,096.14	707.40	1,765.01	1,506.32
24	生产性生物资产(万元)	891,175.84	1,179,759.66	251,063.32	51,844.25	47,844.51	46,223.87	32,739.69	35,809.11
25	使用权资产(万元)	663,301.79							
26	无形资产(万元)	185,924.23	155,251.97	138,893.07	139,073.77	139,552.70	123,233.15	104,918.61	93,793.32
27	开发支出(万元)								
28	商誉(万元)	120,997.12	123,475.61	123,475.61	86,547.40	88,359.76	60,269.78	52,467.70	52,969.65
29	长期待摊费用(万元)	24,163.23	105,747.99	40,632.03	22,761.33	16,659.39	15,830.77	11,841.96	9,359.06
30	递延所得税资产(万元)	37,312.74	31,554.09	27,774.44	20,979.40	23,104.16	23,000.89	18,339.86	5,743.34
31	其他非流动资产(万元)	126,910.20	154,163.31	120,922.57	78,151.91	88,611.98	100,474.94	77,474.46	74,462.12
32	非流动资产合计(万元)	9,791,400.04	8,038,972.39	4,703,911.42	3,435,319.29	3,138,504.44	2,820,806.65	2,531,402.15	2,259,290.68
33	资产总计(万元)	13,273,420.23	10,944,346.56	6,421,766.69	4,794,378.81	4,245,163.30	3,738,503.96	3,521,707.65	3,340,118.56
34	短期借款(万元)	1,515,935.86	1,039,907.22	1,362,056.24	827,133.79	613,067.83	208,110.34	495,316.57	514,055.52
35	交易性金融负债(万元)	663.11	1,685.02	524.07					
36	应付票据及应付账款(万元)	958,583.96	1,009,957.37	551,273.13	430,092.80	332,645.87	298,444.21	172,549.62	223,730.23
37	其中：应付票据(万元)	119,112.11	188,410.62	54,641.32	56,943.86	15,426.45	11,471.57	5,900.00	3,006.95
38	应付账款(万元)	839,471.85	821,546.75	496,631.81	373,148.93	317,219.42	286,972.64	166,649.62	220,723.28
39	预收款项(万元)			134,722.26	78,557.36	68,435.04	70,051.00	57,179.00	45,962.33
40	合同负债(万元)	216,926.76	228,569.85						
41	应付职工薪酬(万元)	106,613.20	126,514.85	79,486.57	52,950.83	45,549.15	35,886.98	29,774.42	28,960.56
42	应交税费(万元)	32,759.40	24,440.46	21,610.62	16,390.78	18,548.21	12,190.96	19,215.28	13,376.74
43	其他应付款合计(万元)	345,127.39	451,529.46	384,882.42	229,643.37	221,108.61	169,541.59	144,836.12	147,242.53
44	其中:应付利息(万元)			4,576.84	3,542.84	3,161.56	1,926.90	3,695.76	4,083.45
45	应付股利(万元)	1,545.69	7,670.34	19,463.65	28,979.93	8,503.85	7,822.30	10,367.80	6,636.23

图9-2 源文件数据整理结果

9.2.2 获取数据

本节将使用多文件合并的方式将利润表、资产负债表、现金流量表中的数据导入Power BI，并将所有报表数据都保存在“源数据文件”文件夹中。

1. 获取“资产负债表”文件夹中的数据

【操作指导】

01 从文件夹中获取数据。

02 合并并转换数据。

03 合并文件。最终结果如图9-3所示。

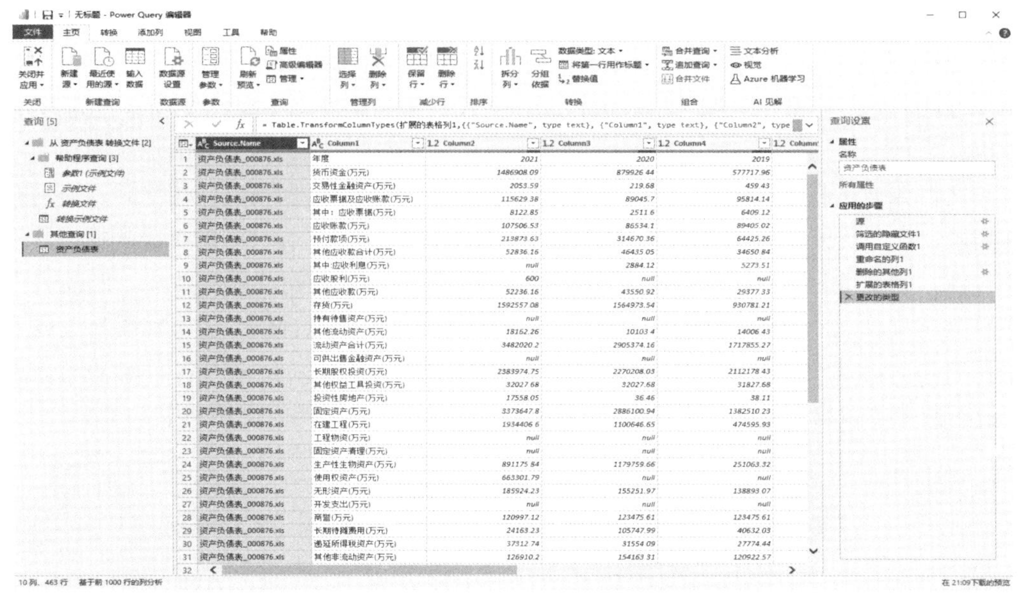

图9-3 “资产负债表”文件夹中的数据加载完成

2. 在Power Query编辑器中直接获取“利润表”和“现金流量表”文件夹中的数据

【操作指导】

01 获取利润表数据。

02 获取现金流量表数据。

03 查看合并文件信息。最终结果如图9-4所示。

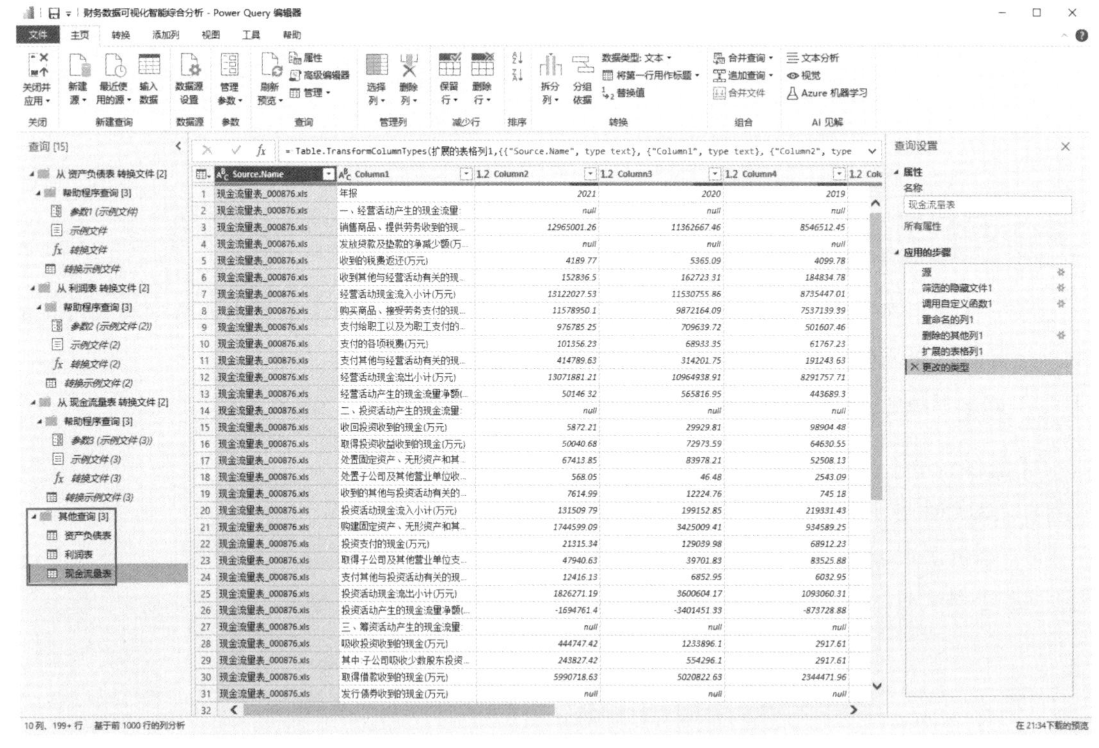

图9-4 “利润表”和“现金流量表”文件夹中的数据加载完成

04 保存Power BI文件。

9.2.3 数据整理

1. 在Power Query编辑器中整理资产负债表数据

【操作指导】

01 提升标题。

02 删除“年度”列中的空值和错误数据。

03 替换值。将所有Null值替换为0。

04 按分隔符拆分列。将第一列数据拆分成两列，并分别命名为“报表类型”和“公司代码”。

05 提取文本范围。选中“公司代码”列，执行“转换”|“提取”|“范围”命令，打开“提取文本范围”对话框，将起始索引设置为0，将字符数设置为6，如图9-5所示。单击“确定”按钮。

图9-5 设置提取文本范围

06 提取分隔符之前的文本。选中“年度”列，执行“转换”|“提取”|“分隔符之前的文本”命令，打开“分隔符之前的文本”对话框，设置分隔符为英文状态下的小括号“(”，如图9-6所示。将该列重新命名为“报表项目”。

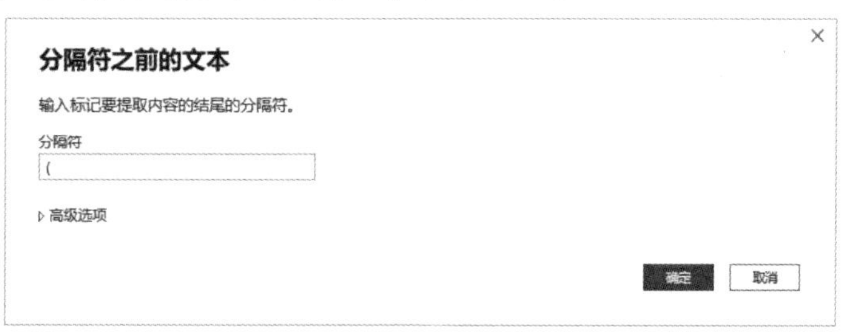

图9-6 设置分隔符

07 逆透视其他列。选中“报表类型”“公司代码”和“报表项目”3列，执行“转换”|“逆透视列”|“逆透视其他列”命令，将二维表转换成一维表。

08 重命名列。将逆透视后的新列分别重新命名为“年度”和“金额”，并将“年度”列的数据类型改为整数。整理后的资产负债表数据如图9-7所示。

	报表类型	公司代码	报表项目	年度	金额
1	资产负债表	000876	货币资金	2021	1486908.09
2	资产负债表	000876	货币资金	2020	879926.44
3	资产负债表	000876	货币资金	2019	577717.96
4	资产负债表	000876	货币资金	2018	545087.07
5	资产负债表	000876	货币资金	2017	307052.13
6	资产负债表	000876	货币资金	2016	313410.17
7	资产负债表	000876	货币资金	2015	372696.68
8	资产负债表	000876	货币资金	2014	329569.57
9	资产负债表	000876	交易性金融资产	2021	2053.59
10	资产负债表	000876	交易性金融资产	2020	219.68
11	资产负债表	000876	交易性金融资产	2019	459.43
12	资产负债表	000876	交易性金融资产	2018	0
13	资产负债表	000876	交易性金融资产	2017	0
14	资产负债表	000876	交易性金融资产	2016	0
15	资产负债表	000876	交易性金融资产	2015	0
16	资产负债表	000876	交易性金融资产	2014	0
17	资产负债表	000876	应收票据及应收账款	2021	115629.38
18	资产负债表	000876	应收票据及应收账款	2020	89045.7
19	资产负债表	000876	应收票据及应收账款	2019	95814.14
20	资产负债表	000876	应收票据及应收账款	2018	63168.93
21	资产负债表	000876	应收票据及应收账款	2017	55863.24
22	资产负债表	000876	应收票据及应收账款	2016	53386.17
23	资产负债表	000876	应收票据及应收账款	2015	40301.72

图9-7　整理后的资产负债表数据

2. 在Power Query编辑器中整理利润表和现金流量表数据

通过观察可知，利润表和现金流量表中的数据也需要经过提升标题、删除错误值、修改数据类型、替换值、按分隔符拆分列、提取文本范围、提取分隔符之前的文本、逆透视其他列、重命名列等操作进行数据清洗与转换。

整理后的利润表数据如图9-8所示。

整理后的现金流量表数据如图9-9所示。

	报表类型	公司代码	报表项目	年度	金额
1	利润表	000876	一、营业总收入	2021	12626170.26
2	利润表	000876	一、营业总收入	2020	10982522.44
3	利润表	000876	一、营业总收入	2019	8205053.95
4	利润表	000876	一、营业总收入	2018	6906322.53
5	利润表	000876	一、营业总收入	2017	6256684.86
6	利润表	000876	一、营业总收入	2016	6087952.32
7	利润表	000876	一、营业总收入	2015	6151964.98
8	利润表	000876	一、营业总收入	2014	7001223.33
9	利润表	000876	营业收入	2021	12626170.26
10	利润表	000876	营业收入	2020	10982522.44
11	利润表	000876	营业收入	2019	8205053.95
12	利润表	000876	营业收入	2018	6906322.53
13	利润表	000876	营业收入	2017	6256684.86
14	利润表	000876	营业收入	2016	6087952.32
15	利润表	000876	营业收入	2015	6151964.98
16	利润表	000876	营业收入	2014	7001223.33
17	利润表	000876	二、营业总成本	2021	13200677.95
18	利润表	000876	二、营业总成本	2020	10444087.16
19	利润表	000876	二、营业总成本	2019	7749899.8
20	利润表	000876	二、营业总成本	2018	6804265.67
21	利润表	000876	二、营业总成本	2017	6155027.37
22	利润表	000876	二、营业总成本	2016	5974593.07
23	利润表	000876	二、营业总成本	2015	6080842.59
24	利润表	000876	二、营业总成本	2014	6940388.37
25	利润表	000876	营业成本	2021	12423599.11
26	利润表	000876	营业成本	2020	9817515.06

图9-8　整理后的利润表数据

	报表类型	公司代码	报表项目	年度	金额
1	现金流量表	000876	一、经营活动产生的现金流量:	2021	0
2	现金流量表	000876	一、经营活动产生的现金流量:	2020	0
3	现金流量表	000876	一、经营活动产生的现金流量:	2019	0
4	现金流量表	000876	一、经营活动产生的现金流量:	2018	0
5	现金流量表	000876	一、经营活动产生的现金流量:	2017	0
6	现金流量表	000876	一、经营活动产生的现金流量:	2016	0
7	现金流量表	000876	一、经营活动产生的现金流量:	2015	0
8	现金流量表	000876	一、经营活动产生的现金流量:	2014	0
9	现金流量表	000876	销售商品、提供劳务收到的现金	2021	12965001.26
10	现金流量表	000876	销售商品、提供劳务收到的现金	2020	11362667.46
11	现金流量表	000876	销售商品、提供劳务收到的现金	2019	8546512.45
12	现金流量表	000876	销售商品、提供劳务收到的现金	2018	7184859.49
13	现金流量表	000876	销售商品、提供劳务收到的现金	2017	6426967.42
14	现金流量表	000876	销售商品、提供劳务收到的现金	2016	6404879.49
15	现金流量表	000876	销售商品、提供劳务收到的现金	2015	6492968.53
16	现金流量表	000876	销售商品、提供劳务收到的现金	2014	7405640.74
17	现金流量表	000876	发放贷款及垫款的净减少额	2021	0
18	现金流量表	000876	发放贷款及垫款的净减少额	2020	0
19	现金流量表	000876	发放贷款及垫款的净减少额	2019	0
20	现金流量表	000876	发放贷款及垫款的净减少额	2018	0
21	现金流量表	000876	发放贷款及垫款的净减少额	2017	0
22	现金流量表	000876	发放贷款及垫款的净减少额	2016	0
23	现金流量表	000876	发放贷款及垫款的净减少额	2015	0
24	现金流量表	000876	发放贷款及垫款的净减少额	2014	0
25	现金流量表	000876	收到的税费返还	2021	4189.77
26	现金流量表	000876	收到的税费返还	2020	5365.09

图9-9　整理后的现金流量表数据

3. 在Power Query编辑器中使用“追加查询”功能将整理后的资产负债表、利润表和现金流量表连接成一张报表。

【操作指导】

01 追加查询设置。在查询区选中“其他查询”中的“资产负债表”，执行“主页”|“追加查询”|“将查询追加到新查询”命令，打开“追加”对话框。在该对话框中，单击“三个或更多表”单选按钮，并将现金流量表、资产负债表、利润表添加到“要追加的表”，如图9-10所示。单击“确定”按钮。

图9-10　追加查询设置

02 修改名称。选择新增加的表“追加1”，将此表的名称修改为“报表数据”，如图9-11所示。

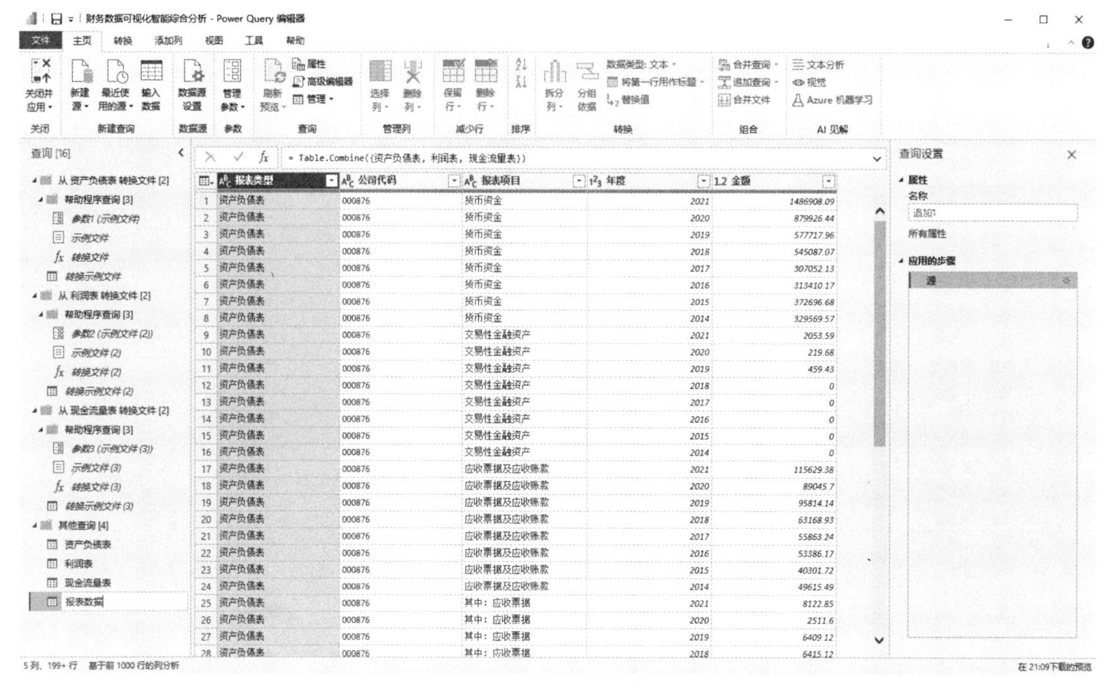

图9-11　修改名称

03 保存文件。在Power Query编辑器中保存文件，并执行“文件”|“关闭并应用”命令，返回Power BI Desktop界面。

9.2.4 数据建模

1. 构建维度表

为了满足数据建模的需求，本节分别构建了年度表、公司信息表和财务结构表，用于进行数据可视化分析，具体信息如下。

(1) 年度表。

年度表主要用于存放8家上市公司的财务报告年度信息(2014—2021年)，如图9-12所示。

(2) 公司信息表。

公司信息表包含公司代码、公司名称两个字段，如图9-13所示。

A
年度
2014
2015
2016
2017
2018
2019
2020
2021

图9-12　年度表

	A	B
1	公司代码	公司名称
2	000876	新希望
3	001206	依依股份
4	002891	中宠股份
5	300119	瑞普生物
6	300673	佩蒂股份
7	301335	天元宠物
8	603609	禾丰股份
9	832419	路斯股份

图9-13　公司信息表

(3) 财报结构表。

财报结构表具体包括资产负债表结构(见图9-14)、现金流表结构(见图9-15)和利润表结构(见图9-16)3张表，分别用于存放各个财务报表项目的分类信息。

	A	B	C	D	E
1	序号	项目大类	项目中类	项目小类	报表项目
2	1	资产	资产	流动资产	货币资金
3	2	资产	资产	流动资产	交易性金融资产
4	3	资产	资产	流动资产	衍生金融资产
5	4	资产	资产	流动资产	应收票据
6	5	资产	资产	流动资产	应收账款
7	6	资产	资产	流动资产	应收款项融资
8	7	资产	资产	流动资产	预付款项
9	8	资产	资产	流动资产	应收利息
10	9	资产	资产	流动资产	应收股利
11	10	资产	资产	流动资产	其他应收款
12	11	资产	资产	流动资产	买入返售金融资产
13	12	资产	资产	流动资产	存货
14	13	资产	资产	流动资产	划分为持有待售的资产
15	14	资产	资产	流动资产	合同资产
16	15	产	资产	流动资产	持有待售资产

资产负债表结构 | 现金流量表结 ...

图9-14　资产负债表结构

	A	B	C	D	E	F
1	序号	项目大类	项目小类	报表项目		
2	1			一、经营活动产生的现金流量:		
3	2	一、经营活动产生的现金流量	经营活动现金流入	销售商品、提供劳务收到的现金		
4	3	一、经营活动产生的现金流量	经营活动现金流入	客户存款和同业存放款项净增加额		
5	4	一、经营活动产生的现金流量	经营活动现金流入	向中央银行借款净增加额		
6	5	一、经营活动产生的现金流量	经营活动现金流入	向其他金融机构拆入资金净增加额		
7	6	一、经营活动产生的现金流量	经营活动现金流入	收取利息、手续费及佣金的现金		
8	7	一、经营活动产生的现金流量	经营活动现金流入	发放贷款及垫款的净减少额		
9	8	一、经营活动产生的现金流量	经营活动现金流入	回购业务资金净增加额		
10	9	一、经营活动产生的现金流量	经营活动现金流入	收到的税费返还		
11	10	一、经营活动产生的现金流量	经营活动现金流入	收到其他与经营活动有关的现金		
12	11			经营活动现金流入小计		
13	12	一、经营活动产生的现金流量	经营活动现金流出	购买商品、接受劳务支付的现金		
14	13	一、经营活动产生的现金流量	经营活动现金流出	客户贷款及垫款净增加额		
15	14	一、经营活动产生的现金流量	经营活动现金流出	存放中央银行和同业款项净增加额		
16	15	一、经营活动产生的现金流量	经营活动现金流出	支付利息、手续费及佣金的现金		

图9-15　现金流量表结构

	A	B	C
1	序号	项目小类	报表项目
2	1		一、营业总收入
3	2	一、营业总收入	营业收入
4	3	一、营业总收入	利息收入
5	4	一、营业总收入	手续费及佣金收入
6	5	一、营业总收入	其他业务收入
7	6		二、营业总成本
8	7	二、营业总成本	营业成本
9	8	二、营业总成本	利息支出
10	9	二、营业总成本	手续费及佣金支出
11	10	二、营业总成本	研发费用
12	11	二、营业总成本	其他业务成本
13	12	二、营业总成本	税金及附加
14	13	二、营业总成本	销售费用
15	14	二、营业总成本	管理费用
16	15	二、营业总成本	财务费用
17	16		其中:利息费用

图9-16　利润表结构

(4) 获取并整理维度表数据。

所有维度表数据都保存在“第9章源数据文件”的“维度表.xlsx”文件中。将“维度表.xlsx”导入到Power BI中，并检查所有维度表信息，对不规范的数据进行清洗和转换。

在公司信息表中，将“公司代码”列的数据类型设置为文本型。

2. 将维度表与事实表建立关联

在进行数据整理时已经将利润表、资产负债表、现金流量表的数据整合在一张事实表(报表数据)中，模型中自动识别的这三张报表之间的关联关系是不必要的，需要在模型中将其删除，仅将维度表与事实表(报表数据)进行关联即可。

【操作指导】

01 删除关系。在“模型视图”中，执行“主页”|“管理关系”命令，打开如图9-17所示的“管理关系”对话框，分别选中与现金流量表、资产负债表、利润表相关联的关系，单击“删除”按钮，在打开的“删除关系”对话框中，单击“删除”按钮即可。

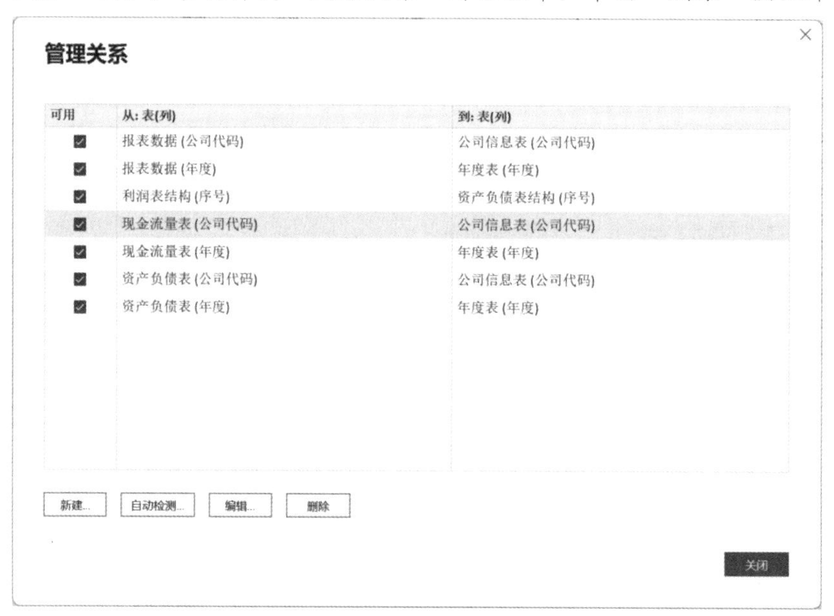

图9-17 “管理关系”对话框

❖ 提示：

✧ 除了保留“报表数据”与“年度表”和“公司信息表”之间的自动识别关系，其他默认关系都要删除。

02 建立数据模型。在“模型视图”中，在维度表与事实表之间建立关联，构建的数据模型如图9-18所示。

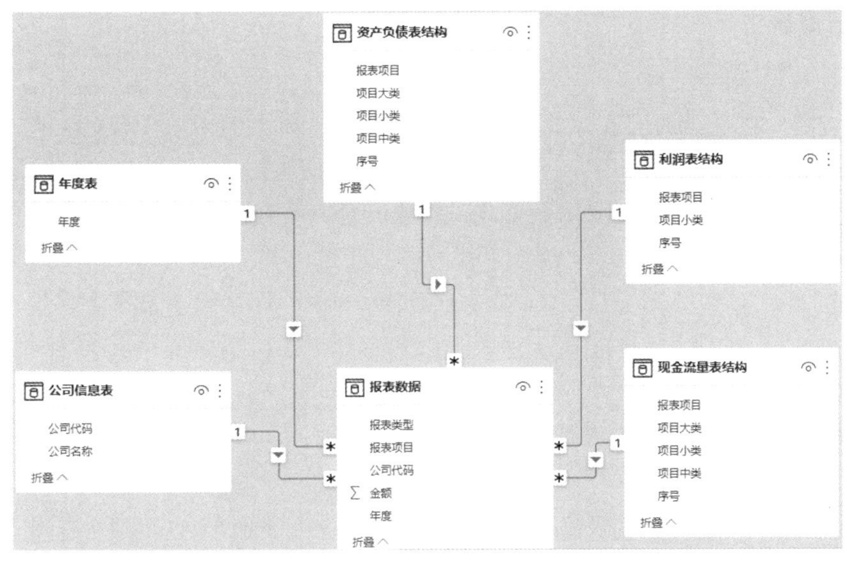

图9-18　数据模型

9.3　财务报表可视化分析

9.3.1　资产负债表可视化分析

资产负债表可以反映企业某一特定时点的财务状况，是公司经营管理活动的集中体现。通过资产负债表可视化分析，能够了解某一特定时点企业所拥有的经济资源及其投资安排，以及企业资金的来源构成，有助于报表使用者了解企业财务状况的变动情况及变动原因。本节主要介绍资产负债表可视化分析的实现过程。资产负债表可视化效果图如图9-19所示。

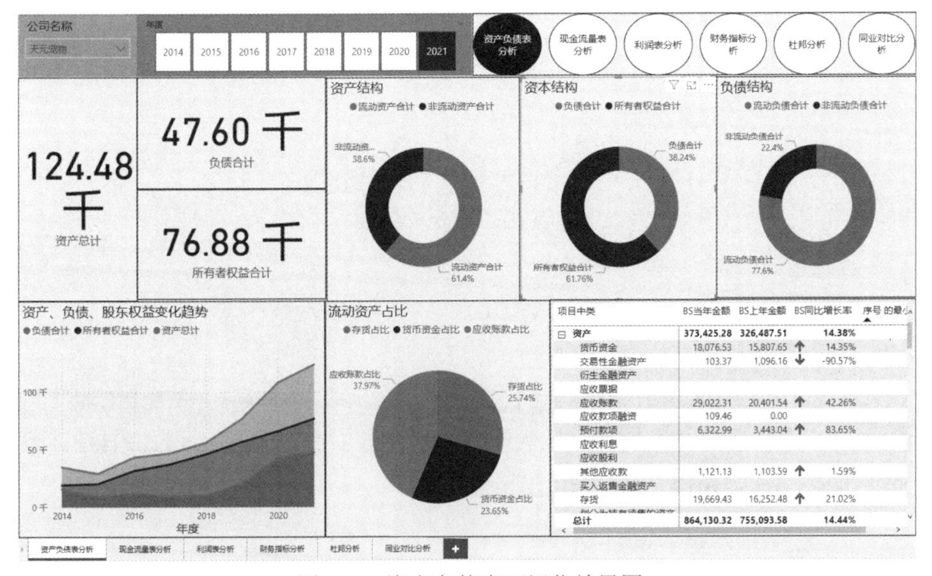

图9-19　资产负债表可视化效果图

1. 新建度量值

【操作指导】

01 新建存放度量值的空表。使用输入数据的方式，新建存放度量值的空表，并将其命名为“度量值”。

02 新建度量值。使用DAX函数创建用于进行资产负债表分析的度量值。创建度量值的公式如下。

BS当年金额 = CALCULATE(SUM('报表数据'[金额]),'报表数据'[报表类型]="资产负债表")

资产总计 = CALCULATE ([BS当年金额] ,FILTER(ALL('资产负债表结构'),'资产负债表结构'[报表项目]="资产总计"))

负债合计 = CALCULATE ([BS当年金额] ,FILTER(ALL('资产负债表结构'),'资产负债表结构'[报表项目]="负债合计"))

所有者权益合计 = CALCULATE ([BS当年金额] ,FILTER(ALL('资产负债表结构'),'资产负债表结构'[报表项目]="股东权益合计"))

流动资产合计 = CALCULATE ([BS当年金额] ,FILTER(ALL('资产负债表结构'),'资产负债表结构'[报表项目]="流动资产合计"))

流动负债合计 = CALCULATE ([BS当年金额] ,FILTER(ALL('资产负债表结构'),'资产负债表结构'[报表项目]="流动负债合计"))

非流动资产合计 = CALCULATE ([BS当年金额] ,FILTER(ALL('资产负债表结构'),'资产负债表结构'[报表项目]="非流动资产合计"))

非流动负债合计 = CALCULATE ([BS当年金额] ,FILTER(ALL('资产负债表结构'),'资产负债表结构'[报表项目]="非流动负债合计"))

存货 = CALCULATE ([BS当年金额] ,FILTER(ALL('资产负债表结构'),'资产负债表结构'[报表项目]="存货"))

货币资金 = CALCULATE ([BS当年金额] ,FILTER(ALL('资产负债表结构'),'资产负债表结构'[报表项目]="货币资金"))

应收账款 = CALCULATE ([BS当年金额] ,FILTER(ALL('资产负债表结构'),'资产负债表结构'[报表项目]="应收账款"))

存货占比 = DIVIDE([存货],[流动资产合计])

货币资金占比 = DIVIDE([货币资金],[流动资产合计])

应收账款占比 = DIVIDE([应收账款],[流动资产合计])

```
BS上年金额 =
    VAR LASTYEAR=SELECTEDVALUE('年度表'[年度])-1
    RETURN
    CALCULATE([BS当年金额],FILTER(ALL('年度表'),'年度表'[年度]=LASTYEAR))
```

BS同比增长率 = IF(SELECTEDVALUE('年度表'[年度])>2014,DIVIDE([BS当年金额]-[BS上年金额],ABS([BS上年金额])),BLANK())

❖ 提示：

✧ 在新建度量值时，需要将度量值“存货占比”“货币资金占比”“应收账款占比”“BS同比增长率”的数据类型设置为百分比。

03 删除“度量值”表中的“列1”。

04 将度量值存放在文件夹中。在“模型视图”中，按住Ctrl键，在“字段”窗格中同时选取BS当年金额、资产总计、负债合计、所有者权益合计、流动资产、非流动资产等度量值，在“属性”窗格的“显示文件夹”文本框中输入文件夹名称“资产负债表分析”，并将新建的度量值都存放在“资产负债表分析”文件夹中，如图9-20所示。

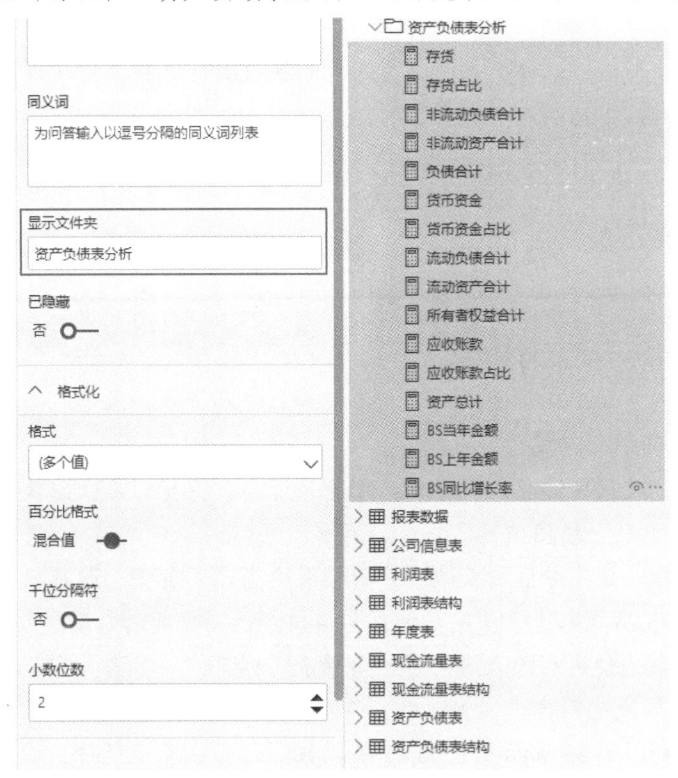

图9-20　将度量值存放在“资产负债表分析”文件夹中

2. 报表页面及表头设计

在财务数据可视化智能综合分析中主要包括资产负债表分析、现金流量表分析、利润表分析、财务指标分析、杜邦分析和同业对比分析6个报表页面，这6个报表页面的表头部分均由两个切片器和一个页面导航器组成，如图9-21所示。这样设计的优势在于：一方面可以通过切片器筛选不同公司、不同年度的数据；另一方面可以通过页面导航器很方便地从当前页面跳转到其他报表页面。本节主要介绍如何对所有报表的表头进行统一设计。

图9-21　报表页面及表头设计效果

【操作指导】

01 “资产负债表分析”页面设置。将页面名称“第1页”改为“资产负债表分析”，并在该页面中，设置两个切片器：公司名称切片器(切片器样式为下拉)和年度切片器(切片器样式为磁贴)。

02 复制报表页面。复制5个“资产负债表分析”页面，并将其分别命名为“现金流量表分析”“利润表分析”“财务指标分析”“杜邦分析”及“同业对比分析”，如图9-22所示。

图9-22 复制、重命名报表页面

03 插入页面导航器。在每个页面上插入页面导航器，并将其形状设置为椭圆。

3. 资产负债表可视化设计

资产负债表可视化设计主要包括资产负债表关键指标展示、结构分析、趋势分析及资产负债表项目同比分析。

【操作指导】

01 插入卡片图。在“资产负债表分析”页面，使用卡片图突出显示资产合计、负债合计、所有者权益合计3个关键指标。

02 插入环形图。使用环形图反映流动资产和非流动资产、流动负债和非流动负债、负债与所有者权益之间的比例关系。

03 插入饼图。使用饼图反映流动资产中货币资金、存货、应收账款的占比情况，并将标签内容设置为“类别，数据值”。

04 插入分区图。使用分区图反映资产负债表中资产、负债、股东权益的变动趋势。注意，应使用编辑交互功能取消“年度”切片器与该分区图之间的自动交互。

05 插入矩阵表。使用矩阵表进行资产负债表项目同比分析，矩阵表的具体设置如下。

字段设置：按图9-23所示内容进行字段设置。设置“序号的最小值”的目的是使矩阵表中的项目可以按照序号大小进行排序。

排序设置：将鼠标指针移到矩阵表中“序号的最小值”名称上，单击▼按钮，可设置升序或降序排列。

条件格式设置：为“BS同比增长率”列设置图标。选定矩阵表，在“可视化”窗格中单击▤按钮，单击“BS同比增长率”值字段右侧的∨按钮，执行“条件格式”|“图标”命令，打开“图标-BS同比增长率”对话框，在此对话框中进行条件格式设置，如图9-24所示。

图9-23 “矩阵表”字段设置

图9-24　条件格式设置

9.3.2 现金流量表可视化分析

现金流量表反映了企业经营活动、投资活动、筹资活动的现金流入、现金流出和现金净流量的情况。通过现金流量表可视化分析，我们能够看到企业现金流的主要来源和主要去向，进而了解企业生产经营活动产生现金流量的能力、投资活动的活跃程度及融资活动获得现金的能力。本节主要介绍现金流量表可视化分析的实现过程。现金流量表可视化效果图如图9-25所示。

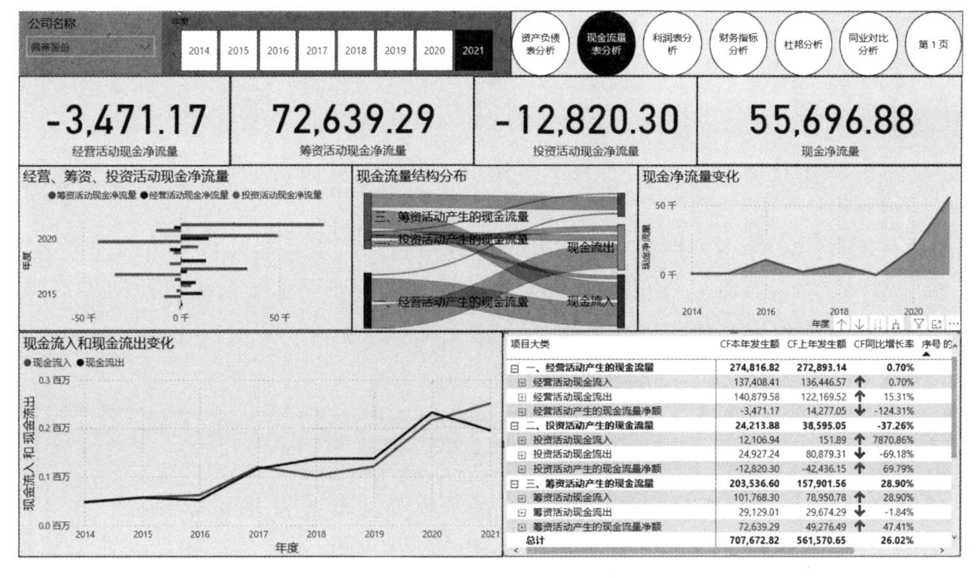

图9-25　现金流量表可视化效果图

【操作指导】

01 新建度量值。使用DAX函数创建用于进行现金流量表分析的度量值，并将度量值存放在“现金流量表分析”文件夹中。创建度量值的公式如下。

CF本年发生额 = CALCULATE (SUM('报表数据'[金额]),'报表数据'[报表类型]="现金流量表")

筹资活动现金净流量 = CALCULATE ([CF本年发生额] ,FILTER(ALL('现金流量表结构'),'现金流量表结构'[报表项目]="筹资活动产生的现金流量净额"))

经营活动现金净流量 = CALCULATE ([CF本年发生额] ,FILTER(ALL('现金流量表结构'),'现金流量表结构'[报表项目]="经营活动产生的现金流量净额"))

投资活动现金净流量 = CALCULATE ([CF本年发生额] ,FILTER(ALL('现金流量表结构'),'现金流量表结构'[报表项目]="投资活动产生的现金流量净额"))

现金净流量 = CALCULATE ([CF本年发生额] ,FILTER(ALL('现金流量表结构'),'现金流量表结构'[报表项目]="五、现金及现金等价物净增加额"))

现金流出 = CALCULATE([CF本年发生额],FILTER(ALL('现金流量表结构'),'现金流量表结构'[项目中类]="现金流出"))

现金流入 = CALCULATE([CF本年发生额],FILTER(ALL('现金流量表结构'),'现金流量表结构'[项目中类]="现金流入"))

CF上年发生额 =

VAR LASTYEAR=SELECTEDVALUE('年度表'[年度])-1

RETURN

CALCULATE([CF本年发生额],FILTER(ALL('年度表'),'年度表'[年度]=LASTYEAR))

CF同比增长率 = IF(SELECTEDVALUE('年度表'[年度])>2014,DIVIDE([CF本年发生额]-[CF上年发生额],ABS([CF上年发生额])),BLANK())

❖ 提示：

✧ 在新建度量值时，需要将度量值“CF同比增长率”的数据类型设置为百分比。

02 插入卡片图。进入“现金流量表分析”页面，使用卡片图突出显示筹资活动现金净流量、经营活动现金净流量、投资活动现金净流量、现金净流量等关键指标。

03 插入簇状条形图。使用簇状条形图反映近几年筹资活动现金净流量、经营活动现金净流量、投资活动现金净流量的构成情况。

04 插入桑基图。使用桑基图反映现金流量结构分布情况，具体设置如下。

字段设置：按图9-26所示内容进行字段设置。

筛选器设置：在“筛选器”窗格中，单击“项目大类”右侧的∨按钮，在“基本筛选”下拉列表中，勾选“一、经营活动产生的现金流量”“二、投资活动产生的现金流量”“三、筹资活动产生的现金流量”复选框，如图9-27所示。

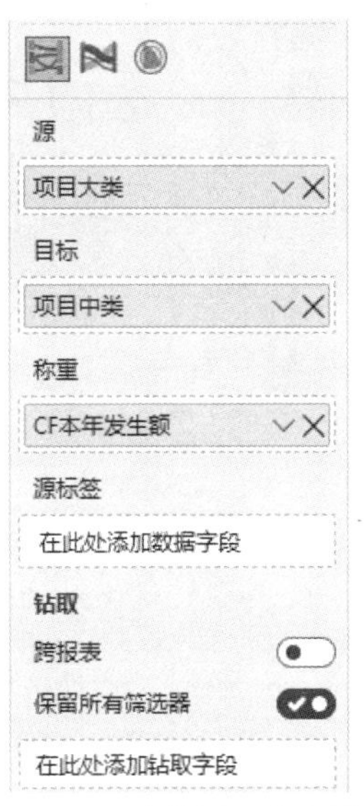

图9-26　“桑基图”字段设置

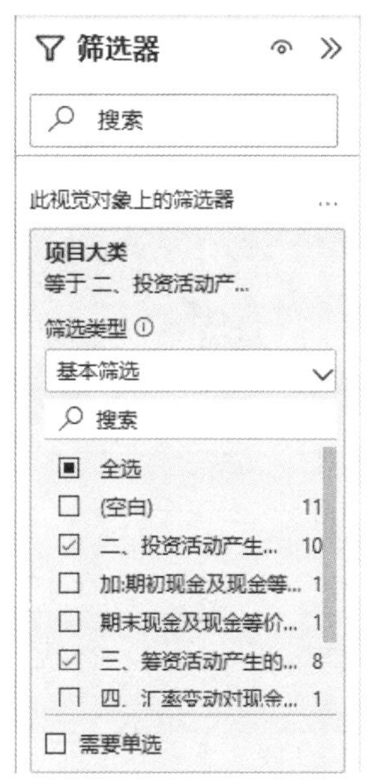

图9-27　“桑基图”筛选器设置

05 插入折线图。使用折线图反映现金流出和现金流入的变化趋势。将年度表中的“年度”拖动到“X轴”，将度量值“现金流入”和“现金流出”拖动到“Y轴”。

06 插入分区图。使用分区图反映现金净流量的变动趋势。将年度表中的“年度”拖动到“X轴”，将度量值“现金净流量”拖动到“Y轴”。

❖ 提示：

✧ 使用编辑交互功能需要取消“年度”切片器与折线图和分区图之间的交互关系。具体操作步骤如下：选中“年度”切片器，执行“格式”|“编辑交互”命令，单击“变化趋势图”图表右上角的⃠按钮，使其变成●状态。

07 插入矩阵表。使用矩阵表反映现金流量表项目同比分析。将现金流量表结构中的“项目大类”“项目小类”“报表项目”拖动到“行”，将度量值“CF本年发生额”“CF上年发生额”“CF同比增长率”和现金流量表结构中的“序号”拖动到“值”。其他设置可以参考资产负债表项目同比分析矩阵表。

9.3.3 利润表可视化分析

利润表是反映企业在一定会计期间经营成果的财务报表，它可以全面揭示企业在某会计期间的收入、费用成本、利润情况等。通过利润表可视化分析，可以使信息使用者全面了解企业的经营成果，分析企业的获利能力及盈利增长趋势，从而为其作出经济决策提供依据。本节主要介绍利润表可视化分析的实现过程。利润表可视化效果图如图9-28所示。

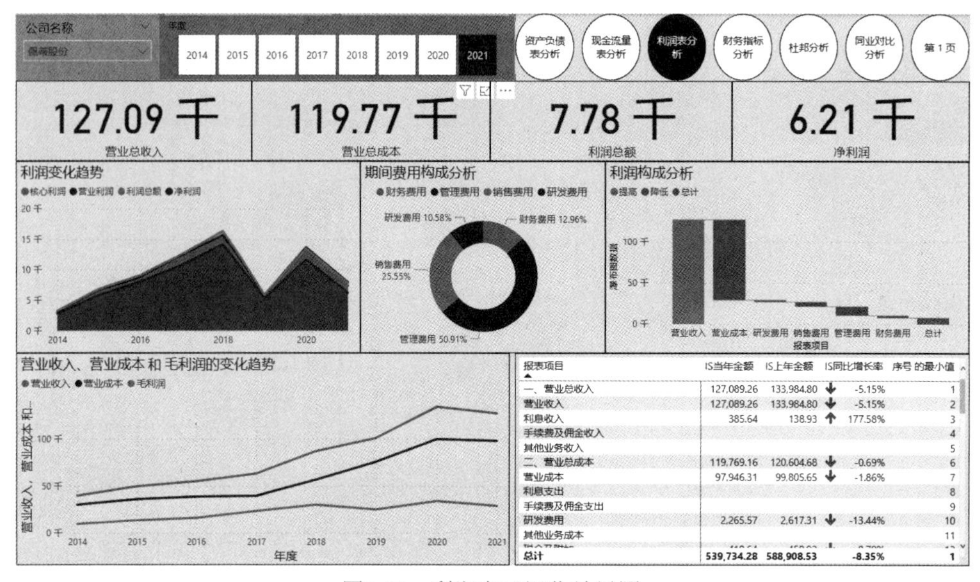

报表项目	IS当年金额	IS上年金额	IS同比增长率	序号 的最小值
一、营业总收入	127,089.26	133,984.80	↓ -5.15%	1
营业收入	127,089.26	133,984.80	↓ -5.15%	2
利息收入	385.64	138.93	↑ 177.58%	3
手续费及佣金收入				4
其他业务收入				5
二、营业总成本	119,769.16	120,604.68	↓ -0.69%	6
营业成本	97,946.31	99,805.65	↓ -1.86%	7
利息支出				8
手续费及佣金支出				9
研发费用	2,265.57	2,617.31	↓ -13.44%	10
其他业务成本				11
总计	539,734.28	588,908.53	-8.35%	1

图9-28　利润表可视化效果图

【操作指导】

01 新建度量值。使用DAX函数创建用于进行利润表分析的度量值，并将度量值存放在“利润表分析”文件夹中。创建度量值的公式如下。

IS当年金额 = CALCULATE(SUM('报表数据'[金额]),'报表数据'[报表类型]="利润表")

营业总收入 = CALCULATE([IS当年金额] ,FILTER(ALL('利润表结构'),'利润表结构'[报表项目]="一、营业总收入"))

营业总成本 = CALCULATE([IS当年金额] ,FILTER(ALL('利润表结构'),'利润表结构'[报表项目]="二、营业总成本"))

营业收入 = CALCULATE([IS当年金额] ,FILTER(ALL('利润表结构'),'利润表结构'[报表项目]="营业收入"))

营业成本 = CALCULATE([IS当年金额] ,FILTER(ALL('利润表结构'),'利润表结构'[报表项目]="营业成本"))

营业利润 = CALCULATE([IS当年金额] ,FILTER(ALL('利润表结构'),'利润表结构'[报表项目]="四、营业利润"))

利润总额 = CALCULATE([IS当年金额] ,FILTER(ALL('利润表结构'),'利润表结构'[报表项目]="五、利润总额"))

净利润 = CALCULATE([IS当年金额] ,FILTER(ALL('利润表结构'),'利润表结构'[报表项目]="六、净利润"))

销售费用 = CALCULATE([IS当年金额] ,FILTER(ALL('利润表结构'),'利润表结构'[报表项目]="销售费用"))

管理费用 = CALCULATE([IS当年金额] ,FILTER(ALL('利润表结构'),'利润表结构'[报表项目]="管理费用"))

财务费用 = CALCULATE([IS当年金额] ,FILTER(ALL('利润表结构'),'利润表结构'[报表项目]="财务费用"))

研发费用 = CALCULATE([IS当年金额] ,FILTER(ALL('利润表结构'),'利润表结构'[报表项目]="研发费用"))

税金及附加 = CALCULATE([IS当年金额] ,FILTER(ALL('利润表结构'),'利润表结构'[报表项目]="税金及附加"))

毛利润 = [营业收入]-[营业成本]

核心利润 = [毛利润]-[管理费用]-[研发费用]-[销售费用]-[税金及附加]-[财务费用]

瀑布图数据 = SWITCH(SELECTEDVALUE('利润表结构'[报表项目]),
"营业收入",[营业收入],
-[IS当年金额])

IS上年金额 =
VAR LASTYEAR=SELECTEDVALUE('年度表'[年度])-1
RETURN
CALCULATE([IS当年金额],FILTER(ALL('年度表'),'年度表'[年度]=LASTYEAR))

IS同比增长率 = IF(SELECTEDVALUE('年度表'[年度])>2014, DIVIDE([IS当年金额]-[IS上年金额],ABS([IS上年金额])),BLANK())

❖ 提示：

✧ 在新建度量值时，需要将度量值“IS同比增长率”的数据类型设置为百分比。

02 插入卡片图。进入“利润表分析”页面，使用卡片图突出显示营业总收入、营业总成本、利润总额、净利润等关键指标。

03 插入瀑布图。使用瀑布图反映企业利润的主要构成情况。将“报表项目”拖动到“类别”，将度量值“瀑布图数据”拖动到“Y轴”。在“报表项目”的“基本筛选”下拉列表中，勾选“营业收入”“营业成本”“管理费用”“销售费用”“研发费用”和“财务费用”复选框。

04 插入环形图。使用环形图反映期间费用的构成比例关系。将度量值“销售费用”“管理费用”“研发费用”“财务费用”拖动到“值”。

05 插入分区图。使用分区图反映核心利润、营业利润、利润总额、净利润的变动趋势。将年度表中的“年度”拖动到“X轴”，度量值“核心利润”“营业利润”“利润总额”“净利润”拖动到“Y轴”。

06 插入折线图。使用折线图反映营业收入、营业成本和毛利润的变化趋势。

❖ 提示：

✧ 在“利润表分析”页面中，需要取消“年度”切片器与分区图和折线图之间的交互关系。

07 插入矩阵表。使用矩阵表反映利润表项目同比分析。将利润表结构中的“项目小类”和“报表项目”拖动到“行”，将度量值“IS当年金额”“IS上年金额”“IS同比增长率”和利润表结构中的“序号”拖动到“值”。其他设置可以参考资产负债表项目同比分析矩阵表。

9.4 财务指标可视化分析

财务指标可视化分析是指总结和评价企业财务状况与经营成果的分析指标，包括偿债能力指标分析、营运能力分析、盈利能力分析和发展能力分析等。本节主要介绍财务指标可视化的实现过程。财务指标可视化效果图如图9-29所示。

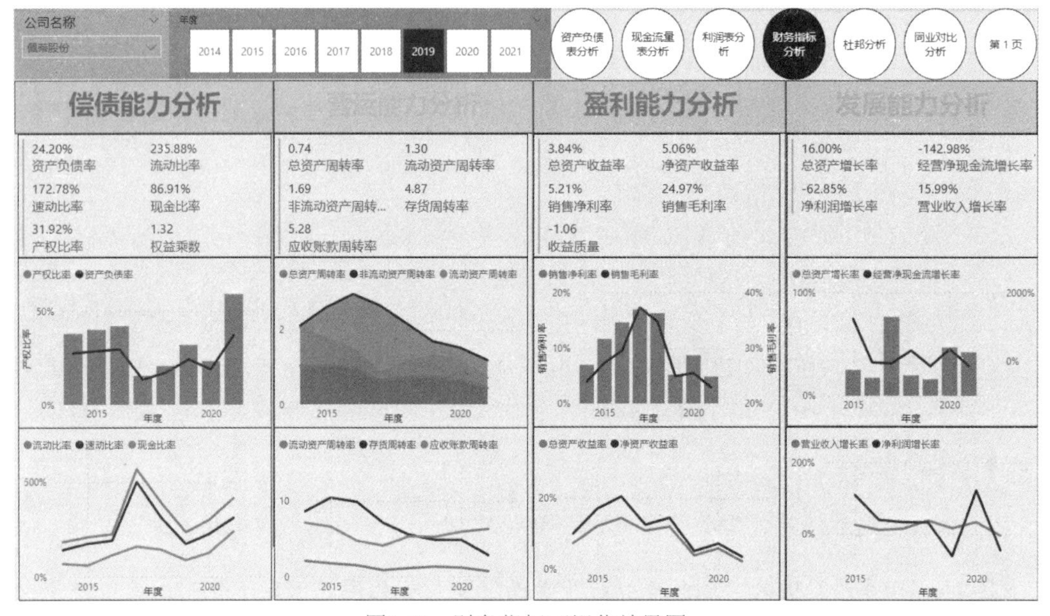

图9-29 财务指标可视化效果图

9.4.1 偿债能力分析

企业偿债能力对企业管理者、投资者、债权人等至关重要，是企业生存和发展的基本前提。偿债能力分析就是对企业的债务清偿能力和现金保障程度进行分析。本节主要使用资产负债率、流动比率、速动比率、现金比率、产权比率和权益乘数等指标来衡量企业的偿债能力。

【操作指导】

01 新建度量值。使用DAX函数创建用于进行偿债能力分析的度量值，并将新建度量值存放在“财务指标分析”文件夹中。创建度量值的公式如下。

资产负债率 = DIVIDE([负债合计],[资产总计])

流动比率 = DIVIDE([流动资产合计] ,[流动负债合计])

速动比率 = DIVIDE([流动资产合计]-[存货],[流动负债合计])

现金比率 = DIVIDE([货币资金],[流动负债合计])

产权比率 = DIVIDE([负债合计],[所有者权益合计])

权益乘数 = DIVIDE([资产总计],[所有者权益合计])

❖ **提示：**

✧ 在新建度量值时，需要将度量值“资产负债率”和“产权比率”的数据类型设置为百分比。

02 插入文本框。在“财务指标分析”页面中，执行“主页”|“文本框”命令，设置“偿债能力分析”“营运能力分析”“盈利能力分析”“发展能力分析”主题，并设置文本框格式。

03 插入多行卡。使用多行卡突出显示资产负债率、流动比率、速动比率、现金比率、产权比率和权益乘数等关键指标。

04 插入折线和簇状柱形图。使用折线和簇状柱形图反映不同年份资产负债率和产权比率的变化情况。

05 插入折线图。使用折线图反映流动比率、速动比率和现金比率的变化趋势。

9.4.2　营运能力分析

企业营运能力主要指企业营运资产的效率与效益，反映了企业的资产管理水平和资产周转情况。营运能力分析主要评价企业资产的流动性、利用效益和利用潜力。本节主要使用总资产周转率、流动资产周转率、非流动资产周转率、存货周转率和应收账款周转率等指标来评价企业的营运能力。

【操作指导】

01 新建度量值。使用DAX函数创建用于进行营运能力分析的度量值，并将新建度量值存放在“财务指标分析”文件夹中。创建度量值的公式如下。

总资产周转率 = DIVIDE([营业收入],[资产总计])

流动资产周转率 = DIVIDE([营业收入],[流动资产合计])

非流动资产周转率 = DIVIDE([营业收入],[非流动资产合计])

存货周转率 = DIVIDE([营业收入],[存货])

应收账款周转率 = DIVIDE([营业收入],[应收账款])

❖ **提示：**

✧ 营运能力指标中涉及的资产、存货、应收账款平均数均使用当年金额代替。

02 插入多行卡。使用多行卡突出显示总资产周转率、流动资产周转率、非流动资产周转率、存货周转率、应收账款周转率等关键指标。

03 插入分区图。使用分区图反映不同年份总资产周转率、流动资产周转率和非流动资产周转率的变化情况。

04 插入折线图。使用折线图反映流动资产周转率、存货周转率和应收账款周转率的变化趋势。

9.4.3 盈利能力分析

盈利能力是指企业一定时期内获取利润的能力，是通过将利润与一定的资源投入或一定的收入相比较而获得的。企业的盈利能力是评估企业经营业绩优劣的最终指标，盈利能力分析是企业财务分析的重点。本节主要使用总资产收益率、净资产收益率、销售净利率、销售毛利率和收益质量等指标来衡量企业的盈利能力。

【操作指导】

01 新建度量值。使用DAX函数创建用于进行盈利能力分析的度量值，并将新建度量值存放在“财务指标分析”文件夹中。创建度量值的公式如下。

```
总资产收益率 = DIVIDE([净利润],[资产总计])
净资产收益率 = DIVIDE([净利润],[所有者权益合计])
销售净利率 = DIVIDE([净利润],[营业收入])
销售毛利率 = DIVIDE([毛利润],[营业收入])
收益质量 = DIVIDE([经营活动现金净流量],[净利润])
```

❖ 提示：

✧ 在新建度量值时，需要将度量值“总资产收益率”“净资产收益率”“销售净利率”和“销售毛利率”的数据类型设置为百分比。

02 插入多行卡。使用多行卡突出显示总资产收益率、净资产收益率、销售净利率、销售毛利率和收益质量等关键指标。

03 插入折线和簇状柱形图。使用折线和簇状柱形图反映不同年份销售净利率和销售毛利率的变化情况。

04 插入折线图。使用折线图反映总资产收益率、净资产收益率的变化趋势。

9.4.4 发展能力分析

发展能力也称为成长能力，通常指企业未来生产经营活动的发展趋势和发展潜能。从财务角度来看，发展能力是提高企业盈利能力的重要前提，也是实现企业价值最大化的基本保证。本节主要使用总资产增长率、经营净现金流增长率、净利润增长率、营业收入增长率等指标来衡量企业的发展能力。

【操作指导】

01 新建度量值。使用DAX函数创建用于进行盈利能力分析的度量值，并将新建度量值存放在“财务指标分析”文件夹中。创建度量值的公式如下。

```
上年总资产 =
    VAR  LASTYEAR=SELECTEDVALUE('年度表'[年度])-1
    RETURN
    CALCULATE([资产总计],FILTER(ALL('年度表'),'年度表'[年度]=LASTYEAR))
上年经营净现金流量 =
```

VARLASTYEAR=SELECTEDVALUE('年度表'[年度])-1
RETURN
CALCULATE([经营活动现金净流量],FILTER(ALL('年度表'),'年度表'[年度]=LASTYEAR))

上年净利润 =
VARLASTYEAR=SELECTEDVALUE('年度表'[年度])-1
RETURN
CALCULATE([净利润],FILTER(ALL('年度表'),'年度表'[年度]=LASTYEAR))

上年营业收入 =
VARLASTYEAR=SELECTEDVALUE('年度表'[年度])-1
RETURN
CALCULATE([营业收入],FILTER(ALL('年度表'),'年度表'[年度]=LASTYEAR))

总资产增长率 = IF(SELECTEDVALUE('年度表'[年度])>2014, DIVIDE([资产总计]-[上年总资产],ABS([上年总资产])),BLANK())

经营净现金流增长率 = IF(SELECTEDVALUE('年度表'[年度])>2014, DIVIDE([经营活动现金净流量]-[上年经营净现金流量],ABS([上年经营净现金流量])),BLANK())

净利润增长率 = IF(SELECTEDVALUE('年度表'[年度])>2014,DIVIDE([净利润]-[上年净利润],ABS([上年净利润])),BLANK())

营业收入增长率 = IF(SELECTEDVALUE('年度表'[年度])>2014,DIVIDE([营业收入]-[上年营业收入],ABS([上年营业收入])),BLANK())

❖ 提示：

✧ 在新建度量值时，需要将度量值“总资产增长率”“经营净现金流增长率”“净利润增长率”和“营业收入增长率”的数据类型设置为百分比。

02 插入多行卡。使用多行卡突出显示总资产增长率、经营净现金流增长率、净利润增长率、营业收入增长率等关键指标。

03 插入折线和簇状柱形图。使用折线和簇状柱形图反映不同年份总资产增长率、经营净现金流增长率的变化情况。

04 插入折线图。使用折线图反映净利润增长率、营业收入增长率的变化趋势。

❖ 提示：

✧ 在“财务指标分析”页面中需要取消“年度”切片器与所有变动趋势图表之间的交互关系。

9.4.5 杜邦分析

杜邦分析法是利用几种主要的财务比率之间的关系来综合地分析企业的财务状况。具体来说，它是一种用来评价公司盈利能力和股东权益回报水平，从财务角度评价企业绩效的一种经典方法。杜邦分析法的基本思想是将企业净资产收益率逐级分解为多项财务比率的乘积，这样有助于企业深入分析、比较企业的经营业绩。这种分析方法最早由美国杜邦公司使用，故名杜邦分析法。本节主要介绍杜邦可视化分析的实现过程。杜邦分析可视化效果图如图9-30所示。

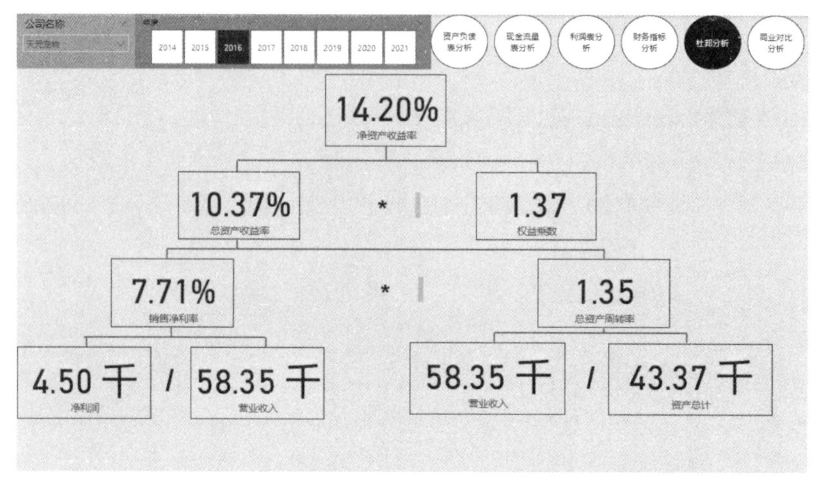

图9-30　杜邦分析可视化效果图

【操作提示】

01 插入卡片图。进入“杜邦分析”页面，使用卡片图分别显示净资产收益率、总资产收益率、权益乘数、销售净利率、总资产周转率等指标。

02 插入直线。使用直线连接各个卡片图。注意，需要在“格式”窗格中执行“形状”|“旋转”命令，将“所有(°)”设置为“90”。

03 插入文本框。使用文本框存放乘法、除法符号。

9.5 同业对比可视化分析

本节主要对中宠股份(002891)等国内几家宠物行业上市公司的财务数据进行同业对比分析。同业对比可视化分析效果图如图9-31所示。

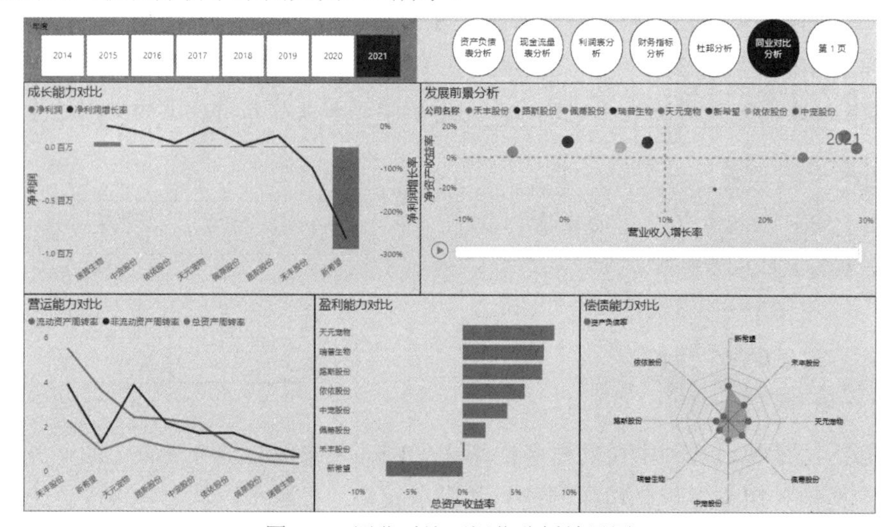

图9-31　同业对比可视化分析效果图

【操作指导】

01 插入折线和簇状柱形图。在“同业对比分析”页面中插入“折线和簇状柱形图”视觉对象，使用净利润和净利润增长率两个指标反映不同公司各年度成长能力的对比情况。

02 插入折线图。使用流动资产周转率、非流动资产周转率和总资产周转率三个指标反映不同公司各年度的营运能力对比情况。

03 插入条形图。使用总资产收益率反映几家宠物用品公司不同年度的盈利能力对比情况。

04 插入雷达图。使用资产负债率反映几家宠物用品公司不同年度的偿债能力对比情况。将公司信息表中的“公司名称”拖动到“类别”，将度量值“资产负债率”拖动到“Y轴”。

05 插入散点图。从营业收入增长率和净资产收益率两个维度对这几家宠物行业公司2021年度的发展前景进行分析。

撰写财务数据可视化分析报告。

具体要求：

(1) 根据本章【操作指导】在Power BI中完成财务数据可视化智能综合分析与设计。

(2) 撰写财务数据可视化分析报告：选取一家宠物行业上市公司，根据本章可视化分析与设计成果，对该公司进行财务数据智能分析，并撰写财务数据可视化分析报告。

参考文献

[1] 武俊敏. Power BI商业数据分析项目实战[M]. 北京：电子工业出版社，2019.

[2] 马世权. 从Excel到Power BI商业智能数据分析[M]. 北京：电子工业出版社，2018.

[3] 祝泽文. Power BI智能财务应用与实战从新手到高手[M]. 北京：中国铁道出版社有限公司，2020.

[4] 林子雨. 大数据导论：数据思维、数据能力和数据伦理[M]. 北京：高等教育出版社，2020.

[5] 胡永胜. Power BI商业数据分析[M]. 北京：人民邮电出版社，2021.

[6] 汪刚，杨丽. 财务大数据分析与可视化：基于Power BI案例应用[M]. 北京：人民邮电出版社，2021.

[7] 武晓玲，田高良，马勇. 企业财务分析[M]. 北京：北京大学出版社，2013.

[8] 迈尔-舍恩伯格，库克耶. 大数据时代[M]. 杭州：浙江人民出版社，2013.

[9] 周苏，王文. 大数据可视化[M]. 北京：清华大学出版社，2021.